jetzt lerne ich **TCP/IP**

D1720185

Für Carolin und Christina

jetzt lerne ich

TCP/IP

**Unter Windows XP, Windows 2000
und Windows Server 2003**

ALBRECHT BECKER

Markt+Technik

Bibliografische Information Der Deutschen Bibliothek
Die Deutsche Bibliothek verzeichnet diese Publikation in der Deutschen
Nationalbibliografie; detaillierte bibliografische Daten sind im Internet
über <http://dnb.ddb.de> abrufbar.

10 9 8 7 6 5 4 3 2 1

05   04   03

ISBN 3-8272-6603-3

© 2003 by Markt+Technik Verlag,
ein Imprint der Pearson Education Deutschland GmbH,
Martin-Kollar-Straße 10–12, D-81829 München/Germany
Alle Rechte vorbehalten
Deutsche Übersetzung: Dorothea Reder
Lektorat: Angelika Ritthaler, aritthaler@pearson.de
Herstellung: Claudia Bäurle, cbaeurle@pearson.de
Coverkonzept: independent Medien-Design
Coverlayout: adesso 21, Thomas Arlt
Titelillustration: Karin Drexler
Satz: text&form GbR, Fürstenfeldbruck
Druck und Verarbeitung: Bosch, Ergolding
Printed in Germany

Übersicht

»A programmer is just a tool which converts coffeine into code«

(anonym)

Im Sinne dieses bekannten und vielsagenden Zitats widmen Ihnen die Autoren und Lektoren der Buchreihe »Jetzt lerne ich« in jeder Ausgabe ein Rezept mit oder rund um das belebende und beliebte Getränk. Sollten Sie gerade ohne Bohnen oder Pulver sein: Über die Adresse *http:\\www.mut.de\coffee* können Sie einen eigens entwickelten Markt+Technik Programmiererkaffee bestellen.

Viel Spaß und Genuß!

Ginger Coffee

(pro Tasse)
1 Kaffeelöffel gemahlener Kaffee
¼ Teelöffel Ingwerpulver
1 Teelöffel Honig
Schlagsahne

Kaffee- und Ingwerpulver mischen und im Filter überbrühen. Honig in eine Tasse geben, mit dem heißen Kaffee auffüllen und mit einer Schlagsahnehaube verzieren.

Obwohl unser Kaffee einen einzigartigen, mit nichts vergleichbaren Geschmack besitzt, ist er ein friedvoller und verträglicher Geselle. So ist er durchaus in der Lage, mit dem scharfen Ingwer (engl. ginger) eine harmonische Ehe zu führen. Wenn Sie dieses Rezept ausprobieren, sind Sie wahrscheinlich der dritte Liebhaber in diesem Bunde.

Das Kaffeerezept wurde entnommen aus:

»Kaffee«
Dr. Eugen C. Bürgin
Sigloch Edition, Blaufelden
ISBN: 3-89393-135-X

Mit freundlicher Genehmigung des Verlages.

Inhaltsverzeichnis

Vorwort

TCP/IP ist ein Protokoll oder genauer gesagt eine ganze Familie von Protokollen, die seit dem explosionsartigen Erfolg des Internets eine sehr große Bedeutung erlangt hat. Früher war TCP/IP mehr etwas für Experten, für Administratoren von großen Netzwerken. Inzwischen kommt aber auch der Betreuer von kleinen Netzwerken wie auch der Privatmann, der nur ins Internet möchte, nicht mehr um TCP/IP herum. Selbst bei kleinen Netzwerken wird es bereits als Standardprotokoll verwendet, bei großen Netzwerken war das schon immer so.

Dieses Buch führt Sie in übersichtlichen Kapiteln Schritt für Schritt in TCP/IP ein. Zuerst werden Ihnen die Grundkenntnisse vermittelt, die für das Verständnis der Konzepte und Zusammenhänge notwendig sind. Danach zeigt Ihnen der Autor, wie Sie selbstständig kleine und große Netzwerke mit TCP/IP vernetzen. In diesem Zusammenhang werden Sie lernen, wie dies insbesondere mit Microsoft-Netzwerken funktioniert. Dabei werden sowohl Windows XP und Windows NT4 als auch Windows ME und Windows 2000 bzw. Windows Server 2003 behandelt. Sie werden hier auch die fortgeschrittenen Techniken zum Aufbau und zur Verwaltung eines TCP/IP-Netzwerks kennen lernen. Dazu gehören etwa Subnets oder Routing und die Einrichtung von DHCP- und DNS-Servern, die besonders bei Windows Server 2003 eine entscheidende Rolle spielen.

Ein weiteres wichtiges Thema ist das Troubleshooting. Für den Fall, dass es mal irgendwo klemmt und nicht alles wie geplant funktioniert, werden Sie sofort in die Praxis umsetzbare Techniken kennen lernen, mit denen Sie Fehler aufspüren und vor allem erfolgreich beseitigen können.

Übrigens: Neben den vielen anschaulichen Beispielen können Sie nach jedem Kapitel anhand von Fragen zur Wiederholung und Übungen Ihren Lernfortschritt kontrollieren. Damit wissen Sie immer, ob Sie schon fit sind für die nächste Runde. Auf geht's in die erste Runde! Viel Spaß beim Lernen!

Schreiben Sie uns!

Autor und Verlag sind immer bemüht, unseren Lesern die optimale Information zum Thema zu bieten. Scheuen Sie sich deshalb nicht, uns Ihre Meinung über das Buch mitzuteilen. Nur so können wir laufend an der Verbesserung unserer Bücher arbeiten. Schreiben Sie uns unter *albrecht.becker@mut.de*, Ihre Mails werden sofort an den Autor weitergeleitet!

Ihr Markt+Technik-Buchlektorat

## KAPITEL 1

Einführung und Überblick über TCP/IP

Die Abkürzung TCP/IP beschreibt eigentlich gar kein einzelnes Protokoll, sondern eine ganze Familie von Protokollen. TCP steht für *Transmission Control Protocol* und IP für *Internet Protocol*, womit immerhin bereits zwei von vielen Protokollen (die wichtigsten) erwähnt wären. Weitere werden im Verlauf des Buchs dazukommen.

Von der rasanten Entwicklung in der EDV ist natürlich auch TCP/IP nicht ausgeschlossen, es entwickelt sich ständig weiter. TCP/IP ist aus EDV-Perspektive schon sehr alt, vielleicht sogar uralt. Wieso gibt es TCP/IP dann überhaupt noch und ist nicht längst von einem anderen Protokoll abgelöst worden? Um diese Frage beantworten zu können, hilft vielleicht ein kurzer Blick zurück in die Geschichte von TCP/IP.

1.1 Die Entwicklungsgeschichte von TCP/IP

Die meisten oder zumindest sehr viele Erfindungen oder technischen Innovationen finden ihren Ursprung im militärischen Bereich. So verwundert es auch nicht, dass die Entwicklung von TCP/IP sehr eng mit dem Verteidigungsministerium der USA verbunden ist.

Konkret wurde 1968 von der *Advanced Research Project Agency* (ARPA) ein Forschungsprojekt in Auftrag gegeben, das die Entwicklung eines Protokolls zum Ziel hatte, mit dem Daten in einem Netzwerk auch dann ihr Ziel finden, wenn bestimmte Übertragungsstrecken nicht mehr funktionieren, zu

Deutsch vom bösen Feind zerstört wurden. Das war das Hauptziel. Weitere Ziele waren Hardware- und Betriebssystemunabhängigkeit, problemlose Erweiterbarkeit des Netzwerks und anderes mehr.

Um dieses Ziel zu erreichen, musste man neue Wege gehen und sich vom Konzept der zentralen Server verabschieden. Stattdessen verteilte man Ressourcen im Netzwerk, wodurch die Kommunikation nie komplett zerstört werden konnte, da immer noch ein Teil des Netzwerks funktionierte. Dazu wurden Protokolle entwickelt, welche die Daten in Paketform übertragen (Vorläufer von TCP/IP) und sich ihren Weg im Netzwerk selber suchen. Außerdem musste das Protokoll so konzipiert sein, dass auch unterschiedliche Rechnerwelten miteinander kommunizieren konnten. Das Protokoll, aus dem später TCP/IP entstand, war das *Network Control Protocol* (NCP), das als Basis zur Übertragung der Daten im ARPAnet diente. Des Weiteren war auch zur Zusammenarbeit ein neues Betriebssystem erforderlich (Vorläufer Unix).

Das erste Netzwerk auf dieser Basis war das *ARPAnet* (Advanced Research Project Agency Network), welches Ende 1969 zunächst einige wenige Universitäten und Forschungsinstitute miteinander verband. Darunter die Universität von Kalifornien in Santa Barbara (UCSB), die Universität von Kalifornien in Los Angeles (UCLA), das Stanford Research Institute (SRI) und die Universität von Utah.

Damit waren die Grundsteine für das Internet, welches aus dem ARPAnet entstanden ist, gelegt und gleichzeitig auch für TCP/IP. Offiziell wurde TCP/IP dann Ende 1983 zusammen mit dem Berkley Unix 4.2BSD (Berkley Software Distribution) als eine Sammlung von einzelnen Protokollen vorgestellt, die einen Standard bilden sollten. Der Übergang von NCP zu TCP/IP zeichnet sich dadurch aus, dass NCP in TCP (Transmission Protocol) und IP (Internet Protocol) aufgeteilt wurde.

Später wurde dann das ARPAnet in Internet umbenannt und für kommerzielle Anwendungen freigegeben. Mit der Einführung der grafischen Oberfläche fürs Internet, dem *World Wide Web* (WWW), dessen Grundstein Anfang 1989 am *CERN* (Conseil Européenne pour la Recherche Nucléaire – Europäisches Kernforschungszentrum in Genf) gelegt wurde, begann dann die uns allen bekannte und nicht mehr aufzuhaltende Verbreitung des Internets und damit auch von TCP/IP.

1.2   RFCs – die TCP/IP-Bibliothek

TCP/IP besteht aus vielen Protokollen und Diensten, die sich ständig weiterentwickeln werden und müssen, um den neuen Anforderungen gerecht zu werden. Die Ideen und Anregungen dazu kommen meist von größeren Firmen oder Instituten aus der Wissenschaft.

1.2.1   Der Standardisierungsprozess

Bevor aus diesen konkreten Beiträgen ein Standard wird, der dann TCP/IP entsprechend erweitert und modernisiert, durchlaufen sie einen Prozess, den so genannten *Request for Comments* (RFC), der so etwas wie eine Diskussionsanfrage darstellt (»Bitte um Kommentar«). Die Beiträge werden dabei erst öffentlich diskutiert, dann getestet und durchlaufen schließlich drei verschiedene Phasen:

1. Vorgeschlagener Standard:

   Die Spezifikation ist stabil, verständlich und durch die Internet Society geprüft.

2. Entwurfsstandard:

   Der Beitrag wird zur Grundlage für die Entwicklung einer Implementierung und ist sehr stabil und gut verständlich.

3. Internetstandard:

   Der Beitrag ist ausgereift und sehr stabil. Das Protokoll oder der Dienst sind für das Internet von großem Nutzen.

Alle Beiträge, die zu einem Standard geworden sind, bekommen eine RFC-Nummer. RFC 1541 ist beispielsweise die Spezifikation des *Dynamic Host Configuration Protocol* (DHCP) zur automatischen Zuweisung von IP-Adressen.

```
1541 Dynamic Host Configuration Protocol. R. Droms. October 1993.
Format: TXT=96950 bytes) (Obsoletes RFC1531) (Obsoleted by RFC2131)
(Status: PROPOSED STANDARD)
```

Wenn ein Standard überarbeitet wird und es eine neuere Version gibt, wird nicht die gleiche RFC-Nummer verwendet, sondern eine neue, höhere Nummer vergeben. Sowohl in der alten wie auch in der neuen RFC finden Sie einen Hinweis auf die vorhergehende und auf die neuere Version.

```
2131 Dynamic Host Configuration Protocol. R. Droms. March 1997.
(Format: TXT=113738 bytes) (Obsoletes RFC1541)
(Status: DRAFT STANDARD)
```

Das kann man an dem hier aufgezeigten Beispiel *RFC1541* und *RFC2131* sehr schön nachvollziehen.

Diese Information können Sie in einem RFC-Index-Dokument unter *ftp:// ftp.isi.edu/in-notes/rfc-index.txt* nachschlagen.

Im Internet finden Sie allgemeine Informationen zu den RFCs unter *www.ietf.org/rfc.html*.

1.2.2   Die Koordination der RFCs

Damit dieser Prozess auch funktioniert, bedarf es einer Organisation, hier das *Internet Architecture Board* (IAB), die den Ablauf koordiniert. Das IAB besteht aus einer Gruppe von unabhängigen technischen Beratern, welche die folgenden Aufgaben haben:

  Festlegung von Internetstandards

  Veröffentlichen von RFCs

  Überwachen des Standardisierungsprozesses

Im Internet finden Sie Informationen über das IAB unter *www.iab.org*.

In diesem Zusammenhang gibt es noch eine weitere wichtige Organisation, die zum IAB gehört, die *The Internet Engineering Task Force* (IETF). Dabei handelt es sich um eine Gruppe von Experten, die sich freiwillig dreimal im Jahr treffen und ebenfalls für die Entwicklung von Protokollen und deren Implementierung und Standardisierung verantwortlich sind. Sie existiert seit 1986 und wird in Arbeitsgruppen organisiert, die sich mit den verschiedenen Bereichen der Internetarchitektur beschäftigen. Unter *www.ietf.org* finden Sie weitere Informationen.

1.2.3   Der Status einer RFC

Nicht alle RFCs werden tatsächlich als Standard eingesetzt. Der Status gibt Auskunft darüber, ob und wie ein Standard zu bewerten ist. RFCs werden daher in fünf Klassifikationen unterteilt:

  Notwendig:

    Muss auf allen TCP/IP-basierenden Hosts und Gateways implementiert werden

  Empfohlen:

    Sollte auf allen TCP/IP-basierenden Hosts und Gateways implementiert werden. Wird in der Regel auch gemacht.

  Wahlfrei:

    Implementation ist optional. Setzt sich in der Regel nicht durch.

  Eingeschränkte Verwendung:

    Ist nicht für den allgemeinen Gebrauch vorgesehen.

  Nicht empfehlenswert:

    Implementierung wird nicht empfohlen.

Nach diesen Statusinformationen, die bei jeder RFC mit angegeben werden, kann man beurteilen, welchen Stellenwert die technische Information hat.

1.3   Ein Blick in die Zukunft – IPv6

Das große Problem der derzeitigen Version von IP (IP Version 4 oder kurz IPv4) ist die bereits fast erschöpfte Anzahl von unterschiedlichen IP-Adressen, die aus dem 32 Bit breiten Adressraum erzeugt werden können. Die Erfinder von IPv4 konnten vor 20 Jahren nicht ahnen, wie groß der Bedarf von unterschiedlichen IP-Adressen einmal werden würde. Deshalb ging man mit den theoretisch ca. 4,3 Milliarden ($2^{32} = 4,3 \times 10^9$) verschiedenen IP-Adressen relativ verschwenderisch um und reservierte große Bereiche beispielsweise zum Testen und Prüfen.

Ein weiteres Problem ist die ständig steigende Netzwerkbelastung aufgrund des explosionsartigen Anstiegs an Rechnern und Anwendern im Internet. Außerdem werden immer neue Anwendungen im Bereich Multimedia (Video und Sound) im Internet zur Verfügung gestellt, für die neben der entsprechenden Bandbreite auch eine modernere und effektivere Aufbereitung der Daten erforderlich ist.

Daher wurde irgendwann ein Nachfolger von IPv4 nötig. Die IETF (Internet Engineering Task Force) forderte aus diesem Grund bereits 1992 dazu auf, Vorschläge für einen Nachfolger zu machen, IPng (IP next Generation). Von den vielen eingereichten Vorschlägen einigte man sich dann letztlich auf IPv6.

Die Version 6 basiert auf einem 128 Bit breiten Adressraum, mit dem so viele verschiedene IP-Adressen erzeugt werden können, dass man theoretisch jeder Kaffee- und Waschmaschine eine eigene Adresse zuweisen könnte. Dieser Vergleich eignet sich besser als die Angabe der Zahl von möglichen IP-Adressen, denn $2^{128} = 2 \times 10^{38}$ ergibt eine so große Zahl, dass man sich diese eigentlich nicht mehr vorstellen kann. Davon abgesehen ist es sicher nicht mehr so fern, dass Kaffee- oder Waschmaschinen übers Internet programmiert werden ...

Darüber hinaus bietet IPv6 folgende weitere Vorteile:

- die Definition von Hierarchieebenen bei der Adressierung
- ein verbessertes Sicherheitskonzept bei der Übertragung von Daten
- verbesserte Zusammenarbeit mit Routern
- viele Automatismen bei der Installation von Rechnern, insbesondere auch bei mobilen Rechnern

Seit Mitte 1999 wurde von der *Internet Engineering Task Force* (IETF) ein weltweiter Versuch gestartet, IPv6 einzuführen. Es wird damit gerechnet, dass nach und nach bis zum Jahre 2005 die Umstellung auf IPv6 vollzogen sein wird.

In China wird IPv6 im *Cernet* (China Education and Research Network) bereits eingesetzt. Bei diesem Netzwerk, das etwa zwei Millionen Menschen benutzen, handelt es sich um ein Netzwerk, das Universitäten, Schulen und sonstige Bildungseinrichtungen im ganzen Land verbindet.

So eine Umstellung ist nicht ganz einfach, aber aufgrund der Abwärtskompatibilität zu IPv4 und der vollen Unterstützung wichtiger großer Unternehmen, wie beispielsweise IBM, HP, Sun oder auch Microsoft sollte der weltweite Umstieg ohne größere Probleme gelingen.

IPv6 ist übrigens ein fester Bestandteil von Windows XP und Windows Server 2003. Microsoft will damit dokumentieren, dass man für den Umstieg bereit ist. Wann dieser Umstieg dann letztlich stattfindet, bleibt abzuwarten.

jetzt lerne ich

Überblick über die Architektur von TCP/IP

In diesem Kapitel geht es noch einmal um ein sehr theoretisches, aber auch sehr wichtiges Thema, die Architektur von TCP/IP.

2.1 OSI-Modell

Das OSI-Referenzmodell (OSI = Open Systems Interconnection) beschreibt über sieben Schichten den Weg der Daten vom Programm bis zum Kabel. Es ist ein im Jahre 1978 von der *International Standard Organization* (ISO) entwickelter Standard.

Dieses Modell dient Herstellern von Hardware für Netzwerke (Netzwerkkarten, Router etc.) und Software-Entwicklern (Netzwerkanwendungen und -dienste, Protokolle, Treiber etc.) als Basis für deren Entwicklung. Nur so ist es möglich, dass Anwendungen, Betriebssysteme, Treiber, Protokolle, Netzwerkkarten etc. sich unter Einhaltung bestimmter Grundregeln nahezu beliebig kombinieren lassen.

Aber auch für den normalen Anwender ist ein Grundverständnis des OSI-Modells von Nutzen. Einerseits sorgt es für ein besseres Verständnis des allgemeinen Ablaufs in der Netzwerkarchitektur und andererseits können Probleme leichter diagnostiziert werden. Fundamental ist das Wissen auch für Netzwerkgeräte, wie Bridges, Router, Gateways etc. Und für zukünftige TCP/IP-Spezialisten ist das Wissen um OSI absolute Pflicht.

Wie bereits erwähnt, besteht das OSI-Referenzmodell aus insgesamt sieben Schichten mit einer ganz bestimmten Bedeutung. Jede Schicht ist in sich abgeschlossen und stellt definierte Schnittstellen zu den beiden benachbarten Schichten zur Verfügung. Alle Ebenen sind somit unabhängig voneinander und daher problemlos einzeln austauschbar.

Abb. 2.1:
OSI-Referenz-
modell

Schicht 7: Anwendungsschicht
Schicht 6: Darstellungsschicht
Schicht 5: Sitzungsschicht
Schicht 4: Transportschicht
Schicht 3: Vermittlungsschicht
Schicht 2: Sicherungsschicht
Schicht 1: Physikalische Schicht

2.1.1   Anwendungsschicht (Application Layer)

Schicht 7: In dieser Schicht bekommen Anwendungen und Dienste Zugang zum Netzwerk, beispielsweise E-Mail, HTML-Dokumente oder Datentransfers über FTP. Die Daten haben dabei noch ihre ursprüngliche Form.

2.1.2   Darstellungsschicht (Presentation Layer)

Schicht 6: In der im Allgemeinen wenig benutzten Darstellungsschicht können die Daten in ein allgemeines, plattformunabhängiges Format konvertiert und eventuell komprimiert und/oder verschlüsselt werden. Hier müssen verschiedene Zeichensätze, Zeilenlängen, Grafikbefehle so konvertiert werden, dass sie vom Empfängercomputer wieder gelesen und dekodiert werden können. Das Dienstprogramm, das in dieser Schicht arbeitet, wird Redirector genannt.

2.1.3   Sitzungsschicht (Session Layer)

Schicht 5: Diese Schicht, die ebenfalls kaum verwendet und manchmal auch Kommunikationssteuerungsschicht genannt wird, stellt eine Verbindung (Sitzung) zwischen zwei Rechnern her. Den Daten werden so genannte Prüfpunkte hinzugefügt, die den Datenstrom in verschiedene Teile aufteilen. Dadurch hat man bei Abbruch der Verbindung oder bei Übertragungsfehlern eine besser Kontrolle und muss nur die fehlerhaften Daten bis zum letzten Prüfpunkt erneut übertragen. Das sorgt für eine wesentlich effizientere Übertragung.

2.1.4   Transportschicht (Transport Layer)

Schicht 4: Diese Schicht ist die wichtigste. Das kommt daher, dass die meisten Anwendungen der Schicht 7 direkt auf Schicht 4 zugreifen und fünf bzw. 6 auslassen. In der so genannten Transportschicht wird zusätzlich zur Sitzungsschicht (Schicht 3) eine weitere Verbindungsebene bereitgestellt. Hier werden die Daten je nach Größe in Pakete aufgeteilt bzw. zusammengefasst. Die Transportschicht hat dafür zu sorgen, dass die Pakete fehlerfrei und in der richtigen Reihenfolge ankommen. Außerdem muss erkannt werden, ob ein Paket verloren gegangen ist oder ob ein Duplikat eines Pakets ankommt.

2.1.5   Vermittlungsschicht (Network Layer)

Schicht 3: In der Vermittlungsschicht geht es um die Wegfindung und Adressierung der Datenpakete vom Quell- zum Zielrechner. Hier werden logische Adressen in physikalische Adressen (z.B. MAC-Adresse einer Netzwerkkarte) umgewandelt. In dieser Schicht wird auch der Weg der Daten über Router und Gateways hinweg gesteuert.

2.1.6   Sicherungsschicht (Datalink Layer)

Schicht 2: In dieser Schicht werden die Daten aus der Vermittlungsschicht in einem Datenrahmen in die Physikalische Schicht übertragen (Schicht 1), damit Fehler bei der physikalischen Übertragung der Daten erkannt und gegebenenfalls korrigiert werden können. Hier kommen Prüfsummenverfahren wie CRC (Cyclical Redundancy Check) zur Anwendung.

2.1.7   Physikalische Schicht (Physical Layer)

Schicht 1: Die Physikalische Schicht wird manchmal auch als Bitübertragungsschicht bezeichnet. Hier werden die Datenrahmen, die als Rohbits ankommen, in das entsprechende Signal des Übertragungsmediums umgewandelt. Meistens handelt es sich bei den Übertragungsmedien um Kabel, also findet eine Umwandlung in elektrische Signale statt. Bei Glasfaserkabeln als Übertragungsmedium werden Lichtblitze für die Übertragung verwendet. In diesem Beispiel müssten die Rohbits also in Licht umgewandelt werden.

Wenn dann die Übertragung der Signale über das Übertragungsmedium zum Zielrechner erfolgt ist, werden die Daten wieder in Bits zurückverwandelt. Dann durchlaufen die Daten wiederum die anderen Schichten des OSI-Modells, nur jetzt in umgekehrter Reihenfolge.

2.2 Das TCP/IP-Schichtenmodell von Microsoft

Das TCP/IP-Schichtenmodell besteht im Gegensatz zum OSI-Referenzmodell nur aus vier Schichten. Das liegt daran, dass TCP/IP vor dem OSI-Referenzmodell entwickelt worden ist. Da das TCP/IP-Schichtenmodell aber für das OSI-Referenzmodell Pate gestanden hat, gibt es viele Gemeinsamkeiten und es lässt sich auch im OSI-Referenzmodell wiederfinden. Das bedeutet einfach, dass das TCP/IP-Schichtenmodell im Vergleich zum OSI-Referenzmodell in den einzelnen Schichten zum Teil mehrere Aufgaben zusammenfasst.

Abb. 2.2:
TCP/IP-Modell

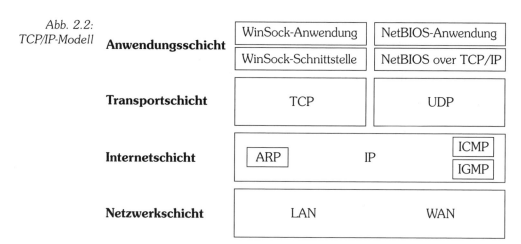

2.2.1 Anwendungsschicht

Schicht 4: Die Anwendungsschicht des TCP/IP-Schichtenmodells entspricht der Anwendungs- und Darstellungsschicht des OSI-Referenzmodells. In dieser Schicht bekommen Anwendungen und Dienste Zugang zum Netzwerk, beispielsweise E-Mail, HTML-Dokumente, Datentransfer über FTP.

Als Standard-TCP/IP-Programmschnittstelle (API = Application Programming Interface) für Anwendungsprogramme dienen die Windows Sockets oder kurz WinSock. Sie steht auf allen Plattformen zur Verfügung. Dahinter verbergen sich die ureigenen TCP/IP-Anwendungen, wie beispielsweise FTP zur Datenübertragung.

Eine API ist eine Programmschnittstelle, in der für Programmierer eine Reihe von Routinen für die Entwicklung von Programmen zur Verfügung gestellt werden. In diesem Fall ist es eine API für Netzwerkprogramme. Damit diese Programme funktionieren, muss die Programmschnittstelle zur Verfügung stehen.

Microsoft hat sein TCP/IP-Modell um eine weitere Programmschnittstelle erweitert, um NetBIOS (Network Basic Input/Output System). Das Bindeglied zwischen der Programmschnittstelle NetBIOS und der Transportschicht ist *NetBIOS over TCP/IP*. NetBIOS wurde ursprünglich von IBM entwickelt und ist protokollunabhängig. Das heißt, dass NetBIOS-Anwendungen sowohl mit den Protokollen *NetBEUI* (ein einfaches, nicht routingfähiges Protokoll für kleine Peer-to-Peer-Netzwerke) als auch *IPX/SPX* (von Novell entwickeltes routingfähiges Protokoll) und *TCP/IP* betrieben werden können.

NetBIOS-Anwendungen sind Anwendungen, die einen so genannten NetBIOS-Namen voraussetzen. Dabei handelt es sich um einen im gesamten Netzwerk eindeutigen Computernamen, der jedem Computer bei der Installation des Netzwerks zugewiesen wird. Der Computername wird beispielsweise verwendet, um in der Netzwerkumgebung auf freigegebene Ressourcen wie Ordner oder Drucker eines anderen Rechners zugreifen zu können oder über den Befehl net use, über den man in der Eingabeaufforderung Netzwerklaufwerke mit Freigaben anderer Rechner verbinden kann. Dabei wird der so genannte *UNC-Pfad* verwendet.

Der *UNC-Pfad* (Universal Naming Convention) steht für den Rechnernamen und Freigabenamen nach dem Format \\Rechnernamen\Freigabename. Der Befehl net use würde dann beispielsweise wie folgt aussehen:
net use z: \\Server01\tools

2.2.2 Transportschicht

Schicht 3: Die Transportschicht entspricht der Transportschicht des OSI-Modells. Im TCP/IP-Modell gibt es zwei Möglichkeiten, wie Daten transportiert werden können, entweder über das *Transmission Control Protocol* (TCP) oder über das *User Datagram Protocol* (UDP). Welches der beiden Protokolle verwendet wird, hängt von der Anwendung ab.

Bei TCP wird eine verbindungsorientierte Kommunikation verwendet, die für größere Datenmengen erforderlich ist. Eine verbindungsorientierte Kommunikation ist zuverlässig, d.h., eine fehlerfreie, vollständige Übertragung in korrekter Reihenfolge der Pakete und ohne Duplikate wird garantiert. TCP wird beispielsweise für FTP oder HTTP (Hypertext Transfer Protocol) im Internet verwendet.

Bei UDP handelt es sich um ein Protokoll, das verbindungslos arbeitet und damit die fehlerfreie Übertragung nicht garantieren kann. Es ist daher ein schlankes Protokoll ohne viel Ballast für Sicherheitsextras. Wozu kann man dann ein solches Protokoll überhaupt gebrauchen, wenn es nicht sicher ist?

Grundsätzlich dazu: Wenn die Netzwerkverbindung an sich sehr stabil ist, wie beispielsweise in einem LAN (Local Area Network) im Vergleich zu einem WAN (Wide Area Network, über eine Telefonverbindung), ist das Sicherheitsrisiko schon gar nicht mehr so groß. Aus diesem Grund wird UDP einerseits für kleine Datenmengen verwendet, wie beispielsweise für kurze Meldungen, Fehlermeldungen etc. Andererseits wird UDP auch für große Datenmengen verwendet, wo es in erster Linie auf Geschwindigkeit ankommt. Als Beispiel dafür kann man Video und Sound nehmen. Videos über das Internet oder Netradio verwenden aus Geschwindigkeitsgründen UDP.

2.2.3   Internetschicht

Schicht 2: Die Internetschicht entspricht der Netzwerkschicht des OSI-Modells. Wie beim OSI-Referenzmodell geht es hier um die Wegfindung und die Übersetzung von logischen in physikalische Adressen.

Für die Wegfindung und Adressierung ist das *Internet Protocol* (IP) zuständig. Für die Übersetzung der logischen Adressen (die typischen IP-Adressen, 10.79.185.12) in die physikalischen Adressen (MAC-Adresse der Netzwerkkarte) ist das *Address Resolution Protocol* (ARP) zuständig.

In der Internetschicht findet man noch zwei weitere kleine Protokolle, das *Internet Control Message Protocol* (ICMP) und das *Internet Group Management Protocol* (IGMP).

ICMP ist für die Übertragung von Nachrichten (beispielsweise auch zur Diagnose) und Fehlern innerhalb der Kommunikation zuständig. Das Programm ping, das später noch ausführlich besprochen wird, verwendet beispielsweise ICMP.

Bei IGMP handelt es sich um ein Protokoll, das bei ganz bestimmten Kommunikationsprogrammen Anwendung findet, den so genannten Multicast-Anwendungen (siehe 3.4 IGMP).

2.2.4   Netzwerkschicht

Schicht 1: Die Netzwerkschicht entspricht der Sicherungs- und Physikalischen Schicht des OSI-Referenzmodells. In dieser Schicht werden die Daten in Rahmen verpackt, kontrolliert und an die entsprechenden Übertragungsmedien weitergeleitet.

2.3   Zusammenfassung

Der Erfolg von TCP/IP ist auf viele Dinge zurückzuführen. Dabei spielt sicher auch Glück eine gewisse Rolle, aber vor allem die Tatsache, dass es ursprünglich für ein Verteidigungsministerium entwickelt worden ist. Dadurch war für eine gewissenhafte Planung und Umsetzung gesorgt. Da spielt der kommerzielle Aspekt eine eher untergeordnete Rolle. Zuverlässigkeit ist hier gefragt, egal zu welchem Preis. Außerdem hat es noch einen entscheidenden Vorteil, denn Entwicklungen für das Verteidigungsministerium gehören der Öffentlichkeit und nicht einer einzelnen Firma. Bekannte Probleme aus Monopolstellungen, man will ja keine Namen nennen, sind daher ausgeschlossen.

Ein weiterer wichtiger Punkt ist die Plattformunabhängigkeit und die offene Architektur. TCP/IP findet man in nahezu allen Rechnerwelten und Betriebssystemen. Dadurch ist der Datenaustausch über die verschiedenen Grenzen hinweg kein Problem. Für das Funktionieren und letztlich für den Erfolg des Internets ist das eine wesentliche Voraussetzung.

Obwohl das Internet und TCP/IP keiner Firma gehören und damit im Prinzip jeder entwickeln kann, was er will, gibt es Regeln und Standards. Für das Einhalten der Regeln sorgen das *Internet Architecture Board* (IAB) zusammen mit der *The Internet Engineering Task Force* (IETF), die sich aus Experten und Forschern zusammensetzt. Außerdem sind sie maßgeblich an dem Prozess beteiligt, um aus Vorschlägen für die Weiterentwicklung der Protokolle und Dienste einen Standard zu machen, der in RFCs festgeschrieben wird.

Die allgemeine Netzwerkarchitektur wird durch das OSI-Referenzmodell veranschaulicht, das den Weg der Daten über sieben Schichten von der Anwendung bis zum Übertragungsmedium beschreibt.

Das aus vier Schichten bestehende TCP/IP-Modell beschreibt die Architektur von TCP/IP. Das TCP/IP-Modell von Microsoft unterscheidet sich u.a. vom allgemeinen TCP/IP-Modell, so dass es in der Anwendungsschicht neben der Programmschnittstelle WinSock noch NetBIOS gibt.

2.4   Fragen zur Wiederholung

1. Warum ist TCP/IP heute zum Standard-Protokoll für Netzwerke geworden?

2. Was waren die wichtigsten Entwicklungsziele bei der Entwicklung von Vorläufern von TCP/IP?

3. Wie heißt das Protokoll, aus dem TCP/IP entstanden ist?

4. Wie heißt das Netzwerk, aus dem das Internet entstanden ist?

5. Was sind RFCs und für wen sind sie wichtig?

6. Wer ist für die Abläufe verantwortlich, die zum Entstehen einer RFC führen?

7. Welche drei Schritte beschreiben den Standardisierungsprozess einer RFC?

8. Warum ist es erforderlich, für IP einen Nachfolger zu entwickeln?

9. Wie genau heißt die aktuelle IP-Version und wie der Nachfolger?

10. Welche Vorteile bietet die neue Version?

11. Welchen Sinn hat das OSI-Referenzmodell?

12. Welche Schichten beschreiben das OSI-Referenzmodell?

13. Welche Schichten beschreiben das TCP/IP-Modell?

14. Welche Schichten aus dem OSI-Referenzmodell kann man zusammenfassen und wie dem TCP/IP-Modell zuordnen?

## KAPITEL 3

Die wichtigsten TCP/IP-Protokolle

An dieser Stelle sollen noch einmal die wichtigsten TCP/IP-Protokolle im Detail besprochen werden. Über das TCP/IP-Modell von Microsoft ist bereits in dem vorhergehenden Kapitel dargelegt worden, welche Protokolle in welcher Schicht zum Einsatz kommen. Hier geht es jetzt um grundsätzliche Zusammenhänge und Abläufe in einem TCP/IP-Netzwerk.

3.1 Einfaches Senden oder Routing?

Bevor die einzelnen Protokolle im Detail besprochen werden, sollte vorher der Ablauf bei der Übertragung von Daten in einem TCP/IP-Netzwerk genau dargestellt werden. In diesem Abschnitt geht es jetzt um den grundlegenden Ablauf beim Datenaustausch in einem TCP/IP-Netzwerk.

Ausgangspunkt ist ein Quell- und ein Zielrechner, die untereinander Daten austauschen wollen. Jeder Host braucht in einem TCP/IP-Netzwerk eine eindeutige IP-Adresse. Für den Austausch der Daten ist es von besonderer Bedeutung, ob sich die beiden Rechner im gleichen oder in verschiedenen Netzwerken befinden. Das wird übrigens mithilfe der Subnet-Mask herausgefunden, die später noch ausführlich besprochen wird.

Abb. 3.1:
Zwei Netz-
werke (durch
Router ver-
bunden)

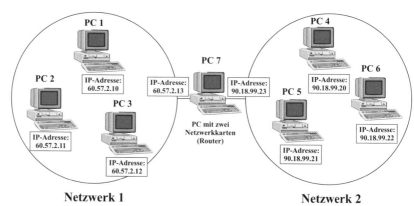

3.1.1 Szenario für das »Einfache Senden«

Um das *Einfache Senden* zu verstehen, betrachten Sie die vorherige Abbildung und schauen Sie sich die nächsten Schritte an. Diese beschreiben, wie Daten über TCP/IP beim *Einfachen Senden* ausgetauscht werden.

Ziel: PC 1 möchte mit PC 2 Daten austauschen.

1. Als Erstes wird von TCP/IP überprüft, ob sich PC 1 und PC 2 im gleichen Netzwerk befinden. (Tatsächlich findet die Überprüfung über die Subnet-Mask statt, sie wird aber in diesem Beispiel vernachlässigt, weil man ja sieht, ob sich die Rechner im gleichen Netzwerk befinden oder nicht.)

2. PC 1 und PC 2 liegen im gleichen Netzwerk.

3. Über das Protokoll ARP wird dann versucht, die IP-Adresse des Zielrechners, in diesem Fall PC 2, in die MAC-Adresse aufzulösen.

4. Wenn die Auflösung der IP-Adresse des Zielrechners erfolgreich war, können die Daten zwischen den beiden Rechnern ausgetauscht werden.

Damit ist die Übertragung zwischen PC 1 und PC 2 erfolgreich abgeschlossen.

3.1.2 Szenario für das Routing

Das *Routing* ist das interessantere und kompliziertere Verfahren und spiegelt das Schlüsselkonzept von TCP/IP wider, die Wegfindung. IP sucht sich den Weg zum Zielrechner selbst.

Ziel: PC 1 möchte mit PC 6 Daten austauschen.

1. Als Erstes wird von TCP/IP überprüft, ob sich PC 1 und PC 6 im gleichen Netzwerk befinden. (Tatsächlich findet die Überprüfung über die Subnet-

Mask statt, sie wird aber in diesem Beispiel vernachlässigt, weil man ja sieht, ob sich die Rechner im gleichen Netzwerk befinden oder nicht.)

2. PC 1 und PC 6 liegen nicht im gleichen Netzwerk. PC 1 liegt im Netzwerk 1 und PC 6 liegt im Netzwerk 2.

   Es kommt zum Routing. Das bedeutet, dass dann ein Router gesucht wird, der das Netzwerk mit PC 1 und mit PC 6 verbindet.

   Dazu wird die IP-Adresse verwendet, die im Standard-Gateway eingetragen ist. Dies muss die Adresse des Routers sein, der zum lokalen Netzwerk gehört.

3. Wenn eine gültige IP-Adresse im Standard-Gateway eingetragen ist, wird über ARP diese IP-Adresse in die MAC-Adresse des Routers aufgelöst. Damit können die Daten zum Router übertragen werden.

4. Die Datenpakete werden dann von der einen Seite des Routers auf die andere Seite transferiert. Dabei wird die ursprüngliche Quelladresse von PC 1 durch die Adresse des Routers ersetzt, damit PC 6 eine für ihn gültige Adresse vorfindet.

5. Anschließend wird die neue Quelladresse mit der Zieladresse von PC 6 verglichen, um festzustellen, ob sich die beiden Hosts (Router und Rechner) im gleichen Netzwerk befinden.

6. Da sich hier beide im gleichen Netzwerk befinden, wird wieder ARP benötigt, um die IP-Adresse von PC 6 in die MAC-Adresse aufzulösen.

7. Wenn die Auflösung der IP-Adresse des Zielrechners erfolgreich war, können die Daten zwischen den beiden Hosts ausgetauscht werden und die Daten sind am Ziel angekommen.

Damit wurde die Übertragung der Daten zwischen PC 1 und PC 6 erfolgreich abgeschlossen, obwohl die beiden Rechner in unterschiedlichen Netzwerken liegen.

Alternativ-Ergebnis: Falls sich die beiden IP-Adressen nicht im gleichen Netzwerk befunden hätten, wäre der nächste Router gesucht worden, um das nächste Remote-Netzwerk zu überprüfen.

Das wird dann so lange fortgesetzt, bis der Zielrechner gefunden wird oder eine Sicherheitsschwelle erreicht wird. Wird diese erreicht (so etwas wie ein Time Out), so wird das Datenpaket verworfen und eine Fehlermeldung an den Quellrechner geschickt. Dafür wird ein Zeitwert verwendet (die TTL oder Time To Live), der nach jedem Überspringen eines Routers (Hop) mindestens um eins reduziert wird. Dadurch wird verhindert, dass Datenpakete zu lange und eventuell ziellos durch das Netzwerk geschickt werden und kostbare Kapazitäten verschwenden.

3.1.3   Wichtige Konsequenzen

Wie das einfache Senden und das Routing grundsätzlich funktioniert, ist nun ausführlich beschrieben worden. Zur Veranschaulichung des Themas finden Sie jetzt hier noch zwei Fälle, die deutlich machen sollen, warum es bei Konfigurationsfehlern bei TCP/IP keine Kommunikation zwischen den Rechnern geben kann.

1. Fall: Zwei Rechner befinden sich im gleichen Netzwerk

Falls sich zwei Rechner von der Konfiguration her (IP-Adressen und Subnet-Mask) im gleichen Netzwerk, physikalisch aber in unterschiedlichen Netzwerken befinden, kann dann eine Kommunikation stattfinden?

Nein! Das Ergebnis der Überprüfung ist, dass sich die beiden Rechner im gleichen Netzwerk befinden. Die Folge ist, dass über das Protokoll ARP versucht wird, die Hardware-Adresse bzw. die MAC-Adresse herauszufinden. Wenn aber ARP versucht, im lokalen Netzwerk die IP-Adresse aufzulösen, wird dieses ohne Erfolg bleiben, da sich der Rechner tatsächlich nicht in diesem Netzwerk befindet. Er befindet sich jenseits des Routers und dahin gelangt die Rundsendung zur Auflösung der Adresse nicht. Das bedeutet, dass keine Kommunikation zwischen diesen beiden Rechnern stattfinden kann, solange sie falsch konfiguriert sind.

2. Fall: Zwei Rechner befinden sich in unterschiedlichen Netzwerken

Falls sich zwei Rechner von der Konfiguration her (IP-Adressen und Subnet-Mask) in unterschiedlichen Netzwerken befinden, physikalisch aber im gleichen Netzwerk, kann dann eine Kommunikation stattfinden?

Auch in diesem Fall ist keine Kommunikation zwischen den beiden Rechnern möglich. Es wird wie immer zuerst überprüft, ob sich beide Rechner im gleichen Netzwerk befinden. Die Konfiguration ist entscheidend und besagt, dass sich beide Rechner in unterschiedlichen Netzwerken befinden. Die Konsequenz ist, dass die Daten über das Standard-Gateway an den Router gesendet werden (Routing). Im anderen Netzwerk wird über ARP nach dem Zielrechner gesucht, dieser aber natürlich nicht gefunden. Auch in diesem Fall werden die beiden Rechner nie miteinander kommunizieren können, wenn die Konfigurationsfehler nicht beseitigt werden.

3.2 ARP (Address Resolution Protocol)

Wie ARP (Address Resolution Protocol) grundsätzlich funktioniert, sollte durch die beschriebenen Verfahren aus den vorhergehenden Abschnitten klar geworden sein. In diesem Abschnitt wollen wir uns nun mit ARP genauer auseinander setzen.

ARP hat die Aufgabe, die IP-Adresse eines Rechners in seine MAC-Adresse aufzulösen. Das ist erforderlich, da die IP-Adresse nur ein Hilfsmittel ist, um innerhalb eines großen Netzwerks einen Host selbstständig zu finden. Wenn der Host einmal gefunden ist, wird für die eigentliche Datenübertragung als Zieladresse die MAC-Adresse benötigt. ARP gehört zur Internetschicht des TCP/IP-Schichtenmodells.

3.2.1 Die MAC-Adresse (Media Access Control)

Die MAC-Adresse (Media Access Control Address) ist ein in der Regel unveränderbarer 48 Bit-Code, der auf jeder Netzwerkkarte »eingebrannt« und weltweit eindeutig ist. Damit die Eindeutigkeit gewährleistet ist, erfolgt die Verteilung der Adressen an die Hersteller zentral verwaltet. Oft wird die MAC-Adresse auch als Hardware-, physikalische oder sogar als Ethernet-Adresse bezeichnet.

Zur besseren Lesbarkeit wird die MAC-Adresse nicht als Bitfolge angezeigt, sondern als Folge von zwölf hexadezimalen Ziffern (Rechenbasis 16). Diese zwölf Ziffern werden dann noch in sechs Blöcken mit zweistelligen hexadezimalen Zahlen dargestellt, beispielsweise `00-E0-29-0C-E7-6B`.

Wie kann man sich die MAC-Adresse anzeigen lassen?

Es gibt verschiedene Möglichkeiten, wie Sie sich die MAC-Adresse Ihrer Netzwerkkarte anzeigen lassen. Unter Windows NT/2000/XP verwenden Sie beispielsweise den Befehl `ipconfig /all` und bei Windows 9x und Windows ME den Befehl `winipcfg`.

Abb. 3.2: Programm WINIPCFG zur Bestimmung der MAC-Adresse

35

Abb. 3.3: Programm IP-CONFIG zur Bestimmung der MAC-Adresse

```
Eingabeaufforderung                                            _ □ ×

Windows NT IP-Konfiguration

        Host-Name . . . . . . . . . . : server03
        DNS-Server. . . . . . . . . . :
        Knotentyp . . . . . . . . . . : Hybrid
        NetBIOS-Bereichs-ID . . . . . :
        IP-Routing aktiviert. . . . . : Ja
        WINS-Proxy aktiviert. . . . . : Nein
        NetBIOS-Auswertung mit DNS  . : Nein

Ethernet-Adapter E190x2:

        Beschreibung. . . . . . . . . : 3Com EtherLink PCI
        Physikalische Adresse . . . . : 00-50-DA-64-0C-5E
        DHCP aktiviert. . . . . . . . : Nein
        IP-Adresse. . . . . . . . . . : 10.100.200.1
        Subnet Mask . . . . . . . . . : 255.255.255.0
        Standard-Gateway. . . . . . . : 10.100.200.1
        Primärer WINS-Server. . . . . : 10.100.100.98
        Sekundärer WINS-Server. . . . : 10.100.100.100

Ethernet-Adapter E190x1:

-- Fortsetzung --
```

3.2.2 Der Prozess zur Adressauflösung

Wenn also in einem TCP/IP-Netzwerk Daten zwischen zwei Hosts im gleichen physikalischen Netzwerk ausgetauscht werden sollen, muss als Erstes die IP-Adresse des Zielrechners in die MAC-Adresse aufgelöst werden.

Der Vorgang der Auflösung läuft nach folgendem Prinzip ab:

1. Bevor *ARP* eine Rundsendung (Broadcast) in das lokale Netzwerk schickt, wird der so genannte ARP-Cache überprüft. Befindet sich in diesem Cache bereits die gesuchte IP-Adresse mit der dazugehörigen MAC-Adresse, kann auf die weitere Anfrage verzichtet werden.

2. Wenn die Information nicht im ARP-Cache zu finden ist, wird eine Rundsendung ins Netzwerk geschickt.

 Beachten Sie bitte, dass eine Rundsendung nicht über Router weitergeleitet wird und somit ARP nur Rechner im eigenen lokalen Netzwerk erreichen kann.

Die Rundsendung ist im Prinzip nichts anderes als eine Frage, die an alle Rechner im lokalen Netzwerk gesendet wird. Im übertragenen Sinne könnte die Frage etwa folgendermaßen lauten: »Wie lautet die MAC-Adresse des Rechners mit der IP-Adresse `w.x.y.z` (eine gültige IP-Adresse im lokalen Netzwerk)?«

3. Alle Rechner des lokalen Netzwerks, die online sind, empfangen diese Rundsendung bzw. diese Frage. Sie vergleichen dann die gesuchte IP-Adresse mit ihrer eigenen.

4. Falls die IP-Adresse mit der gesuchten übereinstimmt, antwortet der entsprechende Rechner mit der MAC-Adresse seiner Netzwerkkarte.

Und wenn der Rechner mehrere Netzwerkkarten hat, antwortet er mit der MAC-Adresse derjenigen Netzwerkkarte, die mit der gesuchten IP-Adresse konfiguriert ist.

5. Wenn die MAC-Adresse des gesuchten Rechners an den Quellrechner übermittelt worden ist, trägt dieser die Informationen in seinen Cache-Speicher ein und die Kommunikation kann beginnen.

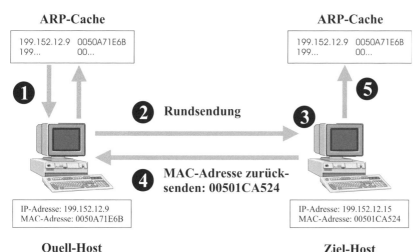

Abb. 3.4:
Auflösung ei-
ner IP-Adresse
mit ARP

Wenn sich der Ziel-Host nicht im lokalen Netzwerk befindet, wird über das Standard-Gateway die IP-Adresse des Routers ausfindig gemacht. Diese wird wieder mit ARP in eine MAC-Adresse umgesetzt. Die Daten werden dann an den Router übertragen und der Prozess setzt sich in dem Remote-Netzwerk nach der oben beschriebenen Methode fort, bis der Ziel-Host gefunden oder die Suche abgebrochen wird.

3.2.3   Der ARP-Cache

Wozu ein ARP-Cache? Ganz einfach, Rundsendungen werden an *alle* Hosts im lokalen Netzwerk geschickt. Das bedeutet bei regem Datenverkehr eine große Belastung des Netzwerks.

Reduktion von Rundsendungen

Von daher ist es sehr wichtig, dass die Anzahl der Rundsendungen so gering wie möglich gehalten wird. Da bietet sich das Konzept eines Cache-Speichers an. Wenn einmal eine IP-Adresse in die Hardware-Adresse aufgelöst wurde, wird diese Information als Eintrag mit IP- und MAC-Adresse im Cache-Speicher abgelegt.

Wenn die gleiche Information kurze Zeit später noch einmal benötigt wird, kann auf die Rundsendung verzichtet werden, da die Informationen bereits im Cache-Speicher vorliegen.

Statische und dynamische Einträge

Es gibt zwei Arten von Einträgen im ARP-Cache, *statische* und *dynamische*. Dynamische Einträge werden – wie eben beschrieben – automatisch nach einer erfolgreichen Rundsendung in den lokalen Cache eingetragen. Die dynamischen Einträge bleiben standardmäßig erst einmal für zwei Minuten im Speicher und werden dann gelöscht, falls sie bis dahin nicht wiederverwendet wurden. Bei Wiederverwendung beträgt die Lebensdauer maximal zehn Minuten. Wenn der Rechner ausgeschaltet wird, gehen alle Einträge des Cache-Speichers verloren. Ein anderer Grund, warum Einträge aus dem Cache gelöscht werden, ist die Kapazität des Cache-Speichers. Ist die Kapazität erschöpft, wird beim Löschen mit dem ältesten Eintrag begonnen.

Mit arp -a können Sie sich den Inhalt Ihres lokalen ARP-Cache-Speichers anschauen. Damit Sie dort Einträge vorfinden, geben Sie vorher einfach einen oder mehrere Ping-Befehle ein (ping <IP-Adresse>, beispielsweise ping 10.100.100.14).

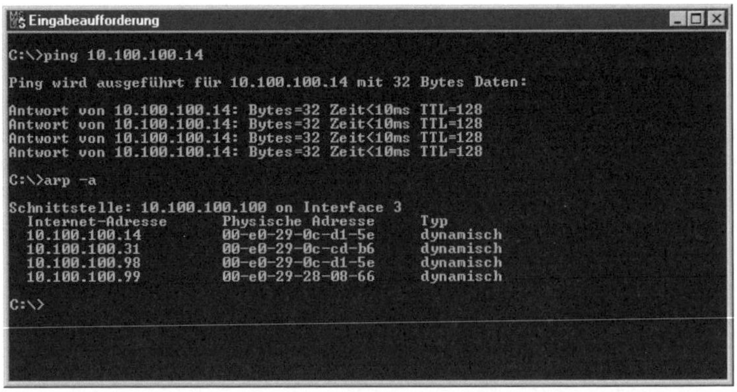

Abb. 3.5: Der Befehl arp -a zum Anzeigen des ARP-Cache-Speichers

```
C:\>ping 10.100.100.14

Ping wird ausgeführt für 10.100.100.14 mit 32 Bytes Daten:

Antwort von 10.100.100.14: Bytes=32 Zeit<10ms TTL=128
Antwort von 10.100.100.14: Bytes=32 Zeit<10ms TTL=128
Antwort von 10.100.100.14: Bytes=32 Zeit<10ms TTL=128
Antwort von 10.100.100.14: Bytes=32 Zeit<10ms TTL=128

C:\>arp -a

Schnittstelle: 10.100.100.100 on Interface 3
  Internet-Adresse      Physische Adresse     Typ
  10.100.100.14         00-e0-29-0c-d1-5e     dynamisch
  10.100.100.31         00-e0-29-0c-cd-b6     dynamisch
  10.100.100.98         00-e0-29-0c-d1-5e     dynamisch
  10.100.100.99         00-e0-29-28-08-66     dynamisch

C:\>
```

Eine Alternative zu den dynamischen Einträgen sind die statischen Einträge. Für häufige Anfragen an bestimmte Hosts können Sie statische Einträge einfügen, die keiner Zeitbeschränkung unterliegen. Erst wenn der Eintrag manuell wieder gelöscht wird oder der Rechner neu gestartet wird, gehen auch die statischen Einträge verloren. Durch Scripts könnte man das Eintragen von statischen Einträgen in den ARP-Cache automatisieren.

Mit dem Befehl arp -s <IP-Adresse> <Mac-Adresse> fügen Sie einen statischen Eintrag zum Cache-Speicher hinzu, beispielsweise arp -s 10.100.100.14 00-a4-00.72-bf-17. Achten Sie darauf, dass die MAC-Adresse mit Bindestrichen eingegeben wird.

Um einen Eintrag aus dem Cache zu löschen, geben Sie den Befehl arp -d <IP-Adresse> ein, beispielsweise löscht arp -d 10.100.100.14 den Eintrag mit der MAC-Adresse für die IP-Adresse 10.100.100.14.

Eine Auflistung aller möglichen Parameter zum Befehl *ARP* finden Sie über den Befehl arp /?.

3.3   ICMP (Internet Control Message Protocol)

Das *ICMP* (Internet Control Message Protocol) gehört zur Internetschicht des TCP/IP-Schichtenmodells. Bei *ICMP* handelt es sich um ein sehr schlankes und schnelles Protokoll auf Basis von IP-Datagrammen, das aber unzuverlässig ist.

Das Protokoll wird vor allem für die Versendung von Kurznachrichten verwendet. Bei diesen Nachrichten kann es sich um Informationen oder auch Fehlermeldungen handeln. Wenn Sie beispielsweise mit dem Befehl ping überprüfen wollen, ob ein Host erreichbar ist, wird mittels ICMP eine Anfrage versendet und auf ein Echo des Rechners gewartet.

ICMP wird auch verwendet, wenn Nachrichten ihr Ziel nicht erreichen können, weil die Zeit abgelaufen ist, die ein Paket maximal im Netz unterwegs sein darf, d.h. der TTL-Wert (Time To Live) wurde überschritten.

Ein anderer Grund für die Sendung von Fehlermeldungen ist auch die *ICMP Source Quench-Meldung*, die dann an einen sendenden Host verschickt wird, wenn der Router überlastet ist. Wenn ein Rechner diese Meldung erhält, reduziert er die Geschwindigkeit, mit der er Daten überträgt, oder stellt die Übertragung für eine kurze Zeit ganz ein.

3.4   IGMP (Internet Group Management Protocol)

Bei IGMP (Internet Group Management Protocol) handelt es sich um ein spezielles Protokoll zum Versenden von Daten an Gruppen von Rechnern. Es gehört auch zur Internetschicht des TCP/IP-Schichtenmodells. Diese besondere Art von Datenübertragung an Gruppen wird auch *Multicasting* genannt. Bei Multicast-Anwendungen findet die Kommunikation zwischen einem Rechner und einer Gruppe von Rechnern statt, eine so genannte 1-zu-n-Beziehung. Das bedeutet, dass ein Rechner Daten sendet und mehrere diese empfangen.

Beispiele für solche Anwendungen sind Multimedia-Anwendungen wie Video-konferenzen, Internetradio, virtuelle Klassenzimmer (Fernlehrgänge) und Verteilung von Börsen- und Finanzdaten, um nur einige zu nennen.

Über IGMP kann man einem Router seines Netzwerks mitteilen, dass man Mitglied einer solchen Gruppe werden möchte. Erhält dann der Router danach eine Multicast-Nachricht, so wird er sie an alle registrierten Mitglieder in seinem lokalen Netzwerk weiterleiten. Für das Multicasting wird das Netzwerk 224.0.0.0, das zur Klasse D gehört, verwendet. Diese IP-Adressen dürfen keinen Hosts zugewiesen werden, sondern dienen lediglich der Router-Konfiguration für Multicast-Anforderungen.

Dieses Konzept ist wesentlich effizienter, da der Sender sich nicht darum kümmern muss, tatsächlich jedem einzelnen Anwender die Multicast-Nachricht zu senden. Das spart natürlich auch entsprechend Bandbreite im Internet.

3.5 IP (Internet Protocol)

Bei IP (Internet Protocol) handelt es sich um das wichtigste Protokoll in der Internetschicht des TCP/IP-Schichtenmodells. IP ist ein verbindungsloses Protokoll und für die Wegfindung der Daten in einem Netzwerk verantwortlich.

IP adressiert die Datenpakete und sorgt dafür, dass der richtige Weg über die diversen Router zum Ziel-Host gefunden wird (Routing). IP stellt fest, ob sich der Ziel-Host im lokalen Netzwerk befindet und das Paket direkt dorthin gesendet werden kann oder ob das Paket über einen Router in ein entferntes Netzwerk versendet werden muss. Für diese Entscheidung spielt die Subnet-Mask die entscheidende Rolle.

3.5.1 Die Felder des Vorspanns (Header)

Für das IP-Protokoll ist es ausnahmsweise sinnvoll und notwendig, die Struktur der Daten etwas genauer zu betrachten. Wenn Daten im Netzwerk über die Transportschicht weitergeleitet werden, müssen bestimmte Informationen in Form von zusätzlichen Feldern dem Vorspann (Header) der Daten beigefügt werden.

In der nachfolgenden Tabelle finden Sie diese Felder mit der entsprechenden Beschreibung.

Feldname	Bedeutung
Quell-IP-Adresse	IP-Adresse des Hosts, der das Paket abgesendet hat. Die Adresse wird in hexadezimaler Schreibweise angegeben.
Ziel-IP-Adresse	IP-Adresse des Hosts, der das Paket empfangen soll. Die Adresse wird in hexadezimaler Schreibweise angegeben.
Verwendetes Protokoll	Information darüber, mit welchem Protokoll die Daten übertragen werden, beispielsweise TCP oder UDP.
Prüfsumme	Enthält eine Prüfsumme, mit deren Hilfe Fehler bei der Übertragung erkannt werden können.
Lebensdauer (TTL oder Time To Live)	Enthält eine Angabe in Sekunden (Schreibweise hexadezimal), wie lange ein Datenpaket (Datagramm) im Netz maximal transportiert wird, ehe es verworfen wird.

Tabelle 3.1: Zusätzliche Datenfelder im Vorspann

3.5.2 Die Lebensdauer eines Datagramms (TTL)

Bezüglich des letzten Felds, der Lebensdauer eines Datagramms (TTL), sollte man noch Folgendes wissen. Sinn und Zweck dieses Werts ist es zu verhindern, dass Datenpakete ewig im Netzwerk bleiben, wenn sie aus irgendeinem Grund nicht zugestellt werden können. Das würde die Performance des Netzwerks negativ beeinflussen und im schlimmsten Fall das Netzwerk zum Erliegen bringen.

Der Wert für die TTL wird in Abhängigkeit des verwendeten Betriebssystems auf beispielsweise 32 Sekunden festgelegt. Der Maximalwert beträgt 255 Sekunden. Bei jedem Überspringen eines Routers (eines so genannten Hop) wird der Wert der TLL reduziert. Normalerweise wird der Wert immer um eins reduziert, aber inzwischen ist es im Internet bereits üblich, den Wert beim Überspringen eines Routers um mehr als eins, beispielsweise um drei, zu reduzieren.

Irgendwann wird der Wert dann null oder negativ und das Datenpaket wird verworfen. Es wird dann eine entsprechende Nachricht mittels ICMP (Internet Control Message Protocol) an den Quell-Host übertragen.

Durch das Festlegen des Werts für die TTL ist letztlich die Anzahl der Router begrenzt, die übersprungen werden dürfen, um den Ziel-Host zu erreichen. Mit dem Programm tracert (Trace Route) und der IP-Adresse des Ziel-Hosts können Sie genau überprüfen, welchen Weg ein Paket nimmt, um den Ziel-Host zu erreichen. Der Befehl wird später noch ausführlich besprochen.

3.6   TCP (Transmission Control Protocol)

Das TCP (Transmission Control Protocol) ist eines der beiden Transport-Protokolle (das andere ist UDP) und befindet sich daher auch in der Transportschicht des TCP/IP-Schichtenmodells.

TCP ist ein verbindungsorientiertes Protokoll, d.h., dass zur Übertragung von Daten eine eigene Sitzung aufgebaut werden muss, über welche die Daten im Folgenden dann übertragen werden.

Aufgrund dieses Konzepts ist TCP ein eher zuverlässiges Transport-Protokoll. Die Daten werden in Segmenten übertragen, die mit Prüfsummen versehen werden. Zusätzlich wird jedem Segment eine fortlaufende Nummer hinzugefügt, wodurch zum einen der Verlust eines Segments bemerkt und zum anderen die Reihenfolge der Segmente kontrolliert werden kann. Die Prüfsumme sorgt dafür, dass Übertragungsfehler, d.h. beschädigte Segmente, entdeckt werden können.

Der Absender erwartet innerhalb einer vorgegebenen Zeit ein Bestätigungssignal, dass die Daten unbeschädigt angekommen sind. Wird innerhalb dieser Zeit die Bestätigung nicht empfangen, wird das Paket einfach erneut gesendet.

3.6.1   Ports (Anschlüsse)

Beim Transport von Daten über TCP/IP werden sowohl bei TCP als auch bei UDP so genannte Ports bzw. Anschlüsse verwendet. Die Ports ermöglichen es, mehrere Datenströme zu verschiedenen Rechnern und Programmen innerhalb des Netzwerks parallel zu verwenden.

Die Ports werden zusätzlich zur IP-Adresse angegeben und bestimmen damit das Ziel für die Datenpakete noch genauer. Es gibt insgesamt 65536 Ports, von denen die ersten 1024 für spezielle Dienste reserviert sind. Die Ports unter 256 werden als »häufig verwendete Ports« angesehen.

Beispiele für bekannte und häufig (»well known ports«) verwendete TCP-Ports finden Sie in der folgenden Tabelle:

Tabelle 3.2:
Beispiele für
TCP-Ports

Port-Nummer	Bedeutung
20	FTP-Data (File Transfer Protocol)
21	FTP (File Transfer Protocol)
23	Telnet
25	SMTP (Simple Mail Transfer Protocol)
80	WWW (World Wide Web, HTTP)

Port-Nummer	Bedeutung
110	POP3 (Post Office Protocol Version 3)
139	NetBIOS-Sitzungsdienst

Die Ports spielen auch in Zusammenhang mit der Sicherheit im Internet eine wichtige Rolle. So sollte man nur die Ports öffnen, die tatsächlich auch benötigt werden, um potenziellen Eindringlingen nicht buchstäblich Tür und Tor zu öffnen.

3.7   UDP (User Datagram Protocol)

UDP (User Datagram Protocol) ist das zweite Protokoll in der Transportschicht des TCP/IP-Schichtenmodells. Es dient ebenso wie TCP dem Transport von Daten.

Im Gegensatz zu TCP handelt es sich bei UDP aber um ein verbindungsloses Protokoll. Das heißt, dass zur Übertragung keine eigene Sitzung aufgebaut werden muss. Dadurch fehlen viele Sicherheitsextras, die das Protokoll damit eher unzuverlässig machen. Es wird weder kontrolliert, ob die Pakete tatsächlich am Ziel ankommen, noch ob die Reihenfolge der Pakete bei der Ankunft korrekt ist. Von daher müssen die kommunizierenden Anwendungen selbst für die Sicherheit der Übertragung sorgen.

Aufgrund dieser Eigenschaften von UDP wird es für spezielle Anwendungen verwendet, die keine Bestätigung ihrer abgeschickten Pakete benötigen. Dabei handelt es sich meist um Programme, die nur kleine Datenmengen übertragen. Der Vorteil von UDP ist, dass die Übertragung der Daten wesentlich schneller geht als bei TCP. Die ganzen Sicherheitsfunktionen müssen in Form von zusätzlichen Bits dem Datenstrom hinzugefügt werden, was die zu übertragende Menge an Daten entsprechend erhöht. Das alles kann man sich bei UDP sparen.

Beispiele für die Anwendung von UDP sind Rundsendungen (Broadcasts), DNS, RIP und SNMP (Simple Network Management Protocol).

Obwohl es sich dabei um große Datenmengen handelt, wird UDP aufgrund der Geschwindigkeit auch bei Audio- und Videoübertragungen verwendet. Hier kann der Verlust einzelner Pakete verschmerzt werden, während bei Daten und Programmen der Verlust einzelner Daten oder ganzer Pakete fatale Folgen haben könnte.

Genau wie TCP verwendet auch UDP diverse Ports für die Übertragung von Daten. Es gibt Ports bei UDP, welche die gleiche Portnummer verwenden wie TCP. Dabei handelt es sich dann auch um unterschiedliche Dienste.

43

Tabelle 3.3 zeigt Beispiele für Ports, die von UDP verwendet werden.

Tabelle 3.3:
Beispiele für
UDP-Ports

Port-Nummer	Bedeutung
69	TFTP (Trivial File Transfer Protocol)
137	NetBIOS-Namensdienst
138	NetBIOS-Datagrammdienst
161	SNMP (Simple Network Management Protocol)

3.8   Zusammenfassung

In diesem Kapitel haben Sie gelernt, welche Aufgaben die verschiedenen Protokolle von TCP/IP im Detail haben. Zum besseren Verständnis sollte man aber vorher genau wissen, wie die Übertragung der Daten in einem TCP/IP-Netzwerk funktioniert. Dabei wird zwischen dem *Einfachen Senden* und dem *Routing* unterschieden.

Beim *Einfachen Senden* werden die Daten direkt an den Ziel-Host gesendet. Voraussetzung dafür ist, dass sich Quell- und Ziel-Host im gleichen Netzwerk befinden. Falls sich die beiden Rechner nicht im gleichen logischen Netzwerk befinden, kommt es zum Routing. Das bedeutet, dass die Daten an den Router geleitet werden, um den Ziel-Host in einem Remote-Netzwerk zu suchen. Diese Prozedur wird dann so lange fortgesetzt, bis der Ziel-Host gefunden wurde oder es zu einer Fehlermeldung kommt, da der Ziel-Host nicht gefunden werden konnte.

Ein wichtiges Protokoll in diesem Zusammenhang ist ARP (Address Resolution Protocol). ARP löst die IP-Adresse des Zielrechners in einem lokalen Netzwerk in die MAC-Adresse auf. Daten können nur an MAC-Adressen gesendet werden und nicht an IP-Adressen. Deshalb ist der Auflösungsprozess erforderlich.

Um Rechner vom Quell- zum Ziel-Host senden zu können, braucht man IP (Internet Protocol). IP sorgt zum einen für die Adressierung und zum anderen für die Wegfindung, falls sich der Ziel-Host nicht im lokalen Netzwerk befindet.

Falls auf dem Weg zum Ziel-Host Probleme auftreten, weil beispielsweise der Ziel-Host nicht verfügbar oder einer der Router überlastet ist, kommt es zu Meldungen bzw. Fehlermeldungen, die mittels ICMP (Internet Control Message Protocol) übertragen werden.

Für Multicast-Sendungen, also Daten, die an sehr viele Ziel-Hosts versendet werden sollen, ist IGMP (Internet Group Management Protocol) zuständig.

Beim eigentlichen Transport der Daten gibt es zwei Protokolle: TCP und UDP. TCP ist ein verbindungsorientiertes Protokoll. Das bedeutet, dass zwischen Quell- und Ziel-Host während der Übertragung eine ständige Verbindung bestehen muss. Außerdem ist es eine sichere Verbindung, d.h. dass die übertragenen Daten überprüft werden. Es wird überprüft, ob die Datenpakete beschädigt sind, ob die Reihenfolge korrekt ist und ob die Pakete überhaupt angekommen sind.

Bei UDP handelt es sich um ein verbindungsloses Protokoll. Es wird nicht überprüft, ob die Daten angekommen oder beschädigt sind oder die Reihenfolge korrekt ist. Dafür ist der Transport wesentlich schneller, weil der Daten-Overhead geringer ist. Zudem entfällt der Aufwand für den Auf- bzw. Abbau der ständigen Verbindung.

Sowohl bei TCP als auch bei UDP werden für die Übertragung Ports bzw. Anschlüsse verwendet. Damit lassen sich dann mehrere Verbindungen oder Dienste an einem Rechner parallel verwalten, da die Zuordnung eindeutig ist.

3.9　Fragen zur Wiederholung

1. Was ist der Unterschied zwischen *Einfachem Senden* und *Routing*?

2. Wozu wird die MAC-Adresse eines Rechners benötigt?

3. Wie wird die MAC-Adresse eines Rechners bzw. einer Netzwerkkarte ermittelt?

4. Wie können Sie feststellen, welche MAC-Adresse Ihr Rechner hat?

5. Was ist der Unterschied zwischen dynamischen und statischen Einträgen im ARP-Cache?

6. Wie können Sie sich den Inhalt des lokalen ARP-Cache anzeigen lassen?

7. Wozu wird ICMP (Internet Control Message Protocol) benötigt?

8. Was versteht man unter einer *Source Quench-Meldung*?

9. Wozu wird IGMP (Internet Group Management Protocol) benötigt?

10. Was sind Multicast-Anwendungen?

11. Welche Aufgabe hat das Protokoll *IP* (Internet Protocol)?

12. Welche Bedeutung hat das Feld *TLL* im Vorspann eines Datagramms?

13. Was ist der Unterschied zwischen den Transport-Protokollen *TCP* und *UDP*?

14. Wozu werden Ports bzw. Anschlüsse benötigt?

## KAPITEL 4

Zuweisen von IP-Adressen

Wenn man ein TCP/IP-Netzwerk aufbauen will, kommt man nicht an den IP-Adressen vorbei, beispielsweise 124.16.23.8. Diese IP-Adresse identifiziert einen Rechner, auch Host genannt, innerhalb eines IP-Netzwerks. Jeder Host braucht in einem Netzwerk eine eindeutige IP-Adresse, um sich identifizieren zu können. Wenn es sich um das Netz der Netze handelt, das Internet, muss diese Adresse sogar im gesamten Internet und damit weltweit eindeutig sein.

Um das zu gewährleisten, braucht man eine zentrale Stelle zur Vergabe von IP-Adressen. Das ist das *Network Information Center* oder InterNIC (NIC, www.internic.net). Von hier aus werden allerdings nicht einzelne Adressen vergeben, sondern ganze Adressblöcke an große Provider weitergegeben, die dann wiederum an kleinere Provider weiter delegieren. Auf diese Weise bekommt man, wenn man angesichts der Knappheit von Adressen Glück hat, noch eine offizielle IP-Adresse. Man kann also nicht einfach eine IP-Adresse verwenden und hoffen, dass kein anderer sie verwendet.

4.1 Der Aufbau einer IP-Adresse

Eine IP-Adresse ist nicht einfach nur eine aus vier Teilen bestehende Zahlenfolge, sondern dahinter verbirgt sich ein bestimmtes System. Die IP-Adresse besteht aus zwei Teilen, der *Netzwerk-ID* und der *Host-ID*.

4.1.1   Das Konzept: Netzwerk- und Host-ID

Man kann das Konzept der Netzwerk- und Host-IDs mit Telefonnummern vergleichen. Die Netzwerk-ID entspricht der Vorwahl und die Host-ID der eigentlichen Telefonnummer. Anhand der Vorwahl erkennt man den Ort (z.B. 089
für München) und die Telefonnummer entspricht einem eindeutigen Teil-
nehmer in diesem Ort (z.B. 1234567 für Herrn/Frau X). Übertragen auf
TCP/IP stellt die Netzwerk-ID eine eindeutige Identifikation des gesamten lokalen Netzwerks als Einheit dar. Die Host-ID ist dann die eindeutige Adresse
eines Rechners in diesem lokalen Netz.

Abb. 4.1:
Netzwerk-ID
und Host-ID

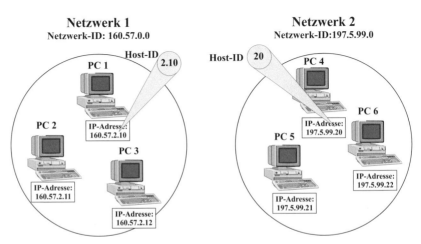

4.1.2   Das Format einer IP-Adresse

Wenn man eine IP-Adresse genauer betrachtet, beispielsweise `124.16.23.8`,
erkennt man vier Blöcke von Dezimalzahlen aus jeweils acht Bit, die durch
Punkte getrennt sind.

```
w.x.y.z
124.16.23.8
```

Die Dezimalzahlen sollen nur der besseren Lesbarkeit dienen. Für den Rechner sind es binäre Zahlen. Das binäre Zahlensystem spielt bei TCP/IP eine
sehr entscheidende Rolle. Deshalb folgt im Anschluss ein Exkurs, der Sie in
das Binärsystem einführt.

Jede IP-Adresse besteht aus 32 Bit, die in vier Oktetten von je acht Bit angeordnet sind. Daraus ließen sich theoretisch rund vier Milliarden (2^{32} =
4.294.967.296) verschiedene Adressen erzeugen.

IP-Adresse im Dezimalformat:	124.16.23.8	
IP-Adresse im Binärformat:	01111100.00010000.00010111.00001000	

Tabelle 4.1: Beispiel für IP-Adresse

Die ersten acht Bit bzw. die erste Dezimalzahl könnte beispielsweise für die Netzwerk-ID und die letzten 24 Bit bzw. die letzten drei Dezimalzahlen für die Host-ID verwendet werden. Die Netzwerk-ID ist demnach 124. und die Host-ID 16.23.8.

Es gibt mehrere Möglichkeiten, die Zahlenblöcke der Netzwerk-ID bzw. der Host-ID zuzuordnen. Dadurch entstehen die verschiedenen Adressklassen, die weiter unten noch genauer besprochen werden.

Im weiteren Verlauf des Buchs werden Sie sehen, dass neben den Standard-adressklassen, in denen nur ganze Blöcke zugeordnet werden, auch Zwischenklassen möglich sind. Das heißt, es können binär beispielsweise nicht die ersten acht Bit der Netzwerk-ID zugeordnet werden, sondern vielleicht die ersten zehn Bit.

4.2 Exkurs: IP-Adressen vom Binär- ins Dezimalsystem umwandeln

Es gibt einige Themen, wie beispielsweise die Subnets in TCP/IP, die man wirklich nur dann richtig verstehen kann, wenn man die IP-Adresse in der binären Schreibweise betrachtet. Falls Sie sich bereits mit dem Binärsystem auskennen, können Sie diesen Abschnitt überspringen.

4.2.1 Zahlensysteme

Wenn wir mit Zahlen umgehen, verwenden wir in der Regel das Dezimalsystem. Es besteht aus zehn Ziffern: 0 bis 9. Das ist aber nur ein System von vielen, denn es gibt Oktalzahlen (8 Ziffern), Hexadezimalzahlen (16 Ziffern) und eben das Binärsystem mit zwei Ziffern: 0 und 1. Jedes Zahlensystem lässt sich in ein anderes überführen bzw. umrechnen. Die Umrechnung vom binären Zahlensystem in das Dezimalsystem ist relativ einfach und deswegen beginnen wir damit.

Als Beispiel nehmen wir eine Binärzahl, die aus drei Bit besteht, beispielsweise 101. Jede Stelle dieser Binärzahl kann entweder eine 0 oder eine 1 annehmen. Wie in jedem Zahlensystem hat jede Stelle einen anderen Wert. Die erste Stelle hat den höchsten und die letzte den niedrigsten Wert. Von rechts, der niederwertigen Ziffer, zur nächsten höherwertigen Ziffer wird der Wert immer vervielfacht und zwar um den Faktor des Zahlensystems. Beim Dezimalsystem ist das der Faktor 10 und beim Binärsystem der Faktor 2.

Zum Vergleich:

Zahlen-system	Beispiel	1. Stelle	2. Stelle	3. Stelle	Berechnung Dezimal
Dezimal	145	100	10	1	1x100+4x10+5x1=145
Binär	101	4	2	1	1x4+0x2+1x1=5

An diesem Vergleich sehen Sie sehr schön, wie sich der Wert der einzelnen Ziffern in Abhängigkeit vom Zahlensystem von rechts nach links erhöht.

4.2.2 Das Binärsystem

Die IP-Adressen bestehen aus 32 Bit, die aber zur besseren Lesbarkeit in Viererblöcke bzw. Oktette mit je acht Bit eingeteilt sind. Bei der Umrechnung kann man sich zur Hilfe eine Tabelle erstellen, in der die Werte der Bits ablesbar sind. Die Zahlen werden am besten von rechts nach links gelesen, da man so einfacher den Wert des entsprechenden Bits herleiten kann. Das gilt insbesondere bei unterschiedlich vielen Bits einer Binärzahl, da man nicht unmittelbar erkennt, welchen Wert das höchstwertige Bit (erstes Bit links) hat. Die Wertigkeiten der einzelnen Bits bei einer Achtbitzahl können Sie der nachfolgenden Tabelle entnehmen.

Bit-Nr.	8	7	6	5	4	3	2	1
Wert	128	64	32	16	8	4	2	1

In einer weiteren Tabelle können Sie erkennen, wie sich die Dezimalwerte einer Achtbitzahl errechnen, wenn immer ein Bit mehr belegt ist.

Binärzahl	Berechnung der Bitwerte	Dezimalzahl
00000000	0	0
00000001	1	1
00000011	1+2	3
00000111	1+2+4	7
00001111	1+2+4+8	15
00011111	1+2+4+8+16	31
00111111	1+2+4+8+16+32	63
01111111	1+2+4+8+16+32+64	127
11111111	1+2+4+8+16+32+64+128	255

Mit diesem Wissen ausgestattet, sollte es nun kein Problem mehr sein, eine Bitzahl in eine Dezimalzahl umzurechnen.

Beispiele:

Binärzahl	Berechnung	Dezimalzahl
10110010	128+0+32+16+0+0+2+0=	178
10101010	128+0+32+0+8+0+2+0=	170
01100011	0+64+32+0+0+0+2+1=	99

Tabelle 4.5: Umrechnungsbeispiele von binär nach dezimal

Natürlich geht es auch anders herum, d.h. eine Umrechnung vom Dezimalsystem in das Binärsystem. Das ist zwar etwas aufwändiger, aber es geht mithilfe von Tabelle 4.3 im Prinzip auch recht einfach.

Dazu folgendes Beispiel:

Ausgangspunkt ist beispielsweise die Dezimalzahl 167.

1. Als Erstes überprüfen Sie, ob der Wert des höchstwertigen Bits (Wert 128) in die Zahl 167 hineinpasst. Da die Zahl 128 in die Zahl 167 passt, ergibt sich für das erste Bit der Binärwert 1 (Binärzahl: **1**xxxxxxx).

2. Es verbleibt ein Wert von 39 (167 – 128 = 39). Als Nächstes überprüfen Sie, ob das zweite Bit (Wert 64) in die Zahl 39 passt. Da sie nicht passt, ergibt sich für das zweite Bit der Binärwert 0 (Binärzahl: 1**0**xxxxxx).

3. Jetzt wird das dritte Bit (Wert 32) zur Überprüfung herangezogen. Es passt in die Zahl 39, wodurch sich für das dritte Bit der Binärwert 1 ergibt (Binärzahl: 10**1**xxxxx).

4. Es verbleibt die Zahl 7 (39 – 32 = 7). Für das vierte Bit (Wert 16) ergibt sich ein Binärwert von 0, da es nicht in die Zahl 7 passt (Binärzahl: 101**0**xxxx).

5. Das Gleiche ergibt sich für das fünfte Bit (Wert 8), das ebenfalls nicht in die Zahl 7 passt (Binärzahl: 1010**0**xxx).

6. Erst beim sechsten Bit (Wert 4) erhalten Sie wieder einen Binärwert von 1, da es in die Zahl 7 passt (Binärzahl: 10100**1**xx).

7. Als Berechnungsgrundlage für das siebte Bit (Wert 2) errechnet sich die Zahl 3 (7 – 4 = 3). Da die Zahl 2 in die Zahl 3 passt, erhalten Sie für das siebte Bit einen Wert von 1 (Binärzahl: 101001**1**x).

8. Für das achte und letzte Bit (Wert 1) verbleibt die Zahl 1 (3 – 2 = 1). Und die passt genau in die übrig gebliebene Zahl 1. Also hat auch das letzte Bit den Binärwert 1. Damit sind dann alle acht Bit berechnet und die komplette Binärzahl steht fest: 10100111.

4.3   Adressklassen

Im Internet gibt es zwar insgesamt fünf Adressklassen (A bis E), aber für die Adressierung von Hosts werden nur die Klassen A bis C unterstützt. Die Klasse D ist für Multicast-Gruppen reserviert. Microsoft verwendet beispielsweise für die Anwendung *NetShow* Multicast-Adressen, um mit mehreren Rechnern Verbindung aufnehmen zu können. Die Adressen der Klasse E sind für Testzwecke reserviert.

Wie bereits in Abschnitt 4.1.2 erwähnt, wird die IP-Adresse in zwei Teile aufgeteilt, die Netzwerk-ID und die Host-ID. Man kann die vier Blöcke einer IP-Adresse (w.x.y.z) unterschiedlich der Netzwerk- bzw. Host-ID zuordnen, wodurch sich die drei verschiedenen Adressklassen A bis C darstellen lassen.

Tabelle 4.6:
Adressklassen

Adressklasse	IP-Adresse	Netzwerk-ID	Host-ID
A	w.x.y.z	w	x.y.z
B	w.x.y.z	w.x	y.z
C	w.x.y.z	w.x.y	z

Bei den Adressklassen A bis C geht es darum, wie viele Bits für die Netzwerk-ID und wie viele für die Host-ID verwendet werden. Dementsprechend verändert sich die Anzahl der möglichen Netzwerke, die in einer Klasse erzeugt werden können, und die darin möglichen Hosts pro Netzwerk. Die Aufteilung in die Adressklassen hat den Vorteil, dass man Firmen je nach Bedarf eine Netzwerkadresse zuweist, die genügend unterschiedliche Host-IDs zulässt.

4.3.1   Adressklasse A

Bei einer IP-Adresse der Klasse A wird von einer IP-Adresse lediglich das erste Oktett für die Netzwerk-ID herangezogen, also die ersten acht Bit oder die erste Dezimalzahl. Per Definition muss das höchstwertige Bit (das erste Bit von links) einer Klasse-A-Adresse den Wert 0 haben. Es verbleiben also noch sieben Bit, die entweder den Binärwert 0 oder 1 annehmen können. Daraus ergeben sich für die Netzwerk-ID 2^7 = 128 Kombinationsmöglichkeiten. Es könnten damit in der Klasse A theoretisch 128 verschiedene Netzwerke erzeugt werden. Tatsächlich sind es aber nur 126, was später noch genauer erläutert wird.

Die verbleibenden 24 Bit lassen sich dann für die Erzeugung von Host-IDs verwenden. Es gibt 2^{24} = 16,7 Mio. Kombinationsmöglichkeiten. Das heißt, dass in jedem der 126 Netzwerke 16,7 Mio. Hosts verwaltet werden können.

Damit ist klar, dass nur sehr große Firmen Klasse-A-Adressen bekommen, da es sonst pro Netzwerk zu einer enormen Verschwendung von Host-IDs käme. In der Praxis gibt es keine Klasse-A-Adressen mehr, sie sind schon lange vergeben, beispielsweise an Apple, HP oder IBM.

4.3.2 Adressklasse B

Bei einer IP-Adresse der Klasse B werden von der IP-Adresse das erste und das zweite Oktett für die Netzwerk-ID herangezogen, also die ersten 16 Bit oder die ersten beiden Dezimalzahlen. Per Definition haben die ersten beiden Bits einer Klasse-B-Adresse den Wert 10. Es verbleiben also noch 14 Bit, die $2^{14} = 16384$ Kombinationsmöglichkeiten und damit verschiedene Netzwerke zulassen. Aus den verbleibenden 16 Bit für die Host-ID können dann 65536 ($2^{16} = 65536$) Hosts je Netzwerk verwaltet werden.

Aus diesem Grunde eignen sich Netzwerkadressen der Klasse B für mittelgroße Firmen. Auch Adressen der Klasse B sind bereits alle vergeben, beispielsweise an Microsoft und Exxon.

4.3.3 Adressklasse C

Bei einer IP-Adresse der Klasse C werden von der IP-Adresse die ersten drei Blöcke für die Netzwerk-ID herangezogen, also die ersten 24 Bit oder die ersten drei Dezimalzahlen. Per Definition haben die ersten drei Bit einer Klasse-C-Adresse den Wert 110. Es verbleiben also noch 21 Bit ($2^{21} = 2.097.152$ Kombinationsmöglichkeiten), womit 2,1 Mio. verschiedene Netzwerk-IDs erzeugt werden können.

Aus den verbleibenden acht Bit für die Host-ID könnten dann theoretisch 256 ($2^8 = 256$) Hosts je Netzwerk verwaltet werden. Tatsächlich sind es aber nur 254 Hosts, was später noch näher erläutert wird.

Adressen der Klasse C sind für kleinere Firmen gedacht, da die Anzahl der Hosts pro Netzwerk mit 254 sehr gering ist. Klasse-C-Adressen sind zwar noch verfügbar, aber sehr knapp. Schon allein deshalb ist es notwendig, dass IPv6, der Nachfolger von IPv4, bald weltweit eingeführt wird.

Die weltweite Eindeutigkeit der Netzwerk-IDs und die dadurch große Knappheit von IP-Adressen gilt natürlich nur für die Rechner, die direkt mit dem Internet kommunizieren. In einem geschlossenen Netzwerk könnte man theoretisch jede Adresse verwenden, ohne in Konflikte zu geraten. In der Praxis nimmt man dazu aber die so genannten privaten Adressen, die im Abschnitt über *Private IP-Adressen* noch ausführlich besprochen werden.

4.3.4   Zusammenfassung und Übersicht über die Adressklassen

Man kann die Klassenzugehörigkeit einer IP-Adresse am ersten Zahlenblock, dem ersten Oktett, erkennen.

Tabelle 4.7:
Übersicht
Adressklassen
(Dezimal)

Klasse	Netzwerk-ID	Anzahl Netzwerke	Anzahl Hosts
A	1 bis 126	126	16.777.214
B	128 bis 191	16384	65534
C	192 bis 223	2.097.152	254

In der nachfolgenden Tabelle sehen Sie noch mal das erste Oktett, das für die Unterscheidung der Netzwerkklassen verantwortlich ist, sowohl in Dezimal- als auch in Binärform.

Beachten Sie, dass in jeder Klasse das erste bzw. die ersten Bits per Definition einen vorgeschriebenen Wert haben. Zur besseren Darstellung sind diese in der Tabelle 4.8 fett formatiert. Dadurch sind die möglichen Bitkombinationen und letztlich die Klassengrenzen vorgegeben.

> Eine Besonderheit stellt die Netzwerk-ID 127 (binär 01111111) dar, die eigentlich zur Klasse A gehören würde. Das Netzwerk 127 ist für Diagnosezwecke reserviert und darf daher nicht verwendet werden. Konkret handelt es sich dabei um die IP-Adresse 127.0.0.1, mit der als so genannte Loopback-Adresse die Funktion von TCP/IP an einem Rechner getestet werden kann. Dazu später mehr.

Tabelle 4.8:
Das erste
Oktett einer
IP-Adresse

Klasse	Dezimal	Binär
A	001 bis 126	**0**0000001 bis **0**1111110
B	128 bis 191	**10**000000 bis **10**111111
C	192 bis 223	**110**00000 bis **110**11111

4.4   Richtlinien zur Vergabe von IP-Adressen

Wenn Sie ein Netzwerk auf Basis von TCP/IP aufbauen wollen, müssen Sie einige Grundregeln bei der Vergabe von IP-Adressen beachten, egal ob großes oder kleines Netzwerk, mit Anschluss ans Internet oder ohne. Wenn Sie die Regeln nicht beachten, können Sie im günstigsten Fall »nur« nicht mit einem anderen Rechner kommunizieren, im schlimmsten Fall lösen Sie sogar unvorhergesehene Störungen im gesamten Netzwerk aus.

4.4.1   Allgemeine Regeln zur Vergabe von IP-Adressen

Nachfolgend werden die wichtigsten Regeln aufgezeigt, die man bei der Vergabe von IP-Adressen an Hosts beachten muss. Diese Regeln zeigen auch sehr deutlich, dass die allgemeine Aussage nicht stimmt, man könne in einem privaten Netzwerk jede beliebige IP-Adresse an Hosts vergeben. In vielen Fällen wäre dann auch dort eine Kommunikation zwischen den Rechnern nicht möglich.

1. Die Host-ID muss innerhalb der lokalen Netzwerk-ID eindeutig sein und die Netzwerk-ID muss in einem großen Netzwerk eindeutig sein.

2. Alle Hosts, die in einem lokalen Netzwerk miteinander kommunizieren wollen, müssen die gleiche Netzwerk-ID haben.

3. Alle Hosts, die sich in verschiedenen logischen Netzwerken befinden, müssen jeweils unterschiedliche Netzwerk-IDs haben, um miteinander kommunizieren zu können.

4. Die Netzwerk-ID 127 ist, wie bereits weiter oben erwähnt, für die Loopback- und Diagnosefunktionen reserviert. Dabei stellt die IP-Adresse 127.0.0.1 eine virtuelle Rechneradresse dar. Mit dem Befehl ping 127.0.0.1 in der Eingabeaufforderung muss man bei korrekt installiertem TCP/IP eine Antwort bekommen. Ansonsten stimmt mit der Netzwerkinstallation etwas nicht!

Wenn man geahnt hätte, wie knapp IP-Adressen werden, hätte man sich für den Loopback vielleicht etwas anderes ausgedacht, denn die Reservierung von Netzwerk-ID 127 verschwendet alleine unglaubliche 16,7 Mio. IP-Adressen!

5. Es dürfen nicht alle Bits einer Netzwerk- und/oder Host-ID den Wert 1 (dezimal 255) haben, wenn sie einem einzelnen Host als IP-Adresse zugewiesen werden. Ansonsten wird die Adresse als Rundsendungsadresse (Broadcast-Adresse) und nicht als IP-Adresse gedeutet (Beispiel: C-Klasse-Adresse: 196.37.54.255) und sie wird zu Problemen im Netzwerk führen. Bei Rundsendungen wird an jeden Rechner in einem physikalischen Netzwerk eine Nachricht gesendet.

> Rundsendungen werden z.B. vom Protokoll *ARP* verwendet, um die Hardware-Adresse (MAC-Adresse) einer Netzwerkkarte zu erhalten (IP-Adresse in die MAC-Adresse auflösen).

6. Die Bits der Netzwerk- und/oder Host-ID dürfen nicht alle den Wert 0 haben, wenn sie als IP-Adresse einem einzelnen Host zugewiesen werden, da es sonst zu Störungen im Netzwerk kommt. Wenn alle Host-Bits den Wert 0 haben, ist damit ein komplettes Netzwerk gemeint, was in den Einstellungen einiger Programme sinnvoll und erforderlich ist (z.B. Routing).

4.4.2   Zuweisen von Netzwerk-IDs

Für jedes logische Netzwerk wird eine eigene Netzwerk-ID benötigt. Wenn Sie beispielsweise fünf durch Router verbundene Netzwerke in Ihrer Firma haben, brauchen Sie fünf verschiedene Netzwerk-IDs. Sonst kann die Kommunikation von Hosts in unterschiedlichen Netzwerken nicht funktionieren (vgl. Regel 1 bis 3 bei der Vergabe von IP-Adressen im vorherigen Abschnitt).

Abb. 4.2:
Zwei Netzwerke brauchen zwei verschiedene Netzwerk-IDs.

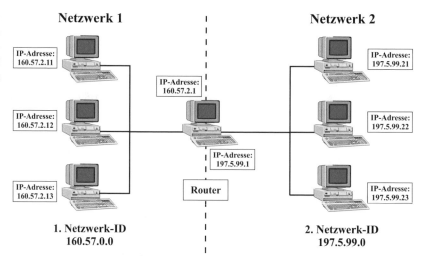

Ein weiterer wichtiger Punkt bei der Vergabe von Netzwerk-IDs ist, dass bei der Verbindung von zwei physikalischen Netzwerken über eine Modemverbindung (z.B. über ISDN-Router) insgesamt drei Netzwerk-IDs erforderlich sind. Für jedes Netzwerk und die Modemverbindung wird eine eigene eindeutige Netzwerk-ID benötigt.

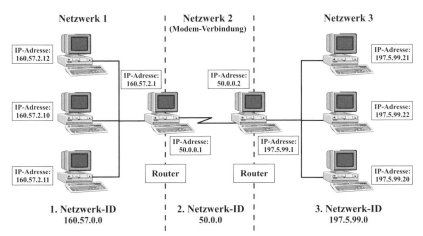

Abb. 4.3: Eigene Netzwerkverbindung für Modemverbindung

4.4.3 Zuweisen von Host-IDs

An dieser Stelle sollen Sie in Form einer Tabelle noch einmal einen Überblick erhalten, welche Host-IDs bei welcher Adressklasse möglich sind.

Zur Erinnerung: Die Bits der Host-IDs dürfen weder alle 1 noch alle 0 sein!

Adressklassen	Anfangsbereich	Endbereich
Klasse A	w.0.0.1	w.255.255.254
Klasse B	w.x.0.1	w.x.255.254
Klasse C	w.x.y.1	w.x.y.254

Tabelle 4.9: Gültige Host-IDs

Empfehlungen für die Zuweisung von Host-IDs

1. Host-IDs sollten nach bestimmten Regeln, am besten gruppenweise, zugewiesen werden. Das bedeutet ganz einfach, dass man Bereiche so festlegt, dass man anhand der IP-Adresse schnell erkennen kann, um welchen Host es sich handelt. So könnte man beispielsweise durch geschickte Vergabe von Bereichen später anhand der IP-Adresse sehr einfach Clients, Server, Drucker etc. unterscheiden.

2. Auch Router sollten anhand ihrer IP-Adresse erkannt werden können. Üblicherweise erhält der erste Router in einem Netzwerk immer die Host-ID mit dem Wert 1. In dem C-Klasse-Netzwerk 199.147.76.0 wäre das die IP-Adresse 199.147.76.1. Falls ein zweiter Router im Netzwerk installiert wäre, würde dieser die Host-ID 2 erhalten usw. Dabei handelt es sich auch nur um Empfehlungen und nicht um zwingende Regeln.

57

4.5   Private IP-Adressen

In einem geschlossenen Netzwerk kann man unter Beachtung der Grundregeln bei der Zuweisung von IP-Adressen jede beliebige IP-Adresse verwenden. Trotzdem ist es sinnvoll, die in RFC 1918 festgelegten privaten IP-Adressen zu verwenden.

Private Adressen sind keine offiziellen Adressen und können daher nicht für einen Rechner im Internet verwendet werden. Trotzdem bieten Sie eine Reihe von Vorteilen, gerade in Hinblick auf die Knappheit von IP-Adressen.

Tabelle 4.10:
Private IP-
Adressen

Reservierter Adressbereich	Subnet-Mask	Netzwerkklasse
10.0.0.0 bis 10.255.255.255	255.0.0.0	intern Klasse A
10.0.0.0 bis 10.255.255.255	255.255.0.0	intern Klasse B
10.0.0.0 bis 10.255.255.255	255.255.255.0	intern Klasse C
172.16.0.0 bis 172.31.255.255	255.255.0.0	intern Klasse B
172.16.0.0 bis 172.31.255.255	255.255.255.0	intern Klasse C
192.168.0.0 bis 192.168.255.255	255.255.255.0	intern Klasse C

Die Bedeutung einer Subnet-Mask wird im nächsten Abschnitt besprochen.

In der Praxis kann eine Firma intern ein beliebig großes Netzwerk mit privaten Adressen aufbauen. Es stehen im Prinzip alle Adressklassen zur Verfügung. Damit dieses private Netzwerk aber mit dem Internet verbunden werden kann, braucht man ja per Definition eigentlich offizielle Adressen. Um dieses Problem zu lösen, bedient man sich folgender Vorgehensweise:

▪ Man benötigt einen oder mehrere Gateway-Rechner oder spezielle Router mit der Aufgabe, den privaten IP-Adressen offizielle IP-Adressen zuzuordnen. Dabei wird entweder der so genannte NAT-Prozess (Network Address Translation) oder PAT-Prozess (Port and Address Translation) verwendet. PAT wird manchmal auch als IP-Masquerading bezeichnet. Nach außen erscheint also nicht die private Adresse des Clients, sondern die zugeordnete offizielle IP-Adresse.

Exkurs: Unterschied zwischen NAT und PAT bzw. IP-Masquerading

Beide Verfahren haben das gleiche Ziel, die Übersetzung einer privaten IP-Adresse in eine offizielle. Die beiden Verfahren unterscheiden sich im Detail allerdings etwas.

Bei NAT befindet sich zwischen dem Internet ein Pool mit offiziellen IP-Adressen. Jeder Rechner, der sich mit dem Internet verbindet, bekommt aus dieser Tabelle dynamisch eine offizielle IP-Adresse zugewiesen. Es kommt also zu einer *1-zu-1-Verbindung* (private IP-Adresse zu offizieller IP-Adresse). Der Nachteil besteht darin, dass so viele offizielle IP-Adressen benötigt werden, wie Rechner gleichzeitig mit dem Internet verbunden sein sollen. Der Vorteil ist, dass auch die internen Rechner vom Internet aus erreichbar sein können.

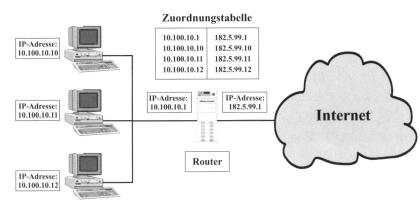

Abb. 4.4: NAT (Network Address Translation)

Beim PAT (Port and Address Translation) bzw. IP-Masquerading benutzen *alle* internen Rechner, welche das gleiche Gateway bzw. den gleichen Router verwenden, eine einzige offizielle IP-Adresse. Wenn mehrere Rechner gleichzeitig im Internet sind, haben sie alle die gleiche offizielle IP-Adresse, also besteht eine *1-zu-n-Verbindung*. Damit beim Rückfluss der Daten eine korrekte Zuordnung zum passenden Rechner erfolgen kann, werden die Standard-Ports gegen unterschiedliche Ports ausgetauscht.

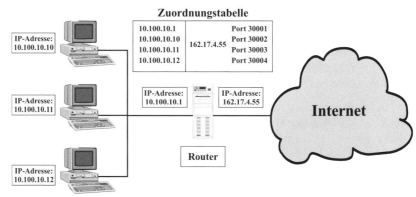

*Abb. 4.5:
PAT (Port and
Address Translation)*

Dieser Gateway-Rechner verbindet das private Netzwerk mit dem Internet und braucht daher lediglich eine einzige offizielle IP-Adresse.

Alle Benutzer des internen Netzwerks verwenden dann diese offizielle IP-Adresse, wenn sie in ins Internet gehen.

In der Praxis bietet diese inzwischen normale Vorgehensweise eine Reihe von Vorteilen:

1. Man spart sich eine riesige Anzahl von offiziellen IP-Adressen. Denn wenn ein komplettes Netzwerk direkt mit dem Internet verbunden ist, benötigt jeder einzelne Host eine eigene offizielle IP-Adresse.

2. Man kann theoretisch beliebig große Netzwerke aufbauen, obwohl es keine Klasse-A- und B-Adressen mehr gibt. Ein Zugang zum Internet ist dann, je nach Größe des Netzwerks, trotzdem noch mit wenigen offiziellen IP-Adressen möglich.

3. Mit einem Provider-Wechsel ist meistens auch ein Wechsel der offiziellen IP-Adressen verbunden. Der Austausch aller Adressen in einem Netzwerk kann sehr aufwändig und damit kostspielig sein. Bei der Verwendung von privaten Adressen sind die IP-Adressen der internen Rechner nicht betroffen. Es müssen lediglich die offiziellen IP-Adressen der Gateway-Rechner ausgetauscht werden. Das spart Zeit und Geld.

4. Außerdem ist die interne Netzwerkstruktur von außen nicht ersichtlich und es besteht somit eine weitere Hürde für potenzielle Eindringlinge.

4.6   Die Standard-Subnet-Mask

Die Subnet-Mask spielt bei der Installation von Netzwerken eine zentrale Rolle. Denn nur eine korrekte Subnet-Mask garantiert eine mögliche Kommunikation zwischen den Hosts im Netzwerk.

4.6.1   Die Aufgabe der Subnet-Mask

Um die Funktion einer Subnet-Mask zu verstehen, sollte man sich ein Bild davon machen, wie die Pakete zwischen zwei Hosts ausgetauscht werden. Hierbei werden grundsätzlich zwei Varianten unterschieden:

- Quell- und Ziel-Host befinden sich im *gleichen* Netzwerk. Man sagt auch, der Ziel-Host befindet sich im *lokalen* Netzwerk. In diesem Fall können die Daten direkt an den Ziel-Host weitergeleitet werden.

- Quell- und Ziel-Host befinden sich in *unterschiedlichen* Netzwerken, die durch Router verbunden sind. Man sagt auch, der Ziel-Host befindet sich in einem *Remote*-Netzwerk. In diesem Fall werden die Daten an den Router des lokalen Netzwerks weitergeleitet, um den Ziel-Host in einem Remote-Netzwerk zu finden (Routing).

Und um festzustellen, wo sich der Ziel-Host befindet (lokal oder remote), wird die Subnet-Mask benötigt.

Aufgrund der Regeln für die Zuweisung von IP-Adressen ist bereits bekannt, dass alle Hosts im gleichen Netzwerk die gleiche Netzwerk-ID haben müssen. Die Aufteilung von Netzwerk- und Host-ID erfolgt ja normalerweise auf Basis der Adressklassen.

Grundsätzlich braucht man demnach nur die ersten acht Bit bzw. die erste Dezimalzahl der IP-Adresse zu betrachten. Damit bestimmt man die Adressklasse (A, B oder C) und es ist klar, welche Oktette der IP-Adresse für die Netzwerk-ID und welche für die Host-ID verwendet werden. Bei einer Adresse der Klasse B, beispielsweise 128.98.77.3, entsprechen die ersten beiden Oktette (128.98) der Netzwerk-ID.

Es ist Aufgabe der Subnet-Mask, intern zu bestimmen, welcher Teil der IP-Adresse zur Netzwerk-ID und welcher zur Host-ID gehört.

4.6.2   Die Form der Subnet-Mask

Die Subnet-Mask besteht wie die IP-Adresse aus 32 Bit, die ebenfalls in vier Blöcken durch Punkte getrennt dargestellt werden. Eine Subnet-Mask überlagert (maskiert) von der IP-Adresse alle Bits, die zur Netzwerk-ID gehören. Alle Bits, die überlagert werden, werden auf den Wert 1 gesetzt (dezimal 255) und die restlichen Bits auf den Wert 0.

61

In der nachfolgenden Tabelle sehen Sie die Subnet-Masks, die sich daraus für die verschiedenen Adressklassen ergeben, sowohl in Binär- als auch in Dezimalschreibweise.

Tabelle 4.11: Standard-Subnet-Mask

Klasse	Subnet-Mask – dezimal	Subnet-Mask – binär
A	255.0.0.0	11111111.00000000.00000000.00000000
B	255.255.0.0	11111111.11111111.00000000.00000000
C	255.255.255.0	11111111.11111111.11111111.00000000

4.6.3   Standard- und benutzerdefinierte Subnet-Masks

Wahrscheinlich werden Sie sich jetzt fragen, wozu die Subnet-Mask eigentlich noch notwendig ist, wenn sich über die erste Zahl der IP-Adresse die Klasse und damit die Netzwerk-ID bestimmen lässt. Die Zuordnung der Standard-Subnet-Mask erfolgt tatsächlich meist automatisch beim Eingeben von IP-Adressen über die Adressklasse.

Man muss bei Subnet-Masks zwischen den standardmäßigen und den benutzerdefinierten unterscheiden. Bei benutzerdefinierten Adressklassen wird über die Subnet-Mask genau bestimmt, welche Bits für die Netzwerk-ID und welche für die Host-ID verwendet werden.

Das kommt beispielsweise in folgenden zwei Situationen zur Anwendung, bei privaten IP-Adressen und bei Teilnetzen (Subnets).

1. Bei privaten Adressen kann man beispielsweise aus der ersten privaten Adresse (10.0.0.0 bis 10.255.255.255) durch das Verwenden unterschiedlicher Subnet-Masks entweder intern eine Klasse-A- (Standard), B- oder C-Adresse machen. Dabei bestimmen Sie durch die Subnet-Mask, welcher Teil der IP-Adresse als Netzwerk-ID und welcher als Host-ID verwendet wird.

2. Bei Teilnetzen werden im Prinzip die Klassengrenzen aufgehoben und Zwischenklassen erzeugt. Binär betrachtet heißt das, dass man beispielsweise bei einer Adresse der Klasse A nicht die ersten acht Bit für die Netzwerk-ID nimmt, sondern z.B. zwölf Bit.

Subnet-Mask binär:11111111.11110000.00000000.00000000
Subnet-Mask dezimal:255.240.0.0

Dadurch erhält man zusätzliche Unternetze (Subnets) mit entsprechend weniger Hosts. Das Thema Unternetze wird in einem eigenen Kapitel ausführlich besprochen und soll jetzt hier nicht weiter vertieft werden.

4.6.4 Der AND-Vergleich

Nachdem die Subnet-Mask nun ausführlich erläutert wurde, soll an dieser Stelle noch kurz das Verfahren erklärt werden, wie die Netzwerk-ID intern verglichen wird.

Das Verfahren, das hierbei verwendet wird, ist das so genannte AND-Verfahren. Um dieses Verfahren richtig zu verstehen, muss man sich die IP-Adressen und die Subnet-Mask in Binär-Schreibweise betrachten.

Das Verfahren lässt sich am einfachsten an einem Beispiel erläutern.

1. Zuerst konvertiert man vom Quell- und Ziel-Host sowohl die IP-Adresse als auch die Subnet-Mask in das Binärformat.

2. Danach berechnet man bei Quelle und Ziel das AND-Ergebnis mit der Subnet-Mask. Dabei wird für jede Stelle das Bit der IP-Adresse mit dem Bit der Subnet-Mask verglichen. Das AND-Ergebnis berechnet sich wie folgt:

Bit der IP-Adresse	Bit der Subnet-Mask	AND-Ergebnis
1	1	1
0	1	0
1	0	0
0	0	0

Tabelle 4.12: AND-Ergebnisse berechnen

3. Als Ergebnis erhalten Sie eine Reihe von Bits. Stimmen die AND-Ergebnisse von Quell- und Ziel-Host überein, befinden sich beide Hosts im lokalen Netzwerk, ansonsten muss sich der Ziel-Host in einem Remote-Netzwerk befinden.

Beispiel für AND-Berechnung:

IP-Adresse und Subnet-Mask des Quell-Hosts dezimal:

IP-Adresse: 65.10.57.5 (Klasse A)

Subnet-Mask: 255.0.0.0

IP-Adresse und Subnet-Mask des Quell-Hosts binär:

IP-Adresse: 01000001.00001010.00111001.00000101

Subnet-Mask: 11111111.00000000.00000000.00000000

AND-Ergebnis:**01000001**.00000000.00000000.00000000

IP-Adresse und Subnet-Mask des Ziel-Hosts dezimal:

IP-Adresse: 114.76.159.12 (Klasse A)

Subnet-Mask: 255.0.0.0

IP-Adresse und Subnet-Mask des Ziel-Hosts binär:

IP-Adresse: 01110010.01001100.10011111.00001100

Subnet-Mask: 11111111.00000000.00000000.00000000

AND-Ergebnis:**01110010**.00000000.00000000.00000000

Ergebnis:

Wenn man das Ergebnis betrachtet, stellt man fest, dass sich beide AND-Ergebnisse unterscheiden. Der Ziel-Host befindet sich also in einem Remote-Netzwerk.

An dem AND-Vergleich wird auch deutlich, dass bei unterschiedlicher Subnet-Mask niemals die AND-Ergebnisse übereinstimmen können, da die Bits des AND-Ergebnisses im Bereich der Host-ID immer 0 sein müssen. Eine falsche Subnet-Mask ist ein häufiger Grund, warum Hosts in einem lokalen Netzwerk nicht miteinander kommunizieren können.

Was ebenfalls ganz deutlich wird, ist, dass bei gleicher Subnet-Mask und gleicher Netzwerk-ID das AND-Ergebnis von Quell- und Ziel-Host immer übereinstimmen muss. Im Bereich der Netzwerk-ID ist das klar und im Bereich der Host-ID ist das Ergebnis bei Quell- und Ziel-Host immer 0, und zwar unabhängig von den IP-Adressen. Eine 0 in der Subnet-Mask kann als AND-Ergebnis immer nur eine 0 haben.

4.6.5   Classless Interdomain Routing (CIDR)

Neben der klassischen Schreibweise von Subnet-Masks in Form von IP-Adressen gibt es noch eine andere, die *Classless Interdomain Routing (CIDR)*-Schreibweise. Sie ist in RFC 1529 definiert und beschreibt die Subnet-Mask nur in Form einer Längenangabe. Das bedeutet, es werden nur die Anzahl der Bits angegeben, die als binären Wert eine 1 haben.

Damit ergeben sich für die Standard-Subnet-Mask folgende Schreibweisen:

Tabelle 4.13: Schreibweisen-vergleich Subnet-Mask: »Klassisch« mit CIDR

Adress-klasse	Subnet-Mask »klassisch«	binäre Schreibweise	CIDR
A	255.0.0.0	11111111.00000000.00000000.00000000	/8
B	255.255.0.0	11111111.11111111.00000000.00000000	/16
C	255.255.255.0	11111111.11111111.11111111.00000000	/24

Für Subnets ist diese Schreibweise von großer Bedeutung, daher wird das Thema dort noch mal aufgegriffen und etwas vertieft. Windows 2000 Server und Windows Server 2003 bieten zum Teil bereits diese Schreibweise an, die auf anderen Plattformen schon lange als Standard gelten.

In der nachfolgenden Tabelle finden Sie eine Zusammenfassung aller möglichen Subnet-Masks, in der klassischen und CIDR-Schreibweise. Damit ergeben sich für die Standard- und benutzerdefinierten Subnet-Masks folgende Schreibweisen:

Adress-klasse	Subnet-Mask »klassisch«	binäre Schreibweise	CIDR
	0.0.0.0	00000000.00000000.00000000.00000000	/0
	128.0.0.0	10000000.00000000.00000000.00000000	/1
	192.0.0.0	11000000.00000000.00000000.00000000	/2
	224.0.0.0	11100000.00000000.00000000.00000000	/3
	240.0.0.0	11110000.00000000.00000000.00000000	/4
	248.0.0.0	11111000.00000000.00000000.00000000	/5
	252.0.0.0	11111100.00000000.00000000.00000000	/6
	254.0.0.0	11111110.00000000.00000000.00000000	/7
A	255.0.0.0	11111111.00000000.00000000.00000000	/8
	255.128.0.0	11111111.10000000.00000000.00000000	/9
	255.192.0.0	11111111.11000000.00000000.00000000	/10
	255.224.0.0	11111111.11100000.00000000.00000000	/11
	255.240.0.0	11111111.11110000.00000000.00000000	/12
	255.248.0.0	11111111.11111000.00000000.00000000	/13
	255.252.0.0	11111111.11111100.00000000.00000000	/14
	255.254.0.0	11111111.11111110.00000000.00000000	/15
B	255.255.0.0	11111111.11111111.00000000.00000000	/16
	255.255.128.0	11111111.11111111.10000000.00000000	/17
	255.255.192.0	11111111.11111111.11000000.00000000	/18
	255.255.224.0	11111111.11111111.11100000.00000000	/19
	255.255.240.0	11111111.11111111.11110000.00000000	/20
	255.255.248.0	11111111.11111111.11111000.00000000	/21
	255.255.252.0	11111111.11111111.11111100.00000000	/22
	255.255.254.0	11111111.11111111.11111110.00000000	/23

Tabelle 4.14: Schreibweisen-vergleich Subnet-Mask: »Klassisch« mit CIDR

Adress-klasse	Subnet-Mask »klassisch«	binäre Schreibweise	CIDR
C	255.255.255.0	11111111.11111111.11111111.00000000	/24
	255.255.255.128	11111111.11111111.11111111.10000000	/25
	255.255.255.192	11111111.11111111.11111111.11000000	/26
	255.255.255.224	11111111.11111111.11111111.11100000	/27
	255.255.255.240	11111111.11111111.11111111.11110000	/28
	255.255.255.248	11111111.11111111.11111111.11111000	/29
	255.255.255.252	11111111.11111111.11111111.11111100	/30
	255.255.255.254	11111111.11111111.11111111.11111110	/31
	255.255.255.255	11111111.11111111.11111111.11111111	/32

4.7   Das Standard-Gateway

Neben der eigentlichen IP-Adresse und der Subnet-Mask ist bei der Zuweisung von IP-Adressen noch das Standard-Gateway von Bedeutung.

Das Standard-Gateway ist dann wichtig, wenn das gesamte physikalische Netzwerk aus mehr als einem logischen Netzwerk besteht, also in Subnets aufgegliedert ist. Wie im vorherigen Abschnitt erläutert, braucht man die Subnet-Mask, um festzustellen, ob sich Quell- und Ziel-Host im gleichen logischen Netzwerk befinden oder nicht.

Wenn sich zwei Hosts im gleichen Netzwerk befinden, werden die Daten direkt an den Ziel-Host weitergeleitet. Wenn sich der Ziel-Host aber nicht im lokalen Netzwerk, sondern in einem Remote-Netzwerk befindet, werden die Daten über den lokalen Router in ein Remote-Netzwerk weitergeleitet. Wie finden die Daten den Router? Und genau an diesem Punkt kommt das Standard-Gateway ins Spiel.

Ein Router hat immer zwei IP-Adressen: eine, die zum lokalen Netzwerk gehört, und eine, die zum Remote-Netzwerk gehört. Beide IP-Adressen müssen eine unterschiedliche Netzwerk-ID haben.

Damit nun die Daten den Router finden können, trägt man bei dem Host die IP-Adresse des lokalen Routers als Standard-Gateway-Adresse ein. Man verwendet natürlich immer die IP-Adresse mit der Netzwerk-ID, die zum lokalen Netzwerk gehört, ansonsten könnte ja keine Kommunikation stattfinden. Grundsätzlich kann man also festhalten, dass nur Hosts mit gültigem Standard-Gateway mit einem Remote-Netzwerk kommunizieren können.

Es gibt zwar noch den Weg über statische und dynamische Routen, aber das wird noch ausführlich im Verlauf des Buchs besprochen. Das ist insbesondere dann wichtig, wenn ein Netzwerk mit mehreren Routern verbunden ist.

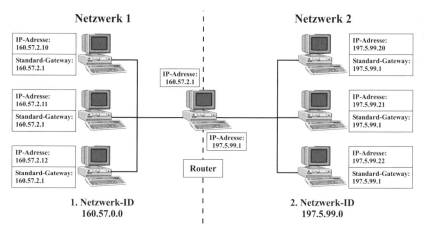

Abb. 4.6: Zwei Netzwerke mit Standard-Gateway

4.8 Zusammenfassung

Jeder Host in einem Netzwerk braucht eine eindeutige IP-Adresse, über die er identifiziert werden kann. Die IP-Adresse ist nur eine logische Adresse. Um die Daten übertragen zu können, muss die IP-Adresse in die Hardware-Adresse (MAC-Adresse) aufgelöst werden.

Die IP-Adresse ist eine 32-Bit-Adresse, die in vier durch Punkte getrennten Blöcken dargestellt wird. Zur besseren Lesbarkeit werden die Bits der vier Blöcke in Dezimalzahlen umgewandelt.

Jede IP-Adresse besteht aus der Netzwerk- und Host-ID. Alle Hosts innerhalb eines logischen Netzwerks müssen die gleiche Netzwerk-ID haben. Die Netzwerk-IDs aller logischen Netze müssen eindeutig sein.

Durch unterschiedliche Zuordnung der Zahlenblöcke der IP-Adresse auf die Netzwerk- und Host-ID lassen sich die Adressklassen A, B und C darstellen. Bei den Adressklassen verändert sich das Verhältnis von der Anzahl der darstellbaren Netzwerke und der Hosts pro Netzwerk. Klasse-A-Adressen sind daher ideal für große, Klasse B für mittlere und Klasse C für kleinere Netzwerke geeignet.

Bei der Zuweisung von IP-Adressen sind einige Regeln zu beachten. Neben der Eindeutigkeit der Adresse muss darauf geachtet werden, dass nicht sämtliche Bits der Netzwerk- und/oder Host-ID den Wert 0 oder 1 (dezimal 255)

67

haben. Außerdem ist für Diagnosezwecke das komplette Netzwerk 127.x.x.x reserviert.

Innerhalb von geschlossenen Netzwerken können private Adressen verwendet werden. Sie haben u.a. den Zweck, aufgrund der Knappheit von IP-Adressen den Bedarf an offiziellen IP-Adressen zu reduzieren.

Zusätzlich zur IP-Adresse muss die Subnet-Mask angegeben werden. Die Subnet-Mask legt fest, welcher Teil der IP-Adresse als Netzwerk-ID und welcher als Host-ID interpretiert wird. Das ist insbesondere wichtig bei benutzerdefinierten Adressklassen, die bei privaten Adressen gebraucht werden und zum Erzeugen von Zwischenklassen (Subnets) dienen.

Als Letztes wird bei den Hosts noch eine Standard-Gateway-Adresse festgelegt, die der IP-Adresse des Routers entspricht. Damit können dann die Daten über den Router in Remote-Netzwerke weitergeleitet werde.

4.9 Fragen zur Wiederholung und Übungen

1. Rechnen Sie bitte folgende Zahlen um:

   Wie lauten die Dezimalzahlen?

   11001100

   01101111

   00010111

   00001010.01100100.01100011.11011110 (Schema: w.x.y.z)

   Wie lauten die Binärzahlen für die folgenden Dezimalzahlen?

   255

   37

   192

   189.63.5.107

Falls Sie sich noch nicht so gut im Binärsystem auskennen, sollten Sie sich die Mühe machen, diese Übung mithilfe der Tabelle 4.3 auszurechnen. Später in der Praxis können Sie einen Taschenrechner zu Hilfe nehmen, beispielsweise den mitgelieferten Windows-Taschenrechner (START/PROGRAMME/ZUBEHÖR/RECHNER). Über den Menüpunkt ANSICHT/WISSENSCHAFTLICH aktivieren Sie den erweiterten Taschenrechner, mit dem sich sehr einfach Umrechnungen zwischen verschiedenen Zahlensystemen vornehmen lassen.

2. Wozu dient bei IP-Adressen die Unterscheidung von Netzwerk-ID und Host-ID?

3. Welche Dezimalzahlen im ersten Oktett der IP-Adresse geben die Grenzen für die Klassen A, B und C an?

4. Sie haben die Aufgabe, für ein Netzwerk die IP-Adressen zu vergeben. In diesem Netzwerk gibt es 300 Hosts. Adressen welcher Klasse können Sie verwenden?

5. Geben Sie zu jeder IP-Adresse die Adressklasse an:

IP-Adresse	**Adressklasse**
15.196.68.4	
126.99.29.199	
199.87.11.49	
97.158.251.88	
192.28.71.22	
155.169.90.45	

6. Welche der folgenden IP-Adressen sind ungültig? Begründen Sie!

    132.105.122.1
    127.0.0.1
    45.0.0.0
    55.12.0.0
    255.124.30.4
    145.60.14.11
    1.1.1.1
    223.12.256.19

7. Weisen Sie den nachfolgenden IP-Adressen die passende Standard-Subnet-Mask zu!

    131.107.2.89
    50.124.3.1
    154.23.0.199
    222.222.222.222
    128.10.100.33
    190.12.190.12

8. Sie haben ein Netzwerk, das aus zwei physikalischen Netzwerken besteht, Netzwerk A und B. Beide Netzwerke sind über ISDN-Router verbunden. Im Netzwerk A befinden sich 20 Rechner und in Netzwerk B 30 Rechner.

    Wie viele Netzwerk-IDs werden in diesem Beispiel benötigt?

    Wie viele Host-IDs werden in diesem Beispiel benötigt?

9. Wie lautet die Loopback-Adresse und wozu wird sie benötigt?

10. Wozu werden private IP-Adressen benötigt und welche Vorteile bringt deren Verwendung in der Praxis?

11. Wozu wird ein Standard-Gateway benötigt?

## KAPITEL 5

Praxis: Das erste TCP/IP-Netzwerk

Nach so viel Theorie geht es nun an die Praxis. Ziel ist es, ein kleines Netzwerk auf Basis von TCP/IP aufzubauen.

5.1 Das erste TCP/IP-Netzwerk – eine Übersicht

Bei dem ersten TCP/IP-Netzwerk, das nun aufgebaut wird, handelt es sich der Einfachheit halber um ein *Peer-to-Peer-Netzwerk*. Ein Peer-to-Peer-Netzwerk ist auch unter der Bezeichnung Arbeitsgruppen-Netzwerk bekannt. Ein Peer-to-Peer-Netzwerk ist die Alternative zu einem *Server-Client-Netzwerk*. Im Folgenden erhalten Sie ein paar Informationen zur Unterscheidung zwischen den beiden Varianten.

5.1.1 Das Peer-to-Peer-Netzwerk

Die Unterscheidung der beiden Varianten ist wichtig für die Planung und den Aufbau des *logischen* Netzwerks. *Logisch* bedeutet in diesem Zusammenhang, welche Rollen die einzelnen Rechner in einem Netzwerkverbund übernehmen.

Die physikalische Anordnung der Rechner ist davon völlig unbeeinflusst. Es spielt also keine Rolle, ob die Rechner im Netzwerk sternförmig oder an einen Bus angeschlossen sind. Bei der physischen Struktur spricht man auch von der *Topologie* des Netzwerks. Am weitesten verbreitet ist zurzeit sicher die

Sterntopologie, bei der alle Rechner mit einem Hub (einem Verteiler) verbunden sind.

In einem Peer-to-Peer-Netzwerk sind alle Mitglieder gleichberechtigt (engl. *peer*) und von der logischen Anordnung her ist jeder Rechner mit jedem verbunden. Jeder Rechner kann sowohl *Server* als auch *Client* sein. Ein Server stellt im Netzwerk immer Ressourcen wie beispielsweise Drucker oder Festplattenkapazität zur Verfügung, während der Client diese freigegebenen Ressourcen nutzt.

Abb. 5.1:
Peer-to-Peer-
Netzwerk
(logische
Anordnung)

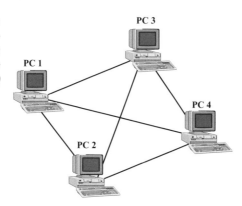

Ein Peer-to-Peer-Netzwerk ist vor allem für kleinere Netzwerke (in der Regel nicht mehr als zehn Rechner) geeignet, in denen keine hohe Sicherheit und Geschwindigkeit gefordert werden. Daher ist es recht einfach und preisgünstig zu realisieren. Von der Software-Seite her reicht Windows XP (Professional oder sogar die Home Edition) völlig aus. Sogar ein altes ausgedientes Windows für Workgroups 3.11 würde ausreichen, um ein Peer-to-Peer-Netzwerk zu realisieren.

5.1.2   Ein Server-Client-Netzwerk

Bei einem Server-Client-Netzwerk gibt es einen oder mehrere Server, mit denen die Clients alle logisch verbunden sind. Die Clients sind im Gegensatz zum Peer-to-Peer-Netzwerk logisch nicht untereinander verbunden.

Hier sind die Rollen klar verteilt. Ein Server-Client-Netzwerk ist durch die Spezialisierung der Rollen in der Regel schneller und vor allem sicherer. Das hat auch seinen Preis, denn für die Server benötigt man – wenn man die Sache ernsthaft betreiben will – jeweils einen eigenen Rechner. Zusätzlich ist auch eine spezielle Serversoftware erforderlich, wie beispielsweise Windows NT 4.0 Server, Windows 2000 Server, Windows Server 2003, Novell Netware 5.x oder auch Linux. Die Administration ist erheblich komplizierter und erfordert sehr viel mehr Planung.

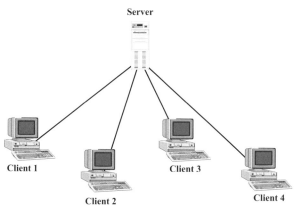

Abb. 5.2:
Server-Client-
Netzwerk
(logische
Anordnung)

Als Clients können alle denkbaren Betriebssysteme verwendet werden, wie beispielsweise Windows XP, Windows 9x, Windows ME, Windows NT 4 Workstation, Windows 2000 Professional oder auch Windows für Workgroups 3.11.

5.1.3   Die Mitglieder des ersten TCP/IP-Netzwerks

Um das erste TCP/IP-Netzwerk aufzubauen, werden folgende Betriebssysteme zum Einsatz kommen:

- Windows XP Professional
- Windows ME
- Windows NT 4.0 Workstation
- Windows 2000 Professional

Bei dieser Auswahl sollten die am meisten verbreiteten Betriebssysteme zur Anwendung kommen. Sie werden später sehen, dass sich die Installation von TCP/IP nur im Detail unterscheidet und im Prinzip bei allen Systemen sehr ähnlich verläuft.

Trotzdem wird die Installation des Netzwerks mit TCP/IP für jedes Betriebssystem ausführlich beschrieben, sodass Sie nur die Beschreibungen auswählen können, die für Ihre ganz persönlichen Zwecke interessant sind. Jede Beschreibung der einzelnen Betriebssysteme ist in sich abgeschlossen und unabhängig von den anderen. Das bedeutet für Sie, dass Sie das nachfolgende Beispiel mit einem bis maximal vier verschiedenen Betriebssystemen nachvollziehen können.

Die Betriebssysteme Windows NT 4.0 Server und Windows Server 2003 werden in eigenen Kapiteln besprochen, da diese von der Serverseite noch einige zusätzliche und vor allem komplexere Möglichkeiten in einem TCP/IP-Netzwerk bieten. In diesem Kapitel geht es vor allem um die grundlegende Installation von TCP/IP.

5.2 Vorbereitungen – Planung ist alles

Bevor wir nun mit der Netzwerkinstallation der einzelnen Rechner beginnen, sollte die Installation erst einmal richtig vorbereitet und geplant werden.

5.2.1 Die Netzwerk-Hardware und Verkabelung

Es wird davon ausgegangen, dass Sie grundsätzlich mit der Installation des entsprechenden Betriebssystems vertraut sind und auch den Einbau der Netzwerkkarte selbst vornehmen können. Die Netzwerkkarte ist idealerweise schon im Rechner eingebaut.

Außerdem sollten die Rechner bereits mit Netzwerkkabeln verbunden sein. Dabei spielt es keine Rolle, ob Sie eine Stern-Topologie (Twisted Pair-Verkabelung mit einem Hub, 10 oder 100 Mbit) oder Bus-Topologie (RG58-Kabel mit BNC-Steckern und Abschlusswiderständen) verwenden. Auch andere Topologien sind natürlich möglich. Achten Sie bitte darauf, dass alle Regeln bei der Verlegung und dem Anschluss entsprechend der verwendeten Topologie eingehalten werden.

5.2.2 Software bereitlegen

Ein wesentlicher Punkt für die Vorbereitung ist das Vorhandensein der erforderlichen Software: Treiber und Betriebssystem-CD etc. Das klingt vielleicht banal, ist aber sehr wichtig. Der eine oder andere hat vielleicht schon einmal erlebt, was passieren kann, wenn eine bereits gestartete Installation von zusätzlicher Software oder gar Treibern aufgrund fehlender Disketten oder CDs abgebrochen wurde. Im schlimmsten Fall hat sich der Rechner beim nächsten Start erst mal mit einem Blue Screen oder einer Schutzverletzung (Fehler im Anwendungsprogramm) verabschiedet. Warum sollte man dieses Risiko eingehen? Durch eine vernünftige Planung kann man sich meist diesen ganzen Ärger sparen.

5.2.3 Die TCP/IP-Planung

Das wichtigste Thema aus der TCP/IP-Perspektive ist die Planung der IP-Adressen, der Subnet-Mask und eventuell des Standard-Gateways.

Grundsätzlich geht es also darum, welche IP-Adressen wir wie vergeben. Dafür gibt es im Prinzip drei Möglichkeiten:

1. **Manuell**
   IP-Adressen selbst planen und manuell eingeben: Diese Variante wird im Anschluss beschrieben und stellt die größte Herausforderung dar, ist aber am flexibelsten.

2. **Automatisch (Variante 1)**
   In diesem Fall werden u.a. die IP-Adressen den einzelnen Rechnern dynamisch über einen DHCP-Server zugewiesen (wird später in einem eigenen Kapitel ausführlich besprochen).

3. **Automatisch (Variante 2)**
   In Variante 2 wird ein neues Verfahren verwendet, das es ab Windows 98 gibt. Dieses funktioniert daher nur bei Windows XP, 98, 98 SE, ME und Windows 2000 Professional. Windows NT 4.0 Workstation kennt dieses Verfahren nicht. Dabei weisen sich die Rechner private IP-Adressen selbst zu. Dafür steht ein eigener reservierter Adressraum zur Verfügung (ist ganz praktisch für kleine Heimnetze, aber nicht ganz ohne Tücken im Detail).

Wie bereits erwähnt, wird nachfolgend die manuelle Zuweisung von IP-Adressen ausführlich besprochen, weil man dabei am meisten über TCP/IP lernen kann.

Die Grobplanung

In unserem Fall müssen wir folgende Fragen beantworten, um die richtigen Entscheidungen zu treffen:

- Wie viele offizielle IP-Adressen werden benötigt?
- Wie viele Netzwerk-IDs werden benötigt?
- Wie viele Host-IDs werden benötigt?

Die Frage nach den offiziellen IP-Adressen lässt sich schnell und einfach beantworten. Da es sich bei dem Netzwerk um ein internes Netzwerk handelt, in dem die Rechner nicht Teil des Internets sind, brauchen wir gar keine offiziellen Adressen.

Für den Fall, dass ein oder mehrere Rechner aus dem lokalen Netzwerk mit dem Internet Verbindung aufnehmen sollen, ist nicht zwangsläufig eine *permanente* offizielle IP-Adresse notwendig. Eine offizielle Adresse kann einem Rechner auch von einem Provider dynamisch für die Zeit, in der man sich im Internet befindet, zugewiesen werden. So wird das beispielsweise bei T-Online oder AOL gehandhabt.

Wenn wir also keine offiziellen IP-Adressen benötigen, welche IP-Adressen werden dann verwendet? Richtig, die privaten IP-Adressen, die extra für diese internen Netzwerke reserviert wurden.

Der nächste Punkt ist die Netzwerk-ID. Kurz zur Wiederholung: Alle Rechner, die sich im gleichen logischen Netzwerk befinden, benötigen die gleiche Netzwerk-ID. Und alle Hosts in einem Netzwerk müssen unterschiedliche Host-IDs haben. In unserem Beispiel benötigen wir also genau eine Netzwerk-ID, da es sich um ein Netzwerk mit insgesamt vier Rechnern bzw. Hosts handelt.

Damit ist die Frage nach den Host-IDs auch nicht mehr schwer zu beantworten. Da wir vier Rechner haben, brauchen wir entsprechend vier unterschiedliche Host-IDs.

So viel zur Grobplanung, jetzt geht es an die Feinplanung.

Die Feinplanung

In der Feinplanung bestimmen wir die Netzwerk-ID und die Host-IDs. Aus den privaten Adressen können wir einfach die erste Reservierung, die 10.0.0.0 bis 10.255.255.255, nehmen, da wir damit alle nur denkbaren Ansprüche an die Netzwerkgröße abdecken können. Die Netzwerk-ID könnte beispielsweise 10.0.0.0 mit der Subnet-Mask 255.0.0.0 sein, wenn wir ein Klasse-A-Netzwerk einrichten wollten, oder 10.125.0.0 mit einer Subnet-Mask von 255.255.0.0 für ein Klasse-B-Netzwerk. Da es sich aber um ein sehr kleines Netzwerk handelt, würde auch eine Netzwerk-ID der Klasse C völlig genügen, denn damit lassen sich immer noch bis zu 254 unterschiedliche Host-IDs adressieren. Als Klasse-C-Adresse könnte man beispielsweise das Netzwerk 10.100.100.0 mit der Subnet-Mask 255.255.255.0 nehmen.

Als Ergebnis unserer Planung sieht der Vorschlag für unsere vier Rechner wie folgt aus:

Tabelle 5.1: Beispielkonfiguration für ein Peer-to-Peer-Netzwerk

Rechner	Rechnername	Betriebssystem	IP-Adresse	Subnet-Mask
1. Rechner	CLIENT01	Windows XP	10.100.100.11	255.255.255.0
2. Rechner	CLIENT02	Windows NT 4.0 Workstation	10.100.100.12	255.255.255.0
3. Rechner	CLIENT03	Windows ME	10.100.100.13	255.255.255.0
4. Rechner	CLIENT04	Windows 2000 Professional	10.100.100.14	255.255.255.0

Ein Standard-Gateway müssen wir in diesem Beispiel nicht angeben, da wir lediglich mit einem logischen (hier sogar physikalischen) Netzwerk arbeiten.

Zusätzlich zu den TCP/IP-Einstellungen benötigt jeder Rechner noch einen Rechnernamen, den so genannten NetBIOS-Namen, der im gesamten Netzwerk eindeutig sein muss. Diesen Namen finden Sie in der Tabelle in der Spalte *Rechnername*. In einem Peer-to-Peer-Netz muss außerdem noch ein Arbeitsgruppenname angegeben werden, der bei allen Rechnern gleich sein muss, die Mitglied dieser Arbeitsgruppe sein sollen. Der Arbeitsgruppenname soll in diesem Beispiel `powerfirm` lauten.

Im Gegensatz zu TCP/IP-Netzwerken (gleiche Netzwerk-ID), die Rechner nach ihrer Adresse gruppieren, gruppiert der Arbeitsgruppenname die Rechner rein logisch, d.h. beispielsweise nach ihrer Abteilungszugehörigkeit.

Damit ist die Grob- und Feinplanung für unser erstes TCP/IP-Netzwerk abgeschlossen und im nächsten Punkt können wir uns an die eigentliche Installation machen.

5.3   TCP/IP unter Windows XP installieren

Mit Windows XP hat Microsoft endlich den lang erwarteten Nachfolger von Windows 2000 und (!) Windows ME herausgebracht. Lang erwartet deshalb, da zwei verschiedene 32 Bit-Plattformen, eine für den Home-User-Bereich und eine für professionelle Anwender, immer wieder für Probleme und Verwirrung gesorgt haben. Welches Programm läuft auf welchem Betriebssystem oder vielleicht auch auf beiden? Welche Treiber sind notwendig? Sie wissen sicher, von was ich hier schreibe, oder?

XP, eXPerience, steht für Erfahrung und soll nun dem Anwender, egal in welchem Bereich, viel Leistung, Stabilität und vor allem Spaß bei der Arbeit bringen. Mit Windows XP ist Microsoft diesem Anspruch sicher nicht ganz gerecht geworden, aber man ist dem Ziel mal wieder ein gutes Stück näher gekommen.

Obwohl die Verschmelzung der beiden 32 Bit-Plattformen mit Windows XP vollzogen wurde, gibt es dennoch unterschiedliche Versionen und sogar eine neue Plattform. Die 32 Bit-Plattform wird durch Windows XP Home Edition und Windows Professional repräsentiert. Das sind die beiden bekanntesten und am weitesten verbreiteten Versionen.

Hinzu kommt noch eine spezielle Version, Windows XP für 64 Bit-Prozessoren, mit der die nächste Betriebssystem- und Software-Generation eingeläutet wird. Im Moment hat diese 64 Bit-Variante im Desktop-Bereich sicher noch keine so große Bedeutung, aber bei der neuen Servergeneration, Windows Server 2003, spielt 64 Bit bereits eine wichtige Rolle.

Windows XP Home Edition und Professional basieren auf dem gleichen Kern wie auch Windows 2000. Daher unterscheidet sich die Home Edition nicht durch die Kompatibilität oder Leistung von der Professional Version, sondern nur durch den Funktionsumfang. In der Home Edition fehlen einfach einige Funktionen, wie die Möglichkeit, Datei- und Ordnerberechtigungen zu vergeben, oder die neue Verschlüsselungsfunktion für Dateien EFS (Encrypted File System), um nur zwei Beispiele zu nennen.

Ein gravierender Unterschied zwischen Home – und Professional-Edition sollte aber nicht verschwiegen werden: Mit der Home Edition lassen sich lediglich Peer-to-Peer-Netzwerke realisieren. Ein Rechner, auf dem Windows XP Home Edition installiert ist, kann nicht als Client in einem Server-Client-Netzwerk konfiguriert werden! Das bedeutet also, dass man immer die sehr viel teurere Professional-Variante kaufen muss, wenn man die XP-Technologie in einer Server-Client-Umgebung nutzen will. Das hat schon für einige Verärgerung bei den Anwendern gesorgt, denn viele kleine Firmen kaufen gerne mal einen Rechner beim Discount und da findet man ausschließlich Windows XP als Home Edition.

Für die Installation unseres kleinen Netzwerks reicht die Home Edition völlig aus, aber trotzdem verwenden wir die Professional Edition. Die Installation unterscheidet sich so gut wie nicht und daher spielt die XP-Version keine Rolle.

Die eigentliche Installation von Windows XP ist so einfach wie nie zuvor, daher beschränkt sich die Beschreibung auf die Konfiguration von TCP/IP.

Nach dem ersten Start von Windows XP fällt auf, dass der Desktop ziemlich leer ist, es sei denn, Sie haben ein Upgrade von einer früheren Windows-Version durchgeführt. Außer dem Papierkorb finden Sie keine weiteren Desktop-Symbole. Neu gestaltet wurde auch die Oberfläche und die Bedienerführung unterscheidet sich in einigen Punkten sehr stark von Windows 98, ME oder 2000.

Falls Sie keine Lust haben, sich an die neue Darstellung zu gewöhnen, finden Sie in der Systemsteuerung eine Möglichkeit, zur klassischen Ansicht zu wechseln.

Um TCP/IP zu installieren bzw. zu konfigurieren, gehen Sie folgendermaßen vor:

1. Öffnen Sie die Systemsteuerung über START/SYSTEMSTEUERUNG.

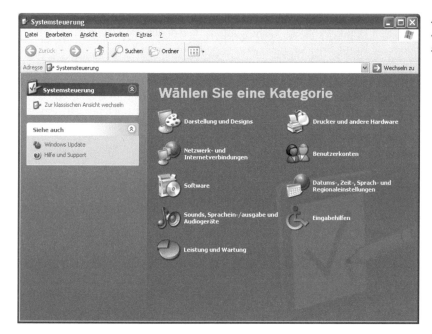

*Abb. 5.3:
System-
steuerung*

2. Klicken Sie dort auf die Kategorie NETZWERK- UND INTERNETVERBINDUNGEN und dann auf das Systemsteuerungssymbol NETZWERKVERBINDUNGEN unten rechts im Fenster.

Wenn Sie eine Netzwerkkarte installiert haben, wird diese hier im Fenster *Netzwerkverbindungen* als aktivierte LAN-Verbindung angezeigt.

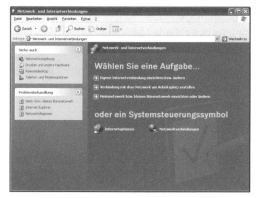 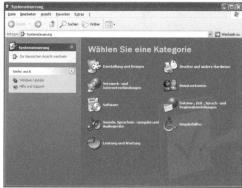

Abb. 5.4: Netzwerk- und Internetverbindungen

79

Falls hier keine LAN-Verbindung angezeigt wird, müssen Sie die Netzwerkkarte zuerst einbauen. Das Plug & Play von Windows XP wird Sie dabei unterstützen und in den meisten Fällen den passenden Treiber automatisch installieren.

3. Um TCP/IP konfigurieren und gegebenenfalls installieren zu können, markieren Sie das Symbol *LAN-Verbindung*, öffnen Sie das Kontextmenü und klicken Sie auf den Befehl *Eigenschaften*.

Abb. 5.5:
LAN-
Eigenschaften
anzeigen

Normalerweise sollte mit der Netzwerkkarte automatisch auch TCP/IP installiert worden sein. Falls aus irgendwelchen Gründen TCP/IP fehlen sollte, können Sie das an dieser Stelle einfach nachholen, indem Sie auf die Schaltfläche INSTALLIEREN klicken und dort das Protokoll TCP/IP nachinstallieren.

4. Um TCP/IP auf Ihrem Windows-XP-Rechner zu konfigurieren, markieren das Element *Internetprotokoll (TCP/IP)* und klicken anschließend auf die Schaltfläche EIGENSCHAFTEN.

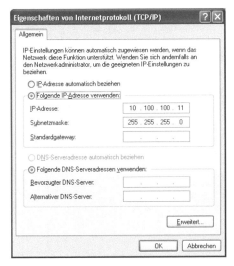

Abb. 5.6:
TCP/IP-
Eigenschaften
ändern

5. Aktivieren Sie hier die Option *Folgende IP-Adresse verwenden* und geben Sie die IP-Adresse und die Subnet-Mask für den Windows-XP-Rechner ein.

IP-Adresse: 10.100.100.11
Subnet-Mask: 255.255.255.0

Klicken Sie anschließend auf OK, um das Fenster wieder zu schließen. Damit ist die Konfiguration von TCP/IP abgeschlossen.

6. Als Nächstes müssen Sie noch den Rechner- und Arbeitsgruppennamen festlegen. Hierzu klicken Sie im Fenster *Netzwerkverbindungen* auf den Menüpunkt *Netzwerkidentifikation*.

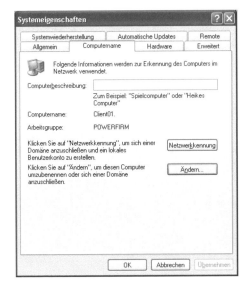

Abb. 5.7:
Netzwerk-
identifikation
anzeigen

81

7. Um den Computer- und Arbeitsgruppennamen zu ändern, klicken Sie auf die Schaltfläche ÄNDERN. Geben Sie im Textfeld *Computername* den Namen Client01 und im Feld *Arbeitsgruppe* den Namen powerfirm ein. Klicken Sie dann noch auf OK, um die Eingaben abzuschließen.

Abb. 5.8: Computername und Arbeitsgruppe festlegen

 Groß- und Kleinschreibung brauchen Sie bei der Eingabe in den beiden Feldern nicht zu beachten.

Nach Abschluss der Eingaben muss der Computer neu gestartet werden, damit die Änderungen wirksam werden können.

Damit ist die Installation von TCP/IP auf dem Windows-XP-Rechner abgeschlossen.

5.4 TCP/IP unter Windows NT 4.0 Workstation installieren

Auf dem nächsten Rechner für das kleine Peer-to-Peer- bzw. Arbeitsgruppen-Netzwerk läuft das Betriebssystem Windows NT 4.0 Workstation. Obwohl Windows NT 4.0 nicht Plug&Play-fähig ist, kann das System Netzwerkkarten selbst erkennen und die erforderlichen Treiber installieren. Leider funktioniert das aber nur mit älteren Netzwerkkarten, sodass man sich für neuere Karten die Treiber vorher besorgen muss.

Bei der Netzwerkinstallation wird in der Regel TCP/IP gleich mitinstalliert und muss daher nur noch konfiguriert werden. Aber wie bei dem Windows-XP-Rechner gehe ich davon aus, dass das Netzwerk mit allen Treibern und Diensten bereits installiert ist. Es wird daher die komplette Installation und Konfiguration des Protokolls TCP/IP beschrieben.

Um TCP/IP auf einem Windows-NT-4.0-Workstation-Rechner zu installieren, gehen Sie folgendermaßen vor:

1. Um TCP/IP installieren zu können, müssen Sie als Benutzer angemeldet sein, der über ausreichend Rechte verfügt, beispielsweise der *Administrator*. Melden Sie sich daher am besten als *Administrator* an.

2. Öffnen Sie die Systemsteuerung über START/EINSTELLUNGEN/SYSTEMSTEUERUNG und doppelklicken Sie auf das Symbol NETZWERK.

3. Aktivieren Sie das Register *Protokolle*. Wenn TCP/IP bereits installiert ist, gehen Sie weiter zu Schritt 7, ansonsten klicken Sie auf die Schaltfläche HINZUFÜGEN, um das Fenster *Auswahl Netzwerk-Protokoll* zu öffnen.

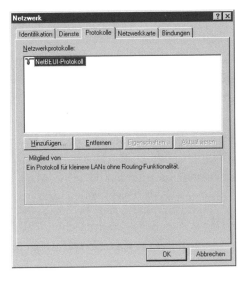

Abb. 5.9: Netzwerk: Register Protokolle

4. Sie sehen eine Liste der Protokolle, die Ihnen zur Auswahl stehen. Markieren Sie das *TCP/IP-Protokoll* und klicken Sie auf die Schaltfläche OK.

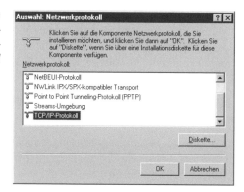

5. Daraufhin öffnet sich ein Fenster mit der Frage, ob Sie einen DHCP-Server im Netzwerk haben und diesen benutzen wollen oder nicht. Wenn Sie einen DHCP-Server benutzen, werden die IP-Adressen und weitere Parameter für die TCP/IP-Konfiguration automatisch vom DHCP-Server bezogen. Wir wollen in diesem Beispiel die TCP/IP-Konfiguration manuell vollziehen. Klicken Sie daher auf die Schaltfläche NEIN. Die Funktion des DHCP-Servers wird später noch in einem eigenen Kapitel ausführlich besprochen.

Abb. 5.11:
TCP/IP über
DHCP-Server
konfigurieren?

6. Als Nächstes werden die erforderlichen Dateien kopiert. Wenn das System die Dateien nicht finden kann, werden Sie aufgefordert, den Pfad zu den Dateien anzugeben, beispielsweise d:\i386, wenn sich in Laufwerk D: die Windows-NT-4.0-Installations-CD befindet.

7. Nachdem die Dateien erfolgreich kopiert und die TCP/IP-Dienste installiert sind, können Sie TCP/IP konfigurieren. Markieren Sie im Register *Protokolle* den Eintrag *TCP/IP* und klicken Sie auf die Schaltfläche EIGEN-SCHAFTEN.

Möglicherweise erhalten Sie eine Meldung, die besagt, dass der TCP/IP-Dienst zurzeit nicht für die Benutzung einer Netzwerkkarte konfiguriert ist. Klicken Sie dann auf Oᴋ, um das Meldefenster wieder zu schließen, und anschließend auf die Schaltfläche Sᴄʜʟɪᴇꜱꜱᴇɴ. Dadurch wird das Protokoll TCP/IP an die Netzwerkkarte und die verschiedenen Dienste gebunden und das Fenster *Eigenschaften von Microsoft TCP/IP* geöffnet.

Abb. 5.12:
Informations-
meldung

8. Achten Sie darauf, dass das Register *IP-Adresse* und dort die Option *IP-Adresse angeben* ausgewählt ist. Geben Sie die IP-Adresse und die Subnet-Mask für den Windows-NT-4.0-Workstation-Rechner ein.

IP-Adresse: 10.100.100.12
Subnet-Mask: 255.255.255.0

Klicken Sie anschließend auf Oᴋ, um das Fenster wieder zu schließen. Die Frage, ob Sie den Computer jetzt neu starten wollen, beantworten Sie mit Nᴇɪɴ, da die Konfiguration noch nicht abgeschlossen ist.

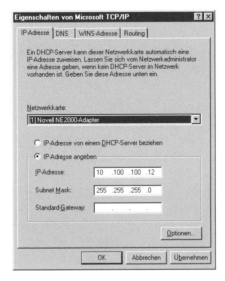

Abb. 5.13:
Register
IP-Adresse

9. Sie müssen noch den Rechner- und Arbeitsgruppennamen festlegen. Öffnen Sie dazu noch einmal das Netzwerksymbol in der Systemsteuerung und aktivieren Sie das Register *Identifikation*. Klicken Sie auf die Schaltfläche ÄNDERN.

Abb. 5.14:
Register
Identifikation

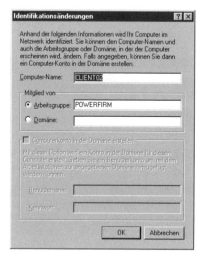

Geben Sie im Textfeld *Computername* den Namen Client02 ein. Achten Sie darauf, dass die Option *Arbeitsgruppe* aktiviert ist und geben Sie im gleichnamigen Feld den Namen powerfirm ein. Klicken Sie dann noch auf OK, um die Eingaben abzuschließen.

Groß- und Kleinschreibung brauchen Sie bei der Eingabe in den beiden Feldern nicht zu beachten.

10. Wenn Sie die Meldung »Willkommen in Arbeitsgruppe POWERFIRM« mit OK bestätigt haben, ist die Konfiguration abgeschlossen. Klicken Sie auf die Schaltfläche SCHLIESSEN und führen Sie einen Neustart des Computers durch, damit die Änderungen wirksam werden.

Es ist wichtig, dass Sie nach der Installation der Netzwerkkomponenten und des Protokolls TCP/IP das aktuelle Service-Pack noch einmal neu einspielen, da möglicherweise der Serverdienst sonst nicht richtig arbeitet. Das gilt in erster Linie für den Fall, dass Sie das Netzwerk komplett inklusive Netzwerkkartentreiber installiert haben.

Damit ist die Installation von TCP/IP auf dem Windows-NT-4.0-Workstation-Rechner abgeschlossen.

Wenn Sie bei Windows NT Ressourcen freigeben wollen, wie beispielsweise Ordner oder Drucker, können Sie auf diese von einem anderen Rechner aus über das Netzwerk nur zugreifen, wenn Sie ein gültiges Konto auf dem Windows-NT-Rechner besitzen. Wenn der Name und das Kennwort des Rechners, unter dem Sie sich an dem Remote-Rechner angemeldet haben, einem Konto auf dem NT-Rechner entspricht, können Sie auf die Freigaben direkt zugreifen. Legen Sie dazu auf dem NT-Rechner am besten ein entsprechendes Konto an oder aktivieren Sie gegebenenfalls das Gast-Konto, wenn Sicherheit in Ihrem Netzwerk keine so hohe Bedeutung hat.

5.5   TCP/IP unter Windows ME installieren

Der Nachfolger von Windows 98 heißt *Windows Millennium* oder kurz *Windows ME*. Das neue Betriebssystem ist von der Oberfläche und der Bedienung her sehr stark an Windows 2000 angepasst worden.

Das Plug&Play wurde noch einmal verbessert und in Sachen Netzwerkanbindung gibt es auch einige Erweiterungen und Vereinfachungen. Sie können daher davon ausgehen, dass die Installation des Netzwerks während oder nach der Installation des Betriebssystems relativ problemlos funktionieren dürfte.

Wie auch bei den anderen Rechnern wird davon ausgegangen, dass die Netzwerkinstallation bereits erfolgreich abgeschlossen ist und nur die Installation und Konfiguration von TCP/IP noch fehlt.

Um TCP/IP auf einem Windows-ME-Rechner zu installieren und zu konfigurieren, gehen Sie wie folgt vor:

1. Öffnen Sie die Systemsteuerung über START/EINSTELLUNGEN/SYSTEMSTEUERUNG und klicken Sie doppelt auf das Symbol NETZWERK, um das gleichnamige Fenster zu öffnen.

Falls das Symbol NETZWERK in der Systemsteuerung nicht angezeigt wird, klicken Sie einfach auf den Text *Zeigen Sie alle Optionen der Systemsteuerung an*, der sich auf der linken Seite des Fensters *Systemsteuerung* befindet. Danach wird in der Systemsteuerung auch das Symbol NETZWERK angezeigt.

2. Wenn TCP/IP bereits installiert ist und nur konfiguriert werden muss, fahren Sie mit Schritt 5 fort. Um das Protokoll *TCP/IP* zu installieren, aktivieren Sie das Register *Konfiguration* und klicken Sie auf die Schaltfläche HINZUFÜGEN.

Abb. 5.15:
Fenster
Netzwerk

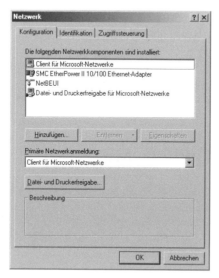

3. Im Fenster *Netzwerkkomponententyp* markieren Sie den Eintrag *Protokoll* und klicken dann auf HINZUFÜGEN.

Abb. 5.16:
Fenster
Netzwerk-
komponen-
tentyp

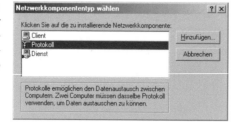

4. In dem Fenster, das sich dann öffnet, markieren Sie unter *Hersteller* den Hersteller *Microsoft*. In der rechten Hälfte des Fensters suchen Sie dann das Netzwerkprotokoll *TCP/IP*, markieren das Protokoll und klicken auf OK, um die Wahl zu bestätigen.

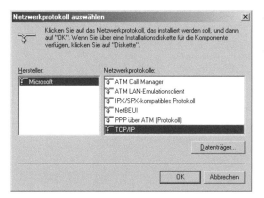

*Abb. 5.17:
Netzwerk-
protokoll
auswählen*

Um das Protokoll zu installieren, werden einige Dateien benötigt. Wenn das System die Dateien nicht findet, werden Sie aufgefordert, den Pfad zu den Dateien anzugeben.

5. Nachdem das Protokoll eingefügt ist, können Sie mit der Konfiguration von *TCP/IP* beginnen. Markieren Sie dazu im Fenster *Netzwerk* den Eintrag *TCP/IP* und klicken Sie auf die Schaltfläche EIGENSCHAFTEN. Achten Sie darauf, dass das Register *IP-Adresse* aktiviert ist.

*Abb. 5.18:
Fenster
Netzwerk*

6. Um die TCP/IP-Daten eingeben zu können, aktivieren Sie die Option *IP-Adresse festlegen*. Geben Sie die IP-Adresse und die Subnet-Mask für den Windows-ME-Rechner ein.

IP-Adresse: 10.100.100.13
Subnet-Mask: 255.255.255.0

Klicken Sie dann noch auf OK, um die Eingaben zu speichern und das Fenster zu schließen. Damit wäre die Konfiguration des Protokolls abgeschlossen.

Abb. 5.19:
Register
IP-Adresse

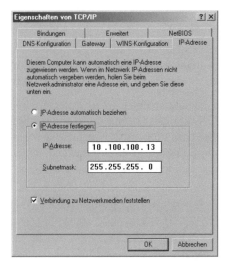

7. Damit Sie später auf diesem Rechner Ordner und Drucker freigeben können und der Rechner selbst in der Netzwerkumgebung angezeigt wird, müssen Sie noch den Dienst *Datei- und Druckerfreigabe* konfigurieren.

Klicken Sie dazu im Fenster *Netzwerk* auf die Schaltfläche DATEI- UND DRUCKERFREIGABE und aktivieren Sie beide Optionen. Klicken Sie noch auf OK, um die Änderungen zu speichern.

Abb. 5.20:
Datei- und
Drucker-
freigabe

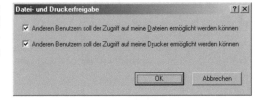

8. Als Nächstes müssen Sie den Computernamen und den richtigen Arbeitsgruppennamen eingeben. Aktivieren Sie dazu das Register *Identifikation*.

Geben Sie im Textfeld *Computername* den Namen `Client03` ein. Im Feld *Arbeitsgruppe* geben Sie den Namen `powerfirm` ein. Klicken Sie dann noch auf OK, um die Eingaben abzuschließen.

Abb. 5.21:
Register
Identifikation

Groß- und Kleinschreibung brauchen Sie bei der Eingabe in die beiden Felder nicht zu beachten.

9. Damit die Änderungen wirksam sind, ist ein Neustart des Rechners erforderlich.

Damit ist die Installation und Konfiguration von TCP/IP für den Windows-ME-Rechner abgeschlossen.

5.6   TCP/IP unter Windows 2000 Professional installieren

Das Betriebssystem Windows 2000 Professional ist der Nachfolger von Windows NT 4.0 Workstation.

Microsoft hat Windows 2000 Professional jede Menge neue Assistenten spendiert, die teilweise komplexe Konfigurationen erheblich vereinfachen können. Außerdem vereinfacht das jetzt neu integrierte Plug&Play die Installation im Vergleich zu Windows NT 4 Workstation erheblich. Das gilt auch für die Netzwerkinstallation.

5.6.1 Netzwerkeinstellungen nach dem ersten Start

Im Umgang mit den Netzwerkeinstellungen nach dem ersten Start von Windows 2000 sollten Sie Folgendes wissen: Nach dem ersten Start wird automatisch der Assistent für die Netzwerkanmeldung gestartet. Über diesen Assistenten legen Sie fest, wie die Anmeldung am Netzwerk durchgeführt wird.

Wenn Sie im Willkommensfenster des Assistenten auf die Schaltfläche WEITER klicken, gelangen Sie in das eigentliche Fenster, in dem die Einstellungen vorgenommen werden.

In diesem Fenster entscheiden Sie, ob sich verschiedene Benutzer mit unterschiedlichen Arbeitsumgebungen anmelden können oder ob immer der gleiche Benutzer angemeldet werden soll. Die letzte Variante sollten Sie nur dann auswählen, wenn an dem Rechner tatsächlich immer nur eine Person arbeitet. Diese eine Person erspart sich dann das lästige Eingeben des Kennworts nach dem Hochfahren des Rechners. Dafür wird aber auch die Sicherheit von Windows 2000 praktisch umgangen.

5.6.2 Installation und Konfiguration von TCP/IP

Auch beim Windows-2000-Professional-Rechner wird davon ausgegangen, dass die Netzwerkinstallation bereits erfolgreich abgeschlossen ist und nur noch TCP/IP installiert und konfiguriert werden muss.

Es ist natürlich auch jederzeit möglich, dass Sie das komplette Netzwerk nachträglich installieren. In der Regel wird nach dem Einbau der Netzwerkkarte der Treiber für die Netzwerkkarte durch Plug&Play nach dem nächsten Start des Computers nahezu ohne Eingriff des Benutzers installiert. Falls der Treiber nicht gefunden wird, werden Sie entsprechend aufgefordert, einen Datenträger einzulegen, auf dem sich die erforderlichen Treiber befinden.

Die restliche Installation und Konfiguration des Netzwerks muss dann manuell vorgenommen werden. Im Folgenden werden Sie Schritt für Schritt durch die Installation geführt.

Um TCP/IP zu installieren und zu konfigurieren, gehen Sie folgendermaßen vor:

1. Öffnen Sie das Dialogfenster *Netzwerk- und DFÜ-Verbindungen* über das Menü START/EINSTELLUNGEN/NETZWERK- UND DFÜ-VERBINDUNGEN.

Abb. 5.22:
Fenster Netz-
werk- und
DFÜ-Verbin-
dungen

2. Markieren Sie das Symbol *LAN-Verbindung*, öffnen Sie das Kontextmenü (Rechtsklick) und klicken Sie auf den Eintrag EIGENSCHAFTEN, um das
   Dialogfenster *Eigenschaften von LAN-Verbindung* zu öffnen.

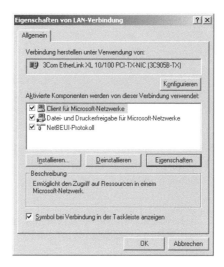

Abb. 5.23:
Eigenschaften
von LAN-Ver-
bindung

3. Wenn das Protokoll TCP/IP bereits installiert ist, fahren Sie fort mit
   Schritt 6. Um das Protokoll TCP/IP zu installieren, klicken Sie auf die
   Schaltfläche INSTALLIEREN. Wählen Sie den Eintrag *Protokoll* aus und kli-
   cken Sie auf die Schaltfläche HINZUFÜGEN.

93

Abb. 5.24: Fenster Typ der Netzwerk- komponente auswählen

4. Im Fenster Netzwerk-Protokoll wählen sehen Sie eine Liste der Proto- kolle, die Sie installieren können. Wählen Sie den Eintrag *Internetproto- koll (TCP/IP)* aus und klicken Sie auf Ok.

Abb. 5.25: Fenster Netz- werk-Protokoll wählen

5. Danach werden die notwendigen Dateien kopiert. Wenn das System die Dateien nicht finden kann, werden Sie aufgefordert, den Pfad zu den Da- teien anzugeben.

6. Nach der Installation von TCP/IP ist der nächste Schritt die Konfigura- tion. Markieren Sie dazu im Fenster *Eigenschaften von LAN-Verbindung* den Eintrag *Internetprotokoll (TCP/IP)* und klicken Sie auf die Schaltflä- che Eigenschaften.

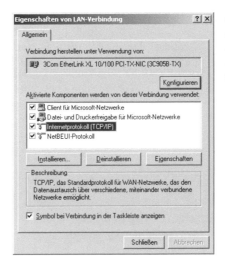

Abb. 5.26: Fenster Eigenschaften von LAN-Verbindung

7. In diesem Fenster aktivieren Sie die Option *Folgende IP-Adresse verwenden*. Geben Sie dann die IP-Adresse und die Subnet-Mask ein.

IP-Adresse:　　　10.100.100.14
Subnet-Mask:　　255.255.255.0

Klicken Sie auf OK, um die Eingaben zu speichern und das Fenster zu schließen. Damit wäre die Konfiguration des Protokolls abgeschlossen.

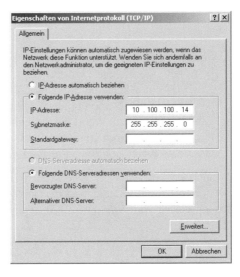

Abb. 5.27: Fenster Eigenschaften von Internetprotokoll (TCP/IP)

95

8. Jetzt fehlt noch die Konfiguration von Computername und Arbeitsgruppe. Bei Windows 2000 haben sich die Positionen einiger Komponenten geändert. Dazu zählt auch die Netzwerkidentifikation.

Um die Netzwerkidentifikation zu ändern, klicken Sie auf START/EINSTELLUNGEN/SYSTEMSTEUERUNG und öffnen das Symbol SYSTEM mit einem Doppelklick. Aktivieren Sie das Register *Netzwerkidentifikation*.

> Die Netzwerkidentifikation können Sie auch im Fenster *Netzwerk- und DFÜ-Verbindungen* unter dem Menüpunkt ERWEITERT/NETZWERKIDENTIFIKATION aufrufen.

Abb. 5.28: Register Netzwerkidentifikation

9. Im Fenster *Netzwerkidentifikation* klicken Sie auf die Schaltfläche EIGENSCHAFTEN. Geben Sie dort im Textfeld *Computername* den Namen *Client04* ein. Aktivieren Sie die Option *Arbeitsgruppe* und geben Sie in das Textfeld den Namen *powerfirm* ein. Klicken Sie auf OK, um die Eingaben zu speichern. Wenn Sie das Fenster mit der Meldung *Willkommen in der Arbeitsgruppe powerfirm* mit OK geschlossen haben, ist die Installation und Konfiguration dieses Rechners abgeschlossen.

Je nachdem, was geändert wurde, bedarf es eines Neustarts des Rechners. Bei den meisten Änderungen ist ein Neustart nicht mehr erforderlich, was ein großer Vorteil von Windows 2000 gegenüber seinem Vorgänger Windows NT 4.0 ist.

5.7 Funktioniert alles? – Die Umgebung testen

Nachdem nun die Installation der Rechner hoffentlich erfolgreich abgeschlossen ist, müssen Sie das Netzwerk erst einmal testen.

5.7.1 TCP/IP-Installation testen

Ein sehr wichtiges Werkzeug zum Testen der TCP/IP-Installation ist das kleine Programm ping. Mit ping können Sie Ihre eigene TCP/IP-Installation sehr einfach testen, indem Sie Testpakete zu den anderen Rechnern des Netzwerks schicken.

Wenn diese Testpakete den Zielrechner erreichen, wird dieser antworten, und Sie wissen dann, dass Sie über TCP/IP mit diesem Host kommunizieren können.

Abb. 5.29: Positive Antwort bei Ping

Wenn Sie keine Antwort bekommen, liegt es entweder an Ihrem Rechner, an dem anderen Rechner oder an dem Weg zum anderen Rechner, beispielsweise einem oder mehreren Routern, die zwischen den beiden Hosts liegen.

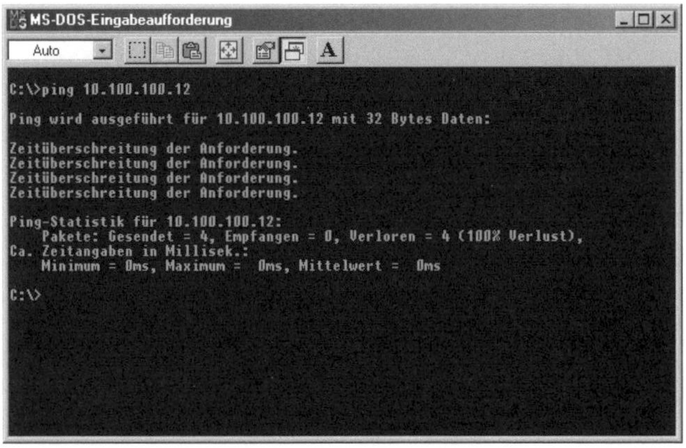

Abb. 5.30:
Negative Ant-
wort bei Ping

```
MS-DOS-Eingabeaufforderung                               _ □ x

Auto    ▼    □ 🖺 🖺    ⊞    🖻🖨  A

C:\>ping 10.100.100.12

Ping wird ausgeführt für 10.100.100.12 mit 32 Bytes Daten:

Zeitüberschreitung der Anforderung.
Zeitüberschreitung der Anforderung.
Zeitüberschreitung der Anforderung.
Zeitüberschreitung der Anforderung.

Ping-Statistik für 10.100.100.12:
    Pakete: Gesendet = 4, Empfangen = 0, Verloren = 4 (100% Verlust),
Ca. Zeitangaben in Millisek.:
    Minimum = 0ms, Maximum = 0ms, Mittelwert = 0ms

C:\>
```

Bevor Sie sich auf die weitere Fehlersuche begeben, sollten Sie erst einmal ausschließen, dass der Fehler bei Ihrem Rechner liegt. Auch das lässt sich mit dem Befehl ping leicht bewerkstelligen.

Geben Sie in der Eingabeaufforderung den Befehl ping mit der Adresse 127.0.0.1 ein.

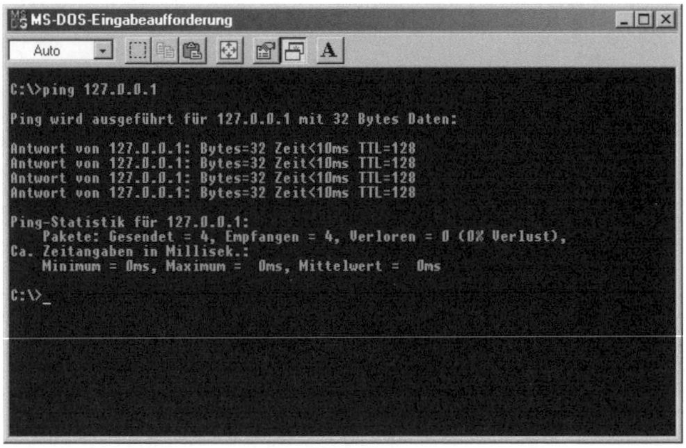

Abb. 5.31:
Ping auf die
Loopback-
Adresse

```
MS-DOS-Eingabeaufforderung                               _ □ x

Auto    ▼    □ 🖺 🖺    ⊞    🖻🖨  A

C:\>ping 127.0.0.1

Ping wird ausgeführt für 127.0.0.1 mit 32 Bytes Daten:

Antwort von 127.0.0.1: Bytes=32 Zeit<10ms TTL=128
Antwort von 127.0.0.1: Bytes=32 Zeit<10ms TTL=128
Antwort von 127.0.0.1: Bytes=32 Zeit<10ms TTL=128
Antwort von 127.0.0.1: Bytes=32 Zeit<10ms TTL=128

Ping-Statistik für 127.0.0.1:
    Pakete: Gesendet = 4, Empfangen = 4, Verloren = 0 (0% Verlust),
Ca. Zeitangaben in Millisek.:
    Minimum = 0ms, Maximum = 0ms, Mittelwert = 0ms

C:\>_
```

Erinnern Sie sich an diese Adresse? Genau, das ist die Loopback-Adresse, ein für Testzwecke reserviertes Netzwerk.

Mit ping 127.0.0.1 schicken Sie ein Testpaket an eine virtuelle Adresse, die nur dann eine Antwort geben kann, wenn das Paket alle TCP/IP-Schichten erfolgreich nach unten durchlaufen kann und das Ganze wieder zurück. Wenn das funktioniert, können Sie davon ausgehen, dass zumindest Ihre TCP/IP-

Installation ordnungsgemäß eingerichtet ist. Ob natürlich die IP-Adresse Ihres Rechners zu denen der anderen Rechner in Ihrem Netzwerk passt oder die Subnet-Mask richtig eingerichtet ist, kann der Befehl nicht feststellen. Aber immerhin lassen sich damit schon einmal einige Fehlerquellen ausschließen.

Von daher sollten Sie einfach mal einen oder auch alle Rechner in unserem Testnetz »anpingen«, um zu testen, ob alles funktioniert.

5.7.2 Computer in der Netzwerkumgebung anzeigen

Es ist auch nicht schlecht, die Netzwerkumgebung zu öffnen und zu überprüfen, ob alle Rechner dort angezeigt werden. Damit lassen sich auch andere mögliche Probleme erkennen.

Bei Windows 98 und Windows NT 4.0 Workstation geht das ganz schnell mit einem Doppelklick auf das Symbol NETZWERKUMGEBUNG, das sich auf dem Desktop befindet.

Abb. 5.32: Netzwerkumgebung von Windows 98

Bei Windows ME und Windows 2000 Professional geht das im Prinzip genauso, nur sind in der neuen Bedienerführung dazu ein paar Mausklicks mehr erforderlich.

Um sich bei Windows XP die Arbeitsgruppencomputer anzeigen zu lassen, gehen Sie wie folgt vor:

1. Klicken Sie auf START und dann NETZWERKUMGEBUNG.

2. Klicken Sie in den NETZWERKAUFGABEN auf ARBEITSGRUPPENCOMPUTER ANZEIGEN.

Abb. 5.33:
Netzwerk-
umgebung von
Windows XP

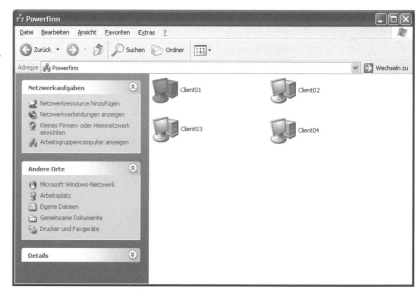

Um die Rechner in der Netzwerkumgebung von Windows ME anzuzeigen, gehen Sie folgendermaßen vor:

1. Doppelklick auf das Symbol NETZWERKUMGEBUNG auf dem Desktop

2. Doppelklick auf das Symbol GESAMTES NETZWERK

3. Doppelklick auf das Symbol POWERFIRM

Abb. 5.34:
Netzwerk-
umgebung von
Windows ME

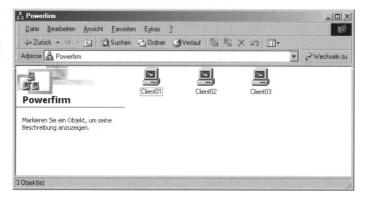

Und um die Rechner in der Netzwerkumgebung von Windows 2000 Professional anzuzeigen, gehen Sie wie folgt vor:

1. Doppelklick auf das Symbol NETZWERKUMGEBUNG auf dem Desktop

2. Doppelklick auf das Symbol BENACHBARTE COMPUTER

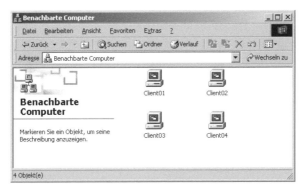

Abb. 5.35: Netzwerk-umgebung von Windows 2000

Bei den benachbarten Computern zeigt das System alle Computer an, die sich in der gleichen Arbeitsgruppe befinden. In unserem Fall ist das die Arbeitsgruppe *Powerfirm*.

5.7.3   Problembehebung

Wenn ein Rechner nicht angezeigt wird, kann das verschiedene Ursachen haben:

1. Die Netzwerk-Hardware ist fehlerhaft oder die Treiber sind nicht korrekt installiert.

2. Das TCP/IP-Protokoll ist nicht korrekt installiert.

3. Der Name der Arbeitsgruppe stimmt nicht bei allen Rechnern überein.

4. Der Serverdienst funktioniert nicht.

Netzwerk-Hardware-Treiber überprüfen

Bevor man möglicherweise stundenlang in irgendwelchen Einstellungen des Netzwerks nach Ursachen für die Netzwerkprobleme sucht, sollte man zuerst sicherstellen, dass die Hardware in Ordnung ist und die Netzwerkkartentreiber korrekt installiert sind.

Überprüfen Sie, ob alle Anschlüsse und Verbindungen korrekt sind, kein Kabel geknickt ist etc. Ob der Treiber richtig installiert ist, können Sie bei Windows XP, Windows 98, Windows ME und Windows 2000 Professional über den Geräte-Manager überprüfen.

Über den Menüpunkt START/EINSTELLUNGEN/SYSTEMSTEUERUNG öffnen Sie das Fenster *Systemsteuerung*. Klicken Sie auf das Symbol SYSTEM und wählen Sie bei Windows 98 und Windows ME das Register *Geräte-Manager*. Bei Windows 2000 Professional aktivieren Sie das Register *Hardware* und klicken auf den Button GERÄTE-MANAGER.

Bei Windows XP sind es leider immer ein paar Mausklicks mehr, bis man zum Ziel kommt.

Um den Geräte-Manager von Windows XP anzuzeigen, gehen Sie folgendermaßen vor:

1. Klicken Sie auf START und SYSTEMSTEUERUNG.

2. Dort klicken Sie auf die Kategorie *Leistung und Wartung*.

3. Im Fenster *Leistung und Wartung* klicken Sie auf das Systemsteuerungssymbol SYSTEM, um dann endlich das bekannte Fenster *Systemeigenschaften* zu öffnen.

4. Aktivieren Sie das Register *Hardware* und nach einem Klick auf die Schaltfläche GERÄTE-MANAGER offenbart Windows XP seinen Geräte-Manager.

Dort suchen Sie den Eintrag *Netzwerkadapter* und erweitern die Anzeige (auf das Plus-Zeichen vor dem Eintrag klicken). Öffnen Sie die Eigenschaften und überprüfen Sie die verschiedenen Register auf Hinweise darauf, ob irgendetwas nicht stimmt. Wenn etwas nicht stimmt, wird meistens der Eintrag des entsprechenden Geräts mit einem gelben Ausrufezeichen versehen, was auf ein Problem hinweist.

Abb. 5.36:
Geräte-
Manager von
Windows 98

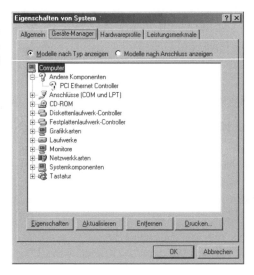

Wenn es hier Probleme gibt, versuchen Sie doch erst einmal den Treiber nochmals zu installieren.

Bei Windows NT 4.0 Workstation müssen Sie zur Überprüfung des Treibers für die Netzwerkkarte das Ereignis-Protokoll kontrollieren. Über START/PROGRAMME/VERWALTUNG (ALLGEMEIN)/EREIGNISANZEIGE öffnen Sie das Ereignis-Protokoll. Achten Sie darauf, dass im Menü PROTOKOLL die Option SYSTEM aktiviert ist, damit die richtigen Meldungen des Betriebssystems angezeigt werden.

Wenn Sie dort Einträge mit einem roten Symbol finden, können Sie sich mit einem Doppelklick darauf die Details dieser Meldung anzeigen lassen. Damit sollten Sie feststellen können, ob und eventuell was in der Netzwerkkonfiguration nicht funktioniert.

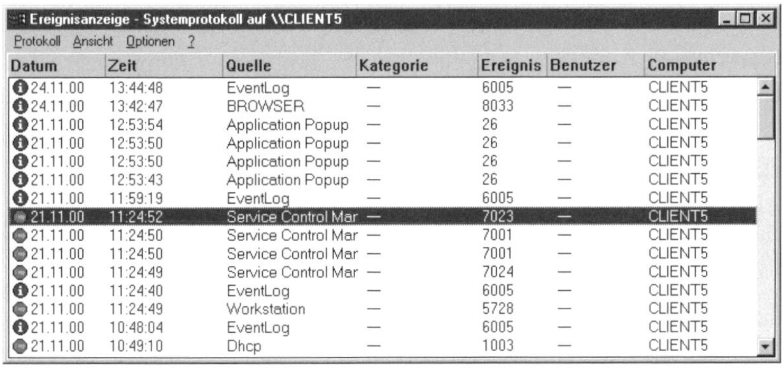

Ereignisanzeige - Systemprotokoll auf \\CLIENT5						
Datum	**Zeit**	**Quelle**	**Kategorie**	**Ereignis**	**Benutzer**	**Computer**
24.11.00	13:44:48	EventLog	—	6005	—	CLIENT5
24.11.00	13:42:47	BROWSER	—	8033	—	CLIENT5
21.11.00	12:53:54	Application Popup	—	26	—	CLIENT5
21.11.00	12:53:50	Application Popup	—	26	—	CLIENT5
21.11.00	12:53:50	Application Popup	—	26	—	CLIENT5
21.11.00	12:53:43	Application Popup	—	26	—	CLIENT5
21.11.00	11:59:19	EventLog	—	6005	—	CLIENT5
21.11.00	11:24:52	Service Control Mar	—	7023	—	CLIENT5
21.11.00	11:24:50	Service Control Mar	—	7001	—	CLIENT5
21.11.00	11:24:50	Service Control Mar	—	7001	—	CLIENT5
21.11.00	11:24:49	Service Control Mar	—	7024	—	CLIENT5
21.11.00	11:24:40	EventLog	—	6005	—	CLIENT5
21.11.00	11:24:49	Workstation	—	5728	—	CLIENT5
21.11.00	10:48:04	EventLog	—	6005	—	CLIENT5
21.11.00	10:49:10	Dhcp	—	1003	—	CLIENT5

Abb. 5.37: Ereignis-anzeige von Windows NT 4.0

Das TCP/IP-Protokoll ist nicht korrekt installiert

Das TCP/IP-Protokoll ist nicht korrekt installiert, beispielsweise ist die IP-Adresse oder die Subnet-Mask nicht korrekt eingegeben.

Zur schnellen Kontrolle steht Ihnen unter Windows XP, NT 4.0 und Windows 2000 der Befehl ipconfig zur Verfügung, den Sie über die Eingabeaufforderung eingeben können. Unter Windows 98 und Windows ME ist es der Befehl winipcfg, die grafische Variante des Befehls ipconfig. Dieses Programm wird ebenfalls von der Eingabeaufforderung aufgerufen.

Der Name der Arbeitsgruppe stimmt nicht bei allen Rechnern überein

Wenn es unterschiedliche Arbeitsgruppennamen gibt, können Sie das leicht herausfinden, indem Sie in der Netzwerkumgebung nachschauen, ob weitere Namen angezeigt werden.

In Windows 2000 ist das vergleichsweise aufwändig, da Sie in der Netzwerkumgebung nicht nur das Symbol GESAMTES NETZWERK anklicken müssen. Um dort etwas anzuzeigen, müssen Sie im linken Teil des Fensters zusätzlich die Option DEN GESAMTEN INHALT anklicken. Dadurch erscheint das Symbol MICROSOFT WINDOWS-NETZWERK, das Sie dann auch noch öffnen müssen. Erst dann sehen Sie alle Arbeitsgruppen und Domänen, die es in diesem Netzwerk gibt.

Noch aufwändiger ist es bei Windows XP. Nachdem Sie über das Startmenü die Netzwerkumgebung geöffnet haben, klicken Sie auf die Netzwerkaufgabe ARBEITSGRUPPENCOMPUTER ANZEIGEN und dann in ANDERE ORTE auf MICROSOFT WINDOWS-NETZWERK. Dann erst sehen Sie alle Arbeitsgruppen. Wenn Sie das Ganze allerdings über den Explorer machen und sich dort über die Netzwerkumgebung weiterklicken, ersparen Sie sich einige Mausklicks und die Übersicht ist ebenfalls besser.

Der Serverdienst funktioniert nicht

Wenn der Serverdienst nicht funktioniert, hat das auf dem entsprechenden Rechner zur Folge, dass man die anderen Rechner zwar sehen und auch auf diese zugreifen kann, aber der Rechner selbst in der Netzwerkumgebung nicht angezeigt wird. Dadurch ist auf diesen Rechner kein Zugriff möglich.

Bei Windows 98 und Windows ME müssen Sie überprüfen, ob in der *Datei- und Druckerfreigabe* mindestens eine Funktion aktiviert ist. Sie finden diese Einstellung in den Netzwerkeigenschaften.

Öffnen Sie dazu das Kontextmenü (Rechtsklick) des Desktop-Symbols NETZWERKUMGEBUNG und klicken Sie auf den Menüeintrag EIGENSCHAFTEN. Im Register *Konfiguration* klicken Sie auf den Button DATEI- UND DRUCKERFREIGABE.

Abb. 5.38:
Datei- und
Drucker-
freigabe mit
deaktivierten
Optionen

Bei Windows XP, Windows 2000 Professional und Windows NT 4.0 Workstation müssen Sie überprüfen, ob der Serverdienst gestartet wurde. In Windows NT 4.0 finden Sie dazu in der Systemsteuerung das Symbol DIENSTE. Öffnen Sie DIENSTE und überprüfen Sie in der Spalte *Status*, ob dieser gestartet ist. Wenn nicht, klicken Sie auf den Button STARTEN. Überprüfen Sie zusätzlich die Startart. Ist dort etwa »manuell« eingetragen, so wird Windows den Dienst nie von allein starten. Ändern Sie die Startart auf »automatisch«, um das zu verhindern.

104

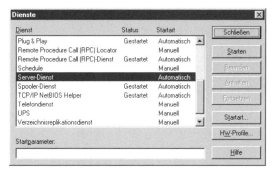

Abb. 5.39:
*Dienste von
Windows NT
4.0*

Wenn sich der Dienst nicht starten lässt, kann man das Problem bei Windows NT sehr oft dadurch lösen, dass man das aktuelle Service-Pack noch mal installiert.

Um bei Windows XP die Dienste überprüfen zu können, verwenden Sie in der Systemsteuerung (START/SYSTEMSTEUERUNG) die Kategorie *Leistung und Wartung* und dort das Systemsteuerungssymbol *Verwaltung*. Mit einem Doppelklick auf das Symbol DIENSTE wird dann das Snap-In *Dienste* geöffnet.

Um den Serverdienst auf Windows 2000 zu überprüfen, öffnen Sie die Konsole *Dienste* über START/PROGRAMME/VERWALTUNG/DIENSTE.

Der Menüpunkt VERWALTUNG ist standardmäßig bei Windows 2000 Professional deaktiviert und muss erst manuell aktiviert werden. Öffnen Sie das Fenster *Eigenschaften von Taskleiste und Startmenü* über das Menü START/EINSTELLUNGEN/TASKLEISTE und STARTMENÜ und aktivieren Sie das Register *Erweitert*. Im unteren Teil des Fensters unter *Einstellungen für Menü »Start«* finden Sie als letzten Punkt *Verwaltung anzeigen*. Aktivieren Sie diesen Punkt und bestätigen Sie Ihre Wahl mit OK. Ab sofort steht Ihnen der Menüpunkt VERWALTUNG zur Verfügung.

Abb. 5.40:
Eigenschaften
von Taskleiste
und Startmenü

Damit öffnen Sie die Microsoft Management Console (MMC) mit dem Snap-In *Dienste*. Suchen Sie die Zeile *Server* und überprüfen Sie die Spalte *Status*. Dort können Sie feststellen, ob der Dienst gestartet ist. Wenn der Dienst nicht gestartet ist, können Sie ihn manuell starten, indem Sie die Zeile *Server* markieren, das Kontextmenü (Rechtsklick) öffnen und auf den Eintrag STARTEN klicken.

Abb. 5.41:
Dienste-
Konsole von
Windows 2000

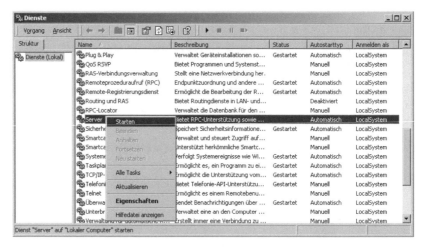

5.8   Zusammenfassung

Um ein kleines Peer-to-Peer-Netzwerk (Arbeitsgruppe) auf Basis von TCP/IP zu realisieren, gibt es mehrere Möglichkeiten:

- manuelles Zuweisen von IP-Adressen

- automatisches Zuweisen von IP-Adressen über einen DHCP-Server

- automatische Selbstzuweisung von privaten IP-Adressen (ab Windows 98, Windows ME und Windows 2000 Professional) und XP

Bei der manuellen Zuweisung von IP-Adressen ist eine vorherige Planung des Adressraums erforderlich und die Verwendung von privaten Adressen empfehlenswert, wenn das Netzwerk nicht permanent mit allen Rechnern ein Teil des Internets werden soll.

Grundsätzlich ist bei Windows 98, Windows ME, XP und Windows 2000 die Installation der Netzwerkkarte und meistens auch der wichtigsten Netzwerkdienste und Clients durch die Plug&Play-Funktionalität weitgehend automatisiert. Lediglich IP-Adressen, Subnet-Mask und die Arbeitsgruppe müssen noch festgelegt werden.

Wenn das Netzwerk korrekt funktioniert, sollten in der Netzwerkumgebung alle Rechner angezeigt werden und ein Zugriff auf diese Rechner möglich sein.

Für den Fall, dass dies nicht funktioniert, gibt es je nach Betriebssystem unterschiedliche Möglichkeiten der Überprüfung. Neben einer Überprüfung der Anschlüsse, Kabel etc. sollten auch die Netzwerkkartentreiber und die Netzwerkeinstellungen überprüft werden.

Weiterführende Techniken zur Problemlösung in einem TCP/IP-Netzwerk finden Sie in einem eigenen Kapitel weiter hinten im Buch.

5.9   Fragen zur Wiederholung

1. Wie gehen Sie vor, wenn Sie ein kleines TCP/IP-Netzwerk planen?

2. Warum benötigen Sie für dieses einfache Beispiel kein Standard-Gateway?

3. Welche Einstellungen an den Client-Rechnern müssen noch vorgenommen werden, wenn Sie die Netzwerkinstallation abgeschlossen und sich für die manuelle TCP/IP-Netzwerkeinrichtung entschieden haben?

4. Welche Gründe kann es geben, wenn im Netzwerk die Clients nicht miteinander kommunizieren können?

5. Was sind die häufigsten Ursachen dafür, wenn ein Rechner nicht in der Netzwerkumgebung angezeigt wird?

6. Wie können Sie überprüfen, ob TCP/IP auf Ihrem Rechner grundsätzlich funktioniert?

7. Wie können Sie vom Testrechner *Client01* aus überprüfen, ob eine TCP/IP-Verbindung zu *Client02* möglich ist?

8. Wie können Sie bei Windows ME schnell eine Übersicht bekommen, wie TCP/IP konfiguriert ist?

9. Wie können Sie bei Windows NT 4.0, Windows 2000 und XP schnell eine Übersicht bekommen, wie TCP/IP konfiguriert ist?

10. Welche Aufgabe hat der Serverdienst bei Windows NT bzw. Windows 2000 bzw. XP?

## KAPITEL 6

Subnets – Theorie und Praxis

Das Thema Subnets ist ein fortgeschrittenes Thema aus dem TCP/IP-Kontext. Es ist ein sehr wichtiges Thema und setzt gute Kenntnisse im Umrechnen vom Dezimal- in das Binärsystem und umgekehrt voraus. Wenn Sie sich nicht sicher sind, arbeiten Sie noch einmal Kapitel 4.2 durch. Dort wird in einem Exkurs das binäre Zahlensystem ausführlich beschrieben.

6.1   Was sind Subnets?

Wie bereits am Anfang des Buchs erwähnt, ist die Anzahl der verfügbaren Netzwerk-IDs und damit auch der Host-IDs begrenzt. Alle Rechner im gleichen logischen Netzwerk, auch Subnet genannt, benötigen die gleiche Netzwerk-ID. Bei einer Klasse-C-Netzwerk-ID, beispielsweise `201.10.75.0`, könnten 254 verschiedene Host-IDs erzeugt werden.

Wenn eine Firma aber tatsächlich aufgrund der Verwendung von Gateways nur ein- oder zwei offizielle Adressen benötigt, würden die restlichen Adressen praktisch ungenutzt bleiben. Das ist aufgrund der Adressknappheit aber nicht sinnvoll. Die Lösung heißt Subnetting, d.h., man teilt eine Netzwerk-ID in mehrere Teil- oder Unternetze auf, die dann wiederum ihre eigenen Hosts verwalten.

Das Gleiche kann man auch mit Klasse-A- und -B-Adressen machen. Hier ist die Motivation nicht die Adressknappheit, sondern die ungünstige Ausnutzung der Netzwerk-IDs. Vor einiger Zeit, als es noch Klasse-A- und B-Adressen gab, haben einige wenige große Firmen beispielsweise eine Klasse-

A-Adresse, z.B. 65.0.0.0, erhalten. Glücklicherweise kann man damit ca. 16 Mio. Host-IDs verwalten, sodass damit selbst ein internationales Multiunternehmen auskommen dürfte. Nur hat die Sache einen Haken, denn ein einziges logisches Netzwerk mit bis zu 16 Mio. Hosts macht keinen Sinn und ist auch aus Performance-Gründen nicht umsetzbar. Auch hier stellen Subnets die Lösung dar. Man teilt die vorhandene Klasse-A-Netzwerk-ID in eine Reihe von Teilnetzen auf, sodass wiederum genügend Unternetze entstehen, die ihre eigenen Hosts verwalten (z.B. ein Subnet pro Abteilung oder Niederlassung etc.).

Man hebt durch Subnets im Prinzip die Aufteilung in die Adressklassen (A, B und C) auf und bildet Zwischenklassen. Durch diese Zwischenklassen erhält man wesentlich mehr Netzwerk-IDs und kann die Größe der Netzwerke in Bezug auf die Anzahl der darin enthaltenen Hosts bedarfsorientierter wählen.

Ein wichtiger Hinweis an dieser Stelle: Subnets sind ausschließlich bei offiziellen Adressen interessant. Innerhalb von Firmen, die private Adressen verwenden, sind Subnets nur für die Strukturierung von Bedeutung, aber nicht zwingend notwendig. Die privaten Adressen lassen jede nur denkbare Firmengröße zu, da beispielsweise bei der Netzwerk-ID 10.0.0.0 je nach Verwendung der Standard-Subnet-Masks alle Adressklassen zur Verfügung stehen.

6.2 Wie funktionieren Subnets?

Das klingt alles sehr gut, aber wie funktioniert das Ganze nun? Um das Thema Subnets richtig verstehen zu können, muss man sich die IP-Adressen, vor allem aber die Subnet-Mask, im Binärformat anschauen. Dann wird die Sache sehr anschaulich.

6.2.1 Ein Beispiel zur Veranschaulichung

Ausgangspunkt ist eine vorhandene Netzwerk-ID irgendeiner Adressklasse, beispielsweise der Klasse B mit der Netzwerk-ID 130.100.0.0. Der dazugehörige Standard ist die 255.255.0.0. Zur Erinnerung: Dies ist dafür verantwortlich, welcher Teil der IP-Adresse als Netzwerk-ID und welcher Teil als Host-ID verwendet wird. Binär bedeutet das, dass die Bits auf den Wert 1 gesetzt werden, die bei der IP-Adresse als Netzwerk-ID angesehen werden. Und die Bits der Host-ID haben den Wert 0.

	Dezimal	Binär
IP-Adresse	130.100.0.0	10000010.01100100.00000000.00000000
	255.255.0.0	11111111.11111111.00000000.00000000

Tabelle 6.1:
IP-Adresse in
Dezimal- und
Binärformat

Standardmäßig lassen sich also mit dieser Netzwerk-ID $2^{16} = 65536$ minus 2 (alle Host-Bits dürfen weder 0 noch 1 sein), also insgesamt 65534 gültige Host-IDs verwalten.

Diese Netzwerk-ID lässt sich nun dazu verwenden, mehrere Teilnetze zu erstellen. Um das zu machen, nehmen Sie einfach noch ein paar Bits der Host-ID zur Netzwerk-ID dazu, z.B. zwei zusätzliche Bits.

	Dezimal	Binär
IP-Adresse	130.100.0.0	10000010.01100100.00000000.00000000
	255.255.**192**.0	11111111.11111111.**11**000000.00000000

Tabelle 6.2:
IP-Adresse in
Dezimal- und
Binärformat

Damit erhält man zusätzlich zwei Bits für die Netzwerk-ID und zwei Bits weniger für die Host-ID. Die zwei zusätzlichen Bits in der Netzwerk-ID bringen $2^2 = 4 - 2 = 2$ zusätzliche Teilnetze mit jeweils $2^{14} = 16384 - 2 = 16382$ Hosts pro Subnet. Für die Host-ID bleiben ja nicht mehr die beiden kompletten letzten Oktette, wie bei einer Standard-Klasse-B-Adresse, sondern nur noch 16 Bit minus zwei Bit, also 14 Bit für die Teilnetze.

Achten Sie in der Tabelle 6.2 auf das dritte Oktett in der Subnet-Mask, das dezimal den Wert 192 hat. Wie kommt diese Zahl zustande? Betrachten Sie dazu die Tabelle 6.3, die als Hilfstabelle für die Berechnung der benutzerdefinierten Subnet-Mask sehr hilfreich ist.

Bit-Nummer	1	2	3	4	5	6	7	8
Bit-Wert	128	64	32	16	8	4	2	1
Kumuliert	128	192	224	240	248	252	254	255

Tabelle 6.3:
Hilfstabelle zur
Berechnung
der Subnet-
Mask beim
Subnetting

In unserem Beispiel werden die ersten beiden Bits der acht Bit des dritten Oktetts verwendet, um die benutzerdefinierte Subnet-Mask zu bilden. Binär ist die Sache relativ einfach und anschaulich. Für die dezimale Darstellung nimmt man einfach den Wert des ersten Bit und addiert den Wert des zweiten Bits dazu, also 128 + 64 = 192. Der Wert 192 im dritten Oktett ist der dezimale Wert für das dritte Oktett in der Subnet-Mask.

Sie müssen zugeben, dass eine benutzerdefinierte Subnet-Mask nur relativ wenig anschaulich ist, wenn man mit Dezimalwerten arbeitet. Mit binären Werten erkennt man sofort, wie die Netzwerk-ID aufgeteilt wird.

Das Ganze lässt sich je nach Bedarf auch anders aufteilen, als jetzt in diesem Beispiel dargestellt. Je mehr Bits zur Netzwerk-ID dazu kommen, desto weniger Bits bleiben für die Host-IDs. Das bedeutet, je mehr Bits zur Netzwerk-ID dazu kommen, in desto mehr Teilnetze kann man die Ausgangs-Netzwerk-ID aufteilen und umso weniger Hosts können in den jeweiligen Netzen unterschieden werden.

Binär betrachtet kann man die Prozedur des Subnetting mit einem Schieberegler vergleichen. Schiebt man den Regler nach rechts, erhöht sich die Anzahl möglicher Subnets und gleichzeitig verringert sich die Anzahl der möglichen Hosts pro Subnet. Oder das Ganze umgekehrt: Schiebt man den Regler nach links, verringert sich die Anzahl möglicher Subnets und gleichzeitig erhöht sich die Anzahl der möglichen Hosts pro Subnet.

Abb. 6.1:
Verhältnis von
Netzwerk- zu
Host-ID
(»Schiebe-
regler«)

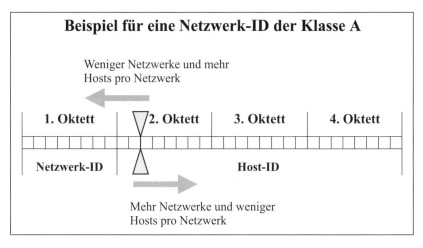

6.2.2 Planung von Subnets

Bevor Sie die entsprechende Subnet-Mask für Ihre Netzwerk-ID berechnen können, brauchen Sie noch einige Informationen.

1. Wie viele logische Netzwerke möchten Sie einrichten, d.h. wie viele Subnets benötigen Sie?

2. Wie viele Hosts sollen pro Netzwerk maximal verwaltet werden können, d.h. wie viele Host-IDs pro Subnet werden benötigt?

Denken Sie daran, dass IP-Adressen nicht nur für Rechner, sondern auch beispielsweise für Router, Drucker etc. benötigt werden. Denken Sie auch daran, dass Netzwerke wachsen können und Sie daher bei der Berechnung der Subnet-Mask nicht nur den aktuellen, sondern auch den möglichen zukünftigen Bedarf berücksichtigen.

6.3 Festlegen einer benutzerdefinierten Subnet-Mask

Nachdem Sie im Vorfeld für Ihre zugewiesene Netzwerk-ID bereits geplant haben, wie viele Subnets Sie brauchen und wie viele Hosts pro Subnet mindestens vorhanden sein müssen, geht es daran, die benutzerdefinierte Subnet-Mask zu bestimmen.

6.3.1 Ein Beispiel zur Bestimmung einer benutzerdefinierten Subnet-Mask

Nehmen wir beispielsweise an, Sie haben eine Adresse der Klasse B, z.B. 130.100.0.0, dann wäre die Standard-Subnet-Mask die 255.255.0.0. Damit lässt sich genau ein logisches Netzwerk mit insgesamt 65534 Hosts realisieren.

Die Anforderung könnte aber beispielsweise sein, dass Sie mindestens 100 Subnets damit verwalten sollen, in denen mindestens 400 Hosts je Subnet enthalten sein müssen. Die Aufgabe besteht jetzt darin, eine benutzerdefinierte Subnet-Mask zu bestimmen, die genau diesen Anforderungen entspricht. Wie geht man an das Problem heran?

Die benutzerdefinierte Subnet-Mask würde etwa folgendes Aussehen haben: 255.255.xxx.0. Das bedeutet also, dass der Wert im dritten Oktett zu berechnen ist. Binär betrachtet suchen wir eine Aufteilung von 1 und 0 für das dritte Oktett, die durch Kombinationsmöglichkeiten die Anforderungen erfüllt.

Bestimmung der Anzahl von Bits für die Subnet-ID

Es werden insgesamt 100 Subnets gesucht. Wie viele Bits des dritten Oktetts werden also gebraucht, um die Zahl 100 dezimal darzustellen? Ein anderer Ansatz ist auch möglich: Wie viele Bits benötige ich, um mindestens 100 Kombinationsmöglichkeiten zu erreichen? Die Antwort ist in jedem Fall sieben. Wenn Sie das nicht nachvollziehen können, lesen Sie Kapitel 4.2 und folgende noch einmal.

Berechnung der fehlenden Dezimalzahl in der benutzerdefinierten Subnet-Mask

Nachdem wir nun wissen, dass sieben Bit für die binäre Darstellung der Zahl 100 benötigt werden, kennen wir auch die Anzahl der Bits, die in der Subnet-Mask den Wert 1 erhalten müssen. Binär sieht der fehlende Wert in der Subnet-Mask folgendermaßen aus: 11111110. Dezimal entspricht das dem Wert 254. Die benutzerdefinierte Subnet-Mask sieht demnach wie folgt aus: 255.255.254.0.

Wir sind mit der Aufgabe aber noch nicht ganz fertig, denn die zweite Bedingung, dass mindestens 400 Hosts pro Subnet möglich sind, muss noch überprüft werden. Es werden sieben Bit für die Subnets verwendet, wie viele Bits bleiben dann noch für die Host-ID übrig? Nein, nicht ein Bit, sondern insgesamt neun Bit!

In diesem Beispiel handelt es sich um eine Netzwerk-ID der Klasse B und das Subnetting findet im dritten Oktett statt. Damit bleiben ein Bit des dritten Oktetts und die kompletten acht Bit des vierten Oktetts für die Host-ID übrig. Daraus lassen sich dann nach der Formel $2^9 = 512 - 2 = 510$ Hosts ermitteln. Mit dieser benutzerdefinierten Subnet-Mask können Sie die Aufgabe also lösen.

6.3.2   Umrechnungstabellen für Subnets

Damit Sie sehen können, wie sich das Verhältnis zwischen der Anzahl der Subnets und Host-IDs ändert, finden Sie im Anschluss für alle drei Adressklassen die entsprechenden Umrechnungstabellen.

Subnets bei Adressen der Klasse A

Tabelle 6.4: Umrechnungstabelle für Adressen der Klasse A für Subnets

Netzwerk-Bits	Anzahl der Subnets	Subnet-Mask	Host-Bits	Hosts
1	0 ($2^1 = 2-2=0$)	ungültig	24–1= 23	ungültig
2	2 ($2^2=4-2=2$)	255.192.0.0	24–2=22	$2^{22}-2=4.194.302$
3	6 ($2^3=8-2=6$)	255.224.0.0	24–3=21	$2^{21}-2=2.097.150$
4	14 ($2^4=16-2=14$)	255.240.0.0	24–4=20	$2^{20}-2=1.048.574$
5	30 ($2^5=32-2=30$)	255.248.0.0	24–5=19	$2^{19}-2=524.286$
6	62 ($2^6=64-2=62$)	255.252.0.0	24–6=18	$2^{18}-2=262.142$
7	126 ($2^7=128-2=126$)	255.254.0.0	24–7=17	$2^{17}-2=131.070$
8	254 ($2^8=256-2=254$)	255.255.0.0	24–8=16	$2^{16}-2=65534$

Subnets bei Adressen der Klasse B

Netzwerk-Bits	Anzahl der Subnets	Subnet-Mask	Host-Bits	Hosts
1	0 ($2^1=2-2=0$)	ungültig	16–1=15	ungültig
2	2 ($2^2=4-2=2$)	255.255.192.0	16–2=14	$2^{14}-2=16382$
3	6 ($2^3=8-2=6$)	255.255.224.0	16–3=13	$2^{13}-2=8190$
4	14 ($2^4=16-2=14$)	255.255.240.0	16–4=12	$2^{12}-2=4094$
5	30 ($2^5=32-2=30$)	255.255.248.0	16–5=11	$2^{11}-2=2046$
6	62 ($2^6=64-2=62$)	255.255.252.0	16–6=10	$2^{10}-2=1022$
7	126 ($2^7=128-2=126$)	255.255.254.0	16–7=9	$2^9-2=510$
8	254 ($2^8=256-2=254$)	255.255.255.0	16–8=8	$2^8-2=254$

Tabelle 6.5: Umrechnungstabelle für Adressen der Klasse B für Subnets

Subnets bei Adressen der Klasse C

Netzwerk-Bits	Anzahl der Subnets	Subnet-Mask	Host-Bits	Hosts
1	0 ($2^1=2-2=0$)	ungültig	8–1=7	ungültig
2	2 ($2^2=4-2=2$)	255.255.255.192	8–2=6	$2^6-2=62$
3	6 ($2^3=8-2=6$)	255.255.255.224	8–3=5	$2^5-2=30$
4	14 ($2^4=16-2=14$)	255.255.255.240	8–4=4	$2^4-2=14$
5	30 ($2^5=32-2=30$)	255.255.255.248	8–5=3	$2^3-2=6$
6	62 ($2^6=64-2=62$)	255.255.255.252	8–6=2	$2^2-2=2$
7	126 ($2^7=128-2=126$)	ungültig	8–7=1	ungültig
8	254 ($2^8=256-2=254$)	ungültig	8–8=0	ungültig

Tabelle 6.6: Umrechnungstabelle für Adressen der Klasse C für Subnets

6.4 Verfahren zum Berechnen der Subnet-ID

Im vorhergehenden Verfahren haben Sie gesehen, wie man für bestimmte Anforderungen eine benutzerdefinierte Subnet-Mask berechnet. Im nächsten Schritt wird ein Verfahren zur Berechnung der Subnet-ID gezeigt. Bei der Subnet-ID geht es nun darum, die Grenzen zwischen den verschiedenen Subnets zu finden. Oder anders ausgedrückt, es werden die Bereiche berechnet, ab welcher IP-Adresse ein Subnet beginnt und bei welcher das Subnet endet.

Ausgangspunkt für das Verfahren ist eine Netzwerk-ID und die benutzerdefinierte Subnet-Mask. Als Grundlage gehen wir von folgenden Daten aus: Als Netzwerk-ID nehmen wir die 130.100.0.0 der Klasse B mit der dazugehörigen benutzerdefinierten Subnet-Mask, das ist die 255.255.224.0. Binär betrachtet sieht dies folgendermaßen aus:

11111111.11111111.**11100000**.00000000

Entscheidend ist das dritte Oktett, über das das Subnetting eingeleitet wird. Wie Sie sehen, werden die ersten drei Bit für die Subnets genommen und die verbleibenden fünf Bit plus die acht Bit des folgenden Oktetts für die Host-ID.

Mit dieser Subnet-Mask lassen sich genau $2^3 = 8 - 2 = 6$ Subnets realisieren und die Frage ist nun, bei welchen IP-Adressen die Grenzen zwischen den verschiedenen Subnets liegen.

Da die Subnets immer gleich groß sind, wird ein Inkrement gesucht, das immer konstant hochzählt. Dieses Inkrement finden Sie sehr einfach in der binären Darstellung der Subnet-Mask. Im dritten Oktett ist die 224 binär dargestellt als Bitfolge 11100000. Der Wert des niederwertigen Bits der Bits, die für die Subnets genommen werden, entspricht dem Inkrement.

In diesem Beispiel sind die ersten drei Bit mit dem Wert 1 für die Subnets zuständig. Das niederwertige Bit ist immer das letzte, also hier das dritte Bit. Der Wert dieses Bits ist 32 und das ist dann das Inkrement, mit dem die Subnet-ID berechnet werden kann.

Mit dem gefundenen Inkrement, in diesem Beispiel 32, lassen sich dann die Subnet-IDs berechnen, also die Anfangspunkte der einzelnen Subnets.

Man beginnt mit dem Wert 0 und addiert dann das Inkrement so lange, bis die Zahl 256 erreicht wird. Die letzte Zahl, die 256, streicht man dann wieder, da ja nur maximal die Zahl 255 mit acht Bit dargestellt werden kann. Die Berechnung soll nur helfen, die letzte gültige Subnet-ID sicher zu erkennen.

Die nachfolgende Tabelle zeigt die Berechnung der Subnet-ID anhand des Beispiels:

Tabelle 6.7: Beispiel zur Berechnung der Subnet-IDs

Subnets	Subnet-ID dezimal	Subnet-ID binär	Bemerkung
1. Subnet	0	**000**00000	ungültig, da alle drei Bit des Subnets 0 sind
2. Subnet	32	**001**00000	1. gültige Subnet-ID
3. Subnet	64	**010**00000	2. gültige Subnet-ID
4. Subnet	96	**011**00000	3. gültige Subnet-ID
5. Subnet	128	**100**00000	4. gültige Subnet-ID
6. Subnet	160	**101**00000	5. gültige Subnet-ID
7. Subnet	192	**110**00000	6. gültige Subnet-ID
8. Subnet	224	**111**00000	ungültig, da alle drei Bit des Subnets 1 sind (Subnet-Mask)

Das erste Subnet ist ungültig, da die drei Bit (fett gedruckt), aus denen die Subnet-ID (das Teilnetz) abgeleitet wird, den Wert 0 haben. Wie wir zu Beginn des Buchs gelernt haben, dürfen nicht alle Bits der Netzwerk-ID (in einem Teilnetz die Subnet-ID) den Wert 0 haben, da damit das komplette Teilnetzwerk angesprochen würde und nicht ein einzelner Host.

Das letzte Subnet ist ungültig, da die drei Bit (fett gedruckt), aus denen die Subnet-ID (das Teilnetz) abgeleitet wird, den Wert 1 haben. Wie wir am Anfang gelernt haben, dürfen nicht alle Bits der Netzwerk-ID (in einem Teilnetz die Subnet-ID) den Wert 1 haben, da diese für Rundsendungen (Broadcasts) reserviert sind.

6.5   Host-IDs in einem Subnet bestimmen

Nun benötigen wir noch die Dezimalzahlen der Host-IDs für jedes Subnet. Beachten Sie, dass von acht theoretisch möglichen Subnets immer nur sechs nutzbar sind. Das Subnet mit der ID 000 und jenes mit der ID 111 sind wie bereits erläutert ungültig. Wir haben hier die 256 Adressen in acht Subnets unterteilt, das heißt, jedes Subnet umfasst 32 Adressen (256 / 8 = 32). Daraus ergibt sich folgende Tabelle:

Subnet	Subnet-IDs	erste Host-ID	letzte Host-ID
ungültig	0	130.100.0.1	130.100.31.254
1. Subnet	32	130.100.**32.1**	130.100.**63.254**
2. Subnet	64	130.100.**64.1**	130.100.**95.254**
3. Subnet	96	130.100.**96.1**	130.100.**127.254**
4. Subnet	128	130.100.**128.1**	130.100.**159.254**
5. Subnet	160	130.100.**160.1**	130.100.**191.254**
6. Subnet	192	130.100.**192.1**	130.100.**223.254**
ungültig	224	130.100.224.**1**	130.100.**255.254**

Tabelle 6.8: Beispiel zur Bestimmung der Host-IDs

6.6   Zusammenfassung

Mithilfe von benutzerdefinierten Subnet-Masks kann die Grenze der bekannten Adressklassen A, B und C aufgehoben werden. Sie können damit so genannte Subnets oder auch Teilnetze bilden.

Es gibt mehrere Gründe für Subnets. Bei Adressen der Klasse A und B verwendet man Subnets, um die riesigen Netzwerke, die sich aus den Klasse-A- und -B-Adressen ergeben würden, in sinnvolle kleinere in der Praxis umsetzbare aufzuteilen. Ein einziges Klasse-A-Netz mit über 16 Mio. Hosts ist in der

Praxis nicht sinnvoll anwendbar, weil es viel zu unübersichtlich wäre. Bei B-Klasse-Adressen sind es immer noch über 65000 Hosts. Auch ein solches Netz ist immer noch zu groß. Wenn man jedoch mehrere kleine Netzwerke betreibt, welche sich logischen Kategorien wie Abteilungen zuordnen lassen, wäre die Verwendung mehrerer Klasse-A- oder -B-Adressen eine unglaubliche Verschwendung von Netzwerk-IDs. Davon abgesehen sind ohnehin keine Adressen der Klasse A und B mehr verfügbar.

Bei Adressen der Klasse C ist die Motivation für das Bilden von Subnets weniger das Verkleinern der Netzwerke aufgrund der Größe. Denn mit 254 Hosts stellt ein Netzwerk sicher für viele Firmen die passende Größe dar. Vielmehr sind die Adressen der Klasse C inzwischen ebenfalls zur Mangelware geworden und es gibt bei weitem nicht mehr ausreichend Adressen für den ständig wachsenden Bedarf. Die Lösung sind die privaten Adressen für das interne Netzwerk und einige wenige offizielle Adressen für die Gateways, über welche die Rechner des internen Netzwerks in das Internet gelangen (siehe dazu NAT, PAT).

Damit reduziert sich der Bedarf an Adressen rapide, aber es bleibt das Problem, dass auch die Gateways nach außen hin ein eigenes Netzwerk darstellen müssen und damit würden wieder für ein paar Gateways mindestens 253 Host-Adressen verschwendet.

Und genau hier setzen bei den Adressen der Klasse C die Subnets an. Provider können durch die Subnets eine Netzwerk-ID der Klasse C in sehr kleine Netzwerke aufteilen. Bei einer Subnet-Mask vom Typ `255.255.255.252` teilen Sie eine Standard-Netzwerk-ID der Klasse C in bis zu 62 Subnets auf, die dann zwar jeweils nur zwei Hosts pro Subnet enthalten, aber dies reicht ja für ein Gateway problemlos aus. Man kann so mit einer einzigen Klasse-C-Adresse 62 logische Netzwerke ansprechen, die durch die Verwendung privater Adressen selbst fast beliebig groß sein können.

Für die Einteilung in Subnets sind mehrere Schritte erforderlich:

1. Stellen Sie fest, wie groß der Bedarf an Subnets tatsächlich ist (inklusive Reserven für die zukünftige Entwicklung des Netzwerks in Bezug auf die Größe).

2. Auf Basis dieser Informationen berechnen Sie dann die benutzerdefinierte Subnet-Mask.

3. Mithilfe der benutzerdefinierten Subnet-Mask können Sie dann die Grenzen zwischen den einzelnen Subnets berechnen.

4. Daraus bestimmen Sie dann im letzten Schritt die Host-IDs.

Mit diesen Informationen kann dann das Netzwerk eingerichtet werden und es können die IP-Adressen an die Hosts verteilt werden.

Subnets mit privaten Adressen sind in der Regel nicht notwendig, da die privaten Adressen genügend Spielraum für Netzwerke jeder Größe bieten. Möchten Sie Ihr Netzwerk allerdings in logisch eigenständige Teile zerlegen, können Sie dies mithilfe von Subnets auch sehr einfach erreichen.

6.7 Fragen und Übungen

Die Subnets gehören zu den Themen von TCP/IP, die man schlicht und ergreifend üben muss. Wenn Sie alle möglichen Varianten von Aufgaben zu diesem Thema durchgearbeitet haben, sollte dieses Thema kein Problem mehr darstellen. Daher finden Sie im Anschluss eine Reihe von Aufgaben und Übungen, die zum Teil auch etwas anspruchsvoller sind.

1. In welchen Situationen ist das Konzept der Subnets erforderlich?

2. Warum sind Subnets bei privaten Adressen normalerweise nicht notwendig?

3. Sie richten ein TCP/IP-Netzwerk der Klasse C ein und benötigen sechs Subnets. Sie möchten in den jeweiligen Subnets die maximal mögliche Anzahl von Hosts unterbringen. Welche Subnet-Mask sollten Sie für dieses Netzwerk verwenden?

4. Sie haben für die Erstellung eines Netzwerks die Netzwerk-ID 149.220.0.0 zur Verfügung gestellt bekommen. Das Netzwerk soll aus zwölf Subnets bestehen, die jeweils höchstens 3000 Hosts enthalten. Wie muss die benutzerdefinierte Subnet-Mask aussehen, um dieses Netzwerk realisieren zu können?

5. Sie planen ein Netzwerk, das aus mehreren Subnets bestehen soll. In Zukunft werden Sie noch weitere Subnets benötigen. Pro Subnet brauchen Sie weniger als fünf Host-IDs. Wie viele Subnets lassen sich verwirklichen, wenn Sie eine Netzwerk-ID der Klasse C benutzen wollen?

6. Sie haben in Ihrem lokalen Netzwerk einen Server mit der Netzwerkadresse 150.75.200.20 und der Subnet-Mask 255.255.224.0. Welche der folgenden Hosts liegen in Ihrem lokalen Netzwerk?

    –   Host 1: 150.75.159.4

    –   Host 2: 150.75.200.86

    –   Host 3: 150.75.223.69

    –   Host 4: 150.75.100.243

119

7. Welche der folgenden IP-Adressen liegen in einem gültigen Subnet?

    1. IP-Adresse: 112.10.17.12　　　　Subnet-Mask: 255.240.0.0
    2. IP-Adresse: 148.99.8.2　　　　　Subnet-Mask: 255.255.248.0
    3. IP-Adresse: 199.145.34.227　　　Subnet-Mask: 255.255.255.224

8. Geben Sie für die folgenden IP-Adressen und Subnet-Masks den Adressbereich an, in dem die möglichen Host-IDs liegen.

    1. IP-Adresse: 88.175.17.66　　　　Subnet-Mask: 255.192.0.0
    2. IP-Adresse: 129.67.125.45　　　 Subnet-Mask: 255.255.240.0
    3. IP-Adresse: 221.71.12.81　　　　Subnet-Mask: 255.255.255.248

9. Die nächste Frage weist einen sehr starken Praxisbezug auf. Sie haben ein Netzwerk, das aus zwei Subnets (SN1 und SN2 genannt) besteht und durch einen Router verbunden ist. Ein Computer (PC 1) in SN2 kann mit den anderen Computern im gleichen Subnet über TCP/IP kommunizieren, aber zu Computern in SN1 ist eine Verbindung über TCP/IP nicht möglich.

    Auf PC 1 ist TCP/IP folgendermaßen konfiguriert:

    IP-Adresse:　　　　　　130.87.63.10
    Subnet-Mask:　　　　　 255.255.224.0
    Standard-Gateway:　　　130.87.86.10

    Welche Ursache für das Problem ist am wahrscheinlichsten?

    – Die IP-Adresse ist nicht korrekt konfiguriert.

    – Die Subnet-Mask ist nicht korrekt konfiguriert.

    – Das Standard-Gateway ist nicht korrekt konfiguriert.

    – Der Router arbeitet nicht korrekt.

10. In Ihrem Netzwerk haben Sie das Problem, dass der Computer PC 1 mit PC 2 nicht über TCP/IP kommunizieren kann. Die beiden Rechner befinden sich im gleichen Subnet.

    TCP/IP wurde auf PC 1 folgendermaßen konfiguriert:

    IP-Adresse:　　　　　　177.15.6.12
    Subnet-Mask:　　　　　 255.255.252.0
    Standard-Gateway:　　　177.15.5.89

    TCP/IP wurde auf PC 2 folgendermaßen konfiguriert:

    IP-Adresse:　　　　　　177.15.8.12
    Subnet-Mask:　　　　　 255.255.252.0
    Standard-Gateway:　　　177.15.7.100

Welche Ursache für das Problem ist am wahrscheinlichsten?

–   Die IP-Adresse von PC 1 ist nicht korrekt konfiguriert.

–   Die IP-Adresse von PC 2 ist nicht korrekt konfiguriert.

–   Das Standard-Gateway von PC 1 ist nicht korrekt konfiguriert.

–   Das Standard-Gateway von PC 2 ist nicht korrekt konfiguriert.

## KAPITEL 7

Das IP-Routing

In dem folgenden Kapitel geht es um das *IP-Routing*, den Kernprozess von IP. Es wird der genaue Ablauf des Routings beschrieben. Sie lernen, wie Routing-Tabellen erstellt werden und was der Unterschied zwischen statischem und dynamischem Routing ist. Außerdem erfahren Sie, wie man einen Windows NT Server oder Windows Server 2003 als Router konfiguriert.

7.1 Was ist Routing?

Beim Routing geht es um den Prozess, Datenpakete von einem physikalischen Netzwerk in ein anderes weiterzuleiten. Physikalische Netzwerke sind durch Router verbunden. Wenn sich der Zielrechner in einem anderen physikalischen Netzwerk bzw. einem Remote-Netzwerk befindet, ermöglicht es das Routing dem Datenpaket, den Pfad bzw. den Weg zu dem Netzwerk, in dem sich der Zielrechner befindet, selbst zu finden.

Welche Pfade zur Auswahl stehen und welche dann auch benutzt werden, wird über so genannte Routing-Tabellen definiert, die später noch genauer besprochen werden.

7.1.1 Der Router

Der *Router* stellt das Verbindungsglied zwischen zwei physikalischen Netzwerken dar. Seine Aufgabe besteht darin, die Datenpakete von der einen Seite des Netzwerks auf die andere Seite zu übertragen. Da der Router in der

Lage ist, aus einer Routing-Tabelle den besten Weg bzw. die beste Route zu finden, wird dadurch der Netzwerkverkehr optimiert.

Vorausgesetzt, es sind mehrere Pfade möglich, kann der Router sogar je nach Routing-Methode feststellen, welcher der kürzeste und schnellste Pfad ist. Wenn beispielsweise ein Netzwerk überlastet ist, kann dies ein Router feststellen und dann eine weniger belastete Route auswählen. Oder, wenn der eine Pfad zum Zielnetzwerk mehr Hops (über mehrere durch Router verbundene Netzwerke) benötigt als der andere, wird der kürzere Pfad genommen.

Unterscheidung von Router und Bridge

Beachten Sie den Unterschied zwischen *Router* und *Bridge*. Auch eine Bridge verbindet zwei Netzwerke miteinander. Aber im Unterschied zum Router werden hier die Datenpakete aller Protokolle einfach nur von einem Netzwerk ins andere übertragen.

Die Bridge arbeitet auf der Sicherungsschicht des OSI-Schichtenmodells und benutzt direkt die MAC-Adressen der Zielrechner. Die Bridge »merkt« sich die MAC-Adressen, sodass sie die Datenpakete bei erneuter Datenübertragung gezielt in das lokale oder in das Remote-Netzwerk schicken kann. Wenn die MAC-Adresse allerdings nicht bekannt ist, werden die Datenpakete in alle angeschlossenen Segmente bzw. Netzwerke gesendet.

Eine Bridge überträgt Rundsendungen in alle angeschlossenen Netzwerke, was sich bei größeren Netzwerken sehr negativ auf die Performance auswirkt. Router dagegen lassen keine Rundsendungen durch, was sich einerseits positiv auf die Performance auswirkt, andererseits aber routingfähige Protokolle wie TCP/IP oder NWLink SPX/IPX voraussetzt. NetBEUI ist beispielsweise nicht routingfähig und kann daher die Datenpakete nicht über Router hinweg austauschen, über Bridges dagegen schon.

7.1.2   Welche Arten von Routern gibt es?

Router haben im Prinzip alle die gleiche Aufgabe. Es gibt aber mehrere Arten von Routern, die nachfolgend vorgestellt werden.

Router als Blackbox

Ein Router kann beispielsweise eine Art Blackbox sein, die einfach zwei physikalische Netzwerke verbindet.

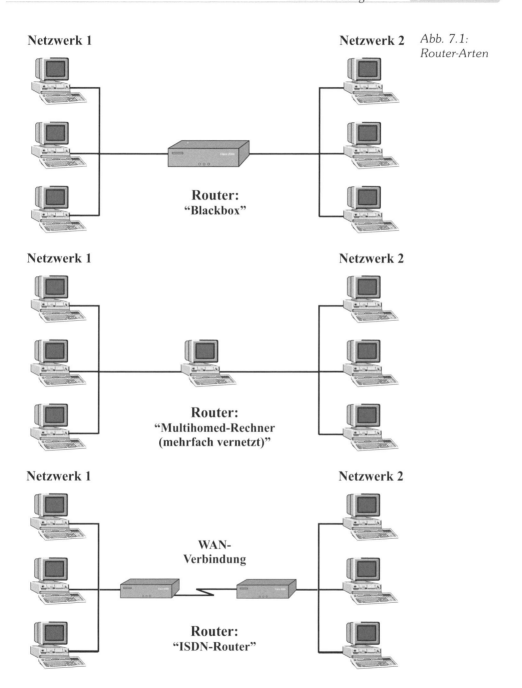

Abb. 7.1:
Router-Arten

Multihomed bzw. mehrfach vernetzter Rechner

Eine andere Art von Routern sind so genannte Multihomed oder mehrfach vernetzte Rechner. Dabei werden in einen Server einfach zwei oder mehr Netzwerkkarten eingebaut, über die dann jeweils verschiedene Netzwerke verbunden werden. Um echte Routing-Funktionalität zu erhalten, muss allerdings zusätzlich das installierte Betriebssystem in der Lage sein, diese Voraussetzung zu erfüllen. Die Netzwerkbetriebssysteme Windows NT 4 Server, Windows 2000 Server und Windows Server 2003 sind beispielsweise in der Lage, diese Routing-Funktionalität zur Verfügung zu stellen.

Wie man einen Windows-NT-Rechner als Router konfiguriert, werden Sie weiter unten in diesem Kapitel noch erfahren.

ISDN-Router

Eine weitere Form von Routern sind die ISDN-Router. ISDN-Router verbinden verschiedene Netzwerke über das Telefonnetz. Sie werden beispielsweise dazu benutzt, um zwei Firmennetzwerke (z.B. Zentrale und Filiale) miteinander zu verbinden. Ein anderes Einsatzgebiet ist die Anbindung von Firmennetzwerken an das Internet.

Beachten Sie, dass beim Einsatz von ISDN-Routern immer zwei Router zum Einsatz kommen, jeweils einer pro Netzwerk. Wichtig ist auch, dass in einem TCP/IP-Netzwerk die WAN-Verbindung als ein eigenes Netzwerk angesehen wird und daher für die WAN-Verbindung auch eine eigene Netzwerk-ID erforderlich ist.

Das Besondere an ISDN-Routern ist u.a. auch, dass es sich bei der Verbindung nicht um eine Standleitung handeln muss, sondern es auch eine Wählverbindung sein kann. Die Wählverbindung kann je nach Router-Funktionalität automatisch bei Bedarf aufgebaut und nach einer voreingestellten Leerlaufzeit wieder getrennt werden. Das Ganze läuft für den Benutzer völlig transparent ab, d.h., er muss sich weder um die An- noch um die Abwahl kümmern.

7.1.3   Der Routing-Prozess

Der Routing-Prozess findet in der Internetschicht des TCP/IP-Schichtenmodells statt und ermöglicht auch dann noch eine Kommunikation, wenn Teile des Netzwerks nicht mehr zur Verfügung stehen. Vorausgesetzt, es gibt mehr als einen physikalischen Anschluss zu anderen Netzwerken, so wird über IP ein anderer Weg zum Zielrechner gesucht. Das ist eine typische Situation im Internet, denn dort werden die Daten durch den Rechner-Dschungel nicht immer den gleichen Weg zum Zielrechner nehmen.

Routing-Tabellen (lokal und Router)

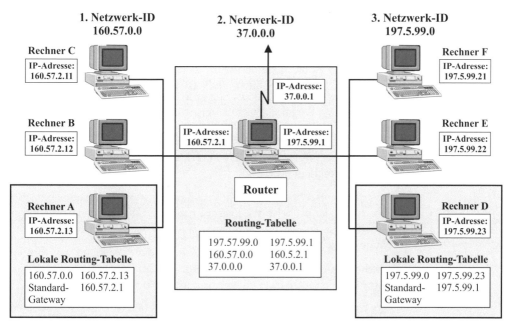

Abb. 7.2: Routing von Rechner A zu Rechner D

Zur Veranschaulichung werden im Anschluss die einzelnen Schritte des Routing-Prozesses noch einmal ausführlich dargestellt.

1. Wenn Rechner A Daten an Rechner D schickt, wird als Erstes überprüft, ob sich der Zielrechner im lokalen oder in einem Remote-Netzwerk befindet. Über die Subnet-Mask (AND-Vergleich) kann festgestellt werden, ob die Netzwerk-IDs des Quell- und Zielrechners identisch sind, d.h. ob die Quell- und Ziel-IP-Adressen im gleichen physikalischen Netzwerk liegen.

2. Befinden sich die Rechner im gleichen Netzwerk, so werden über das Einfache Senden die Daten direkt an den Zielrechner gesendet (ARP – Address Resolution Protocol).

3. Falls sich der Rechner in einem Remote-Netzwerk befindet, d.h., die beiden IP-Adressen haben unterschiedliche Netzwerk-IDs, kommt es zum Routing.

4. In der Routing-Tabelle wird dann nach der Route zum Zielnetzwerk gesucht und diese – sofern vorhanden – dann auch verwendet.

127

5. Falls in der Routing-Tabelle keine passende Route gefunden wird, verwendet IP die Adresse des Standard-Gateways, also die Adresse des Standard-Routers.

6. Danach wird in der Routing-Tabelle des Routers nach einer Route zum Zielnetzwerk gesucht. Wird eine Route gefunden, so wird diese verwendet.

7. Wenn keine Route gefunden wird, werden die Daten über den Router-Ausgang (Gateway) zum nächsten Netzwerk geleitet. Dabei wird dann die ursprüngliche Quell-IP-Adresse durch die IP-Adresse des Routers ersetzt.

8. Der neue Router vergleicht dann die Zieladresse wieder mit der neuen Quelladresse, um festzustellen, ob sich der Zielrechner in diesem Netzwerk befindet. Wenn ja, werden durch Einfaches Senden die Datenpakete an den Zielrechner geschickt.

   Falls sich der Rechner auch nicht in diesem Netzwerk befindet, beginnt der Prozess wieder bei Schritt 4. Dieser Prozess der Wegfindung wird dann so lange fortgesetzt, bis der Zielrechner gefunden wurde und die Daten dorthin geschickt werden konnten.

Falls kein Zielrechner gefunden wird, sorgt ein Sicherheitsmechanismus dafür, dass die Daten nicht ewig im Netzwerk herumirren. Der Wert der TTL (Time To Live) wird nach jedem Durchqueren eines Routers (Hop) um mindestens 1 heruntergesetzt. Wenn der Wert 0 erreicht oder unterschritten wird, wird das Paket verworfen. Ohne diesen Mechanismus würde das Netz innerhalb kürzester Zeit wegen Überlastung zusammenbrechen.

7.2 Was ist statisches und dynamisches Routing?

Die grundsätzliche Bedeutung des Routing-Prozesses ist auf den vorhergehenden Seiten erläutert worden. In diesem Abschnitt werden die beiden verschiedenen Konzepte des Routings vorgestellt, das *statische* und das *dynamische Routing*.

Beim statischen Routing müssen die Routing-Tabellen manuell erstellt und gepflegt werden. Das kann sehr aufwändig werden, da bei Änderungen in der Regel die Routing-Tabellen vieler Router geändert werden müssen.

Im Gegensatz dazu werden beim dynamischen Routing die Routing-Tabellen automatisch angelegt, aktualisiert und an alle Router weitergegeben, sodass eine manuelle Pflege der Routing-Tabellen entfällt. Für das dynamische Routing sind spezielle Routing-Protokolle erforderlich, wie beispielsweise *RIP (Routing Information Protocol)* oder *OSPF (Open Shortest Path First)*.

Beide Verfahren haben spezielle Vor- und Nachteile, die auf den nächsten Seiten ausführlich behandelt werden. Grundsätzlich kann man aber sagen, dass das statische Routing vor allem bei kleinen bis mittleren Netzwerken eingesetzt wird, während das dynamische Routing eher in großen Netzwerken Verwendung findet.

7.3 Das statische Routing

Das statische Routing ist Teil von IP und wird daher als Funktion von TCP/IP sozusagen »serienmäßig« bereitgestellt. Das bedeutet, dass eine besondere Installation von irgendwelchen Diensten nicht mehr erforderlich ist. Das statische Routing wird über die Routing-Tabellen verwaltet, die von der Eingabeaufforderung aus mit dem Befehl route konfiguriert werden können.

7.3.1 Der Inhalt einer lokalen Routing-Tabelle

Bevor Sie nun die Konfiguration von Routing-Tabellen auf Routern für das statische Routing im Einzelnen kennen lernen, sollten Sie sich den Inhalt einer Routing-Tabelle einmal anschauen.

Sorgen Sie dafür, dass auf einem beliebigen Windows-Rechner (beispielsweise Windows 2000), auf dem TCP/IP konfiguriert ist, kein Standard-Gateway konfiguriert ist. Lassen Sie sich dann den Inhalt der lokalen Routing-Tabelle anzeigen. Benutzen Sie dazu in der Eingabeaufforderung den Befehl route print. Wenn der lokale Rechner beispielsweise die IP-Adresse 10.100.100.12 hat, sieht die Routing-Tabelle etwa wie nachfolgend abgebildet aus.

Abb. 7.3:
Lokale Routing-Tabelle ohne Standard-Gateway

Ändern Sie danach die TCP/IP-Konfiguration so ab, dass ein Standard-Gateway angegeben ist. Lassen Sie sich dann nochmals die Routing-Tabelle anzei-

129

gen. Mit *Standard-Gateway* wird eine zusätzliche Zeile eingefügt, die als Netzwerkziel die Standard-Route 0.0.0.0 angibt.

Abb. 7.4:
Lokale Rou-
ting-Tabelle
mit Standard-
Gateway

```
⌨ Eingabeaufforderung                                           _□ x

J:\>route print
================================================================
Schnittstellenliste
0x1 ............................ MS TCP Loopback interface
0x1000003 ...00 e0 29 0c di 5e ...... SMC EtherPower II 10/100 NDIS 4.0 Miniport
     Driver
================================================================
================================================================
Aktive Routen:
    Netzwerkziel       Netzwerkmaske          Gateway    Schnittstelle  Anzahl
         0.0.0.0             0.0.0.0      10.100.100.1   10.100.100.12       1
      10.100.100.0       255.255.255.0   10.100.100.12   10.100.100.12       1
     10.100.100.12     255.255.255.255      127.0.0.1       127.0.0.1       1
    10.255.255.255     255.255.255.255   10.100.100.12   10.100.100.12       1
         127.0.0.0           255.0.0.0      127.0.0.1       127.0.0.1       1
         224.0.0.0           224.0.0.0   10.100.100.12   10.100.100.12       1
   255.255.255.255     255.255.255.255   10.100.100.12   10.100.100.12       1
Standardgateway:       10.100.100.1
================================================================
Ständige Routen:
    Keine

J:\>
```

Wenn Sie bei der Konfiguration von TCP/IP mehrere Standard-Gateways angegeben haben, werden in der Routing-Tabelle auch mehrere Einträge für die Standard-Route 0.0.0.0 angezeigt. Es wird aber immer nur das Standard-Gateway verwendet, das in der Liste als Erstes angegeben ist. Nur für den Fall, dass dieses Standard-Gateway nicht verfügbar ist, wird das nächste Standard-Gateway verwendet.

Ziel von IP ist es, in der Routing-Tabelle diejenige Route zu finden, die am schnellsten zum Ziel-Host führt. Dabei wird eine logische UND-Operation zwischen der IP-Adresse des Ziel-Hosts und der Subnet-Mask (Spalte *Netzmaske*) durchgeführt. Danach wird das Ergebnis mit dem Wert in der Spalte *Netzwerkziel* verglichen. Wenn das Netzwerkziel in einer Zeile der Routing-Tabelle mit dem Ergebnis der UND-Operation übereinstimmt, wird diese als Route verwendet. Das bedeutet, dass die Daten über die *Schnittstelle* (in der Regel die lokale Netzwerkkarte) an die Adresse weitergeleitet werden, die unter der Spalte *Gateway* eingetragen ist.

Wenn es mehr als eine Übereinstimmung gibt, wird diejenige Route verwendet, die am kürzesten ist. Das kann man an dem Wert in der Spalte *Anzahl* (manchmal auch als Metrik bezeichnet) ablesen. Der Wert gibt an, wie viele Router übersprungen werden müssen (Hop), um das Ziel zu erreichen. Wenn es mehrere Routen mit der gleichen Anzahl an Hops gibt, entscheidet sich IP nach dem Zufallsprinzip für eine Route. Die Reihenfolge der Zeilen spielt übrigens keine Rolle für die Auswahl der Routen.

7.3.2 Bedeutung der Standardeinträge in der Routing-Tabelle

Jede Zeile in der Routing-Tabelle gibt eine mögliche Route an, die zu mindestens einem Ziel-Host führt. Die Spalte *Netzwerkziel* entspricht der Netzwerk-ID, in der sich der gesuchte Ziel-Host befindet. IP versucht, die passende Zeile mit der entsprechenden Netzwerk-ID zu finden. Für die AND-Operation wird dann noch die dazugehörige Subnet-Mask (Spalte *Netzmaske*) benötigt.

Ist die Zeile mit der passenden Netzwerk-ID gefunden, sendet IP die Daten über die Netzwerkkarte mit der IP-Adresse unter der Spalte *Schnittstelle* an den Router mit der IP-Adresse unter *Gateway*. Die IP-Adresse der Spalte *Schnittstelle* entspricht der lokalen Netzwerkkarte. Die Angabe ist vor allem dann wichtig, wenn mehr als eine Netzwerkkarte in Ihren Rechner eingebaut ist und die Daten dann in unterschiedliche physikalische Netzwerke geleitet werden können.

Die Spalte *Anzahl* (Metrik) gibt an, wie viele Hops übersprungen werden müssen, um das Zielnetzwerk zu erreichen.

Nachfolgend finden Sie die Bedeutung der Standardeinträge in der Routing-Tabelle:

Netzwerkziel	Bedeutung
Standard-Route: 0.0.0.0	Diese Adresse wird als Standard-Route bezeichnet und dann verwendet, wenn keine andere Route in der Routing-Tabelle gefunden wird.
	Dieser Eintrag ist nur vorhanden, wenn ein Standard-Gateway eingerichtet ist!
Lokales oder direkt verbundenes Netzwerk hier: 10.100.100.0	Diese Route wird für alle Ziel-Hosts verwendet, die zum lokalen Netzwerk gehören. Die IP-Adresse unter Gateway und Schnittstelle stimmen überein. Das bedeutet, dass die Pakete direkt vom lokalen Netzwerkadapter gesendet werden und nicht von einem Gateway bzw. einem Router aus.
Lokale Host-Adresse bzw. lokale Loopback-Adresse hier: 10.100.100.12	Diese Route leitet alle Pakete, die an die lokale Netzwerkadresse gesendet werden, an die Loopback-Adresse 127.0.0.1 weiter. Dieser Eintrag ermöglicht das Testen der IP-Konfiguration der lokalen TCP/IP-Konfiguration der lokalen Schnittstelle (Netzwerkkarte).
Rundsendungsadresse für das lokale Subnet: hier: 10.255.255.255	Mit dieser speziellen Route werden Rundsendungen an alle Hosts im lokalen Subnet gesendet.
Loopback-Netzwerk 127.0.0.0	Diese Route stellt sicher, dass alle Pakete zum Netzwerk 127.0.0.0 an die lokale Loopback-Adresse 127.0.0.1 umgeleitet werden.

Tabelle 7.1: Standardeinträge einer Routing-Tabelle

Netzwerkziel	Bedeutung
Multicast-Adressen 224.0.0.0	Alle Pakete, die an die Multicast-Adresse 224.0.0.0 der Klasse D gehen, werden über die lokale Schnittstelle weitergeleitet.
Rundsendungsadresse für das gesamte Netzwerk: hier: 10.255.255.255	Mit dieser speziellen Route werden Rundsendungen an alle Hosts im gesamten Netzwerkverbund gesendet.

7.3.3   Bedeutung des Standard-Gateways und der Standard-Route

Das Standard-Gateway spielt beim Routing eine zentrale Rolle. Das ist soweit bekannt. Gerade in Zusammenhang mit der Verwaltung von Routing-Tabellen übernimmt das Standard-Gateway wichtige Aufgaben.

Jeder Rechner im Netzwerk, auf dem TCP/IP konfiguriert ist, verfügt über eine eigene Routing-Tabelle mit den eben erläuterten Standardeinträgen. Je nachdem, ob ein oder mehrere Standard-Gateways angegeben sind, wird zusätzlich die entsprechende Standard-Route hinzugefügt (0.0.0.0).

In einem Netzwerk, das aus zwei physikalischen Netzwerken besteht und durch einen Router verbunden ist, sollen die Rechner von *Netzwerk 1* mit den Rechnern aus *Netzwerk 2* kommunizieren können. Router, beispielsweise Windows NT 4.0 Server oder Windows Server 2003, haben als Multihomed-Rechner (mehrfach vernetzter Rechner) standardmäßig Einträge von beiden Netzwerken in ihrer Routing-Tabelle. Dieser Server kann daher mit Rechnern in beiden Netzwerken kommunizieren. Können die Hosts der beiden Netzwerke das dann auch? Normalerweise nicht, denn auch die Hosts benötigen entsprechend zusätzliche Einträge in ihren Routing-Tabellen. Der Eintrag enthält die Netzwerk-ID (Netzwerk-Ziel) des jeweils anderen Netzwerks und die IP-Adresse des Routers (Gateway). Dadurch »weiß« der Host-Rechner, wohin er ein Paket schicken muss, das zum anderen Netzwerk gehört. Der Router leitet das Paket auf die andere Seite des Netzwerks zum entsprechenden Host weiter.

Wie dieses Szenario zeigt, müsste normalerweise in allen Routing-Tabellen der Hosts dieser zusätzliche Eintrag hinzugefügt werden. Das führt in einem Netzwerk einer mittelgroßen Firma bereits zu einem administrativen Aufwand größeren Ausmaßes.

Genau in dieser Situation kommt uns das Standard-Gateway zu Hilfe. Dadurch, dass Sie auf einem Rechner ein Standard-Gateway angeben, verlagern Sie die erweiterte Routing-Tabelle auf den Rechner bzw. den Router, der als Standard-Gateway konfiguriert ist.

132

Zur Erinnerung: Die Standard-Route 0.0.0.0 bedeutet doch, dass alle Ziel-Hosts, deren Netzwerk nicht über einen Eintrag in der Routing-Tabelle zu finden sind, das Paket zum Standard-Gateway schicken sollen. Im Standard-Gateway wird dann erneut die Routing-Tabelle des Routers überprüft, ob dort ein Eintrag mit einer Route zum Zielnetzwerk zu finden ist. Wenn ja, schickt der Router das Paket dann weiter an das Zielnetzwerk.

Wie dieses Beispiel zeigt, ist ein Netzwerk mit einem Router noch sehr einfach zu administrieren, da außer dem Standard-Gateway auf den Hosts der beiden Netzwerke keine Einträge in irgendwelche Routing-Tabellen erforderlich sind. Die Routing-Tabelle des Routers hat automatisch Einträge beider Netzwerke, da zwei Netzwerkkarten mit unterschiedlichen Netzwerk-IDs und unterschiedlichen IP-Adressen konfiguriert sind.

7.3.4   Routing-Tabellen mit mehr als einem Router

Bei größeren Netzwerken, die aus mehr als zwei physikalischen Netzwerken bestehen, wird die Sache etwas komplizierter. Denn hier müssen die Routing-Tabellen manuell erweitert werden, damit die Pfade zu den verschiedenen Netzwerken gefunden werden können. Sehen Sie sich dazu Abbildung 7.5 an.

In diesem Beispiel sollten Sie die Routing-Tabelle entsprechend um die Einträge erweitern, die in der Abbildung unter den Routern fett dargestellt sind.

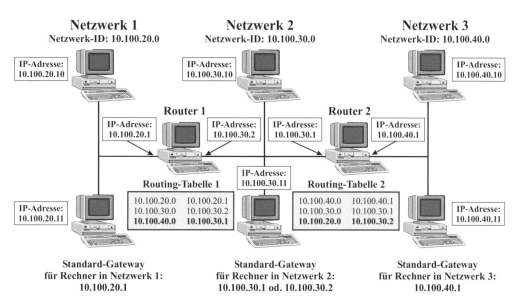

Abb. 7.5: Statisches Routing mit drei Netzwerken

Wenn Sie einen Rechner als Multihomed-Rechner und damit als statischen IP-Router einsetzen (wie das geht, erfahren Sie weiter unten in diesem Abschnitt), enthält die Routing-Tabelle – wie Sie ja bereits wissen – Einträge der jeweils angrenzenden Netzwerke.

Somit lassen sich Pakete ohne Probleme von *Netzwerk 1* in *Netzwerk 2* übertragen und umgekehrt. Ebenfalls gibt es keine Probleme, Daten von *Netzwerk 2* in *Netzwerk 3* oder umgekehrt zu übertragen. Voraussetzung dafür ist natürlich, dass auf den Hosts die Standard-Gateways konfiguriert sind. Nur die Verbindung zwischen *Netzwerk 1* und *Netzwerk 3* und umgekehrt funktioniert ohne die Erweiterung der Routing-Tabelle nicht.

Die Routing-Tabelle für den *Router 1* sieht bei einem Multihomed-Rechner standardmäßig so aus:

Tabelle 7.2: Auszug aus einer Routing-Tabelle von Router 1

Netzwerkziel (Netzwerk-ID)	Netzwerkmaske (Subnet-Mask)	Gateway
10.100.20.0	255.255.255.0	10.100.20.1
10.100.30.0	255.255.255.0	10.100.30.2
10.100.40.0	**255.255.255.0**	**10.100.30.1**

Die Routing-Tabelle muss dann um die dritte Zeile erweitert werden, damit auch Daten von *Netzwerk 1* in *Netzwerk 3* übertragen werden können. Dazu wird die Netzwerk-ID (*Netzwerkziel*) von *Netzwerk 3* mit der passenden Subnet-Mask (*Netzmaske*) (hier: 10.100.40.0 mit 255.255.255.0) und die Standard-Gateway-Adresse eingetragen. Für das Gateway nimmt man die IP-Adresse des Routers, die zum angrenzenden Netzwerk zeigt (gleiche Netzwerk-ID) und die Verbindung zum entfernten Netzwerk darstellt. Das ist hier die IP-Adresse 10.100.30.1.

Analog dazu muss auch der *Router 2* konfiguriert werden, wenn Daten von *Netzwerk 3* nach *Netzwerk 1* geschickt werden sollen.

Standardmäßig wird die Routing-Tabelle auf *Router 2* das folgende Aussehen haben:

Tabelle 7.3: Auszug aus einer Routing-Tabelle von Router 2

Netzwerkziel (Netzwerk-ID)	Netzwerkmaske (Subnet-Mask)	Gateway
10.100.40.0	255.255.255.0	10.100.40.1
10.100.30.0	255.255.255.0	10.100.30.1
10.100.20.0	**255.255.255.0**	**10.100.30.2**

Die Routing-Tabelle muss auch hier um die dritte Zeile erweitert werden, damit die Daten von *Netzwerk 3* in *Netzwerk 1* übertragen werden können.

Achten Sie darauf, dass auf jedem Host das Standard-Gateway konfiguriert ist. Für die Hosts im *Netzwerk 1* konfigurieren Sie die IP-Adresse 10.100.20.1, für die Hosts im *Netzwerk 2* konfigurieren Sie die IP-Adresse 10.100.30.1 oder 10.100.30.2 und für die Hosts im *Netzwerk 3* konfigurieren Sie die IP-Adresse 10.100.40.1. Bei der Angabe des Standard-Gateways ist es nur wichtig, dass die IP-Adresse eines Rechners bzw. Routers angegeben wird, auf dem sich eine entsprechend konfigurierte Routing-Tabelle befindet. Das bedeutet, dass Sie auch hier durch die Angabe eines Standard-Gateways die Pflege von Routing-Tabellen auf die Router reduzieren. Sie brauchen bei Änderungen dann nur noch die Routing-Tabellen auf den Routern zu ändern und nicht mehr alle lokalen Routing-Tabellen.

Das Hinzufügen eines Standard-Gateways und damit der Standard-Route zur lokalen Routing-Tabelle lässt sich bequem zentral konfigurieren, beispielsweise über DHCP.

Alternative Lösung: Statt neue Routen in die Routing-Tabellen einzufügen, wäre es auch möglich gewesen, die Standard-Gateways der Router selbst zu konfigurieren. Sie müssten daher auf dem Router 1 als Standard-Gateway die Adresse von Router 2 angeben und umgekehrt.

Wenn Router 1 in seiner Routing-Tabelle keine passende Route findet, schickt er die Datenpakete einfach an das Standard-Gateway weiter: in diesem Fall der andere Router. Dieser wiederum kennt die Route zum Netzwerk 3 und kann die Datenpakete korrekt weiterleiten.

Diese Lösung funktioniert nur in einem Netzwerk mit maximal zwei Routern. Bei mehr Routern müssen Sie in jedem Fall die Routing-Tabellen der Router erweitern.

7.3.5   Einrichten von Routing-Tabellen mit dem Befehl »route«

Im vorherigen Abschnitt haben Sie die grundsätzliche Vorgehensweise bei der Verwaltung von Routing-Tabellen kennen gelernt. Jetzt wird der entsprechende Befehl zur Verwaltung der Routing-Tabellen vorgestellt.

Mit dem Befehl route und verschiedenen Parametern können Sie sich den Inhalt der Routing-Tabellen anzeigen lassen, Einträge hinzufügen oder auch löschen. Den Befehl route geben Sie über die Eingabeaufforderung ein. Der Befehl route print ist bereits bekannt und dient dazu, sich die aktuelle Routing-Tabelle anzeigen zu lassen.

135

Eintrag in die Routing-Tabelle einfügen

Um nun auf *Router 1* den neuen Eintrag in die Routing-Tabelle einzufügen, der einen Host in *Netzwerk 1* mit einem Host in *Netzwerk 3* kommunizieren lässt, gehen Sie folgendermaßen vor:

1. Starten Sie die Eingabeaufforderung auf dem Server, der als *Router 1* konfiguriert ist.

2. Geben Sie den Befehl ein:

   ```
   route add 10.100.40.0 mask 255.255.255.0 10.100.30.1
   ```

3. Kontrollieren Sie mit dem Befehl `route print`, ob die neue Route korrekt konfiguriert wurde.

 Mit `route add` eingetragene Routen sind nur für die Dauer verfügbar, in welcher der Rechner online ist. Nach einem Neustart sind die manuell eingetragenen Routen wieder gelöscht. Wenn Sie den Befehl `route add` mit dem Parameter `-p` benutzen, also `route -p add`, werden die Routen in die Registry eingetragen. Diese Routen werden als *ständige Routen* bezeichnet, da sie auch nach dem Neustart des Rechners wieder zur Verfügung stehen.

Übersicht über wichtige Parameter des Befehls »route«

Nachfolgend finden Sie eine Übersicht über wichtige Parameter des Befehls `route` und deren Bedeutung.

Tabelle 7.4: Wichtige Parameter zum Befehl »route«

Befehl	Bedeutung
`route print`	Zeigt die lokale Routing-Tabelle an
`route add <Netzwerk-ID> mask <Subnet-Mask> <Gateway>`	Erzeugt eine neue statische Route
`route -p add <Netzwerk-ID> mask <Subnet-Mask>`	Erzeugt eine neue ständige statische Route
`route delete <Netzwerk-ID> <Gateway>`	Löscht eine statische Route
`route /? oder route`	Zeigt alle möglichen Parameter an (Hilfe-Funktion)
`route change <Netzwerk-ID> <Gateway>`	Ändert eine bestehende Route
`route −f`	Löscht alle Routen außer den Standard-Routen

7.4   Das dynamische Routing

Wie Sie im Abschnitt über das statische Routing gesehen haben, reduziert der Einsatz von Standard-Gateways die Pflege von Routing-Tabellen erheblich. Aber selbst wenn Sie nur noch die Routing-Tabellen auf den Routern manuell pflegen müssen, ist das bei größeren Netzwerken fast nicht mehr zu schaffen. Aus diesem Grund wurden Protokolle entwickelt, welche die Änderung von Routing-Tabellen automatisch an alle Router im Netzwerk weitergeben. Damit wird die Pflege der Routing-Tabellen entsprechend vereinfacht und automatisiert.

Für das dynamische Routing stehen Ihnen *RIP (Routing Information Protocol)* oder *OSPF (Open Shortest Path First)* zur Verfügung.

7.4.1   Die Arbeitsweise von RIP (Routing Information Protocol)

RIP ist ein Protokoll, über das Sie in einem Netzwerk dynamisches Routing implementieren können. Da es auch ein *RIP für IPX* gibt, sollte man genau genommen von *RIP für IP* sprechen.

RIP für IP ist geeignet, um in kleinen bis mittleren Netzwerken (ca. zehn bis 50 physikalische Netzwerke) dynamisches Routing zu realisieren. Wie Sie gleich erfahren werden, hat RIP für IP auch einige Nachteile, sodass es für große bis sehr große Netzwerke nicht geeignet ist. *RIP* steht Ihnen sowohl auf Windows NT 4.0 Servern als auch auf Windows Server 2003 zur Verfügung. Es gibt inzwischen zwei Versionen von RIP: Version 1 (RFC 1058) und Version 2 (RFC 1723). Windows 2000 Server und Windows Server 2003 unterstützen sowohl die Version 1 als auch die Version 2.

Wie funktioniert RIP? RIP ist ein so genanntes Distanz-Vektor-Protokoll. Das heißt, RIP versucht den Weg, oder besser gesagt die Route, von Netzwerk x zu Netzwerk y zu finden. Dabei wird auch berücksichtigt, dass der möglichst kürzeste Weg (wenig Hops = wenig zu überspringende Router) verwendet wird, sofern es mehrere Routen gibt. Wie bereits erwähnt, hat RIP auch Nachteile. Ein Nachteil besteht darin, dass die Anzahl der Hops, die ein Netzwerk von einem anderen entfernt sein darf, auf 15 beschränkt ist. Das heißt, dass alle Netzwerke über 15 Hops entfernt als nicht erreichbar gelten, wodurch RIP für sehr große Netzwerke nicht geeignet ist.

Bei RIP in der Version 1 schickt jeder Router alle 30 Sekunden über Rundsendungen seine Routing-Tabellen ins Netzwerk. Bei RIP Version 2 wird statt Rundsendungen das Multicasting verwendet. Die anderen Router empfangen die Tabellen und aktualisieren ihre Routing-Tabellen entsprechend. Da die Größe der Pakete, die RIP versenden kann, auf 512 Byte Nutzdaten beschränkt ist, müssen große Routing-Tabellen in mehrere kleine Pakete aufgeteilt werden. Das verlangsamt den Prozess der Aktualisierung von Routing-Tabellen, da es bei Version 1 zu noch mehr Rundsendungen kommt.

Damit in der Routing-Tabelle immer die kürzesten Routen zu einem Netzwerk stehen, vergleicht RIP bei vorhandenen Einträgen vor dem Aktualisieren, ob die neue Route kürzer ist. Das kann RIP über die Anzahl der Hops in dem Eintrag *Anzahl* (Metrik) erkennen. Nur wenn der neue Eintrag kürzer ist, wird der Eintrag aktualisiert. Damit der Wert *Anzahl* bei Einträgen in den versendeten Routing-Tabellen korrekt ist, wird bei jedem Router, zu dem eine Routing-Tabelle gesendet wird, der Wert *Anzahl* bei jedem Eintrag um 1 erhöht. Das ist wichtig, da sonst der Wert *Anzahl* nicht der tatsächlichen Entfernung des Routers entspräche.

Wenn es zum Ausfall eines RIP-Routers kommt oder die Netzwerktopologie geändert wird, erfolgt eine sofortige Benachrichtigung der anderen Router im Netzwerk. Es wird also nicht bis zur nächsten periodischen Aktualisierung gewartet.

Obwohl ein Eintrag in der Routing-Tabelle nur eine Lebensdauer von drei Minuten hat, kann es ziemlich lange dauern, bis alle Router diesen Eintrag aus ihren Routing-Tabellen gelöscht haben. Der Grund dafür ist, dass die Router die bereits gelöschten Router nach wie vor an die anderen Router austauschen und dabei der Wert immer um 1 erhöht wird. Erst wenn der Wert für *Anzahl* die 15 überschreitet, wird das Netzwerk als nicht erreichbar eingestuft und der Eintrag in der Routing-Tabelle gelöscht. Das Problem wird auch als *Count-to-Infinity-Problem* oder *langsame Konvergenz* bezeichnet.

Es gibt zwei Arten von RIP-Routern, die normalen und die *Silent RIP-Router*. Die Silent RIP-Router sind ausschließlich in der Lage, Routing-Tabellen zu empfangen. Das bedeutet, dass sie selbst keine Tabellen verschicken. Diese Form der RIP-Router ist in der Praxis dafür gedacht, Routing-Tabellen aus Gründen der Kontrolle sehen zu können. Ein Silent-RIP-Rechner auf Basis von Windows NT 4.0 Server ist ein normaler Server (kein Multihomed Rechner), auf dem der RIP-Dienst installiert ist. Windows 2000 Professional, Windows XP Professional, Windows 2000 Server und Windows Server 2003 lassen sich ebenfalls als Silent-RIP-Rechner installieren.

Nachteile und Probleme von RIP

▪ Die Versendung der Pakete erfolgt über Rundsendungen, was das Netzwerk sehr belasten kann. Bei RIP Version 2 kann alternativ zur Rundsendung eine Multicast-Sendung verwendet werden, wodurch die Netzwerkbelastung reduziert wird.

▪ Bei Änderungen des Netzwerks, die zu einer größeren Änderung der Routing-Tabellen führen, kann die Aktualisierung der Routing-Tabellen sehr lange dauern. Während dieser Zeit kann das Netzwerk überlastet werden, sodass es beim normalen Netzwerkverkehr zu Problemen und im Extremfall zu Datenverlusten kommen kann. Das liegt daran, dass bestimmte Hosts als nicht erreichbar gelten, weil die Routing-Tabellen noch nicht alle aktualisiert sind. Das Problem wird auch als *Count-to-Infinity-Problem* oder *langsame Konvergenz* bezeichnet.

▦ Die Größe von Netzwerken ist begrenzt, da nur Netzwerke erreichbar sind, die nicht mehr als 15 Hops entfernt sind.

▦ Die Aktualisierung über WAN-Verbindungen ist problematisch, da diese einen großen Teil der Bandbreite beanspruchen und sehr häufige Verbindungen initiieren, wenn es sich um Wählverbindungen handelt. Im Extremfall legt das Modem gar nicht mehr auf und Sie erhalten eine ungewollte und kostenintensive »Standleitung«.

▦ RIP Version 1 unterstützt Subnetting nicht vollständig, da bei der Übertragung der Daten keine Subnet-Mask mitübertragen wird. Dadurch kann es zu Fehlern kommen. RIP Version 2 unterstützt Subnetting hingegen vollständig.

▦ Bei RIP gibt es das Problem, dass die automatische Übermittlung von Routing-Tabellen auch zum Sicherheitsproblem werden kann. Ein böswillig installierter Router sammelt dann möglicherweise wichtige Netzwerkdaten, die eventuell missbraucht werden können. Bei RIP Version 2 kann dieses Problem umgangen werden, da hier eine Kennwortauthentifizierung implementiert ist.

Zusammenfassung der Vorteile und Unterschiede von RIP für IP Version 2 zu RIP für IP Version 1

▦ RIP für IP v2 ist erst ab Windows 2000 verfügbar.

▦ RIP v2 unterstützt beim Datenaustausch (Ankündigungen) sowohl Rundsendungen als auch Multicast-Sendungen. Dabei wird die IP-Adresse 224.0.0.9 der Klasse D verwendet. In einer reinen RIP-v2-Umgebung sollte Multicast verwendet werden, da dadurch das Netzwerk weniger belastet wird.

▦ Beim Austausch der Routing-Tabellen werden bei RIP v2 auch Subnet-Masks mitgesendet, wodurch auch Netzwerke unterstützt werden, bei denen eine Segmentierung des Netzwerks über Subnetting realisiert wird.

▦ Verbesserter Algorithmus, der beim Ändern der Netzwerkstruktur Schleifen verhindert, welche die Aktualisierung der Routing-Tabellen stark bremsen. Das Problem ist unter der Bezeichnung *Count-to-Infinity-Problem* oder *langsame Konvergenz* bekannt.

▦ Ab RIP v2 wird eine Authentifizierung unterstützt. Das bedeutet, dass nur Router Routing-Tabellen austauschen können, die das gleiche Kennwort haben.

■ Sie können RIP v2 über Routenfilter so konfigurieren, dass Sie genau festlegen, welche Netzwerke bekannt gegeben oder akzeptiert werden.

■ Sie können auf RIP-v2-Router so genannte Peer-Filter festlegen. Damit legen Sie fest, von welchen Routern Sie Ankündigungen akzeptieren.

■ RIP für IP v2 ist kompatibel zu RIP v1. Das heißt, es können Router mit
RIP v1 und RIP v2 Routing-Tabellen austauschen. Sie müssen dabei allerdings auf die Vorteile von RIP v2 verzichten. Außerdem muss RIP v2 auf
Windows-Server-2003-Rechnern so konfiguriert werden, dass auch Pakete mit RIP v1 ausgetauscht werden können.

7.4.2   RIP für IP auf einem Windows NT 4.0 Server
installieren

Wenn Sie keinen Silent-RIP-Host installieren wollen, sollte der Windows NT
4.0 Server als Multihomed-Rechner konfiguriert sein. Das bedeutet, dass in
dem Rechner mindestens zwei Netzwerkkarten eingebaut sein müssen. Für
jede Netzwerkkarte wird eine vollständige TCP/IP-Installation vorausgesetzt.
Weitere Informationen zu Multihomed-Rechnern erhalten Sie weiter unten in
diesem Kapitel.

Um RIP auf einem Windows NT 4.0 Server zu installieren, gehen Sie wie folgt
vor:

1. Öffnen Sie die *Systemsteuerung* über START/EINSTELLUNGEN/SYSTEM-
STEUERUNG und öffnen Sie das Symbol NETZWERK mit einem Doppelklick.

2. Im Fenster *Netzwerk* aktivieren Sie das Register *Dienste* und klicken auf
die Schaltfläche HINZUFÜGEN.

Abb. 7.6:
Register
Dienste

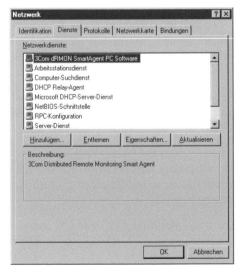

3. Suchen Sie im Fenster *Auswahl: Netzwerkdienst* den Eintrag *RIP für das Internet-Protokoll*. Markieren Sie den Eintrag und klicken Sie auf OK.

Abb. 7.7:
Fenster
Auswahl:
Netzwerk-
dienst

4. Es werden einige Dateien kopiert. Falls das System die Dateien nicht finden kann, werden Sie aufgefordert, den Pfad zu den Dateien anzugeben.

5. Nach der Installation muss der Rechner neu gestartet werden, damit die Änderungen wirksam werden. Eine weitere Konfiguration ist nicht erforderlich. Sie müssen aber mindestens zwei Router haben, auf denen RIP für IP installiert ist. Wenn es sich um einen einfachen Windows NT 4.0 Server handelt, in dem nur eine Netzwerkkarte installiert ist, erhalten Sie einen *Silent-RIP-Rechner*, der lediglich Routing-Tabellen empfangen kann.

7.4.3   RIP für IP auf einem Windows Server 2003 installieren

Wenn Sie keinen Silent-RIP-Host installieren wollen, sollte der Windows Server 2003 als Multihomed-Rechner konfiguriert sein. Das bedeutet, dass in dem Rechner mindestens zwei Netzwerkkarten eingebaut sein müssen. Für jede Netzwerkkarte wird eine vollständige TCP/IP-Installation vorausgesetzt. Weitere Informationen zu Multihomed-Rechnern erhalten Sie später in diesem Kapitel.

Installation und Aktivierung von Routing und RAS

Um RIP auf einem Windows Server 2003 zu installieren, muss der Dienst *Routing und RAS* bereits installiert und konfiguriert sein. Wenn auf dem Windows Server 2003 *Routing und RAS* bereits installiert ist, gehen Sie zu Schritt 7 der Schritt-für-Schritt-Anleitung. Wenn nicht, beginnen Sie bei Schritt 1, wie nachfolgend beschrieben:

1. Öffnen Sie die *Routing und RAS-Konsole* über START/VERWALTUNG/ROUTING UND RAS.

Abb. 7.8:
Routing und
RAS-Konsole

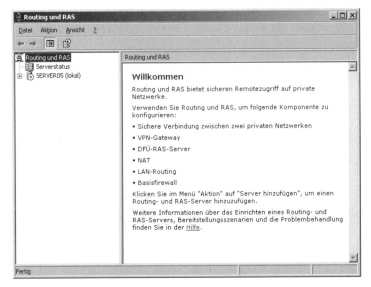

2. Markieren Sie das Element mit dem Namen Ihres Servers, beispielsweise *Server05 (lokal)*, und klicken Sie im Menü auf AKTION/ROUTING UND RAS KONFIGURIEREN UND AKTIVIEREN. Damit starten Sie einen Assistenten, der Sie durch die Installation begleitet. Klicken Sie im Willkommensfenster auf die Schaltfläche WEITER, um das nächste Fenster anzuzeigen.

3. Im Fenster *Konfigurationen* markieren Sie die Option *Benutzerdefinierte Konfiguration* und klicken auf WEITER.

Abb. 7.9:
Fenster Konfi-
gurationen

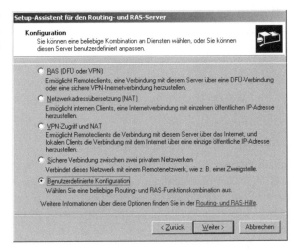

4. Das nächste Fenster zeigt alle Dienste, die Sie auf diesem Server aktivieren können. Aktivieren Sie die Option *LAN-Routing* und klicken Sie auf WEITER.

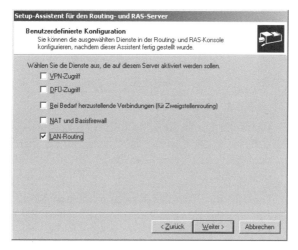

Abb. 7.10:
Fenster Benut-
zerdefinierte
Konfiguration

5. Im letzten Fenster des Assistenten finden Sie noch einmal eine Zusammenfassung der gerade durchgeführten Installationsschritte. Wenn alles in Ordnung ist, klicken Sie auf die Schaltfläche FERTIG STELLEN.

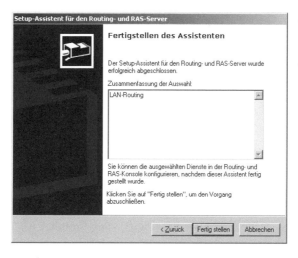

Abb. 7.11:
Fenster Fertig-
stellen des
Assistenten

143

6. Bevor die neuen Einstellungen wirksam werden, muss der Routing- und RAS-Dienst gestartet werden. Darauf werden Sie über ein entsprechendes Fenster hingewiesen. Wenn Sie auf JA klicken, wird der Dienst sofort gestartet.

Abb. 7.12:
Routing- und
RAS-Dienst
starten

Wenn der Dienst *Routing und RAS* ordnungsgemäß gestartet wird, ändert sich in der Konsole das Symbol für den Server. Aus dem Symbol vor dem Servernamen müsste dann ein grüner Pfeil erscheinen, der nach oben zeigt.

7. Um RIP für IP zu installieren, markieren Sie in der *Routing und RAS-Konsole* das Element *Allgemein*. Erweitern Sie, wenn nötig, das Element für den *Server* und für *IP-Routing* über das Pluszeichen (»+«) vor dem Eintrag.

Abb. 7.13:
Routing und
RAS-Konsole

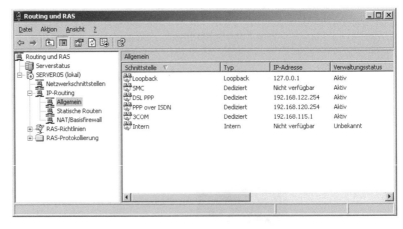

8. Wenn Sie das Element *Allgemein* markiert haben, klicken Sie im Menü auf AKTION/NEUES ROUTING-PROTOKOLL, um das gleichnamige Fenster zu öffnen. Markieren Sie das Routing-Protokoll *RIP, Version 2 für das Internet-Protokoll* und bestätigen Sie Ihre Wahl mit einem Klick auf OK. Danach wird *RIP* als Unterelement von *IP-Routing* angelegt.

144

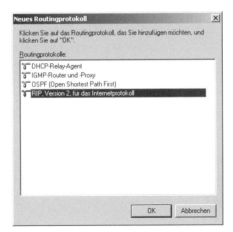

Abb. 7.14: Fenster Neues Routing-Protokoll

Konfiguration des RIP-Protokolls

RIP für IP in der Version 1 ist sehr einfach einzusetzen, da es nicht konfiguriert werden muss. Bei RIP für IP in der Version 2 sieht das anders aus, da Sie hier einige Konfigurationsmöglichkeiten haben, wie beispielsweise Routenfilter oder Peer-Filter. Nachfolgend werden nicht alle Details der Konfiguration im Einzelnen gezeigt, sondern nur die wichtigsten Konfigurationseinstellungen. Die meisten Konfigurationseinstellungen müssen für jede Schnittstelle (Netzwerkkarte) individuell konfiguriert werden.

Um RIP Version 2 auf den einzelnen Schnittstellen zu konfigurieren, gehen Sie wie folgt vor:

1. Öffnen Sie die *Routing und RAS-Konsole* über Start/Verwaltung/ Routing und RAS.

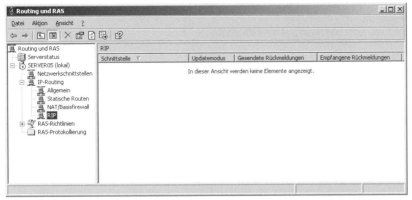

Abb. 7.15: Routing und RAS-Konsole mit markiertem RIP-Element

145

2. Markieren Sie in der *Routing und RAS-Konsole* das Element *RIP*, das ein Unterelement von *IP-Routing* darstellt. Klicken Sie im Menü auf AKTION/ NEUE SCHNITTSTELLE und wählen Sie die erste Schnittstelle (Netzwerkkarte) aus. Wenn Sie die Schnittstelle markiert haben, klicken Sie auf die Schalt- fläche OK.

Abb. 7.16:
Neue Schnitt-
stelle für RIP,
Version 2, für
das Internet-
protokoll

3. Dann wird die Schnittstelle ausgewählt und es öffnet sich das Fenster *Eigenschaften von RIP* für die ausgewählte Schnittstelle, beispielsweise *3COM*. Im Register *Allgemein* können Sie einige Einstellungen vorneh- men.

Abb. 7.17:
Fenster Eigen-
schaften von
RIP

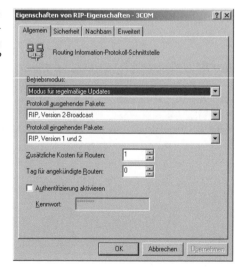

4. Die Standardeinstellung für den *Betriebsmodus* können Sie auf *Modus für regelmäßige Updates* belassen. Damit wird regelmäßig eine Aktualisierung an andere Router gesendet. Die Standardzeit ist auf 30 Sekunden eingestellt, kann aber im Register *Erweitert* unter *Periodisches Ankündigungsintervall* nach Bedarf eingestellt werden.

5. Im Register *Allgemein* können Sie unter *Protokoll ausgehender Pakete* einstellen, welches Protokoll verwendet werden soll.

   – Wenn Sie in Ihrem Netzwerk ausschließlich Router mit RIP Version 2 verwenden, sollten Sie hier *RIP Version 2-Multicast* auswählen, um die geringste Belastung für das Netzwerk zu erreichen.

   – Falls Sie aber in Ihrem Netzwerk neben RIP Version 2-Routern auch noch ältere Router einsetzen, auf denen nur RIP Version 1 installiert werden kann, müssen Sie *RIP Version 2-Broadcast* auswählen.

   – Falls sich in Ihrem Netzwerk ausschließlich ältere Router befinden, auf denen RIP Version 1 installiert ist, sollten Sie *RIP Version 1-Broadcast* auswählen.

6. Im gleichen Register finden Sie noch die Einstellung *Protokoll eingehender Pakete*, was ähnlich konfiguriert wird wie der vorherige Punkt.

   – Wenn Sie in Ihrem Netzwerk ausschließlich Router mit RIP Version 2 verwenden, sollten Sie hier *nur RIP, Version 2* auswählen.

   – Falls Sie aber in Ihrem Netzwerk neben RIP Version 2-Routern auch RIP Version 1-Router einsetzen, sollten Sie *RIP, Version 1 und 2* auswählen.

   – Falls sich in Ihrem Netzwerk ausschließlich Router mit RIP Version 1 befinden, sollten Sie *nur RIP, Version 1* auswählen.

7. Um die Aktualisierung der Routing-Tabellen mit Authentifizierung durchzuführen, aktivieren Sie die Option *Authentifizierung aktivieren* und tragen ein Kennwort ein.

   Die Authentifizierung müssen Sie dann auch auf allen anderen RIP Version 2-Routern aktivieren, da die Authentifizierung für ein- und ausgehende Pakete relevant ist.

Denken Sie daran, dass die Authentifizierung nur von RIP Version 2 unterstützt wird.

8. Sie können zudem Route-Filter definieren, um nur bestimmte Routen in der Routing-Tabelle zu akzeptieren. Damit können Sie beispielsweise den Weg ins Internet für bestimmte Subnets zulassen oder verhindern.

Um Route-Filter zu definieren, aktivieren Sie das Register *Sicherheit*. Hier können Sie über die Auswahl *Aktion* getrennt Filter für eingehende und ausgehende Routen definieren.

– Um einen Filter zu definieren, der nur bestimmte Routen speichert, wählen Sie die Option *Alle Routen in den aufgeführten Bereichen akzeptieren*. Geben Sie dann im Feld *Von* und *Bis* die IP-Adressen für alle Routen ein, die Sie in Ihren Routing-Tabellen speichern wollen. Klicken Sie auf die Schaltfläche HINZUFÜGEN, um den IP-Bereich zu definieren.

– Um einen Filter zu definieren, der alle Routen zulässt, aber bestimmte Routen ausschließt, wählen Sie die Option *Alle Routen in den aufgeführten Bereichen ignorieren*. Geben Sie dann im Feld *Von* und *Bis* die IP-Bereiche für alle Routen ein, die Sie in Ihrer Routing-Tabellen nicht speichern wollen. Klicken Sie auf die Schaltfläche HINZUFÜGEN, um den IP-Bereich zu definieren.

Abb. 7.18: Register Sicherheit

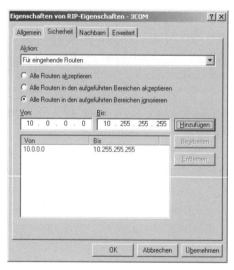

9. Wenn Sie damit fertig sind, verfahren Sie mit den anderen Netzwerkarten genauso. Vergleichen Sie dazu die verschiedenen Schritte ab Schritt 2.

Wenn Sie nachträglich die Einstellungen ändern wollen, die sich auf die einzelnen Schnittstellen beziehen, markieren Sie das Element *RIP* und dann im rechten Fenster die Schnittstelle, deren Einstellungen Sie ändern wollen. Über den Menüpunkt AKTION/EIGENSCHAFTEN öffnen Sie das Eigenschaftsfenster der markierten Schnittstelle. Dort können Sie die gewünschten Änderungen vornehmen.

10. Neben den schnittstellenspezifischen Einstellungen, die Sie gerade kennen gelernt haben, gibt es auch noch die globalen Einstellungen für RIP, die für alle Schnittstellen gelten.

11. Zu den globalen Einstellungen gehört die Peer-Sicherheit. Über Filter legen Sie fest, von welchen Routern Sie Ankündigungen akzeptieren bzw. von welchen nicht.

   Um Peer-Filter zu definieren, markieren Sie das Element *RIP* und klicken im Menü auf AKTION/EIGENSCHAFTEN und aktivieren das Register *Sicherheit*. Hier können Sie die Filter für die Router definieren.

*Abb. 7.19:
Eigenschaften
von RIP*

 – Um einen Filter zu definieren, der nur noch von bestimmten Routern Routing-Tabellen (Ankündigungen) entgegennimmt, wählen Sie die Option *Ankündigungen nur von aufgelisteten Routern akzeptieren*. Geben Sie dann im Feld *Router-IP-Adresse* die IP-Adresse des Routers ein, von dem Sie Routing-Tabellen wollen. Klicken Sie auf die Schaltfläche HINZUFÜGEN, um die IP-Adresse einzufügen. Wenn Sie weitere Router eingeben wollen, wiederholen Sie den Schritt.

149

– Um einen Filter zu definieren, der alle Router akzeptiert bis auf einige wenige, wählen Sie die Option *Ankündigungen von allen aufgelisteten Routern ignorieren*. Geben Sie dann im Feld *Router-IP-Adresse* die IP-Adresse des Routers ein, von dem Sie keine Routing-Tabellen wollen. Klicken Sie auf die Schaltfläche HINZUFÜGEN, um die IP-Adresse einzufügen. Wenn Sie weitere Router eingeben wollen, wiederholen Sie den Schritt.

7.4.4   OSPF (Open Shortest Path First)

OSPF (Open Shortest Path First) ist ebenfalls ein Protokoll zur Realisierung des dynamischen Routings. OSPF wird in RFC 2328 definiert. *OSPF* steht Ihnen nur auf Windows 2000 Server bzw. Windows Server 2003 zur Verfügung. Für Windows NT 4.0 ist OSPF nur als Dritthersteller-Produkt erhältlich.

Die Arbeitsweise von OSPF

Es ist im Gegensatz zu RIP für IP kein Distanz-Vektor-Protokoll, sondern ein definiertes *Verbindungsstatus-Routing-Protokoll*. Im Gegensatz zu RIP für IP werden keine Routing-Tabellen ausgetauscht, sondern in einer Verbindungsdatenbank, der OSPF-LSDB (Link State Database), die Informationen über die benachbarten Router gesammelt und gespeichert.

Aus diesen Daten berechnet dann der so genannte *SPF-Algorithmus* die Einträge für die Routing-Tabellen. Dabei wird die kürzeste Route mit den niedrigsten Kosten berechnet, SPF (Shortest Path First, der kürzeste Pfad zuerst).

Wenn das Netzwerk eine bestimmte Größe überschreitet, wird das Netzwerk in Bereiche aufgeteilt, die jeweils ihre eigenen Verbindungsdatenbanken (LSDB) haben. Diese synchronisieren sich dann mit den Verbindungsdatenbanken der anderen Bereiche. Auf diese Weise ist OSPF besonders für große bzw. sehr große Netzwerke geeignet.

Die Arbeitsweise von OSPF ist sehr kompliziert und die Konfiguration ebenfalls. Um in einem Netzwerk OSPF zu implementieren, ist eine sorgfältige Planung erforderlich. Die Umsetzung gestaltet sich ebenfalls als relativ schwierig. Die Beschreibung würde den Rahmen des Buchs sprengen und wird deshalb nicht weiter vertieft. Da OSPF nur in wirklich großen Netzwerken interessant ist, sollte bei kleineren Netzen ohnehin RIP für IP in der Version 1 oder wenn Sie Windows 2000 bzw. Windows Server 2003 einsetzen, RIP für IP in der Version 2 eingesetzt werden.

Die wichtigsten Vorteile von OSPF gegenüber RIP für IP

Aus diesem Grund finden Sie nachfolgend nur eine Zusammenfassung der wichtigsten Vorteile von OSPF gegenüber RIP für IP:

- OSPF kann Änderungen am Netzwerk schneller an die anderen Router weitergeben, sodass es nicht wie bei RIP zum *Count-to-Infinity-Problem* (langsame Konvergenz) kommt. Daher wird dieses Merkmal auch als *schnelle Konvergenz* bezeichnet.

- OSPF beansprucht wenig Bandbreite des Netzwerks, da ein Netzwerk in Bereiche aufgeteilt werden kann, die eine effizientere Aktualisierung der anderen Router zulassen.

- Die Einteilung des Netzwerks in Bereiche hat den Vorteil, dass das Netzwerk dadurch skalierbar ist und sich sehr große Netzwerke für dynamisches Routing realisieren lassen.

- OSPF unterstützt Subnet-Masks, wodurch auch Subnetting ohne Probleme unterstützt wird (Vorteil nur gegenüber RIP Version 1).

- OSPF unterstützt Authentifizierung, wodurch die missbräuchliche Übermittlung von Netzwerkdaten ausgeschlossen ist (Vorteil nur gegenüber RIP Version 1).

7.5 Windows NT Server und Windows Server 2003 als Router konfigurieren

Wie Sie bereits wissen, kann man Windows NT 4.0 Server und Windows Server 2003 als *statischen* oder *dynamischen* IP-Router konfigurieren. In diesem Abschnitt lernen Sie die praktische Umsetzung kennen.

7.5.1 Windows NT 4.0 als Router konfigurieren

Um Windows NT Server als Router zu implementieren, gehen Sie wie folgt vor:

1. Installieren Sie zwei Netzwerkkarten mit den jeweiligen Treibern.

2. Konfigurieren Sie für jede Netzwerkkarte separat eine IP-Adresse, die Subnet-Mask. Verwenden Sie dazu die bekannten Einstellungen, die Sie in der Systemsteuerung über das Symbol NETZWERK finden.

   Wenn Sie mehr als eine Netzwerkkarte in Ihrem Rechner installiert haben, können Sie sich in den *Eigenschaften von Microsoft TCP/IP* unter *Netzwerk* eine Liste der installierten Netzwerkkarten anzeigen lassen.

151

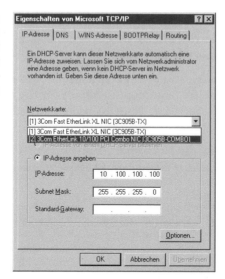

Abb. 7.20:
Eigenschaften
von Microsoft
TCP/IP mit
zwei Netzwerk-
karten

3. Wählen Sie anschließend das Register *Routing* aus und aktivieren Sie die Option *IP-Forwarding aktivieren*.

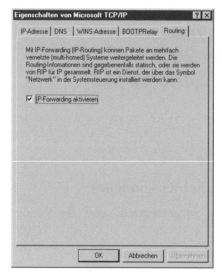

Abb. 7.21:
Register
Routing

4. Danach ist ein Neustart des Rechners erforderlich, damit die Änderungen wirksam werden.

152

Wenn Sie Windows NT 4.0 als *statischen* Router konfigurieren wollen, müssen Sie entsprechend den Anforderungen Ihres Netzwerks die Routing-Tabellen anpassen.

Wenn Sie Windows NT 4.0 als *dynamischen* Router konfigurieren wollen, installieren Sie das Routing-Protokoll *RIP für IP* im Register *Dienste* der Netzwerkkonfiguration.

7.5.2   Windows Server 2003 als Router konfigurieren

Um Windows Server 2003 als Router zu konfigurieren, muss der Rechner mit mehr als einer Netzwerkkarte ausgestattet sein (Multihomed-Rechner). Für jede Netzwerkkarte muss TCP/IP individuell konfiguriert sein (beispielsweise IP-Adresse und Subnet-Mask).

Damit die Weiterleitung von Paketen von der einen Netzwerkkarte zur anderen funktioniert, muss lediglich Routing und RAS auf dem Server installiert und aktiviert sein. Eine spezielle Konfiguration ist dazu nicht mehr erforderlich.

Wie Routing installiert wird, können Sie weiter oben in diesem Kapitel unter *RIP für IP auf einem Windows Server 2003 installieren* nachlesen.

Wenn Sie Windows Server 2003 als *statischen* Router konfigurieren wollen, müssen Sie entsprechend den Anforderungen Ihres Netzwerks die Routing-Tabellen anpassen.

Wenn Sie Windows Server 2003 als *dynamischen* Router konfigurieren wollen, installieren Sie das Routing-Protokoll *RIP für IP Version 2*, wie weiter oben in diesem Kapitel beschrieben.

7.6   Zusammenfassung

Das Routing ist der zentrale Prozess von IP, bei dem die Datenpakete von einem logischen Netzwerk über einen Router in andere Netzwerke übertragen werden. Über das Routing finden die Datenpakete auch Netzwerke, die weiter entfernt sind. Wenn es mehrere Router in einem Netzwerk gibt, muss eine Entscheidung getroffen werden, über welchen Weg das Paket transportiert wird.

Die Auswahl der möglichen Pfade zu einem bestimmten Netzwerk werden in Routing-Tabellen gespeichert. Die Pflege dieser Routing-Tabellen kann entweder manuell erfolgen, dann spricht man vom *statischen Routing,* oder automatisch bzw. dynamisch (*dynamisches Routing*).

Beim statischen Routing werden normalerweise nur die Routing-Tabellen auf den Routern gepflegt, damit sich der Verwaltungsaufwand etwas reduzieren lässt. Dazu ist es erforderlich, auf allen Hosts des entsprechenden Netzwerks ein Standard-Gateway zu konfigurieren, damit die nicht zustellbaren Pakete an den nächsten Router weitergeleitet werden können. Über die Einträge in der Routing-Tabelle entscheidet dann der Router, ob er das Paket direkt in das angrenzende Netzwerk weiterleitet oder zu einem anderen Router in diesem Netzwerk (sofern vorhanden). Durch das Standard-Gateway wird vermieden, dass die Routing-Tabellen aller Hosts gepflegt werden müssen. Trotzdem ist das statische Routing nur bei kleinen Netzwerken mit wenigen Routern praktikabel.

Beim dynamischen Routing erfolgt die Pflege der Routing-Tabellen dynamisch. Das bedeutet, dass Änderungen am Netzwerk, die eine Änderung der Routing-Tabellen zur Folge haben, automatisch an alle anderen Router übermittelt werden. Eine manuelle Pflege der Routing-Tabellen ist also beim dynamischen Routing nicht mehr nötig. Das dynamische Routing ist daher für größere Netzwerke gedacht.

Es gibt zwei Protokolle, die das dynamische Routing ermöglichen. Das eine ist *RIP (Routing Information Protocol)* und das andere *OSPF (Open Shortest Path First)*. Bei RIP für IP gibt es zwei Versionen. RIP ist aufgrund einiger Schwächen in seinem Konzept nur für eine Entfernung zwischen zwei Netzwerken von maximal 15 Hops geeignet und kommt daher auch von der Größe her nur für kleine bis mittlere Netzwerke in Frage. Dafür ist es zumindest in der Version 1 sehr leicht zu installieren und zu konfigurieren. Die Version 2, die erst ab Windows 2000 verfügbar ist, bringt konzeptionell einige Verbesserungen, ist aber auch schwieriger zu konfigurieren.

OSPF ist ein Protokoll, mit dem man dynamisches Routing auch in sehr großen Netzwerken realisieren kann. Es ist sehr aufwändig in der Planung und Konfiguration, hat aber dafür keine Grenzen in der Netzwerkgröße und belastet das Netzwerk weniger als RIP.

Windows-NT-4.0- und Windows-Server-2003-Rechner können die Aufgaben eines Routers übernehmen. Dazu müssen die Rechner mehrfach vernetzt sein (Multihomed-Rechner) und bei Windows NT muss das IP-Forwarding aktiviert sein. Bei Windows Server 2003 muss lediglich der Dienst *Routing und RAS* installiert und aktiviert sein. Beide Server, Windows NT 4.0 und Windows Server 2003, können sowohl als statischer als auch als dynamischer Router konfiguriert werden.

154

7.7   Fragen zur Wiederholung

1. Was versteht man unter Routing?

2. Was ist die Aufgabe eines Routers?

3. Welche Arten von Routern kennen Sie?

4. Was ist der Unterschied zwischen statischem und dynamischem Routing?

5. Auf welchen Rechnern gibt es Routing-Tabellen?

6. Welche Rolle spielt das Standard-Gateway beim statischen Routing?

7. Was bedeutet in der Routing-Tabelle der Eintrag mit dem Netzwerkziel 0.0.0.0?

8. Wie können Sie erreichen, dass die manuell eingegebenen Routen in einer Routing-Tabelle auch nach einem Neustart des Rechners erhalten bleiben?

9. Wie lautet der genaue Befehl, wenn Sie in eine Routing-Tabelle eine ständige Route eingeben wollen, um das Netzwerk 10.100.0.0 über das Gateway 10.100.15.1 zu erreichen. Die IP-Adresse des Rechners ist die 10.100.15.8.

10. Welche Maßnahmen sind auf den Hosts und auf dem Router notwendig, wenn Sie zwei Netzwerke (Netzwerk 1 und Netzwerk 2) über einen Router (mehrfach vernetzter Windows Server 2003) verbinden und die Hosts in den verschiedenen Netzwerken miteinander kommunizieren lassen wollen?

11. Welche Maßnahmen sind auf den Hosts und auf den Routern notwendig, wenn Sie drei Netzwerke (Netzwerk 1, Netzwerk 2 und Netzwerk 3) über zwei Router (mehrfach vernetzte Windows Server 2003) verbinden? Es sollen alle Hosts in den drei Netzwerken miteinander kommunizieren können.

12. Warum ist bei RIP die Anzahl der maximalen Hops auf 15 beschränkt?

13. Welche Vorteile bietet RIP für IP Version 2 gegenüber RIP für IP Version 1?

14. Welche Vorteile bietet OSPF gegenüber RIP für IP?

15. Welche Einstellungen müssen Sie vornehmen, um einen Windows-NT-4.0- und einen Windows-Server-2003-Rechner zu einem Router zu machen?

155

## KAPITEL 8

DHCP (Dynamic Host Configuration Protocol)

Im nächsten Kapitel geht es ganz allgemein um das Thema *DHCP (Dynamic Host Configuration Protocol)*. In diesem Kapitel lernen Sie, wie DHCP funktioniert und wie man den Einsatz eines DHCP-Servers plant.

8.1   Überblick über DHCP

Das *Dynamic Host Configuration Protocol (DHCP)* wird verwendet, um in Netzwerken die Vergabe der IP-Adresse, einer Subnet-Mask und auf Wunsch weiterer Parameter, beispielsweise des Standard-Gateways, zu automatisieren. Das bedeutet, dass ein Client-Rechner beim ersten Anmelden von einem so genannten DHCP-Server die entsprechenden Konfigurationsparameter zugewiesen bekommt, mit denen er dann über TCP/IP im Netzwerk mit anderen Hosts Daten austauschen kann.

8.1.1   Der Ursprung von DHCP: BOOTP (Bootstrap Protocol)

DHCP ist eine Weiterentwicklung von BOOTP (Bootstrap Protocol), das ursprünglich für die automatische Konfiguration von so genannten Diskless Stations, also Rechnern ohne Festplatte, gedacht war. Bei BOOTP gab es im Prinzip nur eine statische Datenbank, in der die IP- und MAC-Adressen gespeichert wurden. Die IP-Adressen wurden dann einem Rechner aufgrund der passenden MAC-Adresse zugewiesen. Eine flexible dynamische Anpassung wie bei DHCP gab es bei BOOTP nicht.

Außerdem werden die IP-Adressen und die sonstigen optionalen Daten, die von einem DHCP-Server zugewiesen werden, nur »geleased«. Das bedeutet, dass die Daten nach Ablauf einer bestimmten Zeit, in der der Client nicht online ist, wieder für andere Rechner freigegeben werden. Auch diesen Mechanismus kannte BOOTP nicht, daher wurden die Adressen auf Dauer zugewiesen.

DHCP entspricht übrigens dem RFC 1541, das aber inzwischen durch die neuere Fassung in Form von RFC 2131 ersetzt wurde.

8.1.2 Das Prinzip oder die Arbeitsweise von DHCP

Das Prinzip von DHCP besteht darin, dass Clients beim ersten Einschalten automatisch vom DHCP-Server eine IP-Adresse und sonstige Parameter zugewiesen bekommen. Die IP-Adressen werden üblicherweise aus einem Pool von Adressen entnommen.

In einer Datenbank, die auf dem DHCP-Server gepflegt wird, finden Sie dann alle Clients aufgelistet, die eine aktuelle Lease haben. In dieser Datenbank gibt es pro Client einen Datensatz mit der aktuellen IP- und MAC-Adresse. Da der DHCP-Server dynamisch ist, können sich Daten ständig ändern, weil beispielsweise Leases ablaufen oder neue hinzukommen.

8.1.3 Vor- und Nachteile von DHCP

Gegenüber der manuellen Vergabe von IP-Adressen hat das Verfahren von DHCP einige Vorteile:

- Wesentlich einfachere Administration, besonders bei großen Netzwerken. Die Clients werden nicht nur bei der ersten Inbetriebnahme automatisch konfiguriert, sondern Sie können später auch ohne großen Aufwand in andere Subnets verschoben werden.

- Ideal für Rechner, die nicht permanent am Netzwerk angeschlossen sind, beispielsweise Notebooks von Außendienstmitarbeitern, Rechner von Vertretern etc.

- Vermeiden von Konfigurationsfehlern, beispielsweise keine doppelte Vergabe von IP-Adressen, ungültige IP-Adressen, falsche Subnet-Masks etc.

- Zentrale Verwaltung aller Subnets mit den dazugehörigen IP-Adressen. Über eine zentrale Datenbank werden sämtliche Rechner mit ihren IP-Adressen verwaltet.

Neben den vielen Vorteilen von DHCP gibt es aber auch Nachteile:

▨ Ein wesentlicher Nachteil von DHCP ist, dass sich die IP-Adressen ändern können. Sie können sich also nicht darauf verlassen, dass ein Rechner immer dieselbe IP-Adresse hat. Das kann bei Überprüfung der Verfügbarkeit bestimmter Hosts etwas problematisch sein.

Aus diesem Grund ist es auch ratsam, dafür zu sorgen, dass die Server in einem Netzwerk immer die gleiche IP-Adresse bekommen. Der DHCP-Server selbst oder beispielsweise ein Rechner mit dem Internet Information Server, dem Webserver von Microsoft, darf keine dynamisch zugewiesene IP-Adresse haben. Wie wir später sehen werden, gibt es bei DHCP auch dafür eine interessante Lösung.

▨ DHCP wird nicht von allen Betriebssystemen unterstützt.

8.2 Arbeitsweise von DHCP

Nach einem kurzen Überblick über DHCP beschäftigt sich dieser Abschnitt nun mit der Arbeitsweise von DHCP im Einzelnen.

8.2.1 Ablauf der automatischen Client-Konfiguration von DHCP

Die Zuweisung der TCP/IP-Parameter erfolgt grundsätzlich in vier Schritten und muss, falls mehrere vorhanden sind, für jede Netzwerkkarte eigens durchgeführt werden.

Beachten Sie, dass bei der Verwendung einer Firewall für die DHCP-Initialisierung die UDP-Ports 67 und 68 offen sind. Sonst kann der Prozess nicht durchgeführt werden.

Vergabe der IP-Adressen bei der ersten Anmeldung

Im Anschluss werden Ihnen die vier Schritte der automatischen Konfiguration von Clients erläutert, wenn sich der Client zum ersten Mal anmeldet. Die Zuweisung der TCP/IP-Konfiguration wird *Lease* genannt und nur für eine voreingestellte Zeit zugeteilt. Diese Zeitdauer wird als *Lease-Dauer* bezeichnet.

1. IP-Lease-Anforderung (DHCPDISCOVER-Nachricht)

Der Client meldet sich am Netzwerk an und sucht nach einem DHCP-Server. Dazu identifiziert er sich mit dem Computernamen und der MAC-Adresse. Wie kann ein Rechner, ohne selbst eine gültige TCP/IP-Konfiguration zu besitzen, mit einem DHCP-Server kommunizieren? Da auf dem

Client TCP/IP installiert ist, kann er dieses Protokoll auch benutzen. Konkret benutzt er das Protokoll UDP und schickt folgende Informationen ins Netz:

– Quell-IP-Adresse: 0.0.0.0

– Ziel-IP-Adresse: 255.255.255.255

– MAC-Adresse: 08010...

Mit diesen Informationen kann der Client identifiziert werden und der Austausch von Informationen beginnen.

2. IP-Lease-Angebot (DHCPOFFER-Nachricht)

Aufgrund dieser Anfrage melden sich dann alle vorhandenen DHCP-Server, die für diesen Client ein Lease-Angebot machen können.

Diese Anfrage kann auch über Router hinweggehen, wenn diese BOOTP-Relay-fähig sind nach RFC 1542 oder es sich um einen Router auf Basis eines Windows NT Servers oder Windows Servers 2003 handelt, auf dem ein DHCP-Relay-Agent installiert ist (wird später in diesem Kapitel noch behandelt).

Die verfügbaren DHCP-Server schicken dann an den Client ein Angebot, das eine IP-Adresse mit Subnet-Mask und je nach Konfiguration des DHCP-Servers auch weitere Parameter wie beispielsweise das Standard-Gateway beinhaltet. Zusätzlich wird auch noch die Lease-Dauer übermittelt.

Die Kommunikation findet über eine Rundsendung (Broadcast) statt, deshalb muss der DHCP-Server auch die MAC-Adresse des Clients mitschicken, damit das Angebot zum richtigen Client geschickt werden kann.

Bis der Client das Angebot annimmt oder ablehnt, wird die angebotene IP-Adresse reserviert, um Konfigurationsprobleme wegen eventuell doppelt vergebener IP-Adressen zu vermeiden.

3. IP-Lease-Auswahl (DHCPREQUEST-Nachricht)

Wenn der Client das Angebot eines DHCP-Servers erhalten hat und dieses auswählt, teilt er diese Entscheidung allen DHCP-Servern mit. Die DHCPREQUEST-Nachricht geht per Rundsendung an alle DHCP-Server und enthält die IP-Adresse des DHCP-Servers, dessen Angebot ausgewählt worden ist. Dadurch erfahren die anderen DHCP-Server, dass sie aus dem Rennen sind, und können die angebotene IP-Adresse wieder für andere Clients freigeben.

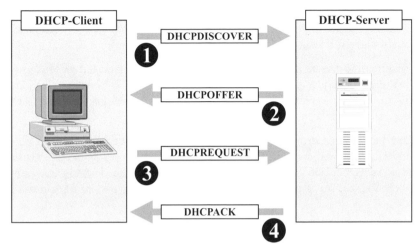

4. IP-Lease-Bestätigung (DHCPACK-Nachricht, ACK = Acknowledgement) oder Ablehnung (DHCPNACK-Nachricht)

Um die TCP/IP-Konfiguration erfolgreich abzuschließen, muss der DHCP-Server noch eine Bestätigung an den Client schicken. Damit ist dann sichergestellt, dass auf beiden Seiten die Daten bekannt und diese auch gültig sind. Ab diesem Zeitpunkt ist die TCP/IP-Konfiguration vollständig und gültig und kann zum Datenaustausch verwendet werden.

Falls aus irgendeinem Grund die Kommunikation nicht erfolgreich war, wird vom DHCP-Server eine DHCPNACK-Nachricht (NACK = Negative Acknowledgement) an den Client gesendet. Eine DHCPNACK-Nachricht wird beispielsweise geschickt, wenn ein Client versucht, die gleiche IP-Adresse wiederzubekommen, nachdem er längere Zeit nicht mehr am Netzwerk angemeldet war, und diese aber inzwischen von einem anderen Client verwendet wird. Wenn das passiert, muss der Client den DHCP-Konfigurationsvorgang von vorn beginnen (alle Schritte), um dann eine neue IP-Adresse zugewiesen zu bekommen.

Adresserneuerung nach dem Neustart des Rechners

Wenn ein Rechner bereits einmal eine IP-Adresse von einem DHCP-Server bezogen hat, versucht dieser beim nächsten Neustart die aktuelle IP-Adresse beizubehalten. Da DHCP-Server und Client sich gegenseitig bereits »kennen« (IP- und MAC-Adresse), geht die Erneuerung wesentlich schneller vonstatten. Es werden keine Rundsendungen mehr benötigt und die Kommunikation findet direkt statt. Dadurch wird das Netzwerk auch nicht mehr so belastet.

Bei der Adresserneuerung wird nur noch die IP-Lease-Auswahl (DHCPRE-QUEST-Nachricht) geschickt und mit der IP-Lease-Bestätigung (DHCPACK-Nachricht) die Erneuerung abgeschlossen.

Wichtig ist in diesem Zusammenhang, dass nach jedem Neustart die Änderungen, die möglicherweise an der Konfiguration des DHCP-Servers vorgenommen wurden, beispielsweise eine andere IP-Adresse für das Standard-Gateway, aktualisiert werden.

Die ganze Adresserneuerung klappt nur dann nicht, wenn die Lease-Dauer abgelaufen ist und der DHCP-Server die IP-Adresse bereits an einen anderen Host vergeben hat. Dann muss die komplette Prozedur der Adressvergabe noch mal von vorne beginnen und der Host erhält eine andere IP-Adresse.

8.2.2   Die Lease-Dauer

Als Standardeinstellung kann auf einem DHCP-Server die Lease-Dauer voreingestellt werden. Wenn ein Client vom DHCP-Server eine gültige Lease zugewiesen bekommt, hat diese eine begrenzte Dauer von beispielsweise vier Tagen. Was bedeutet das nun?

Grundsätzlich versucht ein DHCP-Server die IP-Adresse eines Clients konstant zu halten, d.h., die IP-Adresse soll sich möglichst nicht ändern. Auf der anderen Seite kann er eine IP-Adresse nicht auf Dauer für einen Client reservieren, da sonst die Anzahl der vorhandenen IP-Adressen vielleicht nicht ausreichen würde. Woher soll der DHCP-Server aber wissen, dass ein bestimmter Rechner bzw. seine Netzwerkkarte defekt ist und diese Lease nicht mehr gebraucht wird? Man müsste den Eintrag in der Datenbank löschen, um die IP-Adresse wieder freizugeben. Damit wäre wieder ein manueller Eingriff wie bei BOOTP erforderlich und genau das will man ja vermeiden.

Deshalb gibt es die Lease-Dauer, die aber auch nicht immer die beste Lösung darstellt. Denn es wäre auch nicht gut, wenn nach Ablauf einer Lease-Dauer jedes Mal der Client vollkommen neu konfiguriert werden müsste, denn das würde viel Zeit erfordern und aufgrund der vielen Rundsendungen (Broadcasts) viel Netzwerkbandbreite kosten.

Wann läuft die Lease-Dauer ab?

Die Lösung sieht folgendermaßen aus. Es wird eine Lease-Dauer von beispielsweise vier Tagen vergeben. Nach 50% der Zeit, also nach zwei Tagen, wird vom DHCP-Server versucht, die Lease-Dauer zu verlängern, d.h. wieder auf vier Tage zu setzen. Wenn der Rechner aber nicht online ist, geht das nicht. Daher versucht der DHCP-Server nach 75% und dann noch mal nach 87,5% der Zeit die Lease-Dauer des Clients zu verlängern. Erst wenn diese drei Versuche fehlgeschlagen sind, wird die Lease aufgehoben und freigegeben.

Eigentlich ist die Beschreibung im vorhergehenden Absatz nicht ganz korrekt, denn die Initialisierung von Aktivitäten geht immer vom Client aus. Das bedeutet, dass der Server erwartet, dass innerhalb der Lease-Phasen (nach 50%, 75% und 87,5%) der Client sich bei ihm meldet. Aus diesem Grund kommt es möglicherweise zu einer DHCPNACK-Nachricht (Ablehnung der Lease) im vierten Schritt der Lease-Zuweisung. Der Client versucht natürlich, die IP-Adresse zu behalten, auch wenn er über die Lease-Dauer hinweg nicht angemeldet war. Da inzwischen die IP-Adresse aber anderweitig vergeben sein kann, ist der DHCP-Server dann natürlich nicht in der Lage, diese Lease zu verlängern.

Das Problem der unbegrenzten Lease-Dauer

Von daher sollte man die Lease-Dauer niemals auf *unbeschränkt* einstellen und den tatsächlichen Wert vom Profil der Arbeitnehmer abhängig machen. Ist der Wert zu niedrig, werden sich die IP-Adressen der Rechner möglicherweise häufig ändern und das Netzwerk und der DHCP-Server werden unnötig durch den Prozess zur Vergabe einer neuen Lease belastet. Ist der Wert zu hoch, dann ist der Bedarf an IP-Adressen möglicherweise sehr hoch, weil veränderte Situationen (z.B. häufiges Verschieben von Rechnern in andere Subnets) ständig neue Leases verlangen. Da die alten Leases nicht schnell genug freigegeben werden, braucht man entsprechend mehr Leases und damit auch IP-Adressen.

8.2.3　Was passiert, wenn kein DHCP-Server gefunden wird?

Die Frage, was mit den Clients passiert, wenn kein DHCP-Server im Netz gefunden wird, muss man differenziert angehen. Es kommt darauf an, um welchen Client es sich handelt.

Es gibt die »alten« Microsoft-Clients wie MS-DOS, Windows für Workgroups 3.11, Windows 95, Windows NT 4.0 Workstation und Server, die immer wieder versuchen, einen DHCP-Server zu finden. In bestimmten Zeitabständen wird theoretisch unendlich oft nach einem DHCP-Server ohne irgendwelche Meldungen oder Alternativmethoden gesucht.

Anders sieht es bei den moderneren Clients aus. Dazu zählt Windows 98, Windows 98 SE, Windows ME, Windows 2000 und Windows XP. Grundsätzlich verläuft die Anbindung an einen DHCP-Server ganz genauso. Der Client versucht zuerst, einen DHCP-Server zu finden, und bekommt im Erfolgsfall die Konfigurationsdaten zugewiesen. Falls kein DHCP-Server zur Verfügung steht, wird im Unterschied zu den »alten« Clients aber eine neue Alternativmethode angewendet, die *automatische Adressierung* von Clients.

163

8.2.4 Die automatische Adressierung von Clients ohne DHCP-Server

Das neue Verfahren, die *automatische Zuweisung privater Adressen*, ist eine spezielle Variante für kleine Büros oder Heimnetze. Sie soll es Anwendern ermöglichen, ein Netzwerk auf der Basis von TCP/IP aufzubauen, ohne über Kenntnisse bezüglich TCP/IP verfügen zu müssen. Dazu wurde von der *Internet Assigned Numbers Authority (IANA)* ein spezieller Adressbereich reserviert, von 169.254.0.0 bis 169.254.255.255. Das ist ein spezieller Adressraum, der nur in privaten bzw. internen Netzwerken verwendet werden darf.

Und so funktioniert das: Wenn ein neuer Rechner installiert wird und keine IP-Adresse verfügbar ist, und zwar weder über einen DHCP-Server noch über einen manuellen Eintrag, wird einfach eine IP-Adresse aus dem reservierten Pool entnommen. Danach überprüft das System noch, ob die Adresse gerade verwendet wird, und nimmt gegebenenfalls eine andere. Das ist alles!

Dieses Verfahren wird bei Windows ME in Zusammenhang mit *LINKLOCAL-Netzwerkadressen* erläutert. Bei Windows 2000 und Windows XP wird das Verfahren *APIPA* genannt, was für *Automatic Private IP Addressing* steht. In allen Fällen ist aber immer das gleiche Verfahren gemeint.

Falls dann später der DHCP-Server wieder zur Verfügung steht, wird die private Adresse wieder freigegeben und eine Adresse aus dem Adresspool des DHCP-Servers genommen. So sollen Konflikte vermieden werden.

Automatische Adressierung mit privaten Adressen abschalten

Die automatische Adressierung mit privaten Adressen ist nicht in allen Situationen die beste Lösung. Wenn es manchmal Timing-Probleme mit dem DHCP-Server gibt und es dabei immer zu einer ungewollten Aktivierung der automatischen Vergabe von privaten Adressen kommt, ist es besser, diese zu deaktivieren.

Leider gibt es dafür keinen Menüpunkt, man muss daher die Registry bemühen. Sehr unpraktisch ist dann noch die Tatsache, dass sich der Registry-Schlüssel, der dazu verändert werden muss, je nach Betriebssystemversion auch noch unterscheidet.

Nachfolgend finden Sie für die verschiedenen Betriebssysteme die entsprechenden Schlüssel.

Windows 2000 und Windows XP

Bei Windows 2000 und Windows XP muss dazu im Unterschlüssel

```
HKEY_LOCAL_MACHINE/SYSTEM/CurrentControlSet/Services/Tcpip/
Parameters/Interfaces/Adapter
```

der Eintrag `IPAutoconfigurationEnabled` vom Typ *REG_DWORD* eingefügt werden. Zum Abschalten der Funktion muss der Eintrag den Wert 0 erhalten. Später können Sie jederzeit über den Wert 1 die Funktion der automatischen IP-Adressierung wieder aktivieren, was dem Standardwert entspricht.

Windows ME und Windows 98 bzw. Windows 98 SE

Bei Windows ME und Windows 98 bzw. Windows 98 SE wird zum Abschalten der Funktion im Unterschlüssel

`HKEY_LOCAL_MACHINE\System\CurrentControlSet\Services\VxD\DHCP`

der Eintrag `IPAutoconfigurationEnabled` mit dem Wert `DWORD 0x0` hinzugefügt.

Den Registrier-Editor können Sie über den Befehl `regedit` starten. Benutzen Sie dafür entweder das Menü START/AUSFÜHREN oder die Eingabeaufforderung.

8.2.5   Die Planung der Installation eines DHCP-Servers

In diesem Abschnitt geht es um die Planung der Installation eines DHCP-Servers. Bevor Sie damit beginnen, gilt es einiges zu beachten.

1. Statische IP-Adresse für den Server

Vergessen Sie nicht, dass Sie auf dem Server, auf dem Sie DHCP installieren, statische IP-Adressen konfigurieren müssen. Bei einem Server mit mehreren Netzwerkkarten gilt das für die anderen Karten genauso.

2. Welche Betriebssystemvoraussetzungen gibt es?

Ein DHCP-Server kann nur auf Servern installiert werden. Bei Windows NT 4.0 kann das ein *Primärer Domänencontroller (PDC)*, ein *Backup-Domänencontroller (BDC)* oder ein *Alleinstehender Server (Member Server)* sein.

Bei Windows 2000 sollte es sich um irgendeine der Serverversionen handeln. Das Gleiche gilt für Windows Server 2003.

3. Welche IP-Adressbereiche stehen zur Verfügung?

Um einen oder mehrere Adresspools bereitstellen zu können, müssen Sie genau wissen, welche Adressräume Sie benutzen wollen: offizielle Adressen oder private Adressen.

Sie sollten auch wissen, wie viele Benutzer und sonstige Hosts in den einzelnen Subnets untergebracht werden, damit Sie genügend IP-Adressen bereitstellen. Planen Sie dabei immer großzügig, denn zum einen wächst erfahrungsgemäß der Bedarf an IP-Adressen im Laufe der Zeit und zum

165

anderen brauchen Sie Reserven bei der Verwaltung der Leases. Eine Lease und damit auch die zugehörige IP-Adresse wird nicht automatisch freigegeben, wenn ein Rechner aus dem Netz genommen wird.

4. Müssen Sie mit dem DHCP-Server mehrere Subnets versorgen?

Grundsätzlich ist es nicht erforderlich, dass sich in jedem Subnet ein eigener DHCP-Server befindet. Wenn Sie Router verwenden, die BOOTP-fähig nach RFC 1542 sind oder Router auf Basis von Windows NT 4.0 oder Windows Server 2003 einsetzen, auf denen ein DHCP-Relay-Agent installiert ist (wird weiter unten noch genau besprochen), können Sie mit nur einem DHCP-Server das ganze Netzwerk versorgen.

Wenn Sie mehrere Subnets mit einem DHCP-Server versorgen, müssen Sie für jedes Subnet einen eigenen Bereich erstellen, da unterschiedliche Subnet-Masks erforderlich sind.

5. Wie viele DHCP-Server sind erforderlich?

Wie Sie im vorhergehenden Punkt gesehen haben, sind nicht unbedingt mehrere DHCP-Server erforderlich, wenn in Ihrem Netzwerk mehrere Subnets zu versorgen sind. Trotzdem kann es aus Performance- und Verfügbarkeitsgründen sinnvoll sein, mehr als einen DHCP-Server einzusetzen.

Das Arbeiten mit mehreren DHCP-Servern setzt einige zusätzliche Punkte voraus, die beachtet werden müssen. Deshalb finden Sie dazu weiter unten einen eigenen Abschnitt.

6. Welche optionalen Informationen sollen vom DHCP-Server an die Clients verteilt werden?

Standardmäßig wird über den DHCP-Server nur eine IP-Adresse und die Subnet-Mask an jeden Client vergeben. Durch zusätzliche Optionen kann beispielsweise das Standard-Gateway, die Adresse des WINS-Servers oder die Adresse des DNS-Servers (wird später noch ausführlich besprochen) konfiguriert werden.

Diese Angaben können global, also für alle Bereiche oder für jeden Bereich separat, festgelegt werden.

7. Gibt es Hosts mit statischen Adressen?

Wenn es im Netzwerk Hosts mit statischen IP-Adressen gibt, müssen diese Adressen zum Zeitpunkt der Installation des DHCP-Servers dem Administrator bekannt sein.

Um Fehler durch doppelte IP-Adressen im Netzwerk zu vermeiden, müssen die statischen IP-Adressen aus dem Adresspool ausgeschlossen werden. Sonst könnten diese dynamisch vergeben werden, wodurch es zu doppelten IP-Adressen kommen könnte.

8. Gibt es Hosts, die immer die gleiche IP-Adresse bekommen sollen, aber trotzdem vom DHCP-Server verwaltet werden sollen?

Hosts, die immer die gleiche IP-Adresse behalten sollen (beispielsweise Server oder Print-Server) und trotzdem durch den DHCP-Server verwaltet werden sollen, können dies über die Client-Reservierungen erreichen.

Dazu werden die IP-Adresse und die MAC-Adresse manuell am DHCP-Server eingetragen. Damit wird diese Lease ausschließlich dem Host mit der angegebenen MAC-Adresse zugewiesen.

8.3 Einsatz eines DHCP-Servers auf einem Windows NT 4.0 Server

In diesem Abschnitt lernen Sie, wie man auf einem Windows NT 4.0 Server den DHCP-Server installiert und konfiguriert.

8.3.1 Installation des DHCP-Servers auf einem Windows NT 4.0 Server

Wenn Sie alle Informationen haben, um den DHCP-Server zu installieren, gehen Sie wie folgt vor:

1. Über START/EINSTELLUNGEN/SYSTEMSTEUERUNG öffnen Sie die *Systemsteuerung*. Dort öffnen Sie mit einem Doppelklick das Symbol NETZWERK.

2. Aktivieren Sie anschließend das Register *Dienste*.

Abb. 8.2: Register Dienste

167

3. Klicken Sie auf die Schaltfläche Hɪɴᴢᴜғüɢᴇɴ, um das Dialogfenster *Auswahl: Netzwerkdienst* zu öffnen.

Abb. 8.3:
Auswahl:
Netzwerk-
dienst

4. Wählen Sie den Eintrag *Microsoft DHCP-Server* aus und bestätigen Sie Ihre Auswahl mit OK.

5. Falls Windows NT die Dateien für den DHCP-Server nicht findet, werden Sie aufgefordert, den Pfad zu dem Ordner i386 anzugeben, beispielsweise d:\i386, falls Laufwerk D: Ihr CD-ROM-Laufwerk ist und sich darin die Windows-NT-4.0-Server-CD befindet.

6. Danach werden die erforderlichen Dateien installiert und Sie werden in einem eigenen Fenster noch mal darüber informiert, dass der Rechner, auf dem Sie den DHCP-Server gerade installieren, eine statische IP-Adresse haben muss.

Abb. 8.4:
Statische
IP-Adresse für
den DHCP-
Server

Falls das noch nicht der Fall ist oder Sie sich nicht sicher sind, können Sie das im Register *Protokolle* noch kontrollieren und gegebenenfalls nachholen. Markieren Sie dazu im Fenster *Protokolle* den *Eintrag TCP/IP-Protokoll* und klicken Sie auf die Schaltfläche Eɪɢᴇɴsᴄʜᴀғᴛᴇɴ. Führen Sie alle erforderlichen Änderungen durch.

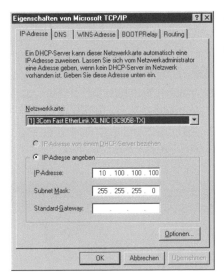

Abb. 8.5:
TCP/IP-Konfiguration

7. Nach Abschluss dieser Aktion können Sie das Fenster *Netzwerk* wieder schließen. Es werden dann die Bindungen aktualisiert. Um den DHCP-Server zu initialisieren, ist ein Neustart des Rechners erforderlich.

Nach dem Neustart des Rechners finden Sie unter START/PROGRAMME/VERWALTUNG (ALLGEMEIN) einen neuen Eintrag mit dem Namen DHCP-MANAGER. Damit können Sie den *DHCP-Manager* starten und den *DHCP-Server* konfigurieren.

8.3.2   Konfiguration des DHCP-Servers auf einem Windows NT 4.0 Server

Um den DHCP-Server zu konfigurieren, benutzen Sie den *DHCP-Manager*. Sie können den DHCP-Manager über START/PROGRAMME/VERWALTUNG (ALLGEMEIN) und den Eintrag DHCP-MANAGER starten.

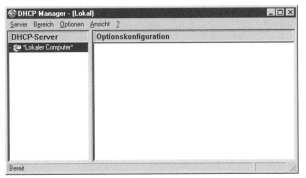

Abb. 8.6:
DHCP-Manager

169

Bereiche festlegen

In der obigen Abbildung sehen Sie, dass es noch keinen Bereich mit IP-Adressen gibt, die einem Client zugewiesen werden können. So legen Sie einen neuen Bereich an:

1. Wählen Sie einen DHCP-Server aus. In diesem Beispiel gibt es nur einen, den *Lokalen Computer* (Doppelklick auf *Lokaler Computer*).

2. Erstellen Sie den Bereich über Menü BEREICH/ERSTELLEN. Damit öffnen Sie das Fenster *Bereich erstellen*.

Abb. 8.7:
Bereich
erstellen

3. Füllen Sie die verschiedenen Textfelder passend zu Ihrem Subnet aus. Im Textfeld *Anfangsadresse* tragen Sie die erste IP-Adresse des Bereichs ein und im Textfeld *Endadresse* die letzte IP-Adresse des Bereichs. In das Textfeld *Subnet-Mask* tragen Sie dann noch die *Subnet-Mask* ein, die zu den IP-Adressen gehört.

Legen Sie zur Übung folgenden Bereich an.

- Anfangsadresse: 10.100.100.1

- Endadresse: 10.100.100.150

- Subnet-Mask: 255.255.255.0

 Pro Subnet darf nur *ein* Bereich zugewiesen werden!

170

4. Als Nächstes müssen Sie in diesem Fenster noch den Ausschlussbereich festlegen. Das ist sehr wichtig, da sonst alle Adressen im Bereich dem Adresspool an Clients vergeben werden können.

Falls Sie Hosts mit statischen IP-Adressen in Ihrem Netzwerk haben, beispielsweise den DHCP-Server selbst, nicht DHCP-fähige Clients oder auch Router, könnten deren Adressen über die dynamische Vergabe dann doppelt vergeben werden. Und genau das vermeiden Sie durch den Ausschluss dieser IP-Adressen.

Um einen Bereich auszuschließen, geben Sie unter *Ausschlussbereich* die *Anfangs-* und *Endadresse* ein. Klicken Sie anschließend auf die Schaltfläche HINZUFÜGEN, um den Bereich hinzuzufügen. Um eine einzelne IP-Adresse auszuschließen, reicht es, nur die *Anfangsadresse* einzugeben und dann auf HINZUFÜGEN zu klicken.

Schließen Sie zur Übung die folgenden Adressen aus:

– Bereich: 10.100.100.11 bis 10.100.100.15

– Einzelne Adressen: 10.100.100.98 und 10.100.100.100

Die ausgeschlossenen Adressen finden Sie im rechten Fenster unter dem Punkt *Ausgeschlossene Adressen*. Wenn Sie dort einzelne Adressen oder ganze Bereiche wieder löschen wollen, brauchen Sie diese nur zu markieren und auf die Schaltfläche ENTFERNEN zu klicken.

5. Als Nächstes legen Sie die Dauer der Leases fest. Sie sollten niemals die Option *Unbeschränkt* wählen, da dies einen Ablauf der Leases verhindert. Und das kann in einem Netz, das immer mal wieder aus organisatorischen Gründen umstrukturiert wird, zu erheblichem manuellen Aufwand führen. Sie verhindern damit auch, dass Konfigurationsänderungen am DHCP-Server (beispielsweise ein anderes Standard-Gateway) jemals am Client aktualisiert werden. Da die Lease eines Clients nicht mehr automatisch ablaufen kann, muss der Administrator selbst Hand anlegen. Und das ist sicherlich nicht das, was Sie sich von einer dynamischen Datenbank zum Verwalten von IP-Adressen gewünscht haben, oder?

Legen Sie einen Wert fest, der dem Profil der Leute entspricht, die im Netzwerk arbeiten. Wenn es viele Außendienstmitarbeiter gibt, die wochenlang unterwegs sind, sollten Sie beispielsweise die Lease-Dauer entsprechend erhöhen. Denken Sie daran, dass die Lease-Dauer bereits nach Ablauf von 50% verlängert wird, wenn der Rechner online ist.

6. Zum Schluss geben Sie dem Bereich noch einen aussagekräftigen Namen, beispielsweise »1. Etage«, »Trainingsraum 4«, damit Sie später die Bereiche bei der Verwaltung besser zuordnen können.

Tragen Sie den Namen im Textfeld *Namen* ein. Sie können optional das Feld *Beschreibung* noch ausfüllen, um den Bereichsnamen genauer zu beschreiben.

Geben Sie dem Bereich zur Übung den Namen `Subnet1` und als Beschreibung `Testnetz mit der Netzwerk-ID 10.100.100.0`.

In der nachfolgenden Abbildung sehen Sie ein Beispiel, wie die Angaben zu einem Bereich aussehen können.

Abb. 8.8:
Beispiel für ei-
nen Bereich

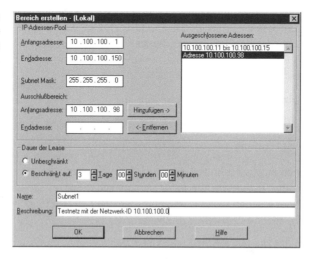

Damit ist die Bereichserstellung zwar abgeschlossen, damit aber IP-Adressen aus diesem Adresspool entnommen werden können, muss der Bereich noch aktiviert werden. Wenn Sie einen neuen Bereich erstellt haben, werden Sie durch eine entsprechende Mitteilung darüber informiert.

Abb. 8.9:
Bereich
aktivieren

Klicken Sie auf die Schaltfläche JA und der Bereich wird nicht nur erstellt, sondern auch gleichzeitig aktiviert. Einen aktivierten Bereich können Sie im DHCP-Manager an der gelb leuchtenden Glühbirne erkennen.

Falls Sie die Fehlermeldung erhalten, dass keine Daten mehr verfügbar sind, können Sie dieses Problem beheben, indem Sie Folgendes machen:

1. Klicken Sie im DHCP-Manager auf den Menüpunkt SERVER/HINZUFÜGEN.

2. Geben Sie im Fenster *DHCP-Server zur Server-Liste hinzufügen* im Textfeld *DHCP-Server* die IP-Adresse des DHCP-Servers ein. Klicken Sie auf OK, um das Fenster zu schließen und den Server hinzuzufügen. Damit erscheint der Server zwar zweimal (lokaler Computer und die IP-Adresse), aber die Fehlermeldung dürfte dann nicht mehr erscheinen.

Es handelt sich dabei um einen bekannten Fehler von Windows NT 4.0, der aber mit einem weiteren Service-Pack behoben werden soll.

Abb. 8.10: Problem: keine Daten verfügbar

Konfigurieren von Optionen

Im vorherigen Abschnitt haben Sie unter Windows NT 4.0 einen einfachen Bereich angelegt. Damit würde einem Client, der DHCP-fähig ist, automatisch eine IP-Adresse mit Subnet-Mask zugewiesen. Über die IP-Adresse und Subnet-Mask hinaus gibt es aber noch einige andere Optionen, die Sie einem Client zusätzlich über den DHCP-Server zuweisen können. Dazu gehören das Standard-Gateway, die Adresse und die Konfigurationsparameter eines WINS-Servers und die Daten für einen DNS-Server, um die wichtigsten zu nennen.

In diesem Abschnitt fügen Sie dem Bereich als Option das Standard-Gateway und die Daten für den WINS-Server hinzu. Der WINS-Server löst Computernamen in die IP-Adressen auf.

Um Optionen hinzufügen zu können, müssen Sie den DHCP-Manager öffnen. Dazu klicken Sie unter START/PROGRAMME/VERWALTUNG (ALLGEMEIN) auf den Eintrag DHCP-MANAGER.

Unter dem Menüpunkt OPTIONEN finden Sie die Einträge BEREICH und GLOBAL. Damit können Sie entscheiden, ob die Option *Global*, d.h. für alle Bereiche, gelten soll oder nur für den gerade markierten *Bereich*.

173

Wenn globale und Bereichsoptionen sich überschneiden, beispielsweise wenn Sie unterschiedliche Standard-Gateways über globale und Bereichsoptionen definieren, gilt die Einstellung der Bereichsoption.

Bereichsoptionen erstellen

Das Standard-Gateway ist Sache des Bereichs und sollte daher als Bereichsoption definiert werden.

1. Markieren Sie im DHCP-Manager den Bereich *Subnet1*, den Sie im vorherigen Abschnitt angelegt haben.

Abb. 8.11:
DHCP-
Manager

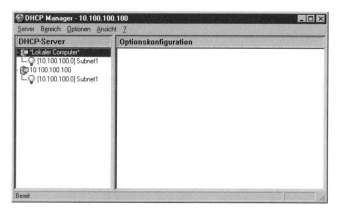

2. Öffnen Sie über das Menü OPTIONEN/BEREICH das Fenster *DHCP-Optionen: Bereich*.

Abb. 8.12:
DHCP-
Optionen:
Bereich

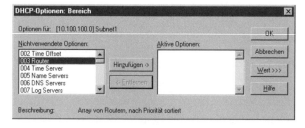

3. Suchen Sie im linken Fenster unter *Nichtverwendete Optionen* den Eintrag *003 Router* und markieren Sie diesen.

4. Klicken Sie auf die Schaltfläche HINZUFÜGEN, um den Eintrag in den Bereich *Aktive Optionen* zu kopieren.

5. Klicken Sie dann auf die Schaltfläche WERT, um das Fenster zu erweitern. Sie müssen jetzt noch die IP-Adresse angeben, die als Standard-Gateway an die Clients übertragen werden soll.

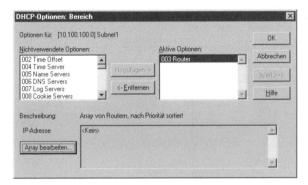

Abb. 8.13: Erweitertes Fenster

6. Um die IP-Adresse eingeben zu können, klicken Sie auf die Schaltfläche ARRAY BEARBEITEN. Dadurch öffnet sich das Fenster *Editor für IP-Adressen-Array*.

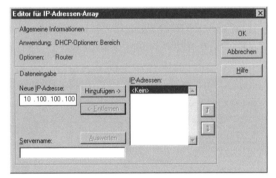

Abb. 8.14: Editor für IP-Adressen-Array

7. Geben Sie im Feld *Neue IP-Adresse* die IP-Adresse des Routers an und klicken Sie auf HINZUFÜGEN, um die Adresse zur Liste hinzuzufügen. Geben Sie als Standard-Gateway die IP-Adresse 10.100.100.100 ein.

Es besteht hier die Möglichkeit, mehr als eine Standard-Gateway-Adresse anzugeben. Das hat den Effekt, dass beim Ausfall des eigentlichen Standard-Gateways die nächste angegebene Adresse als Standard-Gateway-Adresse verwendet wird. Die IP-Adressen werden also niemals gleichzeitig verwendet.

Über die Schaltflächen mit den Pfeilen können Sie die Reihenfolge der IP-Adressen verändern, wenn mehrere in der Liste aufgeführt sind.

175

8. Klicken Sie anschließend jeweils auf OK, um die Fenster zu schließen. Im DHCP-Manager wird dann die Option im linken Teil des Fensters angezeigt, wenn der Bereich markiert ist.

Abb. 8.15:
DHCP-Mana-
ger mit Option

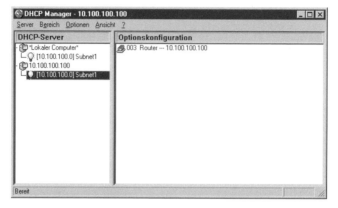

Globale Option erstellen

Um eine globale Option zu erstellen, gehen Sie im Prinzip genauso vor:

1. Sie benutzen nur den Menüpunkt OPTIONEN/GLOBAL. Damit öffnet sich das Fenster *DHCP-Optionen: Global*. In diesem Fall ist es egal, ob Sie einen Bereich markiert haben oder nicht.

Abb. 8.16:
DHCP-
Optionen:
Global

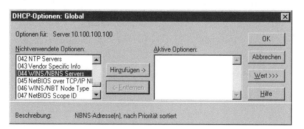

2. Um die Parameter für einen WINS-Server festzulegen, suchen Sie in der Liste nach dem Eintrag *044 WINS/NBNS Servers*, markieren diesen und klicken auf HINZUFÜGEN.

   Daraufhin öffnet sich ein Fenster mit einer Warnmeldung, dass zusätzlich die Option *046* mit eingefügt werden muss. Klicken Sie auf OK, um das Fenster zu schließen.

Abb. 8.17:
Warnmeldung

3. Fügen Sie dann, wie von der Warnmeldung verlangt, den Eintrag *046 WINS/NBT Node Type* auf die gleiche Weise hinzu wie den anderen.

4. Jetzt müssen Sie beide Einträge noch konfigurieren. Markieren Sie in *Aktive Optionen* den ersten Eintrag, *044 WINS/NBNS Servers* und klicken Sie auf Wert.

5. Klicken Sie dann auf die Schaltfläche Array bearbeiten und fügen Sie die IP-Adresse Ihres WINS-Servers hinzu.

Wahrscheinlich haben Sie zu diesem Zeitpunkt noch keinen WINS-Server installiert. Geben Sie daher nur zur Übung eine der ausgeschlossenen IP-Adressen ein, beispielsweise 10.100.100.100.

Wenn Sie mehr über den WINS-Server erfahren wollen, können Sie sich im Internet auf der Markt+Technik-Seite (*www.mut.de*) das komplette Kapitel über den WINS-Server herunterladen.

Sie können auch alternativ im Textfeld *Servername* den Rechnernamen eingeben und über die Schaltfläche Auswerten in die IP-Adresse auflösen lassen. Diese fügen Sie dann der Liste hinzu. Klicken Sie anschließend auf Ok, um das Fenster zu schließen.

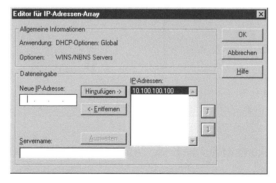

Abb. 8.18:
Editor für IP-Adressen-Array für IP-Adresse des WINS-Servers

177

6. Markieren Sie dann den Eintrag *046 WINS/NBT Node Type* und ändern Sie im Textfeld *Byte* den Wert 0x0 in 0x8. (Die Bedeutung der Knoten wird in einem Kapitel über den WINS-Server ausführlich erläutert. Sie können sie auf der Markt+Technik-Seite im Internet herunterladen, *www.mut.de*.)

Abb. 8.19:
Knoten-Typ für
WINS-Server
festlegen

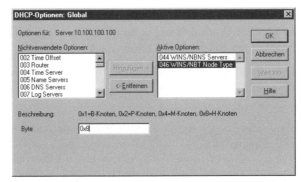

7. Wenn Sie auf Oκ klicken, werden die Eingaben gespeichert und das Fenster wird geschlossen. Sie sehen dann im DHCP-Manager auf der linken Seite des Fensters unter *Optionskonfiguration* die neuen Optionen. Anhand der Symbole lassen sich bereichsspezifische und globale Optionen gut unterscheiden.

Abb. 8.20:
DHCP-
Manager mit
Optionen

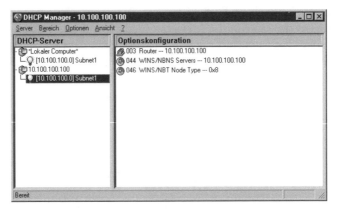

Damit wären die beiden Arten von Optionen eingerichtet. Wenn jetzt ein Client seine IP-Adresse vom DHCP-Server bezieht, bekommt er neben der IP-Adresse und der Subnet-Mask automatisch das Standard-Gateway und die Adresse des WINS-Servers zugewiesen.

Falls Sie später noch weitere Bereiche erstellen würden, könnten Sie den anderen Bereichen über eine Bereichsoption ein eigenes individuelles Standard-Gateway zuweisen. Die Adresse für den WINS-Server bekämen die Clients des neuen Bereichs aber auch, da es sich ja hierbei um eine globale Option handelt.

Der Vollständigkeit halber möchte ich an dieser Stelle noch darauf hinweisen, dass auch für Client-Reservierungen eigene Optionen festgelegt werden können. Client-Reservierungen werden im nächsten Abschnitt ausführlich behandelt. Dabei wird auch beschrieben, wie Optionen für Client-Reservierungen hinzugefügt werden.

Client-Reservierungen hinzufügen

Ein weiterer Punkt, der zur Konfiguration eines DHCP-Servers gehört, ist das Hinzufügen von *Client-Reservierungen*. Dabei geht es darum, dass bestimmte Hosts in einem Netzwerk immer die gleiche IP-Adresse benötigen und daher eigentlich manuell konfiguriert werden müssten. Der elegantere Weg ist aber die Client-Reservierung, die Sie für einen Host einrichten können.

Dadurch wird dem Rechner einerseits eine feste IP-Adresse zugewiesen und andererseits wird dieser Rechner automatisch konfiguriert. Das bedeutet, dass der Client-Rechner nicht nur bei der ersten Inbetriebnahme, sondern auch später seine TCP/IP-Konfiguration über den DHCP-Server bezieht. Das hat den Vorteil, dass geänderte Konfigurationsdaten (beispielsweise ein anderes oder zusätzliches Standard-Gateway über Optionen) dann automatisch aktualisiert werden, ohne manuell am Rechner selbst etwas ändern zu müssen. Die Verwaltung erfolgt wie bei den anderen Clients zentral über den DHCP-Server.

Die IP-Adresse für die Client-Reservierung erhält der DHCP-Client aus dem Adresspool eines Bereichs, genau wie die anderen DHCP-Clients auch.

Um Client-Reservierungen hinzuzufügen, gehen Sie wie folgt vor:

1. Um eine Client-Reservierung einrichten zu können, benötigen Sie zwei Informationen: Sie müssen die *IP-Adresse* des Clients festlegen und die *MAC-Adresse* seiner Netzwerkkarte herausfinden.

Zum Ermitteln dieser Informationen stehen Ihnen verschiedene Hilfsprogramme zur Verfügung: beispielsweise `ipconfig /all` auf Windows-NT-, Windows-2000- und Windows-XP-Rechnern und `winipcfg` auf Windows-9x- und Windows-ME-Rechnern.

2. Nachdem Sie die beiden Informationen haben, starten Sie den DHCP-Manager unter Windows NT mit START/PROGRAMME/VERWALTUNG (ALLGEMEIN) und DHCP-MANAGER.

3. Markieren Sie den Bereich, für den Sie eine Reservierung hinzufügen wollen, und öffnen Sie über den Menüpunkt BEREICH/RESERVIERUNGEN HINZUFÜGEN das Fenster *Reservierte Clients hinzufügen*.

Abb. 8.21:
Reservierte
Clients hinzu-
fügen

4. Dort geben Sie als Erstes im Feld *IP-Adresse* die IP-Adresse ein, die der Client erhalten soll. Aufgrund der festgelegten Subnet-Mask wird bereits der Teil der IP-Adresse, welcher der Netzwerk-ID entspricht, eingetragen, sodass Sie lediglich noch die Host-ID eingeben müssen. Im Feld *Eindeutige ID (UID)* geben Sie die MAC-Adresse ein.

Achten Sie darauf, dass Sie die Ziffern der MAC-Adresse ohne Bindestriche eingeben! Falls Sie die MAC-Adresse nicht korrekt eingeben, funktioniert der Mechanismus der Client-Reservierung nicht. Das hat zur Folge, dass der Client über das Standardverfahren des DHCP-Servers eine beliebige IP-Adresse aus dem Adresspool dieses Bereichs zugewiesen bekommt.

Darüber hinaus ist es noch sinnvoll, im Feld *Client-Name* den tatsächlichen Namen des Computers einzugeben. Damit lässt sich später die Liste der Client-Reservierungen leichter verwalten. Für eine genauere Beschreibung steht Ihnen dann letztlich noch das Feld *Client-Beschreibung* zur Verfügung. Das Ausfüllen dieses Felds ist aber optional.

Um das Verfahren zu testen, geben Sie zur Übung beispielsweise die IP-Adresse 10.100.100.33 ein. Die MAC-Adresse Ihres Testrechners müssen Sie allerdings mit den bekannten Programmen vorher individuell ermitteln. Und der Rechnername sollte auch dem tatsächlichen Namen entsprechen.

Ganz wichtig! Wenn sich mehrere DHCP-Server in Ihrem Netzwerk befinden, die einen Teil der IP-Adressen eines anderen Subnets führen (vgl. die 75%/25%-Methode im Abschnitt über mehrere DHCP-Server), müssen Sie die gleiche Client-Reservierung auf beiden DHCP-Servern einrichten. Nur so ist garantiert, dass der Client immer die gleiche IP-Adresse bekommt, auch wenn einer der beiden DHCP-Server ausfällt und damit der andere dessen Funktion übernimmt.

5. Als Letztes sollten Sie dann noch auf dem Client-Computer überprüfen, ob die Lease ordnungsgemäß empfangen wurde. Geben Sie dazu an der Eingabeaufforderung `ipconfig /all` (Windows NT 4, Windows 2000 oder Windows XP) bzw. `winipcfg` (Windows 9x oder Windows ME) ein.

Wie Sie einen Rechner als DHCP-Client konfigurieren, erfahren Sie weiter unten in diesem Kapitel.

Optionen für Client-Reservierungen hinzufügen

Normalerweise erhält ein DHCP-Client seine zusätzlichen Konfigurationsdaten über die globalen und die Bereichsoptionen. Sie können aber auch für eine Client-Reservierung eigene spezielle Optionen erstellen. Optionen für eine Client-Reservierung haben Vorrang vor globalen und Bereichsoptionen.

Um Optionen für Client-Reservierungen hinzuzufügen, gehen Sie wie folgt vor:

1. Dazu markieren Sie im DHCP-Manager den Bereich, zu dem die Client-Reservierung gehört.

2. Öffnen Sie dann über das Menü BEREICH/AKTIVE LEASES das Fenster *Aktive Leases*, in dem Sie alle aktiv vergebenen Leases sehen können.

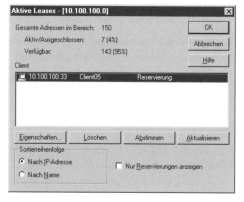

Abb. 8.22:
Aktive Leases

181

3. Markieren Sie den Eintrag mit der Lease, für die Sie Optionen hinzufügen wollen.

Wenn es sehr viele Einträge sind, können Sie die Liste entweder nach IP-Adresse oder Name sortieren oder einen Filter setzen, damit nur reservierte Leases angezeigt werden. Sie finden dazu im Fenster *Aktive Leases* die entsprechenden Optionen.

4. Klicken Sie dann noch auf die Schaltfläche EIGENSCHAFTEN, um das Fenster *Client-Eigenschaften* zu öffnen.

5. Zuletzt klicken Sie in diesem Fenster auf die Schaltfläche OPTIONEN. Es öffnet sich das gewohnte Fenster zum Erstellen von Optionen. Gehen Sie dann so vor, wie in den vorherigen Abschnitten beschrieben.

Abb. 8.23:
Fenster mit
Optionen für
eine Client-
Reservierung

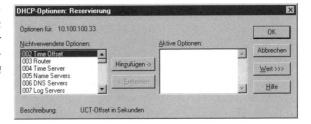

8.3.3   Verwaltung eines DHCP-Servers unter Windows NT 4.0

Die wesentliche Aufgabe beim Verwalten eines DHCP-Servers ist das Betreuen der bestehenden Bereiche. Sie können Bereiche hinzufügen, löschen oder deren Eigenschaften ändern. Darüber hinaus gehört dazu noch das Hinzufügen und Ändern von Optionen.

Weitere Bereiche hinzufügen

Sie können jederzeit nachträglich neue Bereiche hinzufügen. Gehen Sie dazu genauso vor wie beim Erstellen des ersten Bereichs.

Im DHCP-Manager klicken Sie dazu auf den Menüpunkt BEREICH/ERSTELLEN und verfahren, wie bereits beschrieben.

Bereiche ändern

Manchmal muss ein bereits erstellter Bereich geändert werden, um beispielsweise den Adressbereich zu ändern oder weitere IP-Adressen auszuschließen. Um einen Bereich zu ändern, gehen Sie wie folgt vor:

1. Starten Sie den DHCP-Manager und markieren Sie den Bereich, dessen Einstellungen Sie ändern wollen.

2. Klicken Sie im Menü auf BEREICH/EIGENSCHAFTEN, um das Fenster *Bereichseigenschaften* zu öffnen.

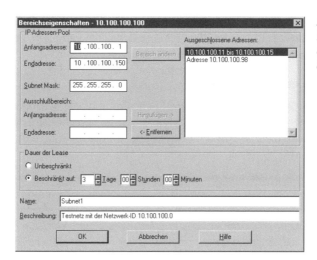

Abb. 8.24: Bereichseigenschaften ändern

3. Führen Sie die notwendigen Änderungen durch und beenden Sie die Aktion, indem Sie auf OK klicken.

Sie können bestehende Adressbereiche vergrößern, aber nicht verkleinern!

Bereiche löschen

Um einen Bereich zu löschen, gehen Sie wie nachfolgend beschrieben vor:

1. Starten Sie den DHCP-Manager und markieren Sie den entsprechenden Bereich.

2. Klicken Sie im Menü auf BEREICH/LÖSCHEN. Bestätigen Sie dann die Warnmeldung und der Bereich mit allen Angaben wird gelöscht.

Abb. 8.25: Warnmeldung

183

Wenn Sie einen Bereich nur vorübergehend ausschalten wollen, sollten Sie den Bereich nicht löschen, sondern einfach nur deaktivieren. Das machen Sie über das Menü BEREICH/DEAKTIVIEREN. Umgekehrt können Sie dann später über BEREICH/AKTIVIEREN den Bereich wieder aktivieren.

Wenn ein Bereich gelöscht wurde, bleiben die aktuellen Konfigurationsdaten bei den Rechnern, die online sind, so lange erhalten, bis die Lease-Dauer abgelaufen ist oder der Rechner neu gestartet wird.

Lease löschen

Um eine Lease vorzeitig zu beenden, d.h. vor der regulären Ablaufzeit, können Sie auf dem DHCP-Server die entsprechende Lease löschen. Dadurch wird die IP-Adresse im Adresspool wieder für andere Hosts zur Verfügung gestellt.

Was passiert mit dem Rechner, der gerade online ist? Beachten Sie dabei bitte immer, dass Sie dann die aktuelle Lease auch auf dem Host beenden. Der Rechner selbst kommuniziert nur zu den vorgegebenen Zeitabständen (nach 50%, 75% und 87,5% der Lease-Dauer) und wenn der Rechner neu gestartet wird. Außerhalb dieser Zeit wird der Host die aktuelle IP-Adresse einfach weiterverwenden und es kann zu doppelt vergebenen IP-Adressen kommen.

So löschen Sie eine aktive Lease auf dem DHCP-Server

1. Aktive Lease markieren

2. Auf die Schaltfläche LÖSCHEN klicken

Damit wird der Eintrag aus der Liste der aktiven Leases gelöscht und die IP-Adresse für andere Hosts freigegeben. Das reicht aber nicht und ist daher nur in ganz bestimmten Fällen sinnvoll, beispielsweise wenn ein Rechner nicht mehr in dem entsprechenden Subnet eingesetzt wird und dessen Lease noch läuft und damit die IP-Adresse belegt. Daher ist es besser, die Lease auf dem Host freizugeben.

So geben Sie die Lease auf dem Host frei

1. Starten Sie die Eingabeaufforderung.

2. Geben Sie den Befehl `ipconfig /release` ein, wenn es sich um einen Windows-NT-4.0-, Windows-2000- oder Windows-XP-Rechner handelt. Bei Windows 9x oder Windows ME verwenden Sie das Programm `winipcfg` und klicken auf die Schaltfläche FREIGEBEN.

Dieser Befehl löscht den Eintrag für die Lease auf dem DHCP-Server und auf dem Host. Daher ist das die empfohlene Methode, um eine Lease vorzeitig zu beenden.

Auf der Client-Seite Leases erneuern

Manchmal ist es erforderlich, dass die geänderten Daten (Optionen) des DHCP-Servers auf dem Client sofort wirksam werden.

Dazu kann man das Programm `ipconfig` verwenden, das ja schon bekannt ist. Wenn Sie auf dem Client an der Eingabeaufforderung den Befehl `ipconfig /renew` eingeben, werden die Daten auf einem Windows-NT-4.0-, Windows-2000- oder Windows-XP-Rechner sofort aktualisiert.

Auf einem Windows-9x- oder Windows-ME-Rechner verwenden Sie das Programm `winipcfg` und klicken auf die Schaltfläche AKTUALISIEREN. Mit `ipconfig /all` bzw. `winipcfg` können Sie dann kontrollieren, ob die Änderungen vorgenommen wurden.

Optionen hinzufügen oder ändern

Sie können globale Optionen, Bereichsoptionen oder Optionen von Client-Reservierungen ändern.

Um globale Optionen oder Bereichsoptionen zu ändern, gehen Sie wie folgt vor:

1. Starten Sie den DHCP-Manager.

2. Markieren Sie einen Bereich, dessen Optionen Sie ändern wollen. Wenn Sie lediglich die globalen Optionen ändern wollen, sollte der markierte Bereich zum entsprechenden Server gehören, falls Sie mehr als einen Server verwalten.

3. Öffnen Sie über den Menüpunkt OPTIONEN den Eintrag BEREICH bzw. GLOBAL, je nachdem, was Sie ändern möchten.

4. Führen Sie die gewünschten Änderungen durch.

Um Optionen von Client-Reservierungen zu berichtigen, führen Sie die folgenden Schritte aus:

1. Starten Sie den DHCP-Manager.

2. Markieren Sie den Bereich, in dem sich die Client-Reservierung befindet, die Sie ändern wollen.

3. Wählen Sie den Menüpunkt BEREICH/AKTIVE LEASES, um das Fenster *Aktive Leases* zu öffnen.

4. Markieren Sie den Eintrag mit der Lease, für die Sie die Optionen modifizieren wollen.

5. Klicken Sie auf den Menüpunkt EIGENSCHAFTEN, um das Fenster mit den Client-Eigenschaften zu öffnen.

6. Über die Schaltfläche OPTIONEN öffnen Sie das Fenster, in dem alle Client-Optionen angezeigt und geändert werden können. Führen Sie dort alle gewünschten Änderungen durch.

Mehrere DHCP-Server verwalten

Wenn Sie in Ihrem Netzwerk mehrere DHCP-Server haben, können Sie diese zentral verwalten. Sie brauchen nur im DHCP-Manager einen weiteren Server hinzuzufügen. Dieser wird dann als weiterer Server mit seinen Bereichen angezeigt.

Um einen weiteren DHCP-Server hinzuzufügen, gehen Sie folgendermaßen vor:

1. Starten Sie den DHCP-Manager.

2. Klicken Sie auf den Menüpunkt SERVER/HINZUFÜGEN und geben Sie in das Fenster entweder die IP-Adresse oder den Namen des Servers ein. Wenn Sie auf OK klicken, wird ein zusätzlicher Server mit seinen Daten im DHCP-Manager angezeigt. Den bzw. die zusätzlichen Server verwalten Sie dann wie gewohnt.

Abb. 8.26: DHCP-Manager mit mehreren Servern

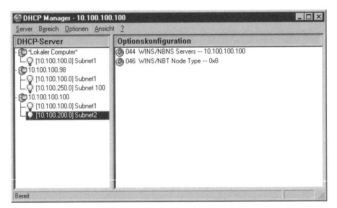

8.3.4   Verwaltung der DHCP-Datenbank

Sämtliche Daten der Clients, die auf einem DHCP-Server registriert sind, werden in einer Datenbank gespeichert. Normalerweise braucht man sich nicht um die Datenbank zu kümmern, da diese im weitesten Sinne wartungsfrei ist. Trotzdem sollten Sie für den Fall der Fälle mit den wesentlichen Grundlagen vertraut sein, die man für die Verwaltung der DHCP-Datenbank wissen muss.

Grundlagen zur DHCP-Datenbank

Die Datenbank des DHCP-Servers besteht aus folgenden Dateien:

Datei	Bedeutung
dhcp.mdb	Hierbei handelt es sich um die eigentliche Datenbank des DHCP-Servers, in der alle Informationen wie IP-Adressen, MAC-Adresse etc. gespeichert sind.
dhcp.tmp	Das ist eine temporäre Datei, die während der Ausführung des DHCP-Servers erstellt wird, um darin bestimmte Arbeitsdaten zwischenzuspeichern.
system.mdb	In dieser Datei ist die Struktur der Datenbank gespeichert.
jet50.log und jet50#####.log	Bei diesen Dateien handelt es sich um Dateien, in denen alle Transaktionen gespeichert werden. LOG-Dateien werden benutzt, um im Notfall Aktionen, die aus mehreren Einzelschritten bestehen, komplett wieder rückgängig zu machen, falls ein unerwarteter Systemfehler auftritt. Damit wird die Konsistenz der Daten in der Datenbank erhalten.
J50.chk	Eine Kontrolldatei

Tabelle 8.1: Dateien der DHCP-Datenbank

Diese Dateien liegen auf dem DHCP-Server im folgenden Ordner:

%Systemroot%\system32\dhcp (wobei %Systemroot% für den Ordnernamen steht, in dem Sie Windows NT 4.0 installiert haben, beispielsweise c:\winnt)

Sichern und Wiederherstellen der DHCP-Datenbank

Normalerweise wird die komplette Datenbank des DHCP-Servers automatisch alle 60 Minuten im Ordner %Systemroot%\system32\backup\jet gesichert. Wenn es dann zu einem Problem mit der Datenbank kommen sollte, kann die Datenbank wiederhergestellt werden. Das geschieht in der Regel automatisch, kann aber auch manuell erfolgen.

DHCP-Datenbank automatisch wiederherstellen

Um eine beschädigte Datenbank automatisch wiederherzustellen, muss lediglich der DHCP-Serverdienst beendet und wieder gestartet werden. Das können Sie folgendermaßen machen:

1. Über START/EINSTELLUNGEN/SYSTEMSTEUERUNG öffnen Sie die Systemsteuerung, dort wählen Sie dann das Symbol DIENSTE.

2. Markieren Sie den Eintrag *Microsoft DHCP-Serverdienst* und klicken Sie auf die Schaltfläche BEENDEN.

3. Klicken Sie danach auf die Schaltfläche STARTEN, um den DHCP-Serverdienst wieder zu starten. Wenn die Datenbank beschädigt war, wird dann
automatisch die Sicherungskopie verwendet.

4. Anschließend sollte trotzdem die Datenbank noch auf ihre Konsistenz
überprüft werden. Dazu finden Sie im Fenster, in dem die aktiven Leases
angezeigt werden, die Schaltfläche ABSTIMMEN (Bereich markieren und den
Menüpunkt BEREICH/AKTIVE LEASES).

Beachten Sie, dass die Abstimmung nur bereichsweise arbeitet, d.h., Sie
müssen alle Bereiche einzeln markieren und dann abstimmen.

DHCP-Datenbank manuell wiederherstellen

Falls die automatische Wiederherstellung der Datenbank nicht zum gewünschten Erfolg geführt hat, sollten Sie versuchen, die beschädigte Datenbank manuell wiederherzustellen:

1. Stoppen Sie den *DHCP-Serverdienst* (SYSTEMSTEUERUNG, Symbol DIENSTE,
Eintrag *Microsoft DHCP-Serverdienst* markieren und auf die Schaltfläche BEENDEN klicken).

2. Ändern Sie in der Registry unter dem Schlüssel

   `HKEY_LOCAL_MACHINE\SYSTEM\CurrentControlSet\Services\DHCP-Server\`
   `Parameters`

   den Wert von `RestoreFlag` auf 1. Benutzen Sie dazu den Registrier-Editor,
   den Sie über den Befehl `regedit` starten können.

Abb. 8.27:
Wert für die
Wiederherstel-
lung der
DHCP-Daten-
bank ändern

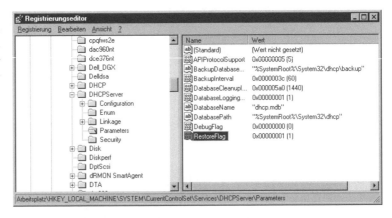

3. Kopieren Sie alle Dateien aus dem Ordner `%Systemroot%\system32\`
   `backup\jet` in den Ordner `%Systemroot%\system32\dhcp`.

4. Starten Sie den DHCP-Serverdienst wieder (SYSTEMSTEUERUNG, Symbol
   DIENSTE, Eintrag *Microsoft DHCP-Serverdienst* markieren und auf die
   Schaltfläche STARTEN klicken).

5. Anschließend müssen Sie die Datenbank noch abstimmen. Dazu finden
   Sie im Fenster, in dem die aktiven Leases angezeigt werden, die Schaltflä-
   che ABSTIMMEN (Bereich markieren und den Menüpunkt BEREICH/AKTIVE
   LEASES).

> Beachten Sie, dass die Abstimmung nur bereichsweise arbeitet, d.h., Sie
> müssen alle Bereiche einzeln markieren und dann abstimmen.

Nach diesen Aktionen sollte die DHCP-Datenbank wieder konsistent sein und
funktionieren.

8.4 Einsatz eines DHCP-Servers auf einem Windows Server 2003

Die Funktion des DHCP-Servers unter Windows Server 2003 unterscheidet
sich funktionell nur geringfügig von dem unter Windows NT 4.0. Die Admi-
nistrationsoberfläche (die Microsoft Management Console, MMC) unter Windows Server 2003 unterscheidet sich dagegen sehr stark von der von Windows NT 4.0. Daher wird die Installation und Konfiguration unter der neuen
Oberfläche an dieser Stelle noch mal ausführlich beschrieben.

8.4.1 Neuerungen des DHCP-Servers unter Windows Server 2003 im Überblick

Im Folgenden werden die Neuerungen des DHCP-Servers kurz vorgestellt.
Die Änderungen gelten sowohl für Windows 2000 Server als auch für Windows Server 2003.

DHCP-Server müssen autorisiert werden

Ab Windows 2000 können nur noch autorisierte DHCP-Server im Netzwerk
ihre Dienste anbieten. Das ist eine wesentliche Verbesserung gegenüber Windows NT 4.0, da es dort möglich war, mehrere DHCP-Server zu installieren,
die alle gleichberechtigt waren.

Wenn der DHCP-Dienst versehentlich auf einem Server installiert war und einen Bereich mit ungültiger IP-Adresse oder sonstigen Parametern hatte, könnte es zu großen Problemen im Netz kommen und es war gar nicht so einfach, diesen Rechner zu finden und zu deaktivieren. Außerdem war es natürlich auch möglich, bewusst aus böser Absicht einen DHCP-Server an ein Netzwerk anzuschließen, um das Netzwerk zu stören.

Integration von DHCP in DNS

Eine wesentliche Neuerung ab Windows 2000 stellt der DNS-Server dar, der später in eigenen Kapiteln noch ausführlich besprochen wird. Dabei werden Änderungen, welche IP-Adressen betreffen, dynamisch mit den Informationen des DNS-Servers abgeglichen. Über den DHCP-Server von Windows Server 2003 kommen daher auch *nicht*-Windows-2000- bzw. XP-Clients in den Genuss des dynamischen DNS. Mehr dazu in dem entsprechenden Abschnitt in dem Kapitel zu DNS.

Neue lokale Gruppen für DHCP

Nachdem auf einem Windows Server 2003 der DHCP-Dienst installiert worden ist, stehen zwei zusätzliche lokale Gruppen zur Verfügung, *DHCP-Benutzer* und *DHCP-Administratoren*.

Mitglieder der Gruppe *DHCP-Benutzer* haben das Recht, über die DHCP-Konsole auf die Daten zuzugreifen und diese zu lesen. Ein Ändern der Daten ist Benutzern dieser Gruppe nicht erlaubt.

Dagegen dürfen Mitglieder der lokalen Gruppe *DHCP-Administratoren* mit vollen Administratorrechten auf die Teile des Servers zugreifen, die den Bereich DHCP betreffen. Sonstige administrative Rechte wie die eines »normalen« Administrators haben die Mitglieder dieser Gruppen auf dem DHCP-Server nicht.

Erweiterte Optionen

Unter Windows NT 4.0 ist es durch die Erstellung von Optionen möglich, an Clients neben der IP-Adresse und der Subnet-Mask weitere TCP/IP-Einstellungen bereitzustellen, z.B. das Standard-Gateway. Dabei war es möglich, globale Optionen festzulegen, die für alle Clients dieses DHCP-Servers gelten, oder Bereichsoptionen, die nur für den entsprechenden Bereich gelten.

Ab Windows 2000 Server wurden die Optionen erweitert. Neben den serverbasierten Optionen, die mit den globalen Optionen unter Windows NT 4.0 vergleichbar sind und den Bereichsoptionen, finden Sie jetzt noch zusätzlich die *Benutzer- und Herstellerklassen*, die so genannten klassenbasierten Optionen. Das ist jeweils eine Erweiterung der serverbasierten und der bereichsbasierten Optionen.

Damit ist es möglich, Optionen bestimmten Gruppen zuzuordnen, die zu einer bestimmten Benutzer- oder Herstellergruppe gehören. Diese Benutzer- oder Herstellergruppen lassen sich selbst erstellen und erweitern.

8.4.2   Die Installation

Auch bei Windows Server 2003 ist mindestens ein Server mit einer statischen IP-Adresse erforderlich.

Um den DHCP-Server unter Windows Server 2003 installieren zu können, gehen Sie folgendermaßen vor:

1. Öffnen Sie über START/SYSTEMSTEUERUNG die *Systemsteuerung* und wählen Sie den Befehl SOFTWARE.

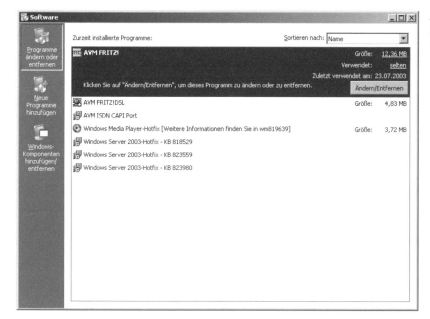

Abb. 8.28:
Fenster
Software

2. Klicken Sie auf die Schaltfläche WINDOWS-KOMPONENTEN HINZUFÜGEN/ENT-FERNEN, um den *Assistenten für Windows-Komponenten* zu starten.

191

Abb. 8.29:
Assistent für
Windows-Kom-
ponenten

3. Markieren Sie die Komponente *Netzwerkdienste* und klicken Sie anschließend auf die Schaltfläche DETAILS.

Abb. 8.30:
Unterkom-
ponenten
von Netz-
werkdienste

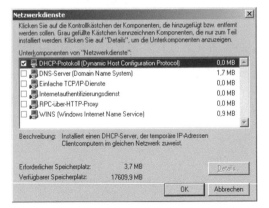

4. Achten Sie darauf, dass Sie zusätzlich nur die Unterkomponente *DHCP-Protokoll (Dynamic Host Configuration Protocol)* aktivieren. Klicken Sie auf die Schaltfläche OK, um Ihre Auswahl zu bestätigen.

5. Klicken Sie auf die Schaltfläche WEITER, um den Installationsvorgang fortzusetzen. Es werden dann einige Dateien kopiert. Sollte das System diese Dateien nicht finden, werden Sie aufgefordert, die Windows-Server-2003-CD einzulegen oder den Pfad zu den Dateien anzugeben.

6. Nach Abschluss der Installation erscheint ein Fenster mit dem Text *Fertig stellen des Assistenten*. Klicken Sie dort auf die Schaltfläche FERTIG, um

das Fenster zu schließen. Schließen Sie danach auch das Fenster *Software*.

Vermissen Sie etwas? Genau, es ist kein Neustart des Computers erforderlich! Der DHCP-Server lässt sich problemlos ohne Neustart installieren. Das ist einer der Vorteile ab Windows 2000. Es muss nicht für jede Konfigurationsänderung der Rechner neu gestartet werden.

Zur Verwaltung des DHCP-Servers finden Sie bei Windows Server 2003 ein eigenes Snap-In bzw. eine eigene Konsole im Menü VERWALTUNG.

8.4.3 Konfiguration eines DHCP-Servers auf einem Windows Server 2003

Zur Verwaltung des DHCP-Servers müssen Sie die *DHCP-Konsole* öffnen, die Sie unter START/PROGRAMME/VERWALTUNG/DHCP finden.

Wenn der DHCP-Server, so wie in der Abbildung unterhalb im rechten Teil des Fensters, den Status »Nicht autorisiert« hat, können keine Bereiche aktiviert werden. Das liegt daran, dass Sie mit Active Directory arbeiten und der DHCP-Server noch nicht autorisiert ist.

Um den DHCP-Server zu autorisieren, markieren Sie das Serverelement, klicken im Menü auf AKTION/AUTORISIEREN und warten einige Minuten. Aktualisieren Sie dann die Anzeige, indem Sie im Menü auf AKTION/AKTUALISIEREN klicken. Wenn alles funktioniert, erhält das Serversymbol einen grünen nach oben weisenden Pfeil.

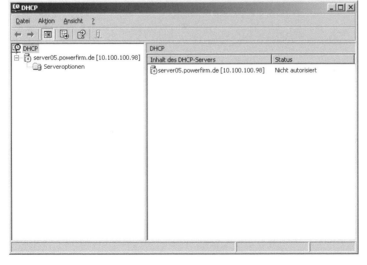

Abb. 8.31:
DHCP-Konsole

193

Auf den ersten Blick sieht die *DHCP-Konsole* genauso aus wie der DHCP-Manager unter Windows NT 4.0. Sie haben einige Möglichkeiten mehr als unter Windows NT 4 und es gibt Assistenten, die Sie durch die Konfiguration der einzelnen Aktionen führen.

Bereich für IP-Adressen erstellen

So gibt es auch einen Assistenten zum Erstellen von Bereichen. Um einen neuen Bereich zu erstellen, gehen Sie wie folgt vor:

1. Markieren Sie das Element mit dem Namen des Servers, für den Sie einen Bereich erstellen wollen. Klicken Sie auf den Menüpunkt AKTION/NEUER BEREICH. Damit starten Sie einen Assistenten und Sie sehen das Willkommen-Fenster. Klicken Sie auf die Schaltfläche WEITER, um zum nächsten Schritt des Assistenten zu gelangen.

2. An dieser Stelle geben Sie den Namen und optional eine nähere Beschreibung des Bereichs ein. Klicken Sie anschließend auf die Schaltfläche WEITER.

   Zur Übung geben Sie den Namen Subnet1 ein und als Beschreibung Testbereich für Windows Server 2003.

Abb. 8.32:
Bereichsname
und Beschreibung festlegen

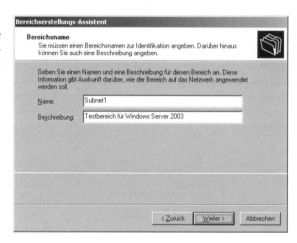

3. Der Assistent öffnet ein Fenster, in dem Sie den Adressbereich festlegen können. Geben Sie dazu die erste IP-Adresse und die letzte IP-Adresse in die vorgesehenen Felder ein. Zusätzlich sollten Sie dann noch die passende Subnet-Mask angeben. Dazu finden Sie zwei Möglichkeiten, klassisch als IP-Adresse oder als Länge, d.h. in der *Classless Inter-Domain*

Routing (CIDR)-Schreibweise (vgl. dazu die entsprechenden Abschnitte in den Abschnitten *Subnet-Masks* und *Subnetting*).

Zur Übung geben Sie bitte folgenden Bereich ein: 10.100.100.151 bis 10.100.240, Subnet-Mask 255.255.255.0 oder alternativ Länge 24.

Um zum nächsten Fenster zu gelangen, klicken Sie auf die Schaltfläche WEITER.

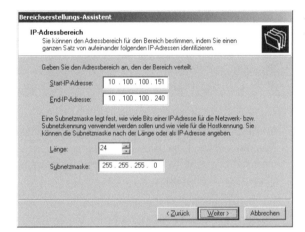

Abb. 8.33:
IP-Adress-
bereich fest-
legen

4. Bei diesem Schritt des Assistenten können Sie – wie bei Windows NT 4.0 auch – die IP-Adressen angeben, die ausgeschlossen werden müssen. Beispielsweise müssen statische IP-Adressen von nicht DHCP-fähigen Clients oder von Routern ausgeschlossen werden. Vergessen Sie nicht, auch die statische Adresse des DHCP-Servers selbst auszuschließen, wenn diese zum Bereich gehört.

Sie haben die Möglichkeit, Adressbereiche oder einzelne IP-Adressen auszuschließen. Geben Sie einfach in die dafür vorgesehenen Felder die IP-Adressen ein und klicken Sie auf die Schaltfläche HINZUFÜGEN, um die IP-Adressen auszuschließen. Wenn Sie nur eine einzelne IP-Adresse ausschließen wollen, reicht es, wenn Sie nur die erste IP-Adresse eingeben und dann auf HINZUFÜGEN klicken.

Schließen Sie zur Übung den Bereich 10.100.100.151 bis 10.100.100.155 aus.

Klicken Sie auf WEITER für den nächsten Schritt des Assistenten.

Abb. 8.34:
Ausschlüsse
hinzufügen

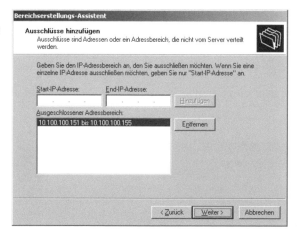

5. Im nächsten Schritt legen Sie die Gültigkeitsdauer der Leases fest. Es stehen Ihnen dazu Tage, Stunden und Minuten zur Verfügung. Der Standardwert beträgt acht Tage, den Sie bei den meisten Netzwerken problemlos übernehmen können.

Als Faustregel für die Festlegung der Lease-Dauer gilt, je weniger Änderungen am Netzwerk vorgenommen werden, desto länger kann die Lease-Dauer sein. Werden dagegen in Ihrem Netzwerk ständig Änderungen vorgenommen und Rechner von einem Subnet ins andere verschoben, sollten Sie die Lease-Dauer eher verkürzen. Bei vielen Änderungen und einer langen Lease-Dauer werden Leases und damit IP-Adressen blockiert und können daher schnell knapp werden. Für das nächste Fenster klicken Sie auf WEITER.

Abb. 8.35:
Gültigkeits-
dauer der
Lease

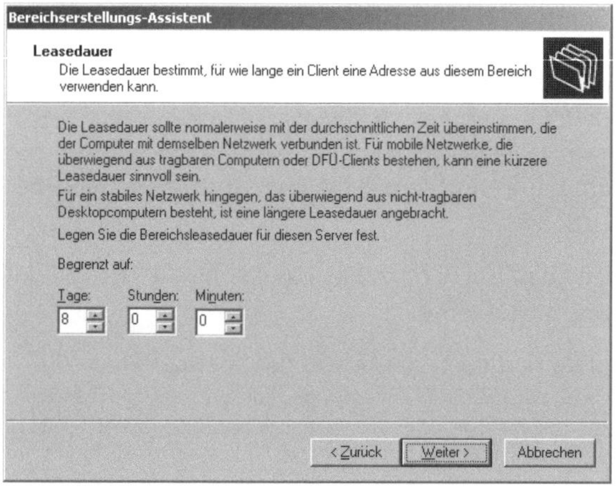

6. In diesem Schritt des Assistenten entscheiden Sie, ob Sie jetzt an dieser Stelle zusätzliche DHCP-Optionen, wie beispielsweise das Standard-Gateway, festlegen wollen oder nicht.

Aktivieren Sie die Option *Nein, ich möchte diese Optionen später konfigurieren* und klicken Sie anschließend auf WEITER.

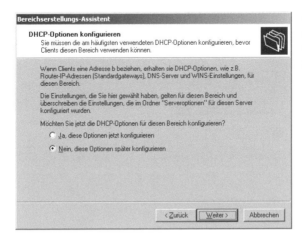

Abb. 8.36:
DHCP-Optionen konfigurieren

7. Im vorletzten Fenster des Assistenten erhalten Sie einige Hinweise, u.a. dass Sie den Bereich noch aktivieren müssen. Klicken Sie auf FERTIG STELLEN, um die Konfiguration abzuschließen.

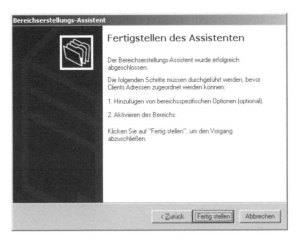

Abb. 8.37:
Fertig stellen des Assistenten

197

8. Nach Abschluss des Konfigurationsassistenten landen Sie wieder in der DHCP-Konsole. Sie müssen jetzt den Bereich noch aktivieren. Dass ein Bereich nicht aktiviert ist, erkennen Sie an dem roten nach unten zeigenden Pfeil vor dem Bereichselement.

Um den Bereich zu aktivieren, markieren Sie das Bereichselement und klicken im Menü auf AKTION/AKTIVIEREN. Bei Erfolg ändert sich das Bereichssymbol zu einem offenen Ordner.

Abb. 8.38:
DHCP-Konso-
le mit aktivier-
tem Bereich

Optionen nachträglich konfigurieren

Im vorherigen Abschnitt haben Sie mithilfe eines Assistenten *keinen* neuen Bereich erstellt. Das holen Sie jetzt nach! So erstellen oder ändern Sie nachträglich Optionen:

1. Öffnen Sie die DHCP-Konsole über START/PROGRAMME/VERWALTUNG/ DHCP.

2. Markieren Sie in der Konsolenstruktur den Server, auf dem Sie Optionen erstellen bzw. verändern wollen, und erweitern Sie die Ansicht, indem Sie auf das Zeichen »+« vor dem Servernamen klicken. Danach sehen Sie als Unterpunkte des Servers den bzw. die Bereiche, die auf dem Server erstellt wurden, und die zugehörigen Serveroptionen.

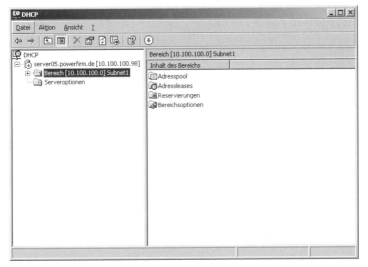

Abb. 8.39:
DHCP-Konsole

An dieser Stelle entscheiden Sie jetzt, ob Sie Bereichsoptionen konfigurieren wollen oder Serveroptionen. Bereichsoptionen gelten nur für den entsprechenden Bereich und Serveroptionen gelten für alle Bereiche des Servers. Serveroptionen sind vergleichbar mit den globalen Optionen des Windows-NT-4.0-DHCP-Servers.

So erstellen oder ändern Sie Bereichsoptionen

Bereichsoptionen sind Parameter, die nur für die Clients gelten, die IP-Adressen aus diesem Bereich beziehen.

1. Um Bereichsoptionen zu konfigurieren, erweitern Sie den Unterpunkt des Bereichs, den Sie bearbeiten wollen (auf das Zeichen »+« vor dem Bereich klicken), und markieren Sie das Element *Bereichsoptionen*. Sie sehen dann im rechten Fenster bereits erstellte Optionen, sofern vorhanden.

Falls für die DHCP-Server bereits Serveroptionen definiert wurden und in den Bereichsoptionen die gleichen Optionen mit anderen Werten definiert wurden, überschreiben die Bereichsoptionen die Serveroptionen. Damit sind Konflikte ausgeschlossen.

Beachten Sie auch die Symbole vor dem Optionsnamen im rechten Fenster. Hier werden sowohl die Server- (Rechnersymbol mit gelbem Zahnrad) als auch die Bereichsoptionen (gelbes und grünes Zahnrad) aufgelistet. Verändern lassen sich aber in diesem Fenster nur die Bereichsoptionen.

199

Abb. 8.40:
DHCP-Konso-
le mit markier-
tem Element
»Bereichs-
optionen«

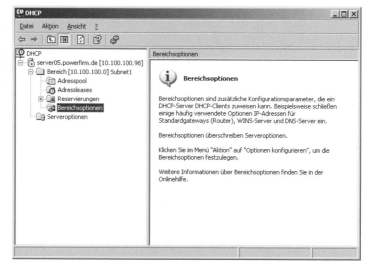

2. Klicken Sie dann auf den Befehl AKTION/OPTIONEN KONFIGURIEREN, um das Fenster *Bereichsoptionen* zu öffnen.

3. Im Register *Allgemein* finden Sie eine Liste der zur Verfügung stehenden Optionen. Um beispielsweise für diesen Bereich das Standard-Gateway zu konfigurieren, aktivieren Sie in der Liste einfach die Option *Router*.

4. Im unteren Teil des Fensters können Sie dann das Standard-Gateway definieren, indem Sie entweder den Host-Namen eingeben oder die IP-Adresse.

   – Wenn Sie den Host-Namen verwenden wollen, geben Sie diesen im Textfeld *Servername* ein und klicken anschließend auf die Schaltfläche AUFLÖSEN. Danach klicken Sie auf HINZUFÜGEN, um die IP-Adresse zur Liste hinzuzufügen.

   – Um die IP-Adresse anzugeben, geben Sie diese im Feld *IP-Adresse* ein und klicken dann auf die Schaltfläche HINZUFÜGEN.

   Geben Sie hier zur Übung als Standard-Gateway die IP-Adresse 10.100.100.100 ein.

   Wenn Sie mehr als eine IP-Adresse in der Liste haben, können Sie die Reihenfolge mithilfe der Schaltflächen NACH OBEN bzw. NACH UNTEN verändern.

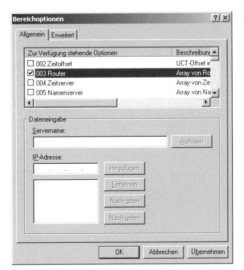

Abb. 8.41: Bereichs-optionen

Wenn Sie mehr als ein Standard-Gateway definieren, wird immer die erste IP-Adresse als Standard-Gateway verwendet. Nur für den Fall, dass dieses Standard-Gateway nicht zur Verfügung steht, wird der nächste Wert in der Liste verwendet.

5. Klicken Sie anschließend auf die Schaltfläche ÜBERNEHMEN, um die Einga-ben zu speichern. Das Fenster bleibt dann geöffnet und Sie können wei-tere Optionen konfigurieren.

   Oder klicken Sie auf die Schaltfläche OK, um die Eingaben zu speichern und das Fenster zu schließen, wenn Sie mit der Konfiguration der Optio-nen fertig sind.

So erstellen oder ändern Sie Serveroptionen

Die Serveroptionen sind Parameter, die für alle Clients gelten, die IP-Adres-sen von diesem DHCP-Server beziehen. Sie legen damit sozusagen die Stan-dardwerte für die Clients fest. Diese Werte können von Bereichsoptionen überschrieben werden, wenn diese über die gleichen Optionen mit anderen Werten verfügen.

1. Markieren Sie den Unterpunkt *Serveroptionen* unterhalb des Servers, für den diese Einstellungen gelten sollen. Falls bereits Serveroptionen defi-niert wurden, sehen Sie diese im rechten Fenster.

201

Abb. 8.42:
Serveroptio-
nen definieren

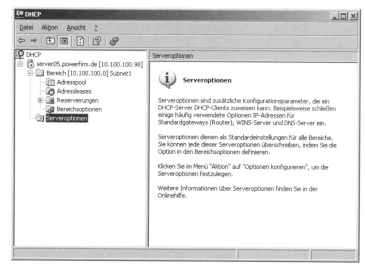

2. Klicken Sie auf den Befehl AKTION/OPTIONEN KONFIGURIEREN, um das Fenster *Serveroptionen* zu öffnen.

3. Im Register *Allgemein* finden Sie eine Liste der zur Verfügung stehenden Optionen. Zum Erstellen der Serveroptionen verfahren Sie dann, wie bereits bei den Bereichsoptionen beschrieben.

Abb. 8.43:
Serveroptionen

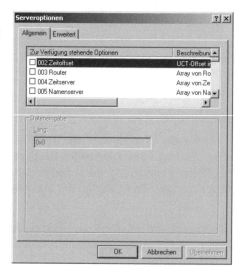

4. Klicken Sie anschließend auf die Schaltfläche ÜBERNEHMEN, um die Eingaben zu speichern. Das Fenster bleibt geöffnet und Sie können weitere Optionen konfigurieren.

Oder klicken Sie auf die Schaltfläche OK, um die Eingaben zu speichern und das Fenster zu schließen, wenn Sie mit der Konfiguration der Optionen fertig sind.

Reservierungen hinzufügen

Damit ein Host, beispielsweise ein Server, immer die gleiche IP-Adresse vom DHCP-Server bezieht, sollte man Reservierungen vornehmen. Der Vorteil einer Client-Reservierung liegt aber auch darin, dass neben der konstanten IP-Adresse auch Optionen (wie beispielsweise Standard-Gateway) zentral verwaltet und zugewiesen werden können.

Um eine Reservierung erstellen zu können, benötigen Sie die IP-Adresse, die der Client erhalten soll, und die MAC-Adresse der Netzwerkkarte, die sich im Client-Rechner befindet. Um diese Information zu bekommen, stehen Ihnen die Programme `ipconfig` (Windows NT, Windows 2000 und Windows XP) und `winipcfg` (Windows 9x und Windows ME) zur Verfügung.

So definieren Sie eine neue Reservierung:

1. Öffnen Sie die DHCP-Konsole über START/VERWALTUNG/DHCP.

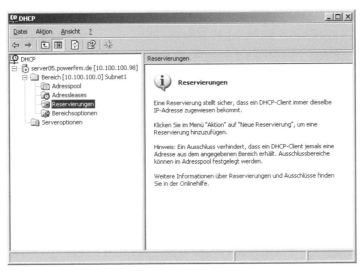

Abb. 8.44: DHCP-Konsole mit markiertem Element »Reservierungen«

2. Markieren Sie in der Konsolenstruktur den Server, auf dem Sie eine Reservierung hinzufügen wollen. Erweitern Sie den Server und den entsprechenden Bereich, in dem Sie jeweils vor dem Element auf das Zeichen »+« klicken.

3. Als Unterpunkte des ausgewählten Bereichs erscheint dann u.a. auch das Element *Reservierungen*.

4. Um eine Reservierung hinzuzufügen, klicken Sie auf den Menüpunkt AKTION/NEUE RESERVIERUNG. Damit öffnen Sie das Fenster *Neue Reservierung*.

Abb. 8.45:
Neue Reser-
vierung

5. Geben Sie im Textfeld *Reservierungsname* den Computernamen des Hosts ein. Der Name dient nur zur einfacheren Zuordnung der Hosts zu den Reservierungen. Es ist daher nicht zwingend notwendig, aber sicherlich sinnvoll, den tatsächlichen Computernamen an dieser Stelle zu verwenden. Geben Sie zur Übung den Namen Client06 ein.

6. Im Feld *IP-Adresse* vervollständigen Sie die IP-Adresse. Der Teil der IP-Adresse, der der Netzwerk-ID entspricht, wird bereits angezeigt. Das liegt daran, dass bei der Bereichserstellung sowohl die IP-Adressen als auch die Subnet-Mask angegeben werden.

   Sie geben also den Wert ein, der für die Host-ID gilt und Teil des Bereichs sein muss. Geben Sie zur Übung die IP-Adresse 10.100.100.160 ein.

7. Im Feld *MAC-Adresse* tragen Sie die MAC-Adresse der Netzwerkkarte ein, die im Client-Rechner eingebaut ist. Geben Sie zur Übung die MAC-Adresse eines Rechners in Ihrem Netzwerk ein. Um die MAC-Adresse herauszufinden, stehen Ihnen die Programme ipconfig /all und winipcfg zur Verfügung.

Bitte beachten Sie bei der Eingabe der MAC-Adresse, dass diese ohne Bindestriche eingegeben werden muss!

8. Als letzten Punkt können Sie im Feld *Beschreibung* noch einen Text eingeben, der die Reservierung näher beschreibt. Die Eingabe ist aber optional.

9. Klicken Sie anschließend auf die Schaltfläche HINZUFÜGEN, damit die Reservierung gespeichert wird. Wenn Sie keine weiteren Reservierungen erstellen wollen, klicken Sie auf die Schaltfläche SCHLIESSEN, ansonsten fahren Sie mit der Eingabe weiterer Reservierungen fort.

Damit ist die Reservierung erstellt und kann vom Client-Rechner verwendet werden.

Optionen für Reservierungen hinzufügen

Für Client-Reservierungen gelten zwar auch die Server- und Bereichsoptionen, Sie können aber zusätzlich noch Optionen für reservierte Clients definieren, die bei Überschneidung mit den beiden anderen Optionstypen deren Werte überschreiben.

Um eine Option für eine Reservierung hinzuzufügen, gehen Sie wie folgt vor:

1. Markieren Sie unter dem Element *Reservierungen* die Reservierung, für die Sie Optionen erstellen wollen.

2. Klicken Sie dann auf den Menüpunkt AKTION/OPTIONEN KONFIGURIEREN, um das Fenster *Reservierung-Optionen* zu öffnen.

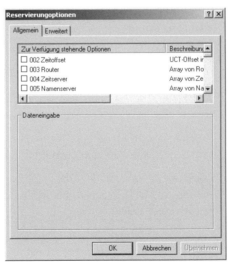

Abb. 8.46:
*Reservierung-
Optionen*

3. Aktivieren Sie dann unter *Zur Verfügung stehende Optionen* die Optionen, die Sie für die markierte Reservierung konfigurieren wollen.

Verfahren Sie dabei so, wie oben bei den Bereichsoptionen beschrieben.

DHCP-Server autorisieren

Wie bereits erwähnt, muss ein DHCP-Server aus Sicherheitsgründen ab Windows 2000 autorisiert werden, bevor er im Netzwerk seine Dienste anbieten kann. Dabei handelt es sich um eine sehr wichtige und sinnvolle Neuerung, die so manche Probleme in Verbindung mit DHCP-Servern umgeht.

Das müssen Sie über die Autorisierung wissen

Die Autorisierung ist allerdings nur möglich und erforderlich, wenn es sich um einen Windows Server 2003 handelt und dieser am Active Directory teilnimmt (eine kurze Einführung in Active Directory finden Sie im Abschnitt über Windows Server 2003). Das heißt im Umkehrschluss, dass ein Server, der auf Windows NT 4.0 oder früher basiert, nicht unter Windows Server 2003 mit Active Directory autorisiert werden kann.

Unter Windows Server 2003 gibt es – genau wie unter Windows NT 4.0 – folgende Servertypen: *Domänencontroller*, *Mitglieds-Server* (kein Domänencontroller, aber Mitglied einer Domäne) oder *Alleinstehender Server* (Teil einer Arbeitsgruppe, aber nicht Mitglied einer Domäne).

Nur ein Server, der die Rolle des Domänencontrollers oder eines Mitglieds-Servers innehat, kann als DHCP-Server autorisiert werden. Normalerweise muss nur ein Mitglieds-Server manuell autorisiert werden, da Domänencontroller, die in der DHCP-Konsole eingefügt werden, automatisch autorisiert werden.

Die Autorisierung

So autorisieren Sie einen DHCP-Server:

1. Öffnen Sie die DHCP-Konsole über START/VERWALTUNG und DHCP.

2. Markieren Sie das Serverelement des Servers, den Sie autorisieren möchten.

3. Klicken Sie im Menü auf AKTION/AUTORISIEREN, um diesen DHCP-Server im Active Directory zu autorisieren.

Ab diesem Zeitpunkt ist der DHCP-Server im Active Directory als Server bekannt und als DHCP-Server autorisiert und kann seinen DHCP-Dienst im Netzwerk bereitstellen.

Autorisierte Server verwalten

Es gibt auch die Möglichkeit, autorisierte Server zu verwalten. Sie können beispielsweise einem bereits autorisierten Server die Autorisierung wieder entziehen oder sich einen Überblick verschaffen, welche DHCP-Server autorisiert sind.

1. Markieren Sie dazu in der Konsolenstruktur das Element *DHCP*.

2. Wählen Sie im Menü AKTION den Menüpunkt AUTORISIERTE SERVER VERWALTEN.

Abb. 8.47:
Autorisierte
Server verwalten

3. Führen Sie die gewünschten Aktionen aus: Autorisieren (gleichnamige Schaltfläche) oder Autorisierung aufheben (Schaltfläche AUFHEBEN). Das Fenster eignet sich aber auch einfach nur dazu, um eine Übersicht über die autorisierten DHCP-Server zu bekommen.

8.4.4　Verwaltung eines DHCP-Servers unter Windows Server 2003

Die DHCP-Server unter Windows Server 2003 werden über die DHCP-Konsole verwaltet. Sie können einen oder mehrere Windows Server 2003 verwalten. Dabei sind die wesentlichen Aufgaben das Hinzufügen, Ändern oder Löschen von Bereichen und das Verwalten der Leases. Dieser Abschnitt beschäftigt sich primär mit der Verwaltung von Leases in der Datenbank, da der Umgang mit Bereichen weiter oben bereits ausführlich besprochen wurde, außer das Ändern von Bereichen.

Bereichseigenschaften ändern

Manchmal ist es erforderlich, die Eigenschaften eines Bereichs zu ändern, beispielsweise die Lease-Dauer oder den Bereichsnamen. Sie können theoretisch auch den Adressbereich ändern. Sie haben allerdings nur die Möglichkeit, den Adressbereich zu erweitern, ein Verkleinern ist nicht möglich. Dazu müssten Sie den Bereich komplett löschen und wieder neu anlegen.

207

Um einen Bereich zu ändern, markieren Sie in der DHCP-Konsole das Bereichselement und klicken im Menü auf AKTION/EIGENSCHAFTEN.

Danach wird Ihnen das Eigenschaftsfenster dieses Bereichs angezeigt und Sie können die gewünschten Änderungen vornehmen.

Abb. 8.48:
Bereichs-
eigenschaften
ändern

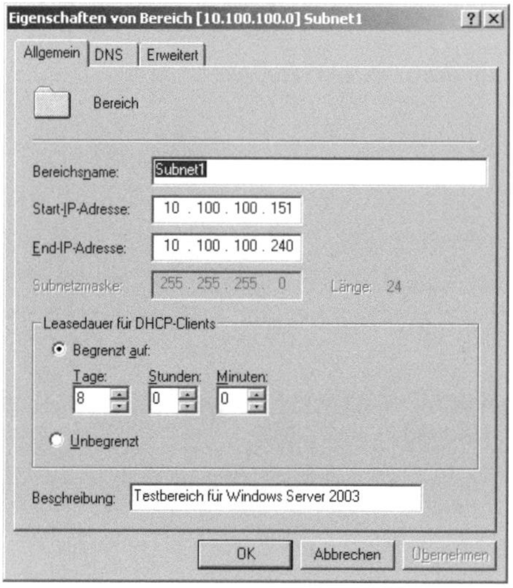

Sie werden in diesem Fenster sicher die Möglichkeit vermissen, zusätzliche Adressausschließungen einzugeben. Das ist in diesem Fenster leider nicht direkt möglich. Die Programmierer haben es gut versteckt.

Um weitere Adressen auszuschließen, markieren Sie das Element *Adress-pool*, das ein Unterelement des Bereichselements ist. Klicken Sie dann im Menü auf AKTION/NEUER AUSGESCHLOSSENER BEREICH und geben Sie in dem Fenster die Adresse oder Adressbereiche ein, die Sie ausschließen möchten.

Abb. 8.49:
Ausschluss
hinzufügen

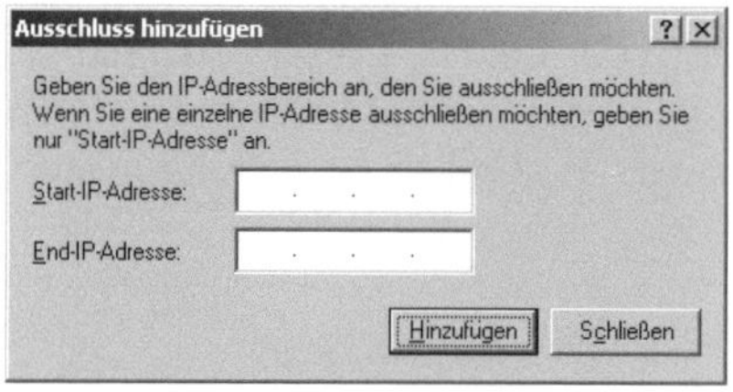

Lease anzeigen und löschen

Wenn Sie die aktuellen Leases kontrollieren wollen, so markieren Sie das Element *Adressleases*, das dem gewünschten Bereich zugeordnet ist.

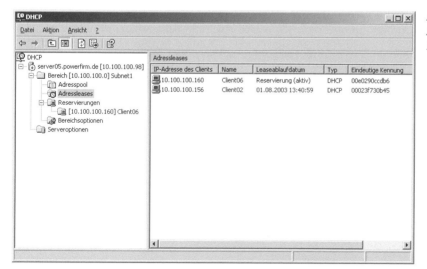

Sie sehen im rechten Fensterausschnitt die aktuellen Leases mit allen relevanten Informationen, wie IP-Adresse, Computername und MAC-Adresse (Spalte *Eindeutige Kennung*). Falls Reservierungen für diesen Bereich erstellt wurden, werden diese in der gleichen Liste angezeigt. Zur Unterscheidung zwischen einer Lease und einer Reservierung können Sie die Informationen in der Spalte *Leaseablaufdatum* betrachten.

Um eine IP-Adresse freizugeben, können Sie zwar die Lease von hier aus löschen, aber der Client behält die Lease noch bis zum nächsten Neustart bzw. in Abhängigkeit der verschiedenen bekannten Mechanismen zum Verlängern der Lease. Dadurch kann es natürlich leicht zur doppelten Vergabe von IP-Adressen kommen. Um das zu vermeiden, sollten Sie die Lease besser vom Client aus freigeben. Benutzen Sie dazu entweder das Programm ipconfig /release (Windows NT 4.0, Windows 2000 oder Windows XP) oder winipcfg, um dann auf die Schaltfläche FREIGEBEN zu klicken (Windows 9x und Windows ME).

Reservierungen verwalten

Das nächste Element, das dem Bereich untergeordnet ist, ist das Element *Reservierungen*. Wenn Sie dieses Element markieren, können Sie die bereits erstellten Reservierungen im rechten Fensterausschnitt sehen.

Sie können zusätzliche Reservierungen hinzufügen, wie bereits weiter oben beschrieben, oder Sie können Reservierungen löschen.

Wenn Sie Leases ändern wollen oder Detailinformationen über die Lease erhalten wollen, markieren Sie das Element *Adressleases*. Dann sehen Sie im

209

rechten Fenster die normalen Leases und die Reservierungen mit allen relevanten Informationen, wie beispielsweise IP-Adresse und MAC-Adresse.

Manchmal ist es notwendig, die Angaben einer Reservierung zu ändern, beispielsweise weil sich durch den Austausch der Netzwerkkarte die MAC-Adresse geändert hat.

Dazu markieren Sie wieder das Element *Reservierungen* und dann im rechten Fensterausschnitt die Reservierung, die Sie ändern möchten. Über den Menüpunkt AKTION/EIGENSCHAFTEN öffnen Sie das Eigenschaftsfenster dieser Reservierung und können den Reservierungsnamen, die MAC-Adresse oder die Beschreibung ändern.

Abb. 8.51:
Eigenschaften
eines reservier-
ten Clients
bearbeiten

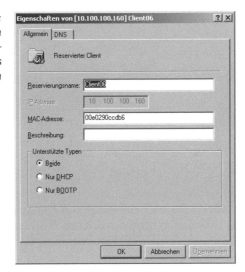

Mehrere DHCP-Server verwalten

Auch auf einem Windows Server 2003 können Sie in einer Konsole mehrere DHCP-Server verwalten. Der lokale DHCP-Server muss nicht eingerichtet werden, sondern nur zusätzliche Server.

Wenn der zusätzliche DHCP-Server als Teil des Active Directory eingerichtet ist, muss der Server autorisiert sein. Das ist in der Regel automatisch der Fall, wenn Sie den DHCP-Server auf einem Windows-Server-2003-Domänencontroller installieren. Ein Mitglieds-Server dagegen muss zuerst manuell autorisiert werden (vergleichen Sie dazu den Abschnitt über das Autorisieren von DHCP-Servern weiter oben).

Um einen zusätzlichen DHCP-Server in die Konsolenstruktur aufzunehmen, gehen Sie wie folgt vor:

1. Starten Sie die DHCP-Konsole über START/VERWALTUNG/DHCP.

2. Markieren Sie in der Konsolenstruktur das Element *DHCP* und wählen Sie den Menüpunkt AKTION/SERVER HINZUFÜGEN.

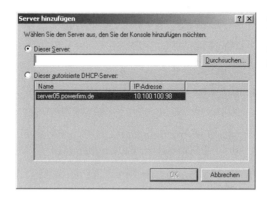

Abb. 8.52: Weiteren DHCP-Server hinzufügen

3. Aktivieren Sie die Option *Dieser autorisierte DHCP-Server*. Wählen Sie aus der Liste einen Server aus und bestätigen Sie Ihre Wahl mit OK. Danach wird der Server als zusätzliches Element der DHCP-Konsole hinzugefügt und kann auch über die Konsole verwaltet werden.

8.4.5   Verwaltung der DHCP-Datenbank

Die Verwaltung der DHCP-Datenbanken funktioniert im Prinzip genauso wie bei Windows NT 4.0. Daher wird dieses Thema an dieser Stelle nicht weiter vertieft.

8.5   DHCP-Clients konfigurieren

Die Konfiguration von DHCP-Clients ist verhältnismäßig einfach. Im Prinzip müssen Sie als Administrator nur dafür sorgen, dass Sie das Netzwerk in Verbindung mit DHCP gut planen, d.h. die Adressbereiche festlegen und die Client-Reservierungen vorbereiten. Auf der Client-Seite ist nur zu beachten, dass Sie einen Client verwenden, der DHCP-fähig ist.

8.5.1   Welche Clients sind DHCP-fähig?

Folgende Betriebssysteme kommen als DHCP-Clients in Frage:

▓ Windows XP (alle Varianten)

▓ Windows 2000 (alle Varianten)

▓ Windows NT 3.51 (alle Varianten)

▓ Windows NT 4.0 (alle Varianten)

▓ Windows 95, 98, 98 SE

▓ Windows ME

▓ Windows für Workgroups 3.11 mit Microsoft TCP/IP-32, das auf der Windows-NT-4- oder Windows-2000-Server-CD enthalten ist

▓ MS-DOS mit dem Network-Client, der auf der Windows-NT-4- oder Windows-2000-Server-CD enthalten ist

▓ LAN-Manager Version 2.2c, der auf der Windows-NT-4- oder Windows-2000-Server-CD enthalten ist

Sie sollten immer beachten, dass nicht alle Hosts geeignet sind, von DHCP verwaltet zu werden. Bei Servern empfiehlt es sich, diese nur über Client-Reservierungen zu verwalten, damit sie immer die gleiche IP-Adresse erhalten. Der Server, auf dem DHCP installiert ist, muss statische IP-Adressen haben.

8.5.2   Windows XP als Client für einen DHCP-Server konfigurieren

Um einen Windows-XP-Rechner als Client für einen DHCP-Server zu konfigurieren, gehen Sie folgendermaßen vor:

1. Öffnen Sie die Systemsteuerung über START/SYSTEMSTEUERUNG.

2. Wählen Sie dort die Kategorie NETZWERK- UND INTERNETVERBINDUNGEN.

3. Klicken Sie im unteren Teil des Fensters auf das Systemsteuerungssymbol NETZWERKVERBINDUNGEN, um sich die aktuellen LAN-Verbindungen anzeigen zu lassen.

4. Markieren Sie das Symbol für die LAN-Verbindung, öffnen Sie das Kontextmenü und klicken Sie auf den Eintrag *Eigenschaften*.

5. Im Register *Allgemein* markieren Sie das Element *Internetprotokoll (TCP/IP)* und klicken Sie auf die Schaltfläche EIGENSCHAFTEN.

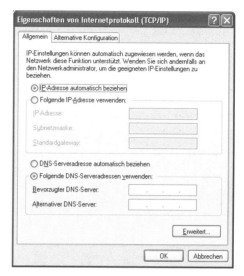

Abb. 8.53:
Eigenschaften
von TCP/IP

6. Aktivieren Sie dort die Option *IP-Adresse automatisch beziehen*. Damit erreichen Sie, dass die IP-Adresse, die Subnet-Mask und – je nach Einstellung im DHCP-Server – auch weitere Optionen vom DHCP-Server bezogen werden.

7. Klicken Sie dann in den Fenstern jeweils auf OK bzw. SCHLIESSEN, um diese wieder zu schließen. Danach werden die TCP/IP-Daten automatisch vom DHCP-Server bezogen.

Sie können den Vorgang beschleunigen, indem Sie in der Eingabeaufforderung den Befehl `ipconfig /renew` eingeben.

8.5.3   Windows-NT-4.0-Rechner als Client für einen DHCP-Server konfigurieren

Um einen Windows-NT-4.0-Rechner als Client für einen DHCP-Server zu konfigurieren, gehen Sie wie folgt vor:

1. Öffnen Sie das Fenster *Netzwerk* über START/EINSTELLUNGEN/SYSTEMSTEUERUNG und doppelklicken Sie auf das Symbol NETZWERK.

2. Aktivieren Sie das Register *Protokolle* und markieren Sie das Protokoll *TCP/IP*.

3. Klicken Sie auf die Schaltfläche EIGENSCHAFTEN und achten Sie darauf, dass das Register *IP-Adresse* aktiviert ist.

4. Wählen Sie die Option *IP-Adresse von einem DHCP-Server beziehen* aus.

213

Abb. 8.54:
Register IP-
Adresse in
TCP/IP-Eigen-
schaften

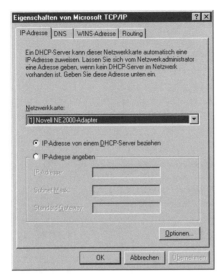

Falls sich im Rechner mehrere Netzwerkkarten befinden, müssen Sie die Einstellung für jede Netzwerkkarte durchführen. Um eine andere Netzwerkkarte auswählen zu können, verwenden Sie das Drop-down-Feld.

5. Klicken Sie dann jeweils auf OK, um die Fenster zu schließen.

   Danach werden die IP-Adresse und die Subnet-Mask vom DHCP-Server bezogen. Falls auf dem DHCP-Server zusätzliche Optionen erstellt wurden, wie beispielsweise das Standard-Gateway, werden auch diese vom Client registriert. Sie können den Vorgang beschleunigen, indem Sie an der Eingabeaufforderung des Clients den Befehl `ipconfig /renew` eingeben.

8.5.4 Windows-ME-Rechner als Client für einen DHCP-Server konfigurieren

Um einen Windows-ME-Rechner als Client für einen DHCP-Server zu konfigurieren, gehen Sie folgendermaßen vor:

1. Öffnen Sie über START/EINSTELLUNGEN/SYSTEMSTEUERUNG die *Systemsteuerung* und doppelklicken Sie dort auf das Symbol NETZWERK.

Falls das Symbol NETZWERK in der Systemsteuerung nicht angezeigt wird, klicken Sie einfach auf den Text *Zeigen Sie alle Optionen der Systemsteuerung an*, der sich auf der linken Seite des Fensters *Systemsteuerung* befindet. Danach wird in der Systemsteuerung das Symbol NETZWERK angezeigt.

214

2. Achten Sie darauf, dass im Fenster *Netzwerk* das Register *Konfiguration* aktiviert ist und markieren Sie dort den Eintrag *TCP/IP* bzw. *TCP/IP ->* *<Netzwerkkarte>*, wobei *<Netzwerkkarte>* für den Namen der Netz-werkkarte steht, an die TCP/IP gebunden ist.

Sie finden immer dann mehrere Einträge für TCP/IP, wenn entweder meh-rere Netzwerkkarten in Ihrem Rechner eingebaut sind oder Sie einen DFÜ-Adapter für ein Modem, eine ISDN-Karte oder Ähnliches installiert haben. Damit ist es dann möglich, die TCP/IP-Einstellungen für jedes Gerät einzeln vorzunehmen.

3. Klicken Sie auf die Schaltfläche EIGENSCHAFTEN, um das Fenster *Eigen-schaften von TCP/IP* zu öffnen.

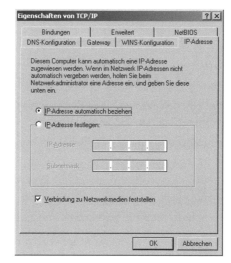

Abb. 8.55: Eigenschaften von TCP/IP

4. Aktivieren Sie dort die Option *IP-Adresse automatisch beziehen*. Damit erreichen Sie, dass die IP-Adresse, die Subnet-Mask und – je nach Einstel-lung im DHCP-Server – weitere Optionen vom DHCP-Server bezogen werden.

5. Klicken Sie in den Fenstern jeweils auf OK, um diese wieder zu schließen. Da-nach werden die TCP/IP-Daten automatisch vom DHCP-Server bezogen.

Sie können den Vorgang beschleunigen, indem Sie an der Eingabeauf-forderung den Befehl `winipcfg` eingeben und im Programm zur IP-Konfi-guration auf die Schaltfläche ALLES AKTUALISIEREN klicken. Um eine voll-ständige Ansicht der IP-Konfigurationen zu sehen, klicken Sie auf die Schaltfläche WEITERE INFO >>.

215

Abb. 8.56:
IP-Konfigura-
tion mit erwei-
terter Ansicht

8.5.5 Windows-2000-Rechner als Client für einen DHCP-Server konfigurieren

Um einen Windows-2000-Rechner als Client für einen DHCP-Server zu konfigurieren, gehen Sie wie folgt vor:

1. Öffnen Sie über START/EINSTELLUNGEN/NETZWERK UND DFÜ-VERBINDUNGEN das gleichnamige Fenster.

2. Markieren Sie das Symbol LAN-VERBINDUNG, öffnen Sie das Kontextmenü und klicken Sie auf den Eintrag EIGENSCHAFTEN, um das Fenster *Eigenschaften von LAN-Verbindung* zu öffnen.

3. Markieren Sie die Komponente *Internetprotokoll (TCP/IP)* und klicken Sie anschließend auf die Schaltfläche EIGENSCHAFTEN.

4. Im Fenster *Eigenschaften von Internetprotokoll (TCP/IP)* aktivieren Sie die Option *IP-Adresse automatisch beziehen*. Falls Sie auch die Adresse des DNS-Servers automatisch beziehen wollen bzw. können, ändern Sie auch entsprechend die *Option DNS-Serveradresse automatisch beziehen* (wird im Abschnitt zu DNS noch ausführlich besprochen).

5. Klicken Sie dann jeweils auf OK, um die Fenster zu schließen.

   Danach werden die IP-Adresse und die Subnet-Mask vom DHCP-Server bezogen. Falls auf dem DHCP-Server zusätzliche Optionen festgelegt wurden, wie beispielsweise das Standard-Gateway, werden auch diese vom Client registriert. Sie können den Vorgang beschleunigen, indem Sie an der Eingabeaufforderung des Clients den Befehl `ipconfig /renew` eingeben.

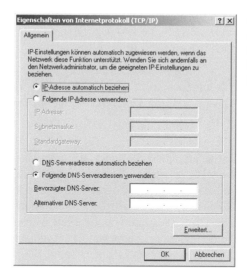

Abb. 8.57:
Eigenschaften
von Internet-
protokoll
(TCP/IP)

8.6   Mit mehreren DHCP-Servern arbeiten

Es gibt gute Gründe, in einem Netzwerk mehr als einen DHCP-Server einzu-setzen. Der Hauptgrund betrifft die Verfügbarkeit eines DHCP-Servers, denn wenn der einzige DHCP-Server ausfällt, ist eine Konfiguration von neuen Clients oder von in ein anderes Subnet verschobenen Clients nicht mehr mög-lich.

Beim Einsatz mehrerer DHCP-Server steht man aber vor dem Problem, dass man nicht einfach ein Spiegelbild des anderen DHCP-Servers erstellen kann. Das würde sonst unweigerlich innerhalb kürzester Zeit zu doppelt vergebenen IP-Adressen führen. Wie kann man dieses Problem umgehen und trotzdem weitere IP-Adressen bereitstellen?

8.6.1   Empfohlenes Konzept für zwei DHCP-Server

Sie setzen zwei DHCP-Server in Ihrem Netzwerk ein, die sich in unterschied-lichen Netzwerken befinden sollten. Dazu ist es natürlich erforderlich, dass Sie zwischen den beiden Netzwerken einen Router installieren, der BOOTP-fähig ist, oder einen Windows NT 4.0 Server bzw. Windows Server2003, der als Router mit einem DHCP-Relay-Agent installiert ist (mehr dazu im nächsten Abschnitt weiter unten). Das ist erforderlich, damit die Clients von ihrem Netzwerk aus mit dem DHCP-Server im anderen Subnet kommunizieren kön-nen.

Sie erstellen dann auf jedem DHCP-Server jeweils zwei Bereiche, einen Bereich mit 75% der IP-Adressen des eigenen Netzwerks und den anderen Bereich mit 25% der IP-Adressen.

> Ab Windows 2000 schlägt Microsoft ein Verhältnis von 80% zu 20% vor. Das prozentuale Verhältnis ist nur ein Anhaltspunkt und kann daher durchaus variieren.

Damit erreichen Sie, dass im Optimalfall, wenn beide DHCP-Server aktiv sind, 100% der IP-Adressen für das jeweilige Subnet verfügbar sind. Für den Fall, dass einer der beiden DHCP-Server ausfällt, sind zwar 75% der eigenen IP-Adressen nicht verfügbar, aber immerhin noch 25% auf dem »Ersatz-Server«. Die 25% werden nur benötigt, wenn neue Clients im Netzwerk installiert werden oder die Leases von Clients ablaufen. Bei den anderen Clients laufen die Leases ohne Probleme weiter.

8.6.2   Beispiel für zwei DHCP-Server

Sie haben zwei Subnets (*Subnet 1* und *Subnet 2*),die folgende Adressbereiche benötigen:

Netzwerk 1:

Adressbereich   10.100.100.1 bis 10.100.100.254
Subnet-Mask   255.255.255.0

Netzwerk 2:

Adressbereich   10.100.200.1 bis 10.100.200.254
Subnet-Mask   255.255.255.0

Abb. 8.58:
Zwei DHCP-
Server mit
Fehlertoleranz
(75/25-
Methode)

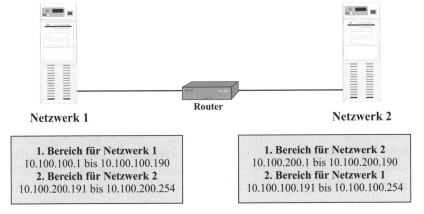

Unter diesen Voraussetzungen würde die Konfiguration der beiden DHCP-Server wie im Folgenden beschrieben aussehen:

Konfiguration auf DHCP-Server 1 im Subnet 1:

1. Bereich (Netzwerk 1):
10.100.100.1 bis 10.100.100.190 (75% von Subnet 1)

2. Bereich (Netzwerk 2):
10.100.200.191 bis 10.100.200.254 (25% von Subnet 2)

Konfiguration auf DHCP-Server 2 im Subnet 2:

1. Bereich (Netzwerk 2):
10.100.200.1 bis 10.100.200.190 (75% von Subnet 2)

2. Bereich (Netzwerk 1):
10.100.100.191 bis 10.100.100.254 (25% von Subnet 1)

Mit dieser Konfiguration erreichen Sie eine gewisse Fehlertoleranz. Wenn einer der beiden Server ausfällt, kann der andere Server zumindest einen kleinen Teil der IP-Adressen anbieten, wenn neue Clients installiert werden oder die Lease eines Clients abgelaufen ist und sich nicht mehr verlängern lässt, da der ursprüngliche DHCP-Server nicht online ist. Für die anderen Clients, die noch gültige Adressen haben, geht alles normal weiter. Aber achten Sie unbedingt darauf, dass sich die Adressbereiche nicht überschneiden, da es ansonsten zu doppelten IP-Adressen im Netzwerk kommen kann.

8.7   Arbeiten mit dem DHCP-Relay-Agenten

In diesem Abschnitt wird der Einsatz des schon oft erwähnten DHCP-Relay-Agenten beschrieben.

8.7.1   Wann wird ein DHCP-Relay-Agent benötigt?

In dem Moment, wo Sie in Ihrem Netzwerk mit mehr als einem Segment arbeiten, müssen Sie sich entscheiden, ob Sie für jedes Segment einen eigenen DHCP-Server einsetzen (allerdings ohne Verfügbarkeitsgarantie, wenn einer der beiden DHCP-Server ausfällt) oder einen DHCP-Server für beide Netzwerke.

Das Problem liegt beim Router. Router können grundsätzlich keine Rundsendungen weiterleiten. Die Kommunikation zwischen DHCP-Client und -Server basiert aber auf Rundsendungen. Daher wird eine Lösung gebraucht, die eine Anfrage eines Clients an einen DHCP-Server abfängt und diese Nachricht dann über den Router hinweg an den DHCP-Server weiterleiten kann.

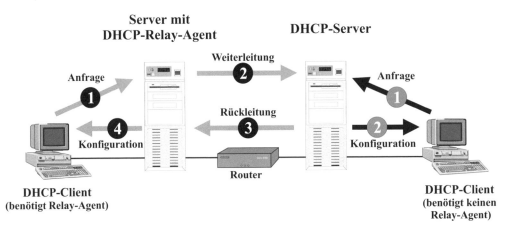

Abb. 8.59: Arbeitsweise eines DHCP-Relay-Agenten

Um dieses Problem zu lösen, gibt es zwei Möglichkeiten, entweder Sie benutzen einen Router, der BOOTP-fähig nach RFC 1542 ist oder Sie verwenden einen Windows NT 4.0 Server bzw. Windows Server 2003, auf dem der DHCP-Relay-Agent installiert und konfiguriert ist.

Der DHCP-Server befindet sich dann beispielsweise im Netzwerk A und der Windows-Server mit dem DHCP-Relay-Agenten im Netzwerk B. Was passiert, wenn ein Client aus dem Netzwerk B nun eine DHCP-Anfrage abschickt?

1. Der Client schickt aus seiner Sicht eine ganz gewöhnliche Anfrage an einen DHCP-Server, um eine IP-Adresse zu erhalten. Die Nachricht basiert auf einer Rundsendung und wird damit auch von dem DHCP-Relay-Agenten in Netzwerk B empfangen.

2. Der DHCP-Relay-Agent ist so konfiguriert, dass er die IP-Adresse des DHCP-Servers kennt, der sich aber im anderen Netzwerk jenseits des Routers befindet. Der Rechner, auf dem der DHCP-Relay-Agent installiert ist, arbeitet als ganz normaler Rechner und kann daher über TCP/IP ohne Probleme mit anderen Rechnern im anderen Netzwerk kommunizieren (über den Router hinweg!). Daher schickt er die Anfrage im Namen des Clients an den DHCP-Server im anderen Netzwerk weiter.

3. Der DHCP-Server empfängt die Nachricht des DHCP-Relay-Agenten und wertet diese aus. Dabei prüft der DHCP-Server, aus welchem Netzwerk die Anfrage kommt, damit er aus dem richtigen Bereich die IP-Adresse, die Subnet-Mask usw. auswählen kann. Danach schickt er die Daten an den DHCP-Relay-Agenten zurück.

4. Der DHCP-Relay-Agent schickt die Daten wiederum an den Client zurück, der die ursprüngliche Anfrage gestellt hatte.

Damit ist die DHCP-Konfiguration abgeschlossen. Die Kommunikation mit dem DHCP-Relay-Agenten kann so auch über mehrere Router hinweggehen. Entscheidend ist die Adresse des DHCP-Servers, die auf dem DHCP-Relay-Agenten konfiguriert ist.

8.7.2   Installieren des DHCP-Relay-Agenten unter Windows NT 4.0

Um auf Windows NT 4.0 einen DHCP-Relay-Agenten installieren zu können, ist ein Windows NT 4.0 Server erforderlich. Es spielt keine Rolle, ob es sich um einen Primären Domänencontroller (PDC), Backup-Domänencontroller (BDC) oder Mitglieds-Server handelt.

Um den DHCP-Relay-Agenten zu installieren, gehen Sie wie folgt vor:

1. Öffnen Sie über START/EINSTELLUNGEN/SYSTEMSTEUERUNG die Systemsteuerung. Doppelklicken Sie auf das Symbol NETZWERK.

2. Aktivieren Sie das Register *Dienste* und klicken Sie auf die Schaltfläche HINZUFÜGEN.

Abb. 8.60:
Auswahl:
Netzwerk-
dienst

3. Wählen Sie den Eintrag *DHCP-Relay-Agent* aus und bestätigen Sie Ihre Wahl mit OK.

4. Daraufhin müssen einige Dateien von Windows NT kopiert werden. Wenn das System die Dateien nicht findet, müssen Sie in einem Fenster, das sich dann öffnet, den Pfad zum Ordner \i386 angeben, beispielsweise d:\i386, wenn es sich um das CD-ROM-Laufwerk mit der Windows-NT-4.0-CD handelt.

221

5. Wenn die Dateien kopiert worden sind, meldet sich Windows mit folgender Fehlermeldung:

Diese Meldung macht Sie nur darauf aufmerksam, dass Sie noch keine IP-Adresse konfiguriert haben, an die der DHCP-Relay-Agent die Client-Anfragen weiterleiten soll. Dabei handelt es sich um die IP-Adresse des DHCP-Servers.

6. Klicken Sie auf die Schaltfläche JA, um in das Fenster *Eigenschaften von Microsoft TCP/IP* zu gelangen. Aktivieren Sie das Register *BOOTPRelay* und tragen Sie die IP-Adresse des DHCP-Servers ein. Klicken Sie dazu auf die Schaltfläche HINZUFÜGEN und geben Sie dort die IP-Adresse ein.

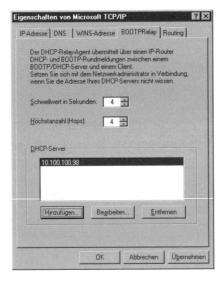

7. Beachten Sie noch die beiden Einstellungen für den DHCP-Relay-Agenten, *Schwellwert in Sekunden* und *Höchstzahl (Hops)*. Diese Werte müssen Sie nur dann anpassen, wenn sich der DHCP-Server nicht in einem direkt angrenzenden Netzwerk befindet, sondern in einem weiter entfernten Subnet.

Der Wert *Höchstzahl (Hops)* gibt an, wie viele Router überwunden werden dürfen, um zu einem DHCP-Server zu gelangen. Bei einem angrenzenden Netzwerk würde daher eigentlich bereits ein Wert von 1 ausreichen.

Der *Schwellwert in Sekunden* gibt an, wie viele Sekunden maximal vergehen dürfen, bis der DHCP-Server antwortet.

8. Nachdem Sie alle Einstellungen vorgenommen haben, klicken Sie auf die Schaltfläche SCHLIESSEN. Damit die Änderungen wirksam werden, ist ein Neustart des Rechners erforderlich.

Ab diesem Zeitpunkt wird der DHCP-Server die Client-Anfragen aus dem Netzwerk, in dem sich der DHCP-Relay-Agent befindet, an den DHCP-Server im anderen Subnet weiterleiten können.

8.7.3　Installieren des DHCP-Relay-Agenten unter Windows Server 2003

Das Konzept der DHCP-Relay-Agenten ist unter Windows Server 2003 nicht anders als bei Windows NT 4.0. Nur aufgrund der neuen Bedieneroberfläche finden Sie an dieser Stelle eine Beschreibung, wie der DHCP-Relay-Agent unter Windows Server 2003 installiert wird.

Voraussetzung für die Installation des DHCP-Relay-Agenten ist, dass auf dem Server kein DHCP-Dienst oder das NAT-Routing-Protokoll (Network Address Translation Protocol) installiert ist.

Um den DHCP-Relay-Agenten installieren zu können, muss auf dem Server der *Routing- und RAS-Dienst* bereits installiert sein. Wie Sie diesen Dienst installieren, können Sie in dem Kapitel über das Routing nachlesen. Wenn der Dienst auf dem Server bereits installiert ist, folgen Sie den nachfolgenden Anweisungen.

So installieren Sie den DHCP-Relay-Agenten unter Windows Server 2003:

1. Starten Sie die *Routing und RAS-Konsole*, falls diese noch nicht geöffnet sein sollte. Benutzen Sie dazu das Menü START/VERWALTUNG/ROUTING UND RAS.

Abb. 8.63:
Routing und
RAS-Konsole

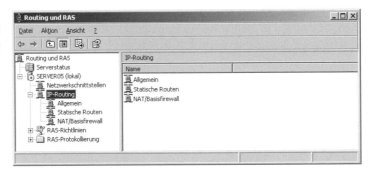

2. Markieren Sie den Server, auf dem der DHCP-Relay-Agent installiert werden soll und erweitern (auf »+« klicken) Sie das Element mit dem Namen Ihres Servers, damit die untergeordneten Elemente angezeigt werden.

3. Markieren Sie das Element *IP-Routing* und erweitern Sie dieses auch, wenn nötig, damit das Element *Allgemein* sichtbar wird.

4. Klicken Sie auf den Menüpunkt Aktion/Neues Routing-Protokoll, um das Fenster *Neues Routing-Protokoll* zu öffnen.

Abb. 8.64:
Neues Routing-
Protokoll

5. Im Fenster *Neues Routing-Protokoll* markieren Sie den Eintrag *DHCP-Relay-Agent* und klicken auf Ok. Damit wird der *DHCP-Relay-Agent* als Unterpunkt zum Element *IP-Routing* hinzugefügt.

224

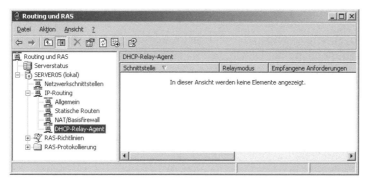

Abb. 8.65:
Routing und
RAS-Konsole
mit DHCP-
Relay-Agent

6. Als Nächstes muss der DHCP-Relay-Agent noch konfiguriert werden, das heißt, Sie müssen die IP-Adresse des DHCP-Servers angeben, damit die Client-Anfragen aus dem aktuellen Subnet an diesen weitergeleitet werden können.

Markieren Sie dazu das Element *DHCP-Relay-Agent* und klicken Sie auf den Menüpunkt AKTION/EIGENSCHAFTEN, um das Fenster *Eigenschaften von DHCP-Relay-Agent* zu öffnen.

Abb. 8.66:
Eigenschaften
von DHCP-
Relay-Agent

7. Geben Sie im Feld *Serveradresse* die IP-Adresse des DHCP-Servers ein und klicken Sie anschließend auf die Schaltfläche HINZUFÜGEN. Klicken Sie dann noch auf OK, um das Fenster wieder zu schließen.

Damit ist die Konfiguration des DHCP-Relay-Agenten abgeschlossen.

8.7.4 Lösung von Problemen mit DHCP

Im Anschluss finden Sie eine kurze Auflistung der häufigsten Probleme in Zusammenhang mit DHCP und die entsprechenden Lösungsansätze.

Der DHCP-Server kann keinem Client IP-Adressen zur Verfügung stellen

Wenn der DHCP-Server keine IP-Adressen zur Verfügung stellen kann, sollten Sie als Erstes überprüfen, ob der DHCP-Dienst einwandfrei gestartet wurde und fehlerfrei läuft. Benutzen Sie dazu das Ereignis-Protokoll und das Symbol DIENSTE in der Systemsteuerung zur Verwaltung der Dienste. Das Ereignis-Protokoll sollten Sie bei allen Problemen als Erstes überprüfen, um eventuell sofort die Ursache für das Problem zu finden.

Windows NT 4.0 Server

Das Ereignis-Protokoll starten Sie bei Windows NT 4.0 folgendermaßen:

1. START/PROGRAMME/VERWALTUNG (ALLGEMEIN)/EREIGNISANZEIGE

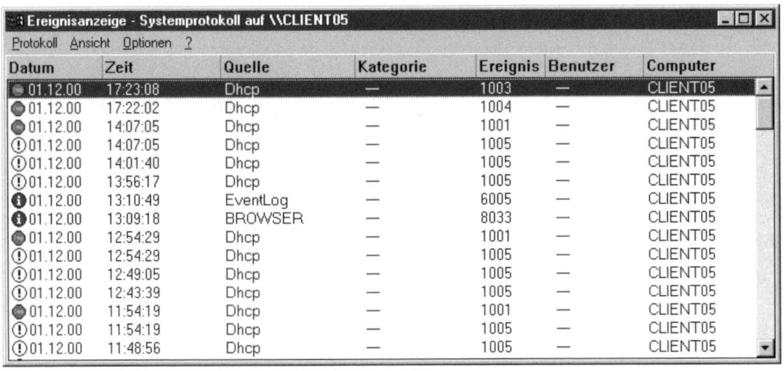

Ereignisanzeige - Systemprotokoll auf \\CLIENT05

Protokoll Ansicht Optionen ?

Datum	Zeit	Quelle	Kategorie	Ereignis	Benutzer	Computer
01.12.00	17:23:08	Dhcp	—	1003	—	CLIENT05
01.12.00	17:22:02	Dhcp	—	1004	—	CLIENT05
01.12.00	14:07:05	Dhcp	—	1001	—	CLIENT05
01.12.00	14:07:05	Dhcp	—	1005	—	CLIENT05
01.12.00	14:01:40	Dhcp	—	1005	—	CLIENT05
01.12.00	13:56:17	Dhcp	—	1005	—	CLIENT05
01.12.00	13:10:49	EventLog	—	6005	—	CLIENT05
01.12.00	13:09:18	BROWSER	—	8033	—	CLIENT05
01.12.00	12:54:29	Dhcp	—	1001	—	CLIENT05
01.12.00	12:54:29	Dhcp	—	1005	—	CLIENT05
01.12.00	12:49:05	Dhcp	—	1005	—	CLIENT05
01.12.00	12:43:39	Dhcp	—	1005	—	CLIENT05
01.12.00	11:54:19	Dhcp	—	1001	—	CLIENT05
01.12.00	11:54:19	Dhcp	—	1005	—	CLIENT05
01.12.00	11:48:56	Dhcp	—	1005	—	CLIENT05

Abb. 8.67: Ereignisanzeige

2. Achten Sie darauf, dass im Menü PROTOKOLL der Eintrag *System* aktiviert ist. Suchen Sie in der Liste nach Einträgen mit Hinweisen auf Fehler in Zusammenhang mit dem DHCP-Server. Fehler sind Einträge mit einem roten Symbol. Um Details zu einem Fehler zu bekommen, können Sie auf den entsprechenden Eintrag doppelklicken.

Den DHCP-Dienst können Sie folgendermaßen starten bzw. überprüfen:

1. Öffnen Sie die Systemsteuerung über START/EINSTELLUNGEN/SYSTEMSTEUERUNG.
2. Danach öffnen Sie das Symbol *Dienste* und suchen den Dienst *Microsoft DHCP-Serverdienst*. Wenn der Dienst nicht gestartet ist, versuchen Sie

ihn zu starten, indem Sie den Dienst markieren und auf die Schaltfläche STARTEN klicken.

Windows Server 2003

Das Ereignis-Protokoll starten Sie bei Windows Server 2003 folgendermaßen:

1. Mit START/VERWALTUNG/EREIGNISANZEIGE öffnen Sie die Konsole für die Ereignisanzeige.

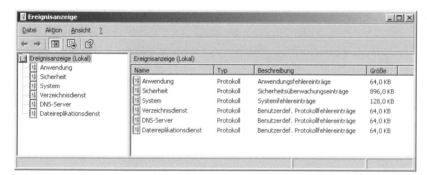

Abb. 8.68: Konsole für die Ereignisanzeige

2. Markieren Sie das Element *Systemprotokoll*, damit im rechten Fensterausschnitt die entsprechenden Ereignisse angezeigt werden. Durchsuchen Sie die Liste nach Einträgen, mit Hinweisen auf Fehler in Zusammenhang mit dem DHCP-Server. Fehler sind Einträge mit einem roten Symbol. Um Details zu einem Fehler zu erhalten, können Sie auf den entsprechenden Eintrag doppelklicken.

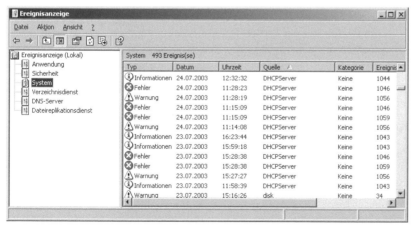

Abb. 8.69: Ereignisanzeige: Systemprotokoll

227

So starten bzw. überprüfen Sie den DHCP-Dienst:

1. Die Dienste-Konsole öffnen Sie über START/VERWALTUNG/DIENSTE.

2. Im rechten Fenster finden Sie eine Liste mit allen Diensten. Suchen Sie nach dem DHCP-Serverdienst, markieren Sie den Eintrag und klicken Sie auf den Menüpunkt AKTION/STARTEN oder auch NEU STARTEN.

Danach sollten Sie noch folgende Punkte kontrollieren:

▪ In einem Windows-Server-2003-Netzwerk in Verbindung mit dem Active Directory müssen DHCP-Server autorisiert werden. Überprüfen Sie, ob der DHCP-Server autorisiert wurde. Benutzen Sie dazu die DHCP-Konsole. Bedenken Sie, dass ein Windows NT 4.0 Server mit DHCP-Dienst diesen Dienst nicht in einem Windows-Server-2003-Netz mit Active Directory bereitstellen kann. Der Windows NT 4.0 Server lässt sich nicht im Active Directory autorisieren.

▪ Überprüfen Sie, ob die Netzwerkinstallation auf dem DHCP-Server korrekt ist, Anschlüsse, Kabel, Netzwerkkartentreiber, statische IP-Adresse und Subnet-Mask.

▪ Kontrollieren Sie die erstellten Bereiche, ob korrekte IP-Adressen und Subnet-Masks bereitgestellt werden.

▪ Kontrollieren Sie, ob alle Hosts mit statischen IP-Adressen ausgeschlossen wurden, insbesondere die des DHCP-Servers.

▪ Falls Sie über das Ereignis-Protokoll Hinweise über eine Beschädigung der DHCP-Datenbank erhalten haben, sollten Sie den DHCP-Dienst beenden und neu starten, um den automatischen Reparaturprozess einzuleiten. Danach sollten Sie die Datenbank auf jeden Fall abstimmen, um eventuelle Dateninkonsistenzen zu beheben.

▪ Falls sich der DHCP-Server in einem anderen Subnet befindet, sollten Sie kontrollieren, ob der DHCP-Relay-Agent funktioniert bzw. korrekt konfiguriert ist. Installieren Sie dazu einfach einen Client und überprüfen Sie beispielsweise mit dem Befehl `ipconfig`, ob der Client eine IP-Adresse empfangen kann.

Clients erhalten entweder keine Leases oder inkorrekte Konfigurationsdaten

Sie sollten als Erstes die Netzwerkkonfiguration kontrollieren. Überprüfen Sie Anschlüsse, Kabel, den Netzwerkkartentreiber und die TCP/IP-Konfiguration (»automatisch beziehen«).

Wenn sich der Client in einem anderen Subnet befindet als der DHCP-Server, kontrollieren Sie die Einstellungen des DHCP-Relay-Agenten und des Routers.

Wenn der Client nicht korrekt konfiguriert wird, kontrollieren Sie die festgelegten Optionen (globale und Bereichsoptionen bei Windows NT 4.0 Server und Bereichsoptionen bei Windows Server 2003).

Es gibt doppelte IP-Adressen im Netzwerk trotz DHCP

Wenn Sie in Ihrem Netzwerk trotz DHCP doppelte IP-Adressen haben, könnten möglicherweise folgende Ursachen dafür verantwortlich sein:

* Überprüfen Sie, ob sich mehrere DHCP-Server im Netzwerk befinden und diese überlappende Adressbereiche haben.

* Überprüfen Sie, ob alle Hosts mit statischen Adressen ausgeschlossen sind.

* Geben Sie Leases immer auf dem Client frei, wenn Sie eine Lease vorzeitig beenden wollen. Wenn Sie eine Lease auf dem DHCP-Server beenden und damit freigeben, behält der Client die IP-Adresse erst einmal und es kann dann zu doppelten IP-Adressen kommen.

Die IP-Adressen in einem Bereich reichen nicht aus, obwohl Sie viel mehr IP-Adressen als Rechner haben

Das passiert immer dann, wenn die Lease-Dauer nicht korrekt eingestellt ist. Wenn die IP-Adressen zu knapp sind, sollten Sie die Lease-Dauer verkürzen, damit IP-Adressen schneller wieder frei werden. Vermeiden Sie unbedingt, dass die Lease-Dauer auf *unbegrenzt* steht.

8.8   Zusammenfassung

Das Thema DHCP ist eines der wichtigsten Themen für einen Administrator, auch für kleine, vor allem aber für große Netzwerke. Obwohl sich das Konzept von DHCP nicht sehr verändert hat, gibt es in der Bedienung zwischen Windows NT 4.0 und Windows Server 2003 große Unterschiede.

Mit DHCP kann ein Administrator IP-Adressen und die Subnet-Mask automatisch an Client-Rechner zuweisen. Dazu wird für das entsprechende Subnet ein Bereich eingerichtet, der einen Pool von IP-Adressen und die passende Subnet-Mask bereitstellt.

Über zusätzliche Optionen lassen sich noch weitere TCP/IP-Parameter an die Clients verteilen, wie beispielsweise das Standard-Gateway. Das funktioniert nicht nur beim ersten Anmelden des Clients, sondern auch während der weiteren Zeit, in der sich der Client im Netzwerk befindet. Dadurch kann der Administrator über den DHCP-Server die meisten TCP/IP-Parameter zentral verwalten.

Die TCP/IP-Daten, die ein Client vom DHCP-Server bezieht, werden Leases genannt und haben in der Regel eine begrenzte Lebensdauer. Damit die Lease und damit auch die IP-Adresse sich nicht ständig verändert, wird automatisch versucht, die Lease nach Ablauf von 50%, 75% und dann 87,5% der Zeit zu verlängern. Erst wenn das Verlängern bis zum Ablauf der Lebensdauer nicht gelungen ist, wird die Lease wieder freigegeben und kann danach wieder an einen anderen Rechner vergeben werden.

Es gibt einige Hosts in einem Netzwerk, die mit statischen IP-Adressen arbeiten müssen, beispielsweise die meisten Router oder die DHCP-Server. Damit es mit diesen IP-Adressen und den Adressen aus dem Adresspool zu keinen Konflikten kommt, müssen die statischen Adressen auf jeden Fall extra ausgeschlossen werden.

Es gibt aber auch Rechner, die einerseits zentral verwaltet werden sollen, auf der anderen Seite trotzdem konstante IP-Adressen haben sollen. Die Lösung dieses Problems sind die Client-Reservierungen. Dabei handelt es sich um IP-Adressen, die zwar aus dem Adresspool entnommen, aber immer nur einer bestimmten MAC-Adresse zugewiesen werden.

Zur Erhöhung der Fehlertoleranz macht es durchaus Sinn, einen zweiten DHCP-Server einzusetzen. Da es keinen Mechanismus gibt, der die bereits vergebenen IP-Adressen an beide DHCP-Server meldet, müssen die Adressen der Bereiche auf die DHCP-Server verteilt werden.

Es ist möglich, dass ein DHCP-Server nicht nur das physikalische Netzwerk versorgt, in dem er sich befindet, sondern auch andere. Da der Datenaustausch zwischen den Clients und dem DHCP-Server über Broadcasts funktioniert, diese aber in der Regel nicht über Router hinweg transportiert werden, benötigen Sie entweder spezielle BOOTP-fähige Router nach RFC 1542 oder einen Server mit einem DHCP-Relay-Agenten. Der DHCP-Relay-Agent befindet sich in dem Subnet ohne DHCP-Server und leitet die Client-Anfragen direkt über den Router hinweg zum DHCP-Server weiter.

8.9   Fragen zur Wiederholung

1. Was ist die Aufgabe eines DHCP-Servers?

2. Wie funktioniert ein DHCP-Server?

3. Welche Vorteile bringt der Einsatz von DHCP-Servern?

4. Welche Daten werden in der DHCP-Datenbank gespeichert, wie heißt die Datei und wo wird sie gespeichert?

5. Warum müssen beim Erstellen eines Bereichs IP-Adressen ausgeschlossen werden?

6. Welche Bedeutung hat die Lease-Dauer?

7. Was passiert, wenn für einen DHCP-Client die Lease-Dauer abgelaufen ist?

8. Was sind Optionen und wofür werden sie gebraucht? Nennen Sie Beispiele!

9. Welche Typen von Optionen kennen Sie? Beschreiben Sie deren Wirkungsbereich! Unterscheiden Sie zwischen Windows NT 4.0 und Windows Server 2003!

10. Wozu werden Client-Reservierungen benötigt?

11. Welche Daten werden benötigt, um eine Client-Reservierung einzurichten?

12. Mit welchem Programm kann man die TCP/IP-Daten eines Clients am einfachsten anzeigen, einschließlich MAC-Adresse?

13. Was ist die Aufgabe eines DHCP-Relay-Agenten?

14. Was passiert, wenn Sie nur einen DHCP-Server haben und dieser ausfällt? Fällt dann das Netzwerk aus?

15. Welchen Vorteil bringt der Einsatz von zwei DHCP-Servern in einem Netzwerk?

16. Worauf muss man achten, wenn man zwei DHCP-Server in einem Netzwerk einsetzt?

17. Wie kann man eine IP-Adresse freigeben, damit sie wieder von anderen Rechnern benutzt werden kann?

18. Wie gehen Sie vor, wenn Sie einen DHCP-Client von einem Subnet in das andere verschieben müssen?

19. Was sind die wichtigsten Änderungen bzw. Neuerungen bei Windows Server 2003 zum Thema DHCP?

20. Welche DHCP-Server können unter Windows Server 2003 autorisiert werden und welche nicht?

21. Welche Voraussetzungen muss ein Client erfüllen, damit er DHCP-fähig ist?

## KAPITEL 9

Auflösung von Host-Namen

In diesem Kapitel lernen Sie, was Host-Namen sind und wie sie eingesetzt werden. Anschließend erfahren Sie, mit welchen Methoden Host-Namen aufgelöst werden können, etwas über die Datei *HOSTS* oder einen *DNS-Server*. Zum Verständnis der DNS-Server werden Sie eine Übersicht über den Namensraum von Domänen kennen lernen.

Die Kombination des DNS-Servers unter Windows Server 2003 mit dem Active Directory macht Windows Server 2003 sehr leistungsfähig und bietet auch bei der Verwaltung große Vorteile. Der DNS-Server ist für Windows Server 2003 daher nicht nur empfehlenswert, sondern mehr oder weniger erforderlich. Der DNS-Server von Windows Server 2003 ist wesentlich leistungsfähiger und komfortabler als der von Windows NT 4.0. Aus diesem Grund wird der DNS-Server von Windows NT 4.0 im Rahmen dieses Buchs nicht beschrieben.

9.1 Grundlagen: die Verwendung von HOST-Namen

In einem TCP/IP-Netzwerk erhalten alle Rechner eine eindeutige IP-Adresse zugewiesen, über welche die Kommunikation zwischen den Hosts durchgeführt werden kann. Wie Sie wissen, kann die tatsächliche Kommunikation erst stattfinden, wenn über ARP die IP-Adresse in die MAC-Adresse aufgelöst wird.

Sie finden in diesem Kapitel immer wieder Hinweise zu NetBIOS-Namen, dem WINS-Server und der Datei *LMHOSTS*. Sie können das komplette Kapitel dazu von der Internetseite von Markt+Technik herunterladen (*www.mut.de*).

9.1.1   Unterschied zwischen Host- und NetBIOS-Namen

Wesentlich komfortabler im Umgang mit den Rechnern in einem Netzwerk ist die Verwendung von Namen, die man einem Rechner zuweist, wie der Net-BIOS-Name. Der Vorteil solcher Namen ist, dass ein Anwender sich diese wesentlich besser merken kann als eine IP-Adresse. Außerdem bleibt der Computername erhalten, auch wenn sich die IP-Adresse ändert, beispielsweise weil der Rechner in ein anderes Subnet verschoben wird oder sich die Netzwerkeinteilung bzw. -strukturierung ändert.

Die NetBIOS-Namen sind nur in einer geschlossenen Windows-Umgebung funktionsfähig. Sobald Sie Namen vergeben wollen, die auch vom Internet aus benutzt werden können, sollten Sie Host-Namen verwenden, da diese die Basis der Namen im Internet darstellen. Auch Unix-Hosts können mit Host-Namen arbeiten, nicht aber mit NetBIOS-Namen.

Ein weiterer wichtiger Vorteil von Host-Namen besteht darin, dass diese hierarchisch sind. Das heißt, Sie können die Namen in einer Baumstruktur integrieren, die dann anderen Domänen über- oder untergeordnet sind. Beispiel für einen Host-Namen: `www.firma.de` oder `server01.technik.firma.de`. Eine ausführliche Beschreibung der Baumstruktur finden Sie im Abschnitt über den Domänennamensraum.

Ein weiterer sehr wichtiger Unterschied zwischen den beiden Namenstypen bezieht sich auf die Programmschnittstelle (API). Programme, die mit Net-BIOS-Namen arbeiten, basieren auf der NetBIOS-Schnittstelle (NetBIOS over TCP/IP). Das ist beispielsweise der Befehl `net`, mit dem sich an der Eingabeaufforderung über `net use x: \\rechnername\freigabename` eine Verbindung zu oder von einem Netzwerklaufwerk mit einer Freigabe erstellen lässt.

9.1.2   Regeln für die Definition von Host-Namen

NetBIOS-Namen bestehen aus insgesamt 16 Zeichen, von denen die ersten 15 Zeichen frei wählbar sind. Das 16. Zeichen, ein hexadezimaler Wert, wird vom System zugewiesen, um den Namenstyp zu definieren.

Bei Host-Namen gelten andere Regeln: Host-Namen können aus maximal 255 alphanumerischen Zeichen bestehen. Dazu zählen alle Buchstaben (Groß- und Kleinschreibung wird grundsätzlich unterschieden; unter Windows ohne funktionelle Bedeutung, kann auf anderen Plattformen, wie Unix, aber Bedeutung haben) und Zahlen sowie einige Sonderzeichen (Bindestrich »-«, Punkt ».« etc.). Der Host-Name darf nicht ausschließlich aus Ziffern bestehen.

Der Unterstrich »_«, der immer wieder gerne als Trennzeichen genutzt wird, sollte bei Host-Namen nicht verwendet werden. Theoretisch ist er zwar erlaubt, das kann aber bei der Namensauflösung im Internet Probleme verursachen.

Informationen über die Definition von Host-Namen finden Sie in RFC 1123 (Update in RFC 2181) und in RFC 1035 (Update in RFC 2845).

9.1.3 Auflösung von Host-Namen

Für die Auflösung von Host-Namen gibt es im Prinzip zwei Methoden: die Datei *HOSTS* oder einen *DNS-Server*.

Namensauflösung mit der Datei HOSTS

Sie können zur Auflösung von Host-Namen die Datei *HOSTS* verwenden, die im nächsten Abschnitt noch genau besprochen wird.

Wenn Sie eine WinSock-Anwendung starten und statt der IP-Adresse einen Host-Namen angeben (beispielsweise `ping Server01`), läuft die Auflösung folgendermaßen ab:

1. Zuerst wird vom System überprüft, ob der gesuchte Host-Name mit dem lokalen Host-Namen übereinstimmt. Der lokale Host-Name befindet sich im Register *DNS*, was Sie in den TCP/IP-Eigenschaften finden. Bei Windows Server 2003 funktioniert das etwas anders und wird später noch ausführlich besprochen. Wenn die beiden Host-Namen übereinstimmen, richtet das System sozusagen eine Verbindung mit sich selbst ein.

2. Falls der lokale Host-Name nicht dem gesuchten entspricht, überprüft das System die lokale HOSTS-Datei. Wird der Name in der Textdatei gefunden, kann der Name sofort in die IP-Adresse aufgelöst werden. Danach lässt sich eine Verbindung mit diesem Rechner über die gefundene Adresse herstellen. Damit die Datenkommunikation funktioniert, wird noch die IP-Adresse in die MAC-Adresse aufgelöst.

3. Wenn der Host-Name nicht in der HOSTS-Datei gefunden wird, befragt das System als Nächstes die DNS-Server. Das funktioniert natürlich nur, wenn auch IP-Adressen von DNS-Servern konfiguriert sind bzw. überhaupt irgendwelche DNS-Server im Netzwerk zur Verfügung stehen.

4. Für den Fall, dass die Suche immer noch nicht erfolgreich war, werden – sofern konfiguriert – andere Methoden versucht (*WINS-Server*, *LMHOSTS*). Das kann aber nur funktionieren, wenn der Name den Konventionen eines NetBIOS-Namens entspricht.

5. Sofern die Suche auch dann noch erfolglos bleibt, kommt es zu einer Fehlermeldung.

Auflösung mit einem DNS-Server

Wenn Sie zur Namensauflösung einen DNS-Server einsetzen, läuft die Auflösung nach folgendem Schema ab:

1. Der Benutzer startet eine WinSock-Anwendung, die einen Host-Namen verwendet. Wenn ein DNS-Server konfiguriert ist, versucht der DNS-Server den Namen in der Datenbank zu finden.

2. Wenn er den Namen in der Datenbank findet, gibt er als Ergebnis die IP-Adresse zurück, die dem Host-Namen zugeordnet ist. Für den Fall, dass der DNS-Server nicht reagiert, wiederholt die Anwendung in vorgegebenen Intervallen die Anfrage.

3. Falls auch dann keine Antwort auf die Anfrage erfolgt, werden die NetBIOS-Methoden *WINS-Server* und *LMHOSTS* probiert, was nur Sinn macht, wenn der Host-Name den NetBIOS-Konventionen entspricht. Im Erfolgsfall wird die IP-Adresse zurückgesendet.

4. Für den Fall, dass auch diese Anfragen erfolglos bleiben, erhält der Anwender eine Fehlermeldung und der Prozess wird abgebrochen.

9.2 Der Einsatz der Datei HOSTS

Nachdem die Grundlagen von Host-Namen und die Konzepte zur Namensauflösung eingeführt wurden, folgt an dieser Stelle ein genaue Beschreibung der Datei *HOSTS*.

9.2.1 Speicherort der Datei HOSTS

Die Datei *HOSTS* ist eine reine Textdatei, die bei Windows NT, Windows 2000 und Windows XP im Ordner `%Systemroot%\system32\drivers\etc` gespeichert wird (wobei `%Systemroot%` dem Installationsordner von Windows entspricht). Bei Windows 9x und Windows ME wird *HOSTS* im Installationsordner von Windows abgespeichert, beispielsweise `c:\windows`. In den Ordnern befindet sich jeweils eine Beispieldatei, die entweder den Namen `HOSTS` oder `HOSTS.SAM` hat.

Nachfolgend finden Sie als Beispiel den Inhalt der Datei *HOSTS* von einem Windows-2000-Rechner:

```
# Copyright (c) 1993-1999 Microsoft Corp.
#
# Dies ist eine HOSTS-Beispiel-Datei, die von Microsoft TCP/IP
# für Windows 2000 verwendet wird.
#
# Diese Datei enthält die Zuordnungen der IP-Adressen zu Host-Namen.
# Jeder Eintrag muss in einer eigenen Zeile stehen. Die IP-
# Adresse sollte in der ersten Spalte gefolgt vom zugehörigen
# Host-Namen stehen.
# Die IP-Adresse und der Host-Name müssen durch mindestens ein
# Leerzeichen getrennt sein.
#
# Zusätzliche Kommentare (so wie in dieser Datei) können in
# einzelnen Zeilen oder hinter dem Computernamen eingefügt werden,
# aber müssen mit dem Zeichen '#' eingegeben werden.
#
# Zum Beispiel:
#
#   102.54.94.97    rhino.acme.com    # Quellserver
#    38.25.63.10    x.acme.com     # x-Clienthost

127.0.0.1    localhost
```

In der Datei wird kurz beschrieben, wie ein Eintrag in dieser Datei auszusehen hat.

9.2.2   Regeln für das Bearbeiten der Datei HOSTS

Das Konzept für die Datei *HOSTS* ähnelt dem der Datei *LMHOSTS*. Im Anschluss finden Sie eine Aufstellung der wichtigsten Regeln für die *HOSTS*-Datei:

- Wenn Sie die Datei HOSTS neu erzeugen, sollten Sie am besten das DOS-Programm Edit verwenden, das Sie von der Eingabeaufforderung aus aufrufen können. Damit schließen Sie jegliche Probleme mit unterschiedlichen Zeichensätzen aus. Zum nachträglichen Bearbeiten können Sie auch beispielsweise den Windows-Editor Notepad verwenden.

- Die Datei *HOSTS* muss sich auf allen Rechnern im Netzwerk befinden. Sie kann auch auf Unix-Hosts eingesetzt werden, was mit *LMHOSTS* nicht möglich war.

- Jeder Eintrag muss in einer eigenen Zeile stehen und mit einem (CR = Carriage Return) abgeschlossen werden.

▓ Für einen Eintrag beginnen Sie mit der IP-Adresse gefolgt vom Host-Namen. Zwischen IP-Adresse und Host-Namen muss sich mindestens ein Leerzeichen als Abstand befinden.

▓ Sie können für eine IP-Adresse mehrere Host-Namen definieren.

▓ Ein Host-Name darf maximal 255 Zeichen lang sein.

▓ Beachten Sie, dass Groß-/Kleinschreibung auf Unix-Plattformen von Bedeutung ist.

▓ Einträge für häufig verwendete Host-Namen sollten möglichst weit oben in der Datei *HOSTS* stehen, da die Datei von der ersten Zeile an abwärts ausgewertet wird.

▓ Einträge können mit dem Zeichen # vor dem Eintrag deaktiviert werden. Sie können damit auch Kommentarzeilen erzeugen oder Kommentare hinter einen Eintrag setzen (vgl. Beispiel weiter oben).

▓ Sie können bei langen, voll qualifizierten Host-Namen, beispielsweise `server01.firma.de`, zusätzlich ein oder mehrere Pseudonyme vergeben (beispielsweise `server01` oder `s1` oder beides), um schneller auf den Host zugreifen zu können. Geben Sie einfach hinter dem Eintrag das Pseudonym ein. Die komplette Zeile könnte dann wie folgt aussehen:

```
190.19.72.6  server01.firma.de s1 server01
```

Um Fehler im laufenden Betrieb zu vermeiden, sollten Sie alle Änderungen sofort testen. Kleine Schreibfehler bei der IP-Adresse oder dem Host-Namen führen bereits zu Fehlfunktionen. Benutzen Sie dazu auf dem lokalen Rechner am besten den Befehl `ping` gefolgt vom Host-Namen, beispielsweise `ping server01.firma.de`.

9.2.3   Übung: Erzeugung eines Host-Namens mit Pseudonym

Damit Sie die Funktionsweise der Datei einmal testen können, sollten Sie die folgende Übung machen: Sie geben in der lokalen Datei *HOSTS* eine neue Zeile ein, die Ihrer IP-Adresse einen Host-Namen zuordnet. Zusätzlich vergeben Sie noch ein Pseudonym, über das Sie ganz schnell auf den Host zugreifen können.

Wir gehen in diesem Bespiel davon aus, dass es sich um einen Windows-XP-Rechner handelt, aber es funktioniert natürlich mit den anderen Betriebssystemen genauso.

Und so wird's gemacht:

1. Zuerst müssen Sie die IP-Adresse Ihres Rechners herausfinden. Benutzen Sie dazu beispielsweise den Befehl `ipconfig`. Wenn Sie nur die IP-Adresse

herausfinden wollen, reicht es, dass Sie an der Eingabeaufforderung den Befehl `ipconfig` ohne weitere Parameter eingeben.

In diesem Beispiel ist es die IP-Adresse `10.100.100.21`.

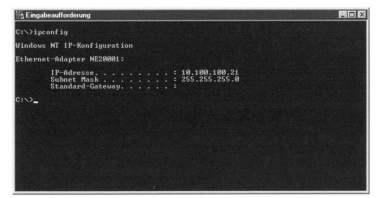

Abb. 9.1:
IP-Adresse mit
IPCONFIG
herausfinden

2. Als Nächstes bearbeiten Sie die lokale Datei *HOSTS*. Sie befindet sich auf einem Windows-NT-, Windows-2000- oder Windows-XP-Rechner in dem Ordner `%Systemroot%\system32\drivers\etc`. Ersetzen Sie bei der Eingabe `%Systemroot%` durch den Namen des Installationsordners, in dem Sie Windows installiert haben, beispielsweise `c:\winnt`.

Benutzen Sie dazu den Windows-Editor `Notepad`, den Sie über START/PRO-GRAMME/ZUBEHÖR/EDITOR aufrufen können. Über Menü DATEI/ÖFFNEN können Sie dann im oben angegebenen Ordner die Datei *HOSTS* laden.

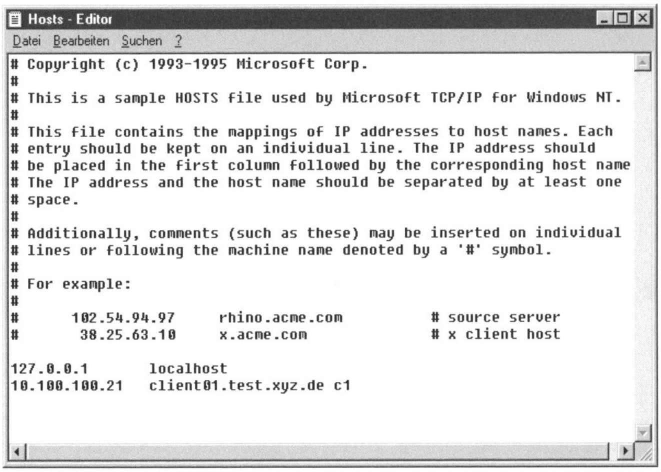

Abb. 9.2:
Ändern der
Datei HOSTS
mit dem Win-
dows-Editor

239

3. Fügen Sie nach der Zeile `127.0.0.1 localhost`, die standardmäßig in allen HOSTS-Dateien enthalten ist, folgende Zeile ein:

`10.100.100.14 client01.test.xyz c1`

Achten Sie darauf, dass die hier eingegebene IP-Adresse auch tatsächlich der IP-Adresse Ihres Rechners entspricht (vgl. Schritt 1).

In diesem Beispiel lautet der (Fantasie-)Host-Name `client01.test.xyz` und das Pseudonym `c1`. Damit die Änderungen der Datei *HOSTS* Wirkung zeigen können, müssen Sie die Datei noch speichern (Menü DATEI/ SPEICHERN).

4. Im letzten Schritt können Sie nun testen, ob alles funktioniert. Dazu benutzen Sie den Befehl `ping`. Mit diesem Befehl schicken Sie ein Testpaket an den Host-Namen. Sie bekommen nur eine Antwort, wenn der Host-Name in eine IP-Adresse aufgelöst wird.

Geben Sie in der Eingabeaufforderung nacheinander folgende Befehle ein:

`ping client01.test.xyz.de`. Erhalten Sie eine Antwort?

`ping c1`. Erhalten Sie eine Antwort?

Wenn alles funktioniert, müsste die Antwort so aussehen, wie in der nachfolgenden Abbildung.

Abb. 9.3: Beide Ping-Befehle

```
 Eingabeaufforderung                                          _ 8 X
C:\>ping client01.test.xyz.de

PING wird ausgeführt für client01.test.xyz.de [10.100.100.21] mit 32 Bytes Daten
:

Antwort von 10.100.100.21: Bytes=32 Zeit<10ms TTL=128
Antwort von 10.100.100.21: Bytes=32 Zeit<10ms TTL=128
Antwort von 10.100.100.21: Bytes=32 Zeit<10ms TTL=128
Antwort von 10.100.100.21: Bytes=32 Zeit<10ms TTL=128

C:\>ping c1

PING wird ausgeführt für client01.test.xyz.de [10.100.100.21] mit 32 Bytes Daten
:

Antwort von 10.100.100.21: Bytes=32 Zeit<10ms TTL=128
Antwort von 10.100.100.21: Bytes=32 Zeit<10ms TTL=128
Antwort von 10.100.100.21: Bytes=32 Zeit<10ms TTL=128
Antwort von 10.100.100.21: Bytes=32 Zeit<10ms TTL=128

C:\>_
```

Wenn Sie eine Fehlermeldung bekommen, `Zeitüberschreitung ...` oder Ähnliches, kontrollieren Sie noch mal die Eingaben in der Datei *HOSTS* und achten Sie auf die korrekte Schreibweise der Befehle in der Eingabeaufforderung.

Vergessen Sie nicht, den Eintrag wieder aus der Datei *HOSTS* zu löschen, damit Sie später keine Probleme in Ihrem Netzwerk bekommen.

Damit haben Sie die Arbeitsweise der Datei *HOSTS* einmal praktisch umsetzen können. In einem kleinen Netzwerk können Sie so ohne Weiteres auf einen DNS-Server verzichten (außer Sie arbeiten mit Windows Server 2003 und dem Active Directory). Vergessen Sie dann aber nicht, die Datei *HOSTS* auch auf allen anderen Rechnern im Netzwerk entsprechend anzupassen.

9.3 Überblick über das DNS (Domain Name System)

Das Konzept des *Domain Name System* stammt noch aus der Zeit des ARPAnet, der Vorgänger des Internets. Es ist in den RFCs 1034 und 1035 definiert und löst die Domänennamen bzw. Host-Namen in die zugehörigen IP-Adressen auf.

Aus den bereits bekannten Gründen wäre die Arbeit mit IP-Adresse relativ umständlich und dies gerade im Internet. Oder können Sie sich vorstellen, in Ihrem Internetbrowser eine IP-Adresse wie 194.163.213.75, statt eines Domänennamens wie `www.pearson.de` einzugeben?

Begriffe nicht verwechseln! Der englische Begriff *Domain* entspricht dem deutschen Begriff *Domäne*. Beim DNS ist mit *Domain* bzw. Domäne aber etwas anderes gemeint als die *Domänen* bei Windows NT.

9.3.1 Die Anfänge von DNS

Tatsächlich bestand das DNS des Internets bzw. ARPAnet anfangs aus einer einzigen zentralen Datei mit dem Namen `host.txt`. Bei der rasanten Entwicklung des Internets ist es leicht nachzuvollziehen, dass eine einzige Datei unmöglich alle IP-Adressen und Rechnernamen beinhalten kann. Eine manuelle Anpassung ist bei den vielen Domains (beispielsweise `powerfirm.de`), die täglich dazukommen, gar nicht mehr möglich. Auch aus Performance-Gründen könnte dieses Konzept heute überhaupt nicht mehr funktionieren.

Inzwischen gibt es weltweit 13 zentrale DNS-Server, auf denen die verschiedenen Domains abgelegt sind. Dabei handelt es sich im Prinzip um eine einzige große Datenbank, die allerdings auf mehrere Rechner verteilt wird. Es handelt sich also um eine verteilte Datenbank. Der Vorteil von verteilten Datenbanken liegt darin, dass die Last nicht auf einem einzigen Rechner liegt und so die notwendige Performance erreicht werden kann. Außerdem sind

241

verteilte Datenbanken fast beliebig skalierbar. Das bedeutet, dass im Bedarfsfall problemlos weitere DNS-Server im Netz eingerichtet werden können.

9.3.2 Das Reverse DNS Lookup

Grundsätzlich hat DNS die Aufgabe, Domänennamen bzw. Host-Namen in IP-Adressen aufzulösen. Es gibt aber auch eine spezielle Domäne, die für die umgekehrte Richtung zuständig ist. Die Domäne hat den Namen ARPA (*Advanced Research Projects Agency Domain*) und wird bei der Konfiguration des DNS-Servers als *in-addr.arpa* konfiguriert. Diese Domäne hat die Aufgabe, für eine IP-Adresse den Namen zurückzugeben, der dieser IP-Adresse zugeordnet ist. Das Verfahren wird auch *Reverse DNS Lookup* oder *inverse Abfrage* genannt.

Ein *Reverse DNS Lookup* wird oft zu Kontrollzwecken benutzt. Dadurch kann sichergestellt werden, dass ein Rechner auch derjenige ist, für den er sich ausgibt.

9.4 Der Domänennamensraum (Domain Name Space)

Der *Domänennamensraum* bzw. das *Domain Name Space* bildet die gesamte Struktur des Internets ab. Es handelt sich dabei um eine hierarchische Baumstruktur, deren Wurzel ganz oben liegt. Im Prinzip ähnelt der Aufbau der Hierarchie dem Dateisystem auf der Festplatte eines Computers.

Der Namensraum besteht aus verschiedenen Ebenen, die jeweils eine bestimmte Bedeutung haben. Diese Ebenen kann man genau aus dem Namen ableiten.

Wenn Sie den Namen eines Hosts angeben, können Sie entweder nur seinen eigentlichen Namen angeben, beispielsweise `Server01`, oder seinen kompletten Namen. Der komplette Name ist der so genannte voll qualifizierte Domänenname (Fully Qualified Domain Name, FQDN). Ein Beispiel für einen voll qualifizierten Domänennamen wäre:

```
Server01.Europa.powerfirm.de
```

Die allgemeine Darstellung sieht wie folgt aus:

```
Rechnername.[SubDomain.]SecondLevelDomain.TopLevelDomain
```

Der Domänenname wird von hinten nach vorne gelesen, d.h., der voll qualifizierte Name beginnt immer mit der Top Level Domain. Sie können aus dem voll qualifizierten Namen genau ablesen, in welcher Hierarchieebene der Rechner zu finden ist.

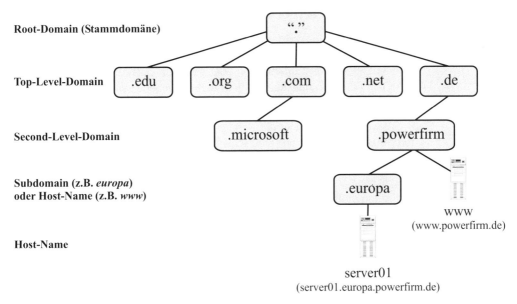

Abb. 9.4: Domänennamensraum

Der voll qualifizierte Name eines Hosts muss im Internet eindeutig sein. Das bedeutet, dass der Host-Name server01 zwar mehrmals vorkommen darf, aber nicht in der gleichen Subdomain.

Beispiel:

```
server01.europa.powerfirm.de
server01.asien.powerfirm.de
server01.australien.powerfirm.de
```

Dieses Beispiel zeigt, wie der Host-Name server01 mehrfach verwendet werden kann. Dieses Konzept der Eindeutigkeit gilt für die anderen Hierarchieebenen genauso.

9.4.1   Die Stamm- oder Root-Domäne

Die Wurzel, an der die Domänenstruktur beginnt, ist die *Stamm-Domäne* bzw. *Root-Domäne*. Sie wird manchmal auch als »Punkt«-Domäne bezeichnet, da sie oft nur durch einen Punkt ».« dargestellt wird.

Im oberen Beispiel müsste streng genommen nach dem Namen server01.europa.powerfirm.de, sprich nach dem .de, noch ein Punkt folgen. In der Praxis ist das aber weder notwendig noch üblich.

9.4.2 Die Top Level Domain

Die nächste Ebene wird als die *Top Level Domain* bezeichnet. Sie ist eine Domäne der obersten Ebene. Aus der *Top Level Domain* können Sie in etwa ableiten, zu welcher Organisation oder welchem Land diese Domain gehört. Eine Top Level Domain kann in der Hierarchieebene keiner anderen Top Level Domain unter- oder übergeordnet werden.

In unserem Beispiel heißt die Top Level Domain `.de`. Daraus lässt sich ableiten, dass diese Firma aus Deutschland kommt oder zumindest der Name in Deutschland registriert ist.

Es gibt eine Vielzahl von Top Level Domains. Nachfolgend finden Sie eine Auflistung einiger wichtiger Domains:

Tabelle 9.1: Beispiele für wichtige Top Level Domains

Top Level Domain	Bedeutung
.com	Kommerzielle Domain. Wird zum großen Teil von amerikanischen Firmen verwendet.
.net	Domain für Organisationen mit organisatorischen Aufgaben, die in der Regel im weitesten Sinne das Internet betreffen. Dazu gehören auch Internetprovider.
.org	Diverse Organisationen, die nicht militärisch sind.
.gov	Domain für Institutionen, die zur Regierung gehören und nicht militärisch sind. War früher für alle Regierungen gedacht.
.edu	Domain für Universitäten und andere Bildungsstätten.
.mil	Domain für militärische Organisationen der USA.
.arpa	Domain für das umgekehrte DNS (Reverse DNS Lookup).
.at	Österreich
.au	Australien
.ca	Kanada
.ch	Schweiz
.de	Deutschland
.fr	Frankreich
.it	Italien
.jp	Japan
.uk	Großbritannien
.us	USA

Inzwischen hat sich gezeigt, dass die vorhandenen Top Level Domains nicht mehr ausreichen. Das gilt insbesondere für die Top Level Domain `.com`. Daher gibt es in Kürze eine Reihe neuer Top Level Domains. Mit diesen soll es dann auch möglich sein, eine Firma besser als bisher einem Aufgabenbereich zuzuordnen.

Die zentrale Stelle zur Vergabe von Top Level Domains ist die Organisation *ICANN* (*www.icann.com*), was für *The Internet Corporation for Assigned Names and Numbers* steht. Dort können Sie auch sehen, welche Reservierungen für Top Level Domains bereits vorliegen. Ob diese dann auch genehmigt werden, bleibt abzuwarten. Beispielsweise ist zwar eine Top Level Domain `.eu` geplant, aber die Genehmigung steht noch aus.

9.4.3   Die Second Level Domain

Die *Second Level Domain* wird auch als die Domäne der zweiten Ebene bezeichnet. Der Name der Second Level Domain ist sehr wichtig, da sich eine Firma diesen Namen unter einer Top Level Domain registrieren lassen kann. Wenn Ihre Firma beispielsweise den Namen »Meier GmbH« hat, könnten Sie versuchen, diesen Namen als `meier.de` reservieren zu lassen. Da der Name eindeutig sein muss, wird diese Domain mit Sicherheit schon vergeben sein. Sie können dann noch versuchen, den Domänennamen `meier` unter `.com` als `meier.com` reservieren zu lassen. Wenn auch das nicht mehr möglich ist, müssen Sie den Namen abändern.

Die zentrale Stelle, über die Domain-Namen der Top Level Domains `.com`, `.net`, `.org` und `.edu` reserviert werden können, ist die *InterNIC* (*www.internic.net*), das Pendant für die `.de`-Domains ist die *DENIC* (*www.denic.de*). Über die Website der *DENIC* können Sie auch feststellen, wem eine bestimmte Domain gehört und ob Ihre Wunsch-Domain noch frei ist.

Auf das Beispiel von oben bezogen ist die Second Level Domain `power-firm.de`. Das `.de` gibt man immer mit an, da der Name für die Second Level Domain immer unter einer Top Level Domain registriert wird.

Eine Second Level Domain kann noch eine Subdomain enthalten, wenn die Firma eine weitere Hierarchieebene einführen will.

9.4.4   Die Subdomain

Eine Subdomain ist eine weitere Ebene in der Hierarchie und wird bei Adressen im Internet meistens vermieden. Das bedeutet, dass diese Ebene als einzige Hierarchieebene optional ist. Der Anwender bzw. Kunde müsste sich sonst einen längeren Namen merken. Bei Universitäten findet man öfter eine

Subdomain, da Universitäten meistens sehr große Organisationen mit vielen Fachbereichen sind.

Innerhalb einer Firma spielen Subdomains eine große Rolle, insbesondere wenn Sie Windows Server 2003 einsetzen. Windows Server 2003 setzt, wie bereits öfter erwähnt, den Einsatz eines DNS-Servers voraus. Durch Subdomains lässt sich die Organisation einer Firma recht gut abbilden, was mit NetBIOS-Namen ohne Hierarchie nicht möglich wäre. Subdomains können beispielsweise für Abteilungen oder Filialen stehen.

Auf das obige Beispiel bezogen entspricht die Subdomain `europa.power-firm.de`. Eine Subdomain kann nur noch Hosts enthalten und bildet damit das Ende der Hierarchieebenen.

9.4.5   Der Host-Name

Nach dem Ende der Hierarchie kommt nur noch der Host-Name. Der Host-Name oder Computer ist der erste Teil eines voll qualifizierten Domänennamens. Auf unser Beispiel von oben bezogen entspricht das dem kompletten Namen, `server01.europa.powerfirm.de`. Der eigentliche Host-Name ist `Server01`.

Bei den meisten Internetadressen ist es Standard, dass der Host-Name `www` ist. Damit lassen sich die Internetadressen einer Firma sehr leicht erraten. Der Rechnername ist meistens `www`, die Top Level Domain ist entweder `.de` oder `.com` und der Name der Second Level Domain entspricht im Allgemeinen dem Firmennamen. Wenn man die Internetadresse des Verlags Pearson Education erraten will, kommt man sehr leicht auf `www.pearson.de` oder `www.pearson.com`.

9.5   Funktionsweise von DNS

Die Aufgabe des DNS-Servers besteht darin, den Host-Namen bzw. den voll qualifizierten Namen in eine IP-Adresse aufzulösen. Der Server, der die Aufgabe der Auflösung übernimmt, wird auch *Namenserver* genannt und der Host, der die Anfrage initiiert, ist der Client.

9.5.1   Client: Resolver bzw. Auflösungsdienst

Auf dem Client, der die Anfragen stellt, gibt es die Funktion des so genannten *Resolver* oder *Auflösungsdienst*. Das ist eine Funktion, die entweder in einer Anwendung integriert ist oder als Laufzeitroutine bereitgestellt wird. Dieser Dienst leitet die Anforderung einer Anwendung weiter, um die Namensauflösung zu initiieren. Diese Anforderung wird dann vom *Resolver* bzw. *Auflösungsdienst* an den Namenserver weitergeleitet. Wenn die Anfrage erfolgreich war, sendet der zuständige Namenserver die entsprechende IP-Adresse an den Host zurück. Für den Fall, dass die Anfrage nicht erfolgreich war, erhält der Host als Antwort eine Fehlermeldung.

9.5.2   Namenserver

Der Namenserver ist der Rechner, der vom Client die Anfrage für einen Namen erhält. Wenn der Name in der Datenbank vorhanden ist, liefert der Namenserver die zugehörige IP-Adresse an den Client zurück. Wenn der Name in der eigenen Datenbank nicht vorhanden ist, kann er je nach Konfiguration die Anfrage an einen weiteren Namenserver weiterleiten. Das Konzept der Namensauflösung wird weiter unten in einem eigenen Abschnitt noch genau besprochen.

Zur Verwaltung der Host-Namen benötigt man mindestens einen Namenserver. Es ist aber auch möglich, mit mehreren Namenservern zu arbeiten. Dabei erhalten die Namenserver verschiedene Rollen innerhalb des Netzwerks. Die verschiedenen Rollen eines Namenservers werden weiter unten noch genau besprochen.

9.5.3   Domänen und Zonen

Wenn Sie für Ihre Firma eine Domäne im Internet reservieren, beispielsweise `powerfirm.de`, können Sie einen eigenen DNS-Server einsetzen, um die Namen für die Hosts in dieser Domäne zu verwalten. Die dafür nötige Datenbank wird auf dem Namenserver in Form einer Zonendatei abgelegt. Bei Windows Server 2003 kann die Zone stattdessen auch direkt im Active Directory integriert werden. Der DNS-Server ist dann für die Zone, die `powerfirm.de` verwaltet, autorisiert. Ein DNS-Server kann nicht nur eine Zone verwalten, sondern auch mehrere. Er ist dann für mehrere Zonen autorisiert. Das heißt, er beantwortet Client-Abfragen von allen Clients aus den Domänen dieser Zonen.

Arbeiten mit mehreren Zonen

Die Zonen bekommen eine größere Bedeutung, wenn es zu Ihrer Domäne, `powerfirm.de`, noch zusätzliche Subdomains gibt. Zusätzliche Subdomains bedeuten in der Regel auch wesentlich mehr Hosts (sonst wäre die Aufteilung in Subdomains nicht notwendig) und damit wesentlich größere Datenbanken. Oft befinden sich die Hosts, die zu einer Subdomain gehören, auch geografisch an ganz anderen Stellen.

Die Folge davon ist, dass Sie die Datenbank mit allen Namen aufteilen müssen. Sie erzeugen dazu eine oder mehrere zusätzliche Zonen, die eine oder mehrere Teildomänen enthalten können. Für jede Zone ist dann ein bestimmter Namenserver autorisiert, das heißt, er beantwortet nur die Abfragen der Clients, für die er autorisiert ist.

Wenn Sie eine Domäne, die einen Teil des gesamten Namensraums darstellt, in mehrere Zonen aufteilen, heißt das, dass die Domäne wieder in eigene Verwaltungsbereiche aufgeteilt wird. Damit das Ganze funktioniert, muss die Verwaltung für eine Subdomäne von der übergeordneten Domäne an einen Namenserver der untergeordneten Domäne delegiert werden. Dieser Namenserver ist dann für die untergeordnete Subdomäne autorisiert. Wenn er die Abfragen von Clients seiner Zone nicht beantworten kann, leitet er die Abfrage an den nächsthöheren Namenserver weiter.

Beispiel für mehrere Zonen

Nehmen wir an, die Domäne `powerfirm.de` hat noch die folgenden Subdomains:

- `europa.powerfirm.de`

- `asien.powerfirm.de`

Es ist zwar möglich, die Domäne `powerfirm.de` mit allen Subdomains in *einer* Zonendatei zu verwalten, aber aus Performance- und Verwaltungsgründen ist es nicht unbedingt sinnvoll, insbesondere, wenn die Subdomains geografisch an einem anderen Ort liegen.

In diesem Fall könnte man die Domäne `powerfirm.de` in zwei Zonen aufteilen.

- Zone 1:

    Die erste Zone beinhaltet die Domäne `powerfirm.de` und die Subdomain `europa.powerfirm.de`. Eine Zone kann nur zwei oder mehrere Domänen beinhalten, wenn diese direkt aneinander angrenzen. Die Subdomain `europa.powerfirm.de` ist der Domäne `powerfirm.de` direkt untergeordnet.

    Die Zonendatei für diese Zone beinhaltet alle Host-Namen und IP-Adressen für die Domäne `powerfirm.de` und die Subdomain `europa.powerfirm.de`. Für die anderen Subdomains ist die Zonendatei nicht zuständig. Die Stammdomäne für diese Zone ist die Domäne `powerfirm.de`.

- Zone 2:

    Die zweite Zone beinhaltet die Subdomain `asien.powerfirm.de`. Die Zonendatei für diese Zone beinhaltet alle Host-Namen und IP-Adressen für die Domäne `asien.powerfirm.de`. Die Stammdomäne für diese Zone ist die Domäne `asien.powerfirm.de`.

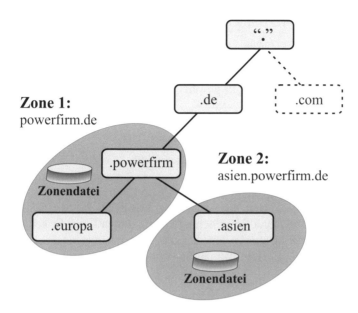

Eine Zone repräsentiert also immer einen Teil des Domänennamensraums. Die Aufteilung in verschiedene Zonen bzw. Teile kann folgende Vorteile haben:

- Aufteilung der Administration. Die Datenbank jeder Zone kann von einem eigenen Administrator verwaltet werden.

- Die Zugriffsgeschwindigkeit bei Namensanfragen wird verbessert, da die einzelnen Datenbanken nicht mehr so groß sind.

9.5.4   Die Rollen des Namenservers

Der Namenserver beantwortet für die Zone, für die er autorisiert ist, die Anfragen der Clients. Dabei wird der Host-Name in die IP-Adresse aufgelöst.

Ein Namenserver kann verschiedene Rollen übernehmen. Auf einem Namenserver wird die Zonendatei gespeichert, für die dieser zuständig bzw. autorisiert ist. Der Namenserver kann aber auch für mehr als eine Zone autorisiert sein, d.h., er enthält mehrere Zonendateien für mehrere Domänen.

Es ist aber auch möglich, dass eine Zone mit mehreren Namenservern verknüpft ist. In diesem Fall gibt es einen übergeordneten Namenserver, der die *primäre Zonendatei* enthält. Damit wird dieser Namenserver zum *primären Namenserver* für diese Domäne.

Der primäre Namenserver

Der *primäre Namenserver* speichert die Zonendatei, die bei der Erzeugung einer neuen Zone entsteht. Damit ist er der erste Namenserver, der für die Zone eingerichtet wird. Wenn Änderungen an einer Zone vorgenommen werden, beispielsweise das Hinzufügen weiterer Hosts oder angrenzender, untergeordneter Domänen, wird diese primäre Zonendatei immer mit verändert.

Der sekundäre Namenserver

Wenn es einen weiteren Namenserver für eine Zone gibt, wird dieser als *sekundärer Namenserver* bezeichnet. Der sekundäre Namenserver enthält eine Kopie der Zonendatei des primären Namenservers. Bei der Kopie handelt es sich um eine Nur-Lese-Kopie. Das heißt, dass der sekundäre Namenserver selbst keine Registrierungen vornehmen kann. Er kann nur Abfragen beantworten. Daher ist der sekundäre Namenserver auf die Aktualisierung der Daten vom primären Namenserver angewiesen.

Den Vorgang, bei dem die Zonendatei vom primären Namenserver auf den sekundären übertragen wird, nennt man *Zonenübertragung*. Es wird dringend empfohlen, immer einen sekundären Namenserver einzurichten. In großen Netzwerken kann es neben dem primären Namenserver mehrere sekundäre geben.

Durch den Einsatz eines sekundären Namenservers entsteht eine Datenredundanz, die folgende Vorteile bringt:

- Durch die Datenredundanz entsteht eine Fehlertoleranz. Wenn der primäre Namenserver ausfällt, übernimmt der sekundäre dessen Arbeit und beantwortet die Anfragen der Clients.

- Durch die Installation eines sekundären Namenservers gibt es dann zwei Namenserver, die Client-Anfragen beantworten können. Dadurch können Sie diesen sekundären Namenserver auch an einem anderen Standort installieren, beispielsweise an einem Remote-Standort. Damit brauchen die Clients nicht die langsame WAN-Verbindung zu benutzen, um eine Namensauflösung zu erhalten.

Falls es sich bei dem Remote-Standort um eine andere Subdomäne handeln würde, hätte man aus Performance-Gründen einen Namenserver mit einer eigenen Zone erzeugt.

- Durch den Einsatz eines sekundären Namenservers wird die Datenlast auf die beiden Namenserver verteilt, da beide in der Lage sind, die Client-Anfragen zu beantworten.

Der Master-Namenserver

Wenn Sie mit einem oder mehreren Namenservern arbeiten, muss eine Zonenübertragung stattfinden, damit die Kopie vom primären Namenserver zu den sekundären angestoßen werden kann. Der Namenserver, der die Quelle für die Zonendatei ist, wird als *Master-Namenserver* bezeichnet. Das ist normalerweise der primäre Namenserver.

Wenn Sie aber mit mehreren sekundären Namenservern arbeiten, entsteht wiederum eine Hierarchie zwischen diesen. Für den ersten ist der primäre Namenserver der *Master-Namenserver*. Der zweite sekundäre Namenserver bezieht die Kopie der Zonendatei von dem ersten sekundären Namenserver. Damit ist für den zweiten sekundären Namenserver der erste sekundäre Namenserver der *Master-Namenserver*.

Namenserver im Active Directory (ab Windows 2000)

Ein DNS-Server, der auf einem Domänencontroller ab Windows 2000 installiert wird, kann die Zonendatei im Active Directory erzeugen, speichern und auch ändern. Die Zonendatei ist dann als Objekt im Active Directory integriert. Der Replikationsmechanismus des Active Directory sorgt dann dafür, dass die Zonendatei auf alle Domänencontroller repliziert wird. Durch das Konzept der Multimaster-Replikation ist es somit auch möglich, auf allen DNS-Servern, die auf Domänencontrollern installiert sind, Registrierungen vorzunehmen und Abfragen zu beantworten.

Damit kann man sagen, dass es sich bei allen Domänencontrollern mit installierten DNS-Servern um primäre Namenserver handelt. Die Installation von sekundären Namenservern ist im Active Directory daher nicht unbedingt notwendig.

Der Cache-Namenserver

Ein *Cache-Namenserver* hat in erster Linie die Aufgabe, die anderen Namenserver zu entlasten. Im Vergleich zu einem primären und sekundären Namenserver enthält der *Cache-Namenserver* keine Zonendatei, weder das Original noch die Kopie. Ein Cache-Namenserver kann nur Abfragen beantworten, aber keine Registrierung vornehmen.

Der Cache-Namenserver kann die anderen Namenserver entlasten, indem er einen Teil der Datenlast übernimmt. Der Cache-Namenserver lässt sich auch in Remote-Standorten einsetzen, um zu verhindern, dass die Clients die langsame WAN-Verbindung nutzen müssen.

Ein Cache-Namenserver bezieht seine Daten, wie für einen Cache-Speicher üblich, aus bereits erfolgreich durchgeführten Abfragen von anderen Namenservern. Diese werden in dem Zwischenspeicher, dem Cache-Speicher, abgelegt und können bei einer erneuten Abfrage wiederverwendet werden.

251

Das hat die Konsequenz, dass der Zwischenspeicher nach dem Hochfahren des Rechners erst einmal leer ist und sich erst im Laufe der Zeit aufbauen muss. Von daher ist der Cache-Namenserver nicht in allen Situationen uneingeschränkt zu empfehlen. Er hat aber gegenüber einem sekundären Namenserver den großen Vorteil, dass keine Zonendatei kopiert werden muss und er dadurch keinerlei Belastung für das Netzwerk oder eine WAN-Verbindung darstellt.

9.5.5   Die Namensauflösung

Der Vorgang der Namensauflösung ist ein sehr interessantes und aufwändiges Verfahren, besonders wenn es sich um ein großes Netzwerk mit vielen Namenservern handelt oder auch, wenn das Netzwerk an das Internet angebunden ist.

Im Prinzip wird bei der Namensauflösung in einer Datenbank nach dem Host-Namen gesucht und als Ergebnis die zugeordnete IP-Adresse zurückgegeben. Die Auflösung kann in zwei Richtungen erfolgen:

■ Auflösung eines Namens in eine IP-Adresse, die *rekursive und iterative Abfrage* (Forward-Lookup-Abfrage)

■ Auflösung einer IP-Adresse in einen Namen, die *inverse Abfrage* (Reverse-Lookup-Abfrage)

Im folgenden Abschnitt werden die verschiedenen Abfragen im Einzelnen besprochen.

Rekursive Abfragen

Bei der *rekursiven Abfrage* stellt der Host bzw. der Client eine Anfrage an den lokalen bzw. den für diese Domäne oder Subdomäne zuständigen Namenserver und erwartet als konkrete Antwort eine IP-Adresse, die diesem Namen zugeordnet ist.

Wenn Sie beispielsweise in Ihrem Webbrowser eine Adresse angeben, um sich mit einem Rechner in Ihrem Intranet oder dem Internet zu verbinden, wird Ihr lokaler Namenserver befragt, ob er den Namen in seiner Datenbank findet.

Bei der rekursiven Abfrage erhalten Sie entweder die IP-Adresse oder eine Fehlermeldung. Das ist der Teil der Abfrage, der direkt zwischen dem Client und dem Namenserver stattfindet.

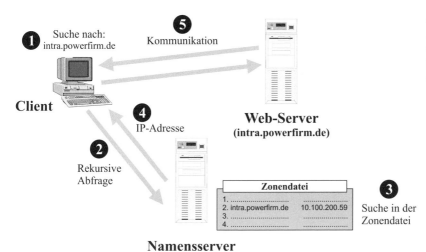

Zur Veranschaulichung betrachten Sie die Grafik und die folgende Beschreibung der *rekursiven Abfrage*:

1. Der Client möchte Informationen vom Webserver `intra.powerfirm.de` ab-
   rufen. Dazu gibt der Benutzer in seinen Webbrowser die entsprechende Internetadresse ein.

2. Daraufhin stellt der Auflösungsdienst (der Resolver) vom Client eine *rekursive Abfrage* an den für seine Domäne zuständigen bzw. autorisierten
   Namenserver.

3. Der Namenserver überprüft in seinem lokalen Cache und in seinen
   Zonendateien, ob er dort einen Eintrag für `intra.powerfirm.de` findet.

4. Wenn der Eintrag vorhanden ist, schickt er dem Client die IP-Adresse des
   Webservers `intra.powerfirm.de` zurück, in diesem Fall die IP-Adresse
   `10.100.300.59`. Wäre die IP-Adresse nicht auf dem Namenserver gespei-
   chert, hätte der Client eine Fehlermeldung erhalten.

5. Da der Client die IP-Adresse erhalten hat, folgt das bekannte Verfahren
   zum Auflösen der IP-Adresse in die MAC-Adresse über ARP. Danach
   kann die Kommunikation zwischen dem Client und dem Webserver beginnen.

Zusammenfassend kann man sagen, dass die *rekursive Abfrage* die Abfrage
ist, die direkt zwischen Client und lokalem Namenserver stattfindet.

Iterative Abfragen (Forward-Lookup-Abfrage)

Bei der *iterativen Abfrage* bzw. *Forward-Lookup-Abfrage* gibt der Namenserver dem Client nicht die IP-Adresse des Rechners zurück, dessen Name eigentlich aufgelöst werden soll. Als Antwort erhält der Client stattdessen eine IP-Adresse eines anderen Namenservers, der die Datenbank enthalten könnte, in der sich der gesuchte Name befindet. Er gibt sozusagen die bestmögliche Antwort.

Durch die *iterative Abfrage* wird ein aufwändiges Verfahren angestoßen, über das schrittweise der Namenserver ermittelt wird, in dem der gesuchte Name abgelegt ist.

Das folgende Beispiel soll die Arbeitsweise der *iterativen Abfrage* veranschaulichen:

Abb. 9.7:
Namens-
auflösung
(iterative
Abfrage)

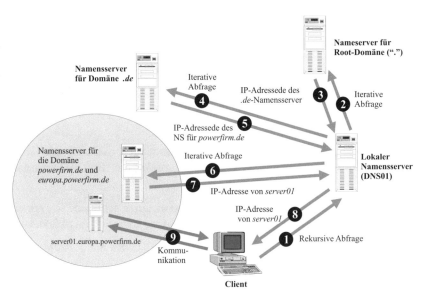

1. Der Auflösungsdienst (Resolver) auf dem Client schickt an den lokalen, für seine Domäne zuständigen, Namenserver (DNS01) eine *rekursive Abfrage*, um den Namen des Rechners server01.europa.powerfirm.de in die IP-Adresse aufzulösen. Der lokale Namenserver DNS01 überprüft seinen Cache und sämtliche Zonendateien, ob darin der gesuchte Name enthalten ist.

2. Da der Namenserver nicht für die Domäne autorisiert ist, kann er auch keinen Eintrag für diesen Namen finden. Deshalb startet er eine *iterative Abfrage* an den Stamm-Server des Internets (».«-Domäne), sofern der Namenserver entsprechend konfiguriert ist.

3. Der Server der Stamm-Domäne (».«-Domäne) findet in seiner Datenbank den gesuchten Namen auch nicht und schickt an den Namenserver DNS01 die IP-Adresse des Servers zurück, der die .de-Domänen enthält und dafür autorisiert ist.

4. Der Namenserver DNS01 stellt daraufhin eine *iterative Abfrage* an den Namenserver, der für die Domäne .de autorisiert ist.

5. Dieser Namenserver findet den gesuchten Namen in seiner Datenbank ebenfalls nicht. Als beste Antwort schickt er dem Namenserver DNS01 die IP-Adresse des Namenservers, der für die Domäne powerfirm.de autorisiert ist.

6. Der Namenserver DNS01 stellt daraufhin eine *iterative Abfrage* an den Namenserver, der für die Domäne powerfirm.de autorisiert ist.

7. Da der Namenserver DNS01 sowohl für die Domäne powerfirm.de als auch für die Subdomain europa.powerfirm.de autorisiert ist, findet er den Eintrag für den Rechner server01 in seiner Datenbank. Er schickt an den Namenserver DNS01 die dem Namen Server01 zugeordnete IP-Adresse 150.37.12.68 zurück.

8. Der Namenserver DNS01 schickt dann diese IP-Adresse an den Client, der die Abfrage ursprünglich eingeleitet hat.

9. Der Client kann mit dieser IP-Adresse Kontakt zu dem Rechner server01.europa.powerfirm.de aufnehmen, indem er die IP-Adresse in die MAC-Adresse auflöst. Dazu wird das Routing und ARP verwendet. Damit kann die Kommunikation beginnen.

Zusammenfassend kann man sagen, dass die *iterative Abfrage* die Abfrage ist, die zwischen dem lokalen Namenserver und übergeordneten Namenservern stattfindet.

Inverse Abfrage (Reverse-Lookup-Abfrage)

Bei der *inversen Abfrage* geht es darum, zu einer bekannten IP-Adresse den dazugehörigen Host-Namen zu finden. Das ist genau das umgekehrte Verfahren im Vergleich zu den bisher vorgestellten Verfahren. Auch für diesen Abfragetyp hält der DNS-Server ein Verfahren bereit, die *inverse Abfrage*.

Inverse Abfragen werden zum Teil zur Fehlersuche verwendet oder dienen manchen Anwendungen dazu, aus Sicherheitsgründen zu überprüfen, ob ein Rechner auch wirklich der Rechner ist, für den er sich ausgibt.

Eine inverse Abfrage würde in der normalen Datenbank auf dem DNS-Server sehr lange dauern, da die Datenbank nur nach den Host-Namen sortiert ist und alle Datensätze einzeln verglichen werden müssten.

Damit Sie eine inverse Abfrage schneller durchführen können, müssen Sie eine spezielle Domäne erstellen, die den Namen `in-addr.arpa` hat. Dadurch entsteht eine spezielle Datenbank, in der die Einträge nach der IP-Adresse sortiert gespeichert werden.

Damit man einen Eintrag in der Liste schnell finden kann, muss man die IP-Adresse, zu der man den entsprechenden Namen sucht, in umgekehrter Schreibweise angeben. Man gibt beispielsweise statt der IP-Adresse `10.100.200.99` die umgekehrte IP-Adresse `99.200.100.10` an. Das ist notwendig, da IP-Adressen von links nach rechts spezifischer werden. Domänen werden jedoch von rechts nach links spezifischer.

Wenn Sie die Domäne `in-addr.arpa` erstellen, werden so genannte *Pointer-* bzw. *Zeiger-Einträge* (PTR-Einträge) erzeugt, die den IP-Adressen die Namen entsprechend zuordnen. Um eine Abfrage zu generieren, die den Host-Namen zur IP-Adresse `50.99.201.12` findet, schickt der Auflösungsdienst (Resolver) vom Client die Abfrage `12.201.99.50.in-addr.apra` an den Namenserver. Als Ergebnis erhalten Sie den Host-Namen.

9.5.6 Der DNS-Cache

Wie bereits angedeutet, wird bei einer Namensabfrage zuerst der lokale Name-Cache des Namenservers untersucht, bevor die Datenbank überprüft wird. Alle rekursiven Abfragen gehen zuerst über den Cache-Speicher. Wie auch bei anderen Cache-Speichern haben die Daten nur eine begrenzte Lebensdauer (TTL – Time To Live) im Cache, bevor sie wieder gelöscht werden. Das ist wichtig, um die Konsistenz der Daten zu erhalten.

Ein Administrator kann für jede primäre Zone, die auf einem Namenserver verwaltet wird, die TTL selbst festlegen. Eine hohe TTL reduziert die Antwortzeiten, macht die Namensauflösung schneller und verringert den Netzwerkverkehr. Auf der anderen Seite kann bei häufigen Änderungen im Netzwerk eine zu hohe TTL die Datenkonsistenz gefährden. Die Einstellung muss daher für jede Zone einzeln angepasst werden.

9.6 Der DNS-Server unter Windows NT 4.0

Der DNS-Server von Windows NT war in der anfangs ausgelieferten Version noch gar nicht enthalten bzw. nur als Beta-Version im Ressource-Kit. Mit Windows NT 4.0 steht nun ein DNS-Server zur Verfügung, bei dem es sich aber leider nur um einen statischen DNS-Server handelt.

Bevor Sie sich entscheiden, ob Sie unter Windows NT 4.0 einen DNS-Server einsetzen, sollten Sie die Vor- und Nachteile des DNS-Servers für Windows NT 4.0 genau anschauen.

Wann sollte man unter Windows NT 4.0 einen DNS-Server installieren?

Der DNS-Server von Windows NT 4.0 ist ein statischer DNS-Server. Dadurch kann die Verwaltung von Host-Namen relativ aufwändig werden, da Anpassungen manuell erfolgen. Es gibt zwar die Möglichkeit, den WINS-Server und den DNS-Server zu kombinieren, so dass die Computernamen selbst nicht manuell gepflegt werden müssen, aber es ist trotzdem eine Notlösung.

Die Verwendung von voll qualifizierten Domänennamen ist *nicht* notwendig, wenn Sie Ihr Netzwerk mit dem Internet verbinden, um von den Clients aus auf das Internet zuzugreifen. Sie könnten in diesem Fall auf einen DNS-Server verzichten und einen WINS-Server für die Computernamen verwenden. Wenn Sie dagegen Ihr Netzwerk so einrichten wollen, dass man vom Internet aus auf Ihre Hosts zugreifen kann (beispielsweise auf einen Webserver), können Sie auf einen DNS-Server nicht mehr verzichten.

In diesem Fall würde ich Ihnen aber raten, lieber gleich Windows Server 2003 einzusetzen, da dort der Einsatz des DNS-Servers obligatorisch ist und es sich um einen dynamischen DNS-Server handelt (DDNS), der wesentlich komfortabler und leistungsfähiger ist. Dadurch ist die Verwaltung der Datenbank wie beim WINS-Server mehr oder weniger wartungsfrei.

9.7 Der DNS-Server unter Windows Server 2003

In diesem Abschnitt lernen Sie den DNS-Server von Windows Server 2003 kennen. Sie erhalten Informationen über die Neuerungen und Vorteile des neuen DNS-Servers und erfahren, wie man ihn installiert, konfiguriert und verwaltet.

9.7.1 Neuerungen und Vorteile des DNS-Servers von Windows Server 2003 im Vergleich zum DNS-Server von Windows NT 4.0

Der DNS-Server spielt bei Windows Server 2003 eine zentrale Rolle. Das gilt vor allem in Verbindung mit dem Active Directory von Windows Server 2003. Erst durch das Active Directory erhalten Sie all die entscheidenden Vorteile des neuen Windows Server 2003. Eine kurze Einführung in das Active Directory bekommen Sie im Abschnitt über Windows Server 2003 später in diesem Buch. Sie sollten diese vorher durchlesen, falls Sie das Konzept des Active Directory noch nicht kennen.

Im Vergleich zu Windows NT 4.0 wurde der neue DNS-Server sehr stark weiterentwickelt. Er hat viele wichtige Neuerungen und Verbesserungen erfahren. Nachfolgend erhalten Sie einen Überblick über die wichtigsten Neuerungen.

Vereinfachung der Bedienung

Die zentrale Konfiguration und Verwaltung des DNS-Servers ist durch die DNS-Konsole erheblich vereinfacht worden. Einige Parameter werden zum Teil automatisch konfiguriert oder bei der Konfiguration durch Assistenten unterstützt.

Integration in das Active Directory

Die Integration des DNS in das Active Directory bedeutet, dass die Zonendateien nicht mehr lokal auf dem Namenserver gespeichert werden, sondern im Active Directory. Da das Active Directory mit allen Informationen auf alle Domänencontroller repliziert wird, werden auch die Zonen automatisch repliziert. Das erhöht die Fehlertoleranz eines DNS-Servers erheblich. Außerdem können dadurch alle DNS-Server als primäre Namenserver für eine Zone fungieren.

Ein weiterer Vorteil der Integration in das Active Directory ist, dass bei der Replikation immer nur die Änderungen repliziert werden und nicht die komplette Zonendatei. Das spart Netzwerkbandbreite. Die Integration des DNS in das Active Directory ist bei der Installation nicht zwingend vorgeschrieben, aber sehr zu empfehlen. Sie können auch ganz normale Zonendateien für primäre und sekundäre Zonen anlegen.

Dynamische Aktualisierung (DDNS)

Clients mit statischen IP-Adressen auf Basis von Windows 2000 bzw. solche, die RFC 2136-konform sind, können die Ressourceneinträge in der DNS-Datenbank dynamisch speichern und bei Bedarf aktualisieren. Dadurch werden Fehler bei der Registrierung der Einträge nahezu vermieden und der Verwaltungsaufwand erheblich reduziert. Clients auf Basis älterer Betriebssysteme, wie Windows NT 4.0 oder Windows 9x, unterstützen die dynamische Aktualisierung nicht direkt.

In Verbindung mit DHCP ist es auch möglich, die Ressourceneinträge der Clients dynamisch in der Datenbank zu speichern und zu aktualisieren. Damit kommen dann sogar auch Clients, die nicht auf Windows 2000 oder Windows XP basieren, in den Genuss der dynamischen Aktualisierung. Dafür muss nur eine entsprechende Option im DHCP-Server aktiviert werden.

Kompatibilität mit anderen DNS-Umgebungen

Der DNS-Server von Windows Server 2003 entspricht der Vorgabe der entsprechenden RFCs und ist daher mit anderen DNS-Servern anderer Plattformen kompatibel (Stichwort BIND – Berkeley Internet Name Daemon).

Inkrementelle Zonenübertragung

Wenn Sie mit normalen Zonendateien arbeiten wollen oder müssen, können die Zonendateien wie bisher als komplette Kopie übertragen werden oder aber auch inkrementell. Inkrementell heißt, dass nur die Änderungen seit der letzten Übertragung gesendet werden. Dadurch lässt sich erheblich Zeit und Netzwerkbandbreite sparen.

9.7.2   Planen des DNS-Namensraums

Bevor Sie mit der Installation des DNS-Servers beginnen, müssen Sie den Domänennamensraum planen. Sie müssen einen Namen für die Domäne festlegen, beispielsweise powerfirm.de, und – wenn nötig – auch Subdomains wie europa.powerfirm.de.

Eine wesentliche Frage ist auch, ob Sie den DNS-Server mit dem Internet verbinden wollen oder nur einen Stamm-Server für das interne Netzwerk planen. Die volle Integration in das Internet wird in diesem Buch nicht behandelt, da dies den vorgegebenen Rahmen sprengen würde.

In diesem Buch gehen wir von der Domäne powerfirm.de aus, die als Stammdomäne für ein internes Netzwerk angelegt wird. Es werden die folgenden Unterdomänen angelegt: europa.powerfirm.de und asien.powerfirm.de.

Die Domäne powerfirm.de und die Unterdomäne europa.powerfirm.de sollen in einer eigenen Zone verwaltet werden, während die Unterdomäne asien.powerfirm.de in einer eigenen Zone verwaltet wird und an einen anderen DNS-Server delegiert werden soll.

Auf dem ersten Windows Server 2003 soll das Active Directory mit dem Namen powerfirm.de angelegt werden.

Übersicht über die benötigten Rechner und deren Konfiguration

Um dieses Beispiel mit den Unterdomänen europa.powerfirm.de und asien.powerfirm.de nachvollziehen zu können, benötigen Sie insgesamt drei Server auf Basis von Windows Server 2003, die jeweils als Domänencontroller eingerichtet werden müssen. Auf jedem Domänencontroller wird eine eigene Active-Directory-Domäne eingerichtet.

1. Domänencontroller:

   Active-Directory-Domäne `powerfirm.de` mit Haupt-DNS-Server (Stamm-Server für die Domäne `powerfirm.de`, da keine Internetintegration)

2. Domänencontroller (Server04):

   Active Directory-Domäne `europa.powerfirm.de` ohne DNS-Server

3. Domänencontroller:

   Active-Directory-Domäne `asien.powerfirm.de` mit DNS-Server (eigene Zone und von Haupt-DNS delegiert)

9.8   Installation des Haupt-DNS-Servers unter Windows Server 2003

Bei der Installation dieses DNS-Servers wird davon ausgegangen, dass Sie den ersten DNS-Server in Ihrem Netzwerk installieren und dieser nicht direkt mit dem Internet verbunden werden soll. Das ist wichtig, da dieser Server dann für die neue Domäne den Stamm-Server darstellt. Wenn Ihre Domäne als Teil des Internets konfiguriert würde, müsste die Punktdomäne (».«) vom Internet als Stamm-Server eingerichtet werden.

Außerdem sollte auf dem Windows Server 2003 bereits das Active Directory installiert sein. Weitere Informationen zum Active Directory und der Installation des Active Directory erfahren Sie in dem Kapitel über die Neuerungen von Windows Server 2003.

Während der Installation des Active Directory können Sie entscheiden, ob Sie dabei DNS automatisch installieren und konfigurieren wollen oder DNS nachträglich installieren. Wählen Sie in diesem Fall die Option, dass Sie DNS nachträglich installieren. Damit können Sie die nachfolgenden Beschreibungen nachvollziehen und die Feinheiten bei der Konfiguration des DNS-Servers im Einzelnen kennen lernen.

Sie können den DNS-Server während oder nach der Installation von Windows Server 2003 installieren. Es wird aber empfohlen, die Installation von Windows Server 2003 vorher komplett durchzuführen. Achten Sie darauf, dass der Rechner, auf dem Sie den DNS-Server installieren, über genügend Arbeitsspeicher verfügt. Eine Größe von 512 Mbyte RAM ist sicher nicht übertrieben.

9.8.1 Vorbereitungen

Der Server, auf dem Sie den DNS-Server installieren, benötigt eine statische IP-Adresse und sollte so konfiguriert werden, dass er sich selbst als DNS-Server betrachtet. Diese Einstellungen sollten Sie vor der Installation des DNS-Servers vornehmen, wenn Sie bereits Windows Server 2003 installiert haben.

Um die DNS-Eigenschaften vor der Installation zu überprüfen bzw. vorzunehmen, gehen Sie wie folgt vor:

1. Öffnen Sie die Systemsteuerung über START/SYSTEMSTEUERUNG und doppelklicken Sie auf NETZWERKVERBINDUNGEN, um das gleichnamige Fenster zu öffnen.

2. Markieren Sie das Symbol LAN-VERBINDUNG bzw. den Namen der Netzwerkverbindung für die Netzwerkkarte (z.B. 3COM), öffnen Sie das Kontextmenü (rechte Maustaste) und klicken Sie auf den Eintrag *Eigenschaften*.

3. Markieren Sie die Komponente *Internetprotokoll (TCP/IP)* und klicken Sie auf die Schaltfläche EIGENSCHAFTEN.

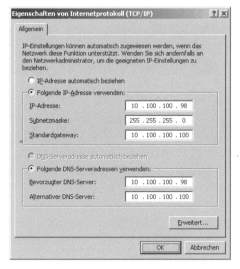

Abb. 9.8: Eigenschaften von TCP/IP

4. Geben Sie unter der Option *Folgende DNS-Serveradressen verwenden* unter *Bevorzugter DNS-Server* die IP-Adresse des lokalen Servers ein. Sie können die IP-Adresse im oberen Teil des Fensters ablesen. Achten Sie darauf, dass hier eine statische IP-Adresse konfiguriert ist.

5. Klicken Sie jeweils auf die Schaltfläche OK, um die Eingaben zu speichern und die Fenster zu schließen.

Damit wären die Vorbereitungen für die Installation des DNS-Servers abgeschlossen.

9.8.2   Die Installation des DNS-Dienstes

Um den DNS-Server zu installieren, gehen Sie wie folgt vor:

1. Um die Installation einzuleiten, klicken Sie auf START/EINSTELLUNGEN/SYSTEMSTEUERUNG und öffnen dort mit einem Doppelklick auf das Symbol *Software* das gleichnamige Fenster.

2. Klicken Sie auf die Schaltfläche WINDOWS-KOMPONENTEN HINZUFÜGEN/ENTFERNEN, um den Assistenten für Windows-Komponenten zu starten.

Abb. 9.9: Windows-Komponenten

3. Markieren Sie hier den Eintrag *Netzwerkdienste* und klicken Sie auf die Schaltfläche DETAILS.

Abb. 9.10: Netzwerkdienste

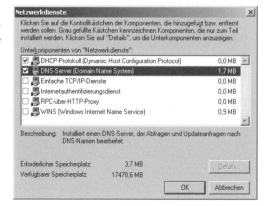

262

4. Suchen Sie den Eintrag *DNS-Server (Domain Name System)*, aktivieren Sie diesen und klicken Sie auf Oĸ, um Ihre Auswahl zu bestätigen. Klicken Sie dann auf die Schaltfläche WEITER, um die Installation fortzusetzen.

5. Danach werden die erforderlichen Dateien auf die Festplatte kopiert. Wenn Windows die notwendigen Dateien nicht findet, werden Sie dazu aufgefordert, die Windows-Server-2003-CD einzulegen oder den Pfad zu den Dateien anzugeben.

6. Wenn die Installation abgeschlossen ist, sehen Sie das letzte Fenster des Assistenten. Klicken Sie auf die Schaltfläche FERTIG STELLEN, um die Installation abzuschließen.

7. Schließen Sie dann noch das Fenster *Software* und die Systemsteuerung, wenn Sie diese nicht mehr brauchen.

Damit ist die Installation des DNS-Servers abgeschlossen. Ein Neustart des Rechners ist nicht erforderlich.

9.9 Konfigurieren und Verwalten des DNS-Servers

Nach der Installation des DNS-Servers wird in ALLE PROGRAMME (Startmenü) unter VERWALTUNG das Snap-In für die Verwaltung des DNS-Servers hinzugefügt. Über die DNS-Konsole können Sie den DNS-Server konfigurieren und verwalten.

9.9.1 Konfiguration des DNS-Servers mit dem Assistenten

Zur Konfiguration des DNS-Servers steht Ihnen ein Assistent zur Verfügung, der Sie schrittweise durch die wichtigsten Konfigurationsschritte begleitet.

Um den DNS-Server zu konfigurieren, führen Sie die folgenden Schritte durch:

1. Öffnen Sie die DNS-Konsole über START/VERWALTUNG/DNS.

2. Um den Konfigurationsassistenten zu starten, markieren Sie das Element Ihres Servers und klicken dann im Menü auf AKTION/DNS-SERVER KONFIGURIEREN.

263

Abb. 9.11:
DNS-Konsole

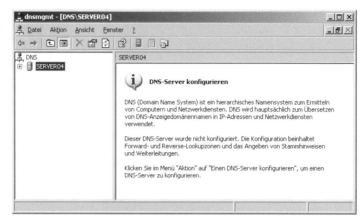

3. Es öffnet sich das Fenster *Konfigurationsaktion auswählen*, in dem drei verschiedene Möglichkeiten angeboten werden, um den DNS-Server zu konfigurieren. Da in unserer Beispielkonfiguration ein größeres Netzwerk abgebildet werden soll, wählen Sie die zweite Option aus, *Eine Forward- und Reverse-Lookup-Zone erstellen*, und klicken dann auf WEITER.

Abb. 9.12:
Konfigura-
tionsaktion
auswählen

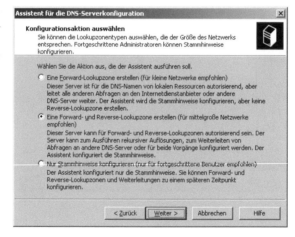

4. In diesem Schritt müssen Sie entscheiden, ob Sie eine Forward-Lookup-Zone erstellen wollen oder nicht. Die Forward-Lookup-Zone ist die Datenbank, in der u.a. die Namen und IP-Adressen gespeichert werden. Sie dient für die rekursiven und iterativen Abfragen.

Da Sie für den ersten DNS-Server in jedem Fall eine solche Datenbank brauchen, aktivieren Sie die Option *Ja, eine Forward-Lookup-Zone jetzt erstellen*. Klicken Sie dann auf WEITER.

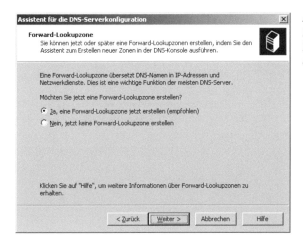

5. Bei dem nun folgenden Schritt legen Sie fest, welchen Zonentyp Sie erstellen wollen. Da es sich um den ersten DNS-Server handelt, wählen Sie die Option *Primäre Zone* aus. Damit würde dann lokal auf dem Server eine Zonendatei angelegt, in der die Einträge für die Rechner gespeichert würden. Zur Realisierung der Fehlertoleranz wäre dann noch ein weiterer DNS-Server notwendig, der mit der Option *Sekundäre Zone* konfiguriert werden müsste. Auf diesen zweiten DNS-Server würde dann die Zonendatei kopiert (Zonenübertragung).

Wenn Sie mit dem Active Directory arbeiten wollen, ist es auch sinnvoll, die Zone im Active Directory zu speichern. Die Datenbank des Active Directory ist eine verteilte Datenbank und wird automatisch auf alle Domänencontroller repliziert. Das Active Directory eignet sich damit ideal als Speicherort für die Zone.

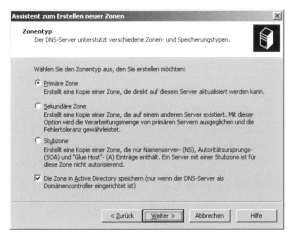

Abb. 9.14:
Zonentyp
festlegen

265

Damit Sie das Kontrollkästchen *Die Zone in Active Directory speichern* auswählen können, muss das Active Directory bereits installiert sein. Die Installation des Active Directory ist im Abschnitt über die Neuerungen von Windows Server 2003 ausführlich beschrieben.

Wenn Sie an dieser Stelle das Kontrollkästchen für das Speichern der Zone im Active Directory nicht aktivieren können, weil Sie noch kein Active Directory installiert haben, ist das kein Problem. Sie können nachträglich die Art, wie Sie Zonendateien abspeichern, jederzeit ändern. Sie können also nachträglich noch die primäre Zone im Active Directory speichern. Im nächsten Fenster müssten Sie dann den Namen der primären Zonendatei angeben, in der die Zonendaten auf dem Server gespeichert würden.

Nachdem Sie Ihre Auswahl getroffen haben, klicken Sie auf WEITER.

7. Im nächsten Fenster legen Sie fest, wie die Zonendaten in Ihrem Netzwerk repliziert werden sollen. Die Auswahl der Option hat großen Einfluss auf den Replikationsaufwand und den daraus resultierenden Netzwerkverkehr.

   Bei der Auswahl der ersten Option (*Auf allen DNS-Servern in der Active Directory-Gesamtstruktur*) ist der Replikationsaufwand am größten, dafür sind die Zonendaten aber auf allen DNS-Servern der Gesamtstruktur verfügbar, das heißt auf Domänen-Controllern aller Domänen.

   Die zweite Option sorgt dafür, dass die Zonendaten auf allen DNS-Server der aktuellen Domäne repliziert werden. Dabei handelt es sich um die Standardeinstellung.

   Bei der dritten Option werden die Zonendaten auf alle Domänen-Controller der aktuellen Domäne repliziert, unabhängig davon, ob es sich bei den Domänen-Controllern um DNS-Server handelt.

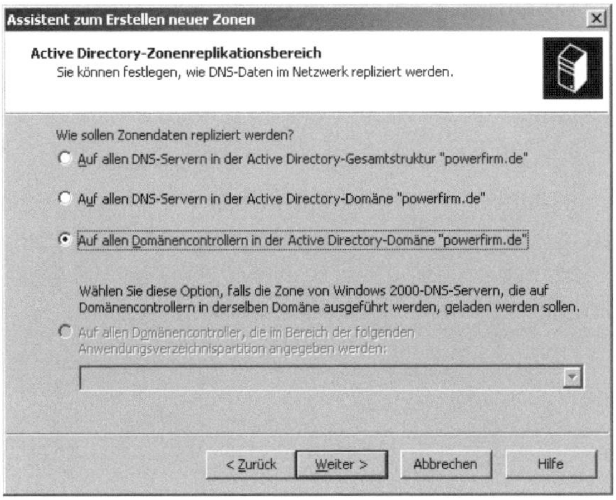

Abb. 9.15:
Active Direc-
tory-Replika-
tionsbereich
festlegen

Für unser Beispiel wählen Sie die dritte Option aus, *Auf allen Domänen-controllern in der Active Directory-Domäne*, bevor Sie auf WEITER klicken.

8. Als Nächstes legen Sie den Namen der neuen Zone fest. Geben Sie dazu den Namen `powerfirm.de` in das Textfeld *Zonenname* ein und klicken Sie auf die Schaltfläche WEITER.

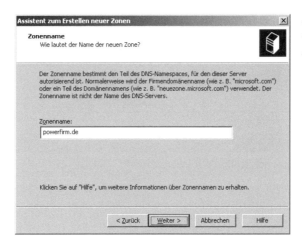

Abb. 9.16: Zonenname festlegen

9. An dieser Stelle geht es um die Einstellung der dynamischen Updates der Zonendaten. Am sichersten ist die erste Option, *Nur sichere dynamische Updates zulassen*. Die Variante ist nur für Zonen verfügbar, die im Active Directory gespeichert sind. Es werden nur dynamische Updates von Berechtigten zugelassen. Die Berechtigungen können nach Bedarf eingerichtet werden.

Die zweite Option lässt bei normalen primären Zonen dynamische Updates zu. Bei normalen primären Zonen, die nicht im Active Directory integriert sind, können auch keine Berechtigungen eingestellt werden. Daher ist die Option wegen des hohen Sicherheitsrisikos nicht zu empfehlen. Es gibt keine Kontrolle darüber, von wo wer welche Einträge in der Zonendatei registriert.

Die dritte Option lässt dynamische Updates gar nicht zu. Dadurch ist die Zonendatei am besten geschützt, aber es können natürlich auch keine neuen Einträge dynamisch in der Zonendatei registriert werden. Bei dieser Einstellung müssen Einträge manuell eingetragen werden.

267

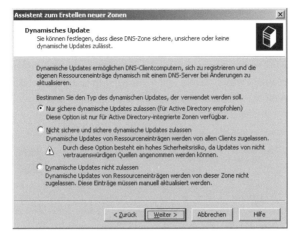

Wählen Sie hier die erste und sicherste Option aus und klicken Sie anschließend auf WEITER.

10. Obwohl Sie bereits im ersten Fenster entschieden haben, beide Zonentypen zu erstellen, haben Sie an dieser Stelle noch einmal die Möglichkeit, sich anders zu entscheiden.

Neben der *Forward-Lookup-Zone* zum Auflösen der Namen in die IP-Adresse können Sie noch die *Reverse-Lookup-Zone* (inverse Abfrage) erstellen, die eine IP-Adresse in den Host-Namen auflöst. Um diese Zone zu erstellen, wählen Sie die Option *Ja, eine Reverse-Lookup-Zone jetzt erstellen* und klicken auf die Schaltfläche WEITER.

11. Auch für die Reverse-Lookup-Zone können Sie wählen, wo die Zone gespeichert werden soll. Wählen Sie hier ebenso die Option *Primäre Zone* und aktivieren Sie das Kontrollkästchen zum Speichern im Active Directory. Klicken Sie dann auf die Schaltfläche WEITER.

12. Im nächsten Fenster müssen Sie auch für die Reverse-Lookup-Zone den Zonenreplikationsbereich festlegen. Wählen Sie hier ebenso die Option *Auf allen Domänencontrollern in der Active-Directory-Domäne* wie bei der Forward-Lookup-Zone. Klicken Sie auf die Schaltfläche WEITER.

13. Als Nächstes müssen Sie die Kennung für die Reverse-Lookup-Zone festlegen. Dabei gibt es einiges zu beachten.

Wie Sie bereits aus den Abschnitten weiter oben wissen, muss für die Reverse-Lookup-Zone eine spezielle Domäne angelegt werden, die `in-addr.arpa`. Der *PTR-Eintrag* für einen Host mit der IP-Adresse `10.100.100.98` würde als `98.100.100.10.in-addr.apra.` abgelegt, weil die IP-Adressen von links nach rechts spezifischer werden.

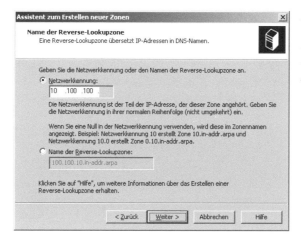

Abb. 9.19: Name für Reverse-Lookup-Zone festlegen

Die Kennung, die Sie hier jetzt eingeben müssen, soll die Eingabe für den Namen der Zone vereinfachen. Die Kennung entspricht der Netzwerk-ID für diese Zone und nicht einer IP-Adresse. Wenn es sich wie hier um ein Netzwerk der Klasse C handelt (Sie können die Netzwerk-ID an der Subnet-Mask erkennen, `255.255.255.0`), lautet die Netzwerk-ID `10.100.100.0` und damit die Netzwerkkennung `10.100.100`.

Wenn Sie die Kennung so im Feld *Netzwerkkennung* eingeben, sehen Sie unten im Textfeld *Name der Reverse-Lookup-Zone*, wie der eigent-

269

liche Name entsteht. Dieser lautet dann entsprechend `100.100.10.in-addr.apra`. Das Textfeld *Netzwerkkennung* dient dem Anwender lediglich als Hilfe bei der Eingabe des Namens für die Reverse-Lookup-Zone.

Klicken Sie auf die Schaltfläche Weiter, um zum nächsten Schritt des Assistenten zu gelangen.

14. Im nächsten Fenster legen Sie auch für die Reverse-Lookup-Zone fest, in welcher Form die Zonen-Updates zugelassen werden. Wählen Sie die Option *Nur sichere dynamische Updates zulassen* und klicken Sie auf Weiter.

15. Das nächste Fenster bietet Ihnen die Möglichkeit, bei Bedarf eine Weiterleitung zu konfigurieren. Falls Sie beispielsweise diesen Server auswählen, um Abfragen an einen DNS-Server im Internet weiterzuleiten, müssen Sie die erste Option aktivieren, *Ja, der Server soll Abfragen an DNS-Server mit folgenden IP-Adressen weiterleiten*. Das setzt allerdings voraus, dass Sie von Ihrem ISP (Internet Service Provider) eine feste IP-Adresse erhalten haben, die Sie konfigurieren können.

Abb. 9.20:
Weiterleitung
konfigurieren

Für unser Beispiel wählen Sie die Option *Nein, der Server soll keine Abfragen weiterleiten*. Klicken Sie auf die Schaltfläche Weiter, um zum letzten Schritt des Assistenten zu gelangen.

16. Damit sind Sie am Ende der Konfiguration des DNS-Servers angelangt. Klicken Sie auf die Schaltfläche Fertig stellen, um den Assistenten zu beenden.

17. In der DNS-Konsole können Sie dann die neu erstellten Zonen überprüfen. Erweitern Sie jeweils mit einem Klick auf das Pluszeichen (»+«) vor dem Serverelement und dann vor den Zonenelementen die Ansicht, um die Einträge komplett zu sehen.

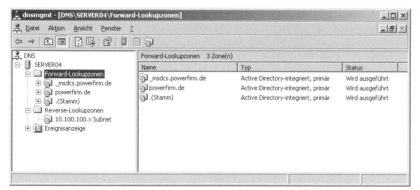

9.9.2 Einrichtung einer Subdomäne in der gleichen Zone

Das Ziel ist nun, die Subdomäne europa.powerfirm.de anzulegen. Diese Subdomäne soll über den Haupt-DNS-Server des ersten Domänencontrollers verwaltet werden. Die Subdomäne europa.powerfirm.de soll damit als zusätzliche Subdomäne zu der bereits existierenden Zone mit der Domäne powerfirm.de erstellt werden. Dazu ist es erforderlich, auf einem weiteren Windows Server 2003 ein Active Directory anzulegen. Jede Domäne benötigt immer auch einen eigenen Domänen-Controller.

Voraussetzungen auf dem ersten Domänencontroller

Damit die Installation funktionieren kann, müssen folgende Voraussetzungen erfüllt sein.

- Auf dem DNS-Server muss eine Reverse-Lookup-Zone eingerichtet sein. Das ist erforderlich, da bei der Installation eine Sicherheitsabfrage durchgeführt wird, um festzustellen, ob der Server auch der Server ist, für den er sich ausgibt.

- Die dynamische Aktualisierung muss aktiviert sein. Das können Sie im Eigenschaftsfenster der Domäne `powerfirm.de` überprüfen.

Markieren Sie in der DNS-Konsole unter *Forward-Lookup-Zone* das Element *powerfirm.de* und öffnen Sie über Aktion/Eigenschaften das Eigenschaftsfenster. Im Auswahlfeld *Dynamische Updates* muss *Nur sichere* ausgewählt sein. Das Gleiche müssen Sie für die Reverse-Lookup-Zone machen.

Wenn die dynamische Aktualisierung nicht auf *Nur sichere* steht, können die neuen DNS-Einträge, die durch die Installation der neuen Subdomäne notwendig sind, nicht auf dem Haupt-DNS-Server vorgenommen werden.

Abb. 9.23:
Dynamische
Aktualisierung
zulassen

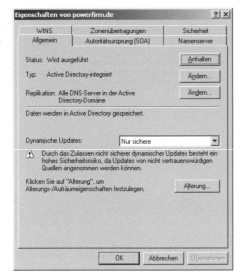

Voraussetzungen auf dem zweiten Domänencontroller

Nachfolgend finden Sie die Voraussetzungen für den zweiten Domänencontroller (*Server05*):

▨ Windows Server 2003 ist bereits installiert.

▨ Auf dem zweiten Domänencontroller (*Server05*) muss TCP/IP so konfiguriert sein, dass er eine statische IP-Adresse verwendet und die IP-Adresse des ersten Domänencontrollers (*Server04*) als bevorzugter DNS-Server konfiguriert ist. Sie finden diese Einstellung im Eigenschaftsfenster von TCP/IP (genaue Beschreibung bei der Client-Installation weiter unten in diesem Kapitel).

▨ Außerdem benötigen Sie das Kennwort des Administrator-Kontos oder eines Kontos mit entsprechenden Rechten, um die Erstellung der Unterdomäne vornehmen zu können.

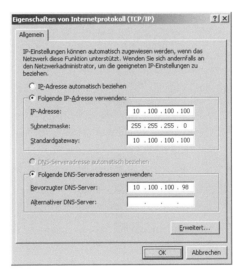

*Abb. 9.24:
Bevorzugten
DNS-Server
konfigurieren*

Erstellen der Subdomäne »europa.powerfirm.de«

Das Erstellen einer Domäne auf dem zweiten Domänencontroller (*Server05*) ist grundsätzlich in dem Kapitel über Windows Server 2003 beschrieben. Deshalb wird die Installation der Unterdomäne etwas knapper und ohne Bildschirmfotos erfolgen.

So erstellen Sie die Active-Directory-Domäne für die neue Subdomäne `europa.powerfirm.de` auf *Server05*.

273

1. Über den Befehl `dcpromo`, den Sie beispielsweise über START/AUSFÜHREN eingeben, starten Sie den Assistenten zum Installieren des Active Directory. Im Begrüßungsfenster klicken Sie auf WEITER, um die Installation fortzusetzen.

2. Im Fenster Betriebssystemkompatibilität werden Sie darüber informiert, dass mit den Standardeinstellungen keine Kommunikation mit Windows 95 und Windows NT 4.0 möglich ist. Klicken Sie auf WEITER.

3. Im Fenster *Typ des Domänencontrollers* wählen Sie die Option *Domänencontroller für eine neue Domäne* aus und klicken auf WEITER.

4. Im nächsten Fenster wählen Sie die Option *Untergeordnete Domäne in einer bestehenden Domänenstruktur* und klicken auf WEITER. Das ist der wichtigste Punkt bei der Installation, da dadurch `europa.powerfirm.de` als Subdomäne von `powerfirm.de` angelegt wird.

5. Bei den Sicherheitsinformationen geben Sie als Benutzer den Administrator und das Kennwort des ersten Domänecontrollers ein. Sie müssen sich autorisieren, da auf dem Haupt-Domänencontroller Änderungen am Active Directory durchgeführt werden. Als Domäne geben Sie `powerfirm.de` ein.

6. Im Fenster *Installation der untergeordneten Domäne* geben Sie im Feld *Übergeordnete Domäne* `powerfirm.de` und in *Untergeordnete Domäne* `europa` ein. Sie sehen dann unten im Fenster, dass der gesamte DNS-Name zu `europa.powerfirm.de` vervollständigt wird. Klicken Sie auf WEITER.

7. Aus Kompatibilitätsgründen zu Windows NT 4.0 etc. werden Sie noch nach einem NetBIOS-Namen für die Domäne gefragt. In der Regel können Sie den Vorschlag übernehmen und auf WEITER klicken.

8. Das Gleiche gilt für das nächste und übernächste Fenster. Bestätigen Sie die vorgeschlagenen Pfade zum Abspeichern der Active-Directory-Datenbank, Protokolldatei und im nächsten Fenster die Freigabe. Klicken Sie jeweils auf WEITER.

9. Im Fenster *DNS-Registrierungsdiagnose* sehen Sie dann, ob ein zuständiger DNS-Server gefunden wurde. Wenn Sie hier eine Fehlermeldung erhalten, kontrollieren Sie die TCP/IP-Konfiguration und insbesondere die Adresse des DNS-Servers. Nachdem der DNS-Server gefunden wurde, können Sie auf WEITER klicken.

10. Im Fenster *Berechtigungen* sollten Sie die Option *Nur mit Windows 2000- oder Windows-Server-2003-Betriebssystemen kompatible Berechtigungen* auswählen, um die höchste Sicherheit zu erhalten. Klicken Sie auf WEITER.

11. Legen Sie im nächsten Fenster noch ein Kennwort fest, das Sie brauchen, wenn der Verzeichnisdienst im Notfall wiederhergestellt werden muss. Aber vergessen Sie dieses Kennwort nicht! Klicken Sie auf WEITER.

12. Im vorletzten Fenster sehen Sie eine Zusammenfassung Ihrer Auswahl. Wenn Sie auf die Schaltfläche WEITER klicken, beginnt das System mit der Konfiguration des Active Directory. Das kann einige Minuten dauern.

13. Nachdem das Active Directory installiert ist, erhalten Sie noch einige Informationen über die Installation. Klicken Sie auf die Schaltfläche FERTIG STELLEN, um die Installation abzuschließen. Danach ist ein Neustart des Rechners erforderlich.

Der Neustart dauert nach einer Active-Directory-Installation in der Regel relativ lang. Bevor das Anmeldefenster erscheint, können fünf, zehn oder mehr Minuten vergehen.

Kontrolle im DNS-Server auf dem ersten Domänencontroller

Wenn die Installation erfolgreich war, sehen Sie im DNS-Server des ersten Domänencontrollers unter dem Element *powerfirm.de* die Subdomäne europa. Es wurden alle erforderlichen A-, PTR- und SRV-Einträge angelegt (Ressourceneinträge werden weiter unten ausführlich besprochen).

Den A-Eintrag bzw. den Host-Eintrag für den neuen Domänencontroller (Server05) finden Sie unter dem Element *europa*. Den PTR-Eintrag finden Sie unter der Reverse-Lookup-Domäne, die unter dem Element *Reverse-Lookup-Zone* angelegt ist.

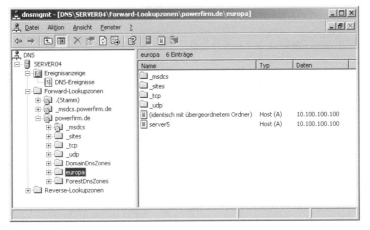

Abb. 9.25:
Die Subdomäne »europa« im DNS-Server

Ab sofort können alle Clients, die unter dem neuen Domänencontroller (*Server05*) für die Subdomäne europa.powerfirm.de angelegt werden, auch dynamisch registriert werden, sofern es sich um Windows-2000- oder Windows-XP-Clients handelt bzw. diese über den DHCP-Server verwaltet werden (vgl. Abschnitt über dynamische Registrierung in diesem Abschnitt). Sie können aber auch unter *europa* statische Einträge anlegen.

9.9.3 Einrichtung einer Subdomäne in einer neuen Zone

Sie haben über den DNS-Server die Domäne `powerfirm.de` angelegt. Im vorherigen Schritt richtete Sie die Subdomäne `europa.powerfirm.de` ein, die zur gleichen Zone wie `powerfirm.de` gehört.

Als Nächstes soll die Subdomäne `asien.powerfirm.de` in einer neuen Zone angelegt werden, die von einem zusätzlichen DNS-Server verwaltet werden soll. Damit der andere DNS-Server diese Domäne verwalten kann, muss er für die Domäne autorisiert werden. Das erreichen Sie, in dem Sie die Verwaltung der Subdomäne `asien.powerfirm.de` auf die neue Zone *delegieren*, die über den zweiten DNS-Server (*Server06*) verwaltet wird.

Das Delegieren von Zonen bedeutet im Prinzip nichts anderes, als dass Sie die Verwaltung des gesamten Domänennamensraums nicht über einen einzigen DNS-Server verwalten (hier der erste Domänencontroller *Server04*), sondern auf mehrere verteilen wollen (hier der dritte Domänencontroller). Der dritte Domänencontroller (*Server06*) soll für die Verwaltung der Subdomäne autorisiert werden. Mit dem Delegationsassistenten werden Sie die Autorität auf den neuen DNS-Server übertragen. Der neue DNS-Server beantwortet dann nur noch Anfragen von Clients aus der Subdomäne `asien.powerfirm.de`.

Die Umsetzung dieses Vorhabens ist im Prinzip nicht schwierig, aber die Reihenfolge der einzelnen Schritte auf den verschiedenen Rechnern muss unbedingt eingehalten werden, damit die Installation erfolgreich verläuft.

Vorbereitungen auf dem ersten Domänencontroller (Server04)

Sie müssen die gleichen Vorbereitungen treffen wie bei der Installation der Subdomäne `europa.powerfirm.de`, wie im vorherigen Abschnitt beschrieben.

Delegieren der Autorität auf »Server06«

Im nächsten Schritt delegieren Sie auf *Server04* die Autorität für die Domäne `asien` auf den DNS-Server *Server06* in der Subdomäne `asien.powerfirm.de`.

Gehen Sie dazu folgendermaßen vor:

1. Markieren Sie das Element `powerfirm.de` und wählen Sie AKTION/NEUE DELEGIERUNG, um den Assistenten zum Erstellen neuer Delegierungen zu starten. Klicken Sie auf WEITER.

2. In diesem Fenster geben Sie den Namen der Domäne an, die Sie delegieren wollen. Geben Sie im Feld *Delegierte Domäne* den Namen `Asien` ein und klicken Sie auf WEITER.

Abb. 9.26: Namen der delegierten Domäne eingeben

3. Als Nächstes müssen Sie den Namen des Servers angeben, der die Autorität für die Subdomäne `asien.powerfirm.de` erhalten soll. Geben Sie unter *Vollqualifizierter Serverdomänenname* den Namen des neuen Namenservers, unter *IP-Adresse* die entsprechende IP-Adresse ein und klicken Sie auf die Schaltfläche HINZUFÜGEN und dann auf OK, um die Eingabe abzuschließen.

Abb. 9.27: Namenserver eintragen

Sie können auch noch weitere Namenserver eintragen, die für diese Domäne autorisiert werden sollen.

4. Sie sehen im nächsten Fenster den eingetragenen Namenserver. Klicken Sie auf die Schaltfläche WEITER und im letzten Fenster auf FERTIG STELLEN, um den Assistenten zu beenden.

Abb. 9.28:
Namenserver

Sie sehen in der DNS-Konsole, dass durch die Delegierung ein neues, graues Ordnersymbol eingefügt wurde. In dieser Delegierung finden Sie auch den Eintrag für den Namenserver `server06.powerfirm.de`.

Abb. 9.29:
Domäne Asien
und die
Delegierung

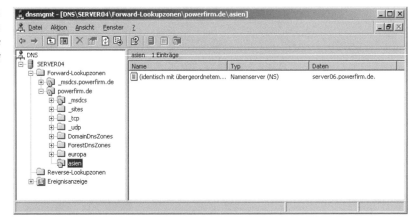

Damit ist die Delegation abgeschlossen und Sie können die Installation auf dem dritten Domänencontroller fortsetzen.

Vorbereitungen auf dem dritten Domänencontroller (Server06)

Sie müssen die gleichen Vorbereitungen treffen wie bei der Installation der Subdomäne `europa.powerfirm.de`, die im vorherigen Abschnitt beschrieben wurde (statische IP-Adresse, bevorzugter DNS-Server etc.).

Installation des DNS-Servers

Die Installation eines DNS-Servers wurde bereits weiter oben beschrieben. Sie brauchen nur in der Systemsteuerung über das Symbol SOFTWARE die Netzwerkkomponente *DNS-Server* zu installieren.

Konfiguration des DNS-Servers

Als Nächstes müssen Sie den DNS-Server konfigurieren. Das bedeutet, dass Sie eine neue Zone erstellen, für die dann der neue zusätzliche DNS-Server autorisiert ist.

Um die neue Zone zu erstellen, gehen Sie wie folgt vor:

1. Öffnen Sie die DNS-Konsole und markieren Sie das Element *Forward-Lookup-Zone*.

2. Klicken Sie im Menü auf AKTION/NEUE ZONE, um den Assistenten zum Erstellen einer Zone aufzurufen. Klicken Sie im Willkommensfenster auf WEITER, um das Fenster *Zonentyp* zu öffnen.

3. Aktivieren Sie den Zonentyp *Primäre Zone* und klicken Sie auf WEITER.

Das Kontrollkästchen *Die Zone im Active Directory speichern* können Sie zu diesem Zeitpunkt nicht aktivieren, da auf diesem Rechner noch kein Active Directory installiert ist. Sie können das aber später noch ändern, was in diesem Abschnitt auch beschrieben wird.

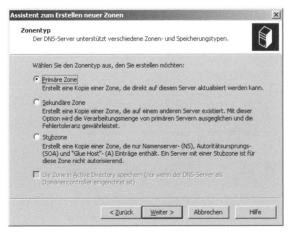

Abb. 9.30: Zonentyp festlegen

4. Als Zonennamen geben Sie im nächsten Fenster `asien.powerfirm.de` ein. Klicken Sie auf WEITER.

5. Da Sie als Zonentyp *Primäre Zone* gewählt haben, schlägt Ihnen das System einen Dateinamen vor, unter dem die Zonendatei auf der lokalen Festplatte gespeichert wird.

Abb. 9.31: Dateiname für Zonendatei

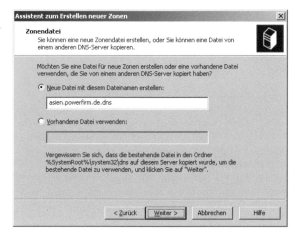

6. Im Fenster *Dynamisches Update* aktivieren Sie die Option *Nicht sichere und sichere Updates zulassen*. Die erste Option können Sie (noch) nicht auswählen, da kein Active Directory installiert ist. Nur in Verbindung mit dem Active Directory ist es möglich, Berechtigungen für die Einträge im DNS zu konfigurieren.

Abb. 9.32: Dynamische Aktualisierung zulassen

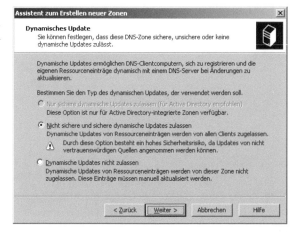

7. Klicken Sie auf WEITER und im letzten Fenster auf FERTIG STELLEN, um die neue Zone zu erzeugen.

8. Sie sollten für die Subdomäne `asien.powerfirm.de` noch eine Reverse-Lookup-Zone erstellen, als primäre Zone mit der Option *Nicht sichere und sichere dynamische Updates*. Das funktioniert im Prinzip genauso, wie bereits beschrieben, als Sie den ersten DNS-Server konfiguriert haben.

Damit ist die Konfiguration des neuen DNS-Servers abgeschlossen. Die neue Zone für die Subdomäne `asien.powerfirm.de` ist erstellt, jetzt fehlt nur noch die eigentliche Erstellung der Active-Directory-Subdomäne.

Installation der Subdomäne »asien.powerfirm.de«

Die Installation verläuft im Prinzip wie beim zweiten Domänencontroller (*Server05*), eine untergeordnete Domäne in einer bestehenden Domänenstruktur. Der einzige Unterschied ist der Name der Subdomäne, `asien.powerfirm.de`.

Nach dem Neustart des Rechners (*Server06*) sollten, wenn alles funktioniert hat, unter dem Element *asien.powerfirm.de* die Einträge *_msdcs*, *_sites*, *_tcp* und *_udp* angelegt worden sein. Dabei handelt es sich um die Diensteinträge (SRV-Einträge), die für den Datenaustausch zwischen den Domänencontrollern notwendig sind. Die SRV-Einträge werden während der Installation dynamisch angelegt. Deshalb war es auch notwendig, die dynamische Aktualisierung zuzulassen.

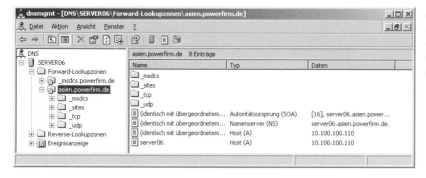

Abb. 9.33:
Neue Zone
mit Dienst-
einträgen
(SRV-Einträge)

Da der neue DNS-Server für diese neue Zone autorisiert ist, wird er nach Abschluss der Installation die Host-Einträge aller Clients verwalten, die zur Subdomäne `asien.powerfirm.de` gehören. Deshalb ist es auch notwendig, bei allen Clients dieser Domäne die IP-Adresse dieses neuen DNS-Servers zu konfigurieren (`10.100.100.110`). Die Client-Konfiguration wird weiter unten in diesem Kapitel besprochen.

9.9.4 Die Bedeutung der verschiedenen Ressourceneinträge

Der Domänennamensraum kann in einer oder mehreren Zonen abgebildet werden. Bisher wissen Sie, dass die Datenbank, in der sich die Zuordnung von Namen und IP-Adresse befindet, in diesen Zonen abgespeichert wird. Die Zonen können entweder in einer Zonendatei abgespeichert werden, beispielsweise als primäre oder sekundäre Zonendatei, oder im Active Directory integriert werden. Ein Eintrag in der Zonendatenbank, beispielsweise die Zuordnung von Namen und IP-Adresse, wird auch *Ressourceneintrag* genannt. Sie haben zwar bereits einige Ressourceneinträge gesehen, aber diese wurden bisher nicht im Einzelnen erläutert.

In diesem Abschnitt werden Sie einige wichtige Ressourceneinträge kennen lernen. Sie werden sehen, wie ein Ressourceneintrag in einer Zone angelegt wird und welche Parameter Sie konfigurieren können. Die Ressourceneinträge werden in RFC 1034 und RFC 2308 beschrieben.

Die Daten für die verschiedenen Ressourceneinträge können Sie sich in der DNS-Konsole anzeigen lassen:

1. Öffnen Sie die DNS-Konsole über START/VERWALTUNG/DNS.

2. Erweitern Sie das Serverelement, indem Sie auf das Plus-Zeichen vor dem Element klicken, bis Sie die Domäne sehen, beispielsweise `powerfirm.de`.

3. Markieren Sie das Element für die Domäne, beispielsweise `powerfirm.de`.

   Im rechten Fenster werden Ihnen die verschiedenen Einträge der Zone angezeigt. Die Spalte *Typ* zeigt an, um welchen Typ von Ressourceneintrag es sich handelt.

Sie können sich weitere Details anzeigen lassen, indem Sie im Menü ANSICHT die Option ERWEITERTE ANSICHT aktivieren. Sie bekommen dann einige zusätzliche Detailinformationen angezeigt, beispielsweise in den Eigenschaftsfenstern.

Der Host-Eintrag oder A-Eintrag

Der für den Anwender bekannteste Ressourceneintrag ist der *Host-Eintrag* bzw. *A-Eintrag*, wobei das »A« für Adress-Ressourceneintrag steht. Der *A-Eintrag* ist ein Eintrag in der Zone, der einem Namen eine IP-Adresse zuordnet.

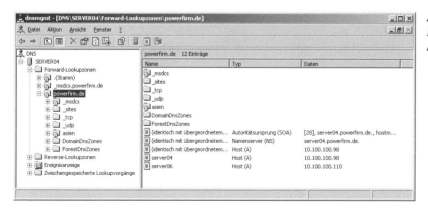

Abb. 9.34:
Host- bzw.
A-Einträge

Der *Host-Eintrag* wird entweder manuell oder dynamisch in die Datenbank eingetragen.

Wenn Sie einen Host- bzw. A-Eintrag manuell einfügen wollen (beispielsweise einen statischen Eintrag für einen Host mit einem älteren Betriebssystem, die Daten werden dann nicht dynamisch aktualisiert), gehen Sie wie folgt vor:

1. Markieren Sie in der DNS-Konsole die Domäne, in der Sie den Host-Eintrag für den Host einfügen wollen. Wenn die Domäne nicht angezeigt wird, erweitern Sie wenn nötig die entsprechenden Elemente, indem Sie auf das Pluszeichen (+) vor dem Element klicken.

2. Klicken Sie im Menü auf AKTION/NEUER HOST und geben Sie im Feld *Name* den neuen Namen für den Host ein, beispielsweise `client08`.

3. Im Feld *IP-Adresse* geben Sie die entsprechende IP-Adresse für diesen Host an.

Abb. 9.35:
Neuer Host

283

4. Sofern Sie auf Ihrem DNS-Server bereits die Reverse-Lookup-Zone kon-
    figuriert und die Domäne `in-addr.arpa` angelegt haben, können Sie für
    die inverse Abfrage einen PTR-Eintrag anlegen. Aktivieren Sie dazu das
    Kästchen vor *Verknüpften PTR-Eintrag erstellen*.

5. Klicken Sie auf die Schaltfläche HOST HINZUFÜGEN, um den A-Eintrag anzu-
    legen.

Sie können später auch bereits vorhandene Host-Einträge ändern, beispielsweise wenn sich die IP-Adresse verändert hat. Gehen Sie dazu wie folgt vor:

1. Markieren Sie den entsprechenden Eintrag und klicken Sie im Menü auf
    AKTION/EIGENSCHAFTEN, um das Eigenschaftsfenster für den Host-Eintrag
    zu öffnen.

Abb. 9.36:
Eigenschaften
für Host-
Eintrag

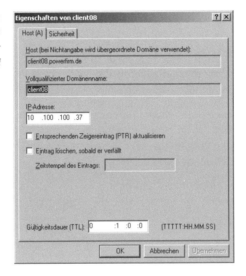

2. Ändern Sie dann die IP-Adresse entsprechend der neuen Situation ab.

3. Falls Sie die Reverse-Lookup-Zone installiert und konfiguriert haben, soll-
    ten Sie die Änderung auch für den PTR-Eintrag durchführen. Aktivieren
    Sie dazu bei Bedarf die Option *Entsprechenden PTR-Eintrag aktualisie-
    ren*.

4. Klicken Sie auf OK, um die Änderungen zu speichern und das Fenster wie-
    der zu schließen.

PTR-Eintrag

Beim *PTR-Eintrag* (Pointer-Ressourceneintrag) handelt es sich um den Eintrag, der für eine inverse Abfrage gebraucht wird, die *Reverse-Lookup-Abfrage*. Bei diesem Eintrag wird eine IP-Adresse einem Namen zugeordnet.

Wenn Sie das Element *Reverse-Lookup-Zonen* erweitern, können Sie den Eintrag für ein Netzwerk markieren (beispielsweise *10.100.100.x Subnet*), dessen PTR-Einträge Sie sehen wollen.

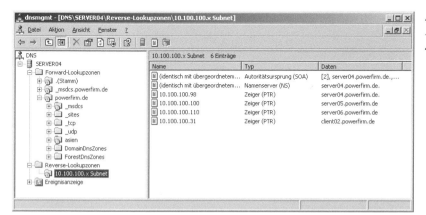

Abb. 9.37: PTR- oder Zeigereinträge

Der *PTR-Eintrag* wird entweder manuell oder dynamisch in die Datenbank eingetragen.

Der SOA-Eintrag

Der *SOA-Eintrag* (Start of Authority) ist der erste Eintrag in einer Zone. Über diesen Eintrag werden verschiedene Parameter definiert, die für diese Zone gelten. Der wichtigste Parameter ist der *Primäre Server*, der festlegt, welcher Namenserver für diese Zone zuständig bzw. autorisiert ist.

Sie können sich die Parameter des SOA-Eintrags anzeigen lassen, indem Sie ein Domänenelement markieren, beispielsweise das Element `powerfirm.de`. Im rechten Fenster wird dann der SOA-Eintrag für diese Domäne angezeigt. Um sich die einzelnen Parameter für den SOA-Eintrag anzeigen zu lassen, müssen Sie das entsprechende Eigenschaftsfenster öffnen (Menü AKTION/ EIGENSCHAFTEN oder einfach einen Doppelklick auf den SOA-Eintrag ausführen).

285

Abb. 9.38:
Eigenschaften
des SOA-
Eintrags

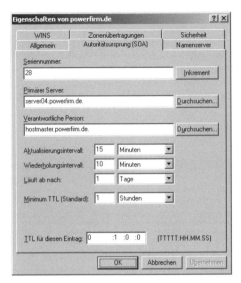

Die Bedeutung der Parameter können Sie der folgenden Tabelle entnehmen.

Tabelle 9.2:
Bedeutung der
Parameter für
den SOA-Ein-
trag

Parameter	Bedeutung
Seriennummer	Über diese Nummer kann kontrolliert werden, ob eine Zonenübertragung notwendig ist. Bei jeder Änderung der Zone wird dieser Wert um 1 erhöht. Anhand der Seriennummer lässt sich überprüfen, ob sich seit der letzten Zonenübertragung die Seriennummer geändert hat. Wenn Sie auf die Schaltfläche AUF klicken, erhöhen Sie die Nummer um 1 und erzwingen damit eine Zonenübertragung.
Primärer Server	Der primäre Server ist der Server, der für diese Zone autorisiert ist.
Verantwortliche Person	Hier sollte die E-Mail-Adresse der Person eingetragen sein, die für diese Zone verantwortlich ist. Standardmäßig ist dort die E-Mail-Adresse des Administrators der Domäne eingetragen, beispielsweise hostmaster.powerfirm.de, wobei die Adresse als voll qualifizierter Domänenname angegeben ist. Das Zeichen @ zwischen Benutzer und Domäne wird durch einen Punkt (».«) ersetzt.
Aktualisierungsintervall	Das Aktualisierungsintervall gibt an, wie oft überprüft wird, ob sich die Zonendaten geändert haben. Der Standardwert beträgt 15 Minuten.
Wiederholungsintervall	Das Wiederholungsintervall gibt an, nach welcher Zeit eine misslungene Zonenübertragung wiederholt werden soll, beispielsweise, weil der Server heruntergefahren war. Der Standardwert beträgt 10 Minuten.

Parameter	Bedeutung
Ablaufzeit (Läuft ab nach)	Wenn ein sekundärer Server keine Aktualisierung von einem Master-Server (meistens ein primärer Server) erhalten kann, werden die Zonendaten nach Ablauf der Zeit im Feld *Läuft ab nach* verworfen und er kann auf Anfragen nicht mehr antworten. Der Standardwert beträgt 1 Tag.
Minimum TLL (Standard)	Die Zeit für *Minimum TLL* gibt die Standard-Lebensdauer für einen Ressourceneintrag an, wenn für diesen Eintrag nicht eine eigene individuelle Zeit angegeben ist.
	Die TTL (Time To Live) hat folgendes Format: `<Tag>:<Stunde>:<Minute>:<Sekunde>`. Der Standardwert beträgt 1 Stunde.
TTL für diesen Eintrag	In diesem Feld können Sie eine TTL angeben, die für diesen konkreten Eintrag gelten soll und von der Zeit *Minimum TLL (Standard)* abweichen kann.

Der Namenserver (NS)-Eintrag

Der *Namenserver (NS)-Eintrag* definiert die Namenserver, die für eine Zone autorisiert sind. Jede Zone hat mindestens einen NS-Eintrag, nämlich den Server, der über den SOA-Eintrag definiert worden ist.

Der Alias-Name- oder CNAME-Eintrag

Über den CNAME-Eintrag (Canonical Name bzw. kanonischer Name) können Sie für einen Host-Eintrag einen Alias-Namen definieren. Dadurch lassen sich einer IP-Adresse nicht nur ein, sondern zwei Namen zuweisen.

Alias-Namen können in verschiedenen Situationen sinnvoll sein, beispielsweise wenn Sie aus irgendwelchen Gründen Rechner austauschen müssen und sich dabei die Namen ändern. Durch einen Alias-Namen bleibt dann für den Anwender der ursprüngliche Name erhalten.

Ein Beispiel, wo Alias-Namen häufig benötigt werden, sind Host-Namen wie www für einen Webserver oder ftp für einen FTP-Server. Für die Anwender wird der Alias-Name www oder ftp erzeugt, aber tatsächlich verbirgt sich ein ganz anderer Rechnername dahinter.

Um einen neuen Alias-Namen anzulegen, gehen Sie wie folgt vor:

1. Markieren Sie in der DNS-Konsole die Domäne, in der sich der Host-Eintrag für den Host befindet, für den Sie einen Alias-Namen anlegen wollen. Wenn die Domäne nicht angezeigt wird, erweitern Sie – wenn nötig – die entsprechenden Elemente, indem Sie auf das Pluszeichen (+) vor dem Element klicken.

2. Klicken Sie im Menü auf AKTION/NEUER ALIAS und geben Sie im Feld *Aliasname* den neuen bzw. zusätzlichen Namen für den Host ein, beispiels-

weise test. Im Feld *Vollqualifizierter Name des Ziel-Hosts* geben Sie
den Host-Namen an, für den Sie den Alias-Namen erstellen wollen, beispielsweise `server04.powerfirm.de`.

*Abb. 9.39:
Alias-Name
(CNAME)
erstellen*

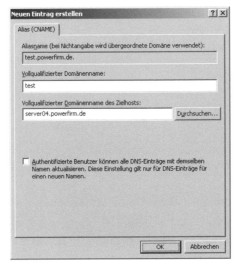

3. Klicken Sie auf die Schaltfläche Oκ, um das Fenster zu schließen und um
   den CNAME-Eintrag zu erstellen. In der DNS-Konsole sehen Sie den neu-
   en Eintrag mit dem Alias-Namen und dem Originalnamen in der Spalte
   Daten.

Bei Abfragen antwortet der DNS-Server dann auf beide Host-Namen mit der
gleichen IP-Adresse.

*Abb. 9.40:
Anzeige von
CNAME- bzw.
Alias-Ein-
trägen*

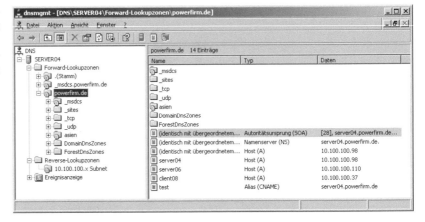

Die SRV-Einträge

Über die *SRV-Einträge* (Dienst-Ressourceneinträge) wird festgelegt, wo ein Domänencontroller oder eine Arbeitsstation beim Anmelden an die Domäne die Position für einen bestimmten Dienst, ein Protokoll oder eine DNS-Domäne findet. Die Eintragung und Pflege der *SRV-Einträge* mit Daten erfolgt automatisch und benötigt in der Regel keinen manuellen Eingriff.

Die *SRV-Einträge* finden Sie in der Hierarchie von DNS als Einträge in den Ordner-Symbolen, die als »Unterordner« eines Domänenelements angelegt sind. Das sind die Elemente _msdcs, _sites, _tcp und _udp.

9.9.5   Einrichten der dynamischen Aktualisierung

Einer der wesentlichen Vorteile des neuen DNS-Servers ab Windows 2000 ist die dynamische Aktualisierung von Einträgen in der DNS-Datenbank (DDNS). Das bedeutet, dass bei Installation eines neuen Clients oder bei einer Änderung der Konfigurationsparameter eines Clients (beispielsweise der IP-Adresse und Subnet-Mask wegen des Verschiebens eines Rechners in ein anderes Subnet) die Daten in der DNS-Datenbank automatisch eingerichtet bzw. geändert werden. Die dynamische Aktualisierung ist in RFC 2136 definiert.

Voraussetzungen für die dynamische Aktualisierung

Damit die dynamische Aktualisierung funktioniert, müssen sowohl auf der Server- als auch auf der Client-Seite bestimmte Voraussetzungen erfüllt sein. Auf der Serverseite ist entweder eine primäre Standardzone oder eine Active Directory-integrierte Zone angelegt und für die dynamische Aktualisierung konfiguriert. Standardmäßig ist die dynamische Aktualisierung für jede Zone voreingestellt.

Die Einstellung können Sie auf dem DNS-Server für jede Zone einzeln vornehmen.

Diese Einstellung müssen Sie auch auf der jeweiligen Reverse-Lookup-Zone durchführen.

1. Starten Sie dazu die DNS-Konsole über START/VERWALTUNG/DNS.

2. Markieren Sie die gewünschte Domäne oder Subdomäne. Erweitern Sie dazu gegebenenfalls das Serverelement entsprechend mit dem Pluszeichen (+).

3. Öffnen Sie das Eigenschaftsfenster der markierten Domäne, indem Sie im Menü auf AKTION/EIGENSCHAFTEN klicken und das Register *Allgemein* aktivieren.

289

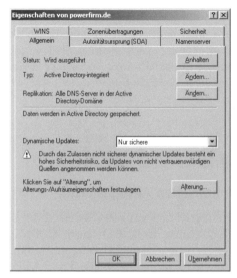

4. Ändern Sie die Auswahl im Auswahlfeld *Dynamische Updates*. Wenn Sie eine primäre Standardzone angelegt haben, können Sie hier nur zwischen den Möglichkeiten *Nicht sichere und sichere* (dynamische Aktualisierung eingeschaltet) und *Keine* (dynamische Aktualisierung ausgeschaltet) auswählen. Bei einer primären Standardzone ist die Einstellung *Nicht sichere und sichere* die Standardeinstellung.

Wenn die Zone im Active Directory integriert ist, haben Sie zusätzlich den Eintrag *Nur sichere* zur Auswahl, was bei einer Active Directory-integrierten Zone die Standardeinstellung ist.

Nur sichere Updates bedeutet, dass innerhalb der Zone nur noch autorisierte Benutzer in der Lage sind, Ressourceneinträge zu ändern. Durch die Integration ins Active Directory stehen für dieses Objekt die üblichen Berechtigungen zur Verfügung, die für Benutzer oder Benutzergruppen vergeben werden können.

Die dynamische Aktualisierung funktioniert nur bei RFC 2136-konformen Clients, das heißt ab Windows 2000. Eine andere Möglichkeit besteht darin, die TCP/IP-Konfiguration über einen DHCP-Server zu realisieren. Damit lassen sich dann sowohl Windows-2000/XP-Clients als auch ältere Clients, wie Windows-NT-4.0- und Windows-9x-Clients für die automatische Aktualisierung konfigurieren. Dazu mehr weiter unten in diesem Abschnitt.

Ereignisse, die den Aktualisierungsprozess anstoßen

Der Aktualisierungsprozess auf den Clients wird grundsätzlich vom *DHCP-Clients-Dienst* angestoßen. Das gilt auch dann, wenn Sie auf dem Client mit statischen IP-Adressen arbeiten und überhaupt keinen DHCP-Server benutzen wollen. Daher muss dieser Dienst immer gestartet sein.

Es gibt verschiedene Ereignisse, die den Aktualisierungsprozess anstoßen:

- Standardmäßig wird alle 24 Stunden vom Client aus der Aktualisierungsprozess für Host-Einträge und PTR-Einträge angestoßen, wenn der Rechner ununterbrochen eingeschaltet ist.

- Beim Einschalten des Rechners.

- Einrichten eines neuen Rechners mit statischer TCP/IP-Konfiguration (IP-Adressen, Subnet-Mask, IP-Adresse für den DNS-Server).

- Änderung der TCP/IP-Konfiguration.

- Die DHCP-Daten werden erneuert.

- Die Aktualisierung wird erzwungen.

Automatische Aktualisierung verhindern

Falls Sie aus irgendeinem Grund (beispielsweise in einer Testumgebung) die automatische Aktualisierung verhindern wollen, können Sie diese auf Windows 2000 bzw. Windows XP deaktivieren. Gehen Sie dazu folgendermaßen vor:

1. Lassen Sie sich die Netzwerkverbindungen anzeigen.

2. Markieren Sie das Symbol *LAN-Verbindung* bzw. den Namen der entsprechenden Netzwerkkarte, öffnen Sie das Kontext-Menü (Rechtsklick) und klicken Sie auf den Eintrag *Eigenschaften*.

3. Markieren Sie die Komponente *Internetprotokoll (TCP/IP)* und klicken Sie auf die Schaltfläche EIGENSCHAFTEN.

4. In den TCP/IP-Eigenschaften klicken Sie auf die Schaltfläche ERWEITERT und aktivieren das Register *DNS* (vgl. Abbildung 9.42).

5. Deaktivieren Sie die Option *Adressen dieser Verbindung in DNS registrieren*.

Ohne einen Neustart des Rechners durchführen zu müssen, wird ab sofort kein Ereignis die Aktualisierung automatisch anstoßen. Die einzige Ausnahme ist, wenn Sie manuell eine Aktualisierung erzwingen.

Abb. 9.42:
Register DNS
in den TCP/IP-
Eigenschaften

Abb. 9.42:
Register DNS
in den TCP/IP-
Eigenschaften

Aktualisierung erzwingen

Um bei Windows-2000/XP-Clients die Registrierung zu erzwingen, können Sie das Programm `ipconfig` verwenden. Ab Windows 2000 gibt es dafür einen neuen Parameter. Mit `ipconfig /registerdns` wird die erneute Registrierung erzwungen.

9.9.6 Dynamische Aktualisierung mit DHCP einrichten

Normalerweise wird die dynamische Aktualisierung bei Windows-2000/XP-Rechnern bei statischen IP-Adressen durchgeführt. Aber auch in Verbindung mit dem Windows-Server-2003-DHCP-Server werden die Namen und IP-Adressen in der Datenbank des DNS-Servers dynamisch aktualisiert.

Ein DHCP-Server unter Windows NT 4.0 unterstützt die dynamische Aktualisierung nicht.

Konfiguration des DHCP-Servers für Windows-2000-Clients

Damit Clients, die ihre TCP/IP-Konfiguration über den Windows-Server-2003-DHCP-Server erhalten, dynamisch aktualisiert werden können, müssen die beiden folgenden Optionen konfiguriert sein:

- Option *006 DNS-Server*

  Diese Option konfiguriert auf dem Client die IP-Adresse des zuständigen DNS-Servers. Sie können auch mehrere DNS-Server angeben.

Option *015 DNS-Domänenname*

Diese Option konfiguriert den Domänennamen, der benutzt wird, wenn Sie nur den Host-Namen auflösen wollen, das heißt einen nicht-qualifizierten Domänennamen.

Wenn Sie dann später bei Befehlen wie `ping` nur den Host-Namen angeben, wird an den Host-Namen der Domänenname angehängt, um daraus einen voll qualifizierten Domänennamen zu machen, der für jede Namensauflösung unbedingt erforderlich ist.

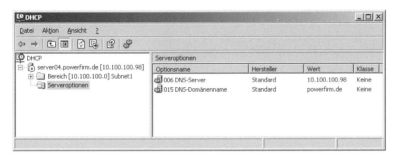

Abb. 9.43:
Konfigurierte
DNS-Optionen

Sie können die beiden Optionen als Server- oder Bereichsoption konfigurieren. Näheres zur Konfiguration von Optionen finden Sie in den Abschnitten über den Windows-Server-2003-DHCP-Server.

Auf dem Windows-Server-2003-DHCP-Server gibt es noch weitere wichtige Einstellungen in Zusammenhang mit der dynamischen Aktualisierung von Clients.

Dazu müssen Sie die Eigenschaften des DHCP-Servers oder eines einzelnen Bereichs bearbeiten. Wenn Sie die Eigenschaften des DHCP-Servers bearbeiten, werden die Einstellungen automatisch auf alle Bereiche übertragen, die auf dem DHCP-Server eingerichtet sind.

Um die Eigenschaften des DHCP-Servers oder eines einzelnen Bereichs zu bearbeiten, gehen Sie wie folgt vor:

1. Starten Sie die DHCP-Konsole über START/VERWALTUNG/DHCP.

2. Markieren Sie den Server, dessen Eigenschaften Sie ändern wollen. Wenn Sie Eigenschaften eines einzelnen Bereichs ändern wollen, markieren Sie den entsprechenden Bereich. Wenn notwendig, müssen Sie über das Plus-Zeichen (+) vor dem Serverelement dieses Element erweitern, um die Bereiche zu sehen.

3. Klicken Sie im Menü auf AKTION/EIGENSCHAFTEN und aktivieren Sie das Register *DNS*.

293

4. Achten Sie darauf, dass die Option *Dynamische DNS-Updates mit den unten angegebenen Einstellungen aktualisieren* aktiviert ist. Ansonsten funktioniert die dynamische Aktualisierung über den DHCP-Server nicht.

Abb. 9.44:
DNS-Eigen-
schaften des
DHCP-Servers

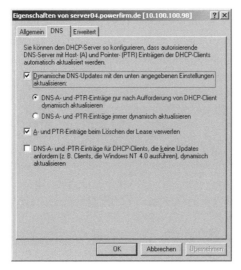

5. Für diese Option haben Sie dann noch die Wahl zwischen der Unteroption *DNS-A- und -PTR-Einträge nur nach Aufforderung von DHCP-Client aktualisieren* (Standardeinstellung) und *DNS-A- und -PTR-Einträge immer dynamisch aktualisieren*.

Wenn Sie wollen, dass die Aktualisierung der A- und PTR-Einträge gemäß der Client-Anforderung erfolgen soll, wählen Sie die Option *DNS-A- und -PTR-Einträge nur nach Aufforderung von DHCP-Client aktualisieren*. Wenn Sie wollen, dass unabhängig von der Client-Anforderung die Aktualisierung der A- und PTR-Einträge immer erfolgen soll, wählen Sie die Option *DNS-A- und -PTR-Einträge immer dynamisch aktualisieren*.

6. Standardmäßig ist die nächste Option *A- und PTR-Einträge beim Löschen der Lease verwerfen* aktiviert. Diese Option sorgt dafür, dass bei Ablauf der Lease der A- und PTR-Eintrag auf dem DNS-Server gelöscht wird.

7. Das Aktivieren der Option *DNS-A- und -PTR-Einträge für DHCP-Clients, die keine Updates anfordern (z.B. Clients, die Windows NT 4.0 ausführen), dynamisch aktualisieren* hat zur Folge, dass der DHCP-Server für Clients auf Basis von Windows NT 4.0 und Windows 9x die dynamische Aktualisierung durchführt. Diese Option ist standardmäßig deaktiviert.

Zur Erinnerung: Diese Eigenschaften gelten entweder für alle Bereiche des DHCP-Servers, wenn Sie die Servereigenschaften ändern, oder nur für einen einzelnen Bereich, wenn Sie die Bereichseigenschaften des entsprechenden Bereichs ändern.

Konfiguration des DHCP-Servers für ältere Windows-Clients

Wenn Sie den Windows-Server-2003-DHCP-Server benutzen, können Sie auch für Clients, welche die dynamische Aktualisierung nicht unterstützen (beispielsweise Windows-NT-4.0- und Windows-9x-Clients), eine quasi dynamische Aktualisierung realisieren. Bei diesem Verfahren handelt der DHCP-Server sozusagen im Namen des Clients und übernimmt den Prozess der dynamischen Aktualisierung bei den DNS-Servern, die für die Zone, in der sich der Rechner befindet, autorisiert sind.

Damit der DHCP-Server für ältere Clients die dynamische Aktualisierung auf dem DNS-Server durchführen kann, müssen Sie die Bereichs- oder Servereigenschaften des DHCP-Servers entsprechend konfigurieren. Es muss sich dabei ebenfalls um einen Windows-Server-2003-DHCP-Server handeln.

Vergleichen Sie dazu die einzelnen Arbeitsschritte aus dem vorherigen Abschnitt. Achten Sie besonders darauf, dass der Schritt 7 durchgeführt wird, in dem die Option *DNS-A- und -PTR-Einträge für DHCP-Clients, die keine Updates anfordern (z.B. Clients, die Windows NT 4.0 ausführen), dynamisch aktualisieren* aktiviert wird.

Die Aktualisierung können Sie bei den älteren Clients über die folgenden Befehle erzwingen:

Bei Windows-NT-4.0-Clients:

```
ipconfig /release
```

```
ipconfig /renew
```

Bei Windows-9x- oder Windows-ME-Clients:

```
winipcfg
```

9.10   Arbeiten mit mehreren DNS-Servern

Sie können weitere DNS-Server in Ihrem Netzwerk einrichten. Wenn Sie einen primären DNS-Server eingerichtet haben, ist es sinnvoll, zusätzlich einen sekundären DNS-Server zu installieren (Fehlertoleranz). Das ist aber nur notwendig, wenn Sie DNS-Server einsetzen, deren Zonen nicht im Active Directory integriert sind. Normalerweise gilt die Empfehlung, Zonen im Active Directory zu integrieren.

Der Vorteil von Active Directory-integrierten Zonen ist, dass alle in einem Netzwerk vorhandenen DNS-Server, die auf einem Domänencontroller ausgeführt werden, die Zonen verändern können. Alle im Active Directory gespeicherten Zonen werden wie *primäre Zonen* behandelt.

Der Grund dafür ist, dass jeder Domänencontroller im Active Directory eine Kopie des Active Directory seiner eigenen Zone enthält. Alle Änderungen auf irgendeinem Domänencontroller der Zone werden auf alle anderen Domänencontroller der Domäne repliziert. Das wird als *Multi-Master-Replikation* bezeichnet, da Änderungen somit auf jedem beliebigen Domänencontroller in der Zone vorgenommen werden können. Bei der Replikation werden nur die Änderungen repliziert und nicht die kompletten Zonendaten. Durch dieses Konzept des Active Directory sind sekundäre DNS-Server praktisch nicht mehr nötig.

Es ist möglich, eine primäre oder sekundäre Zone in eine Active Directory-integrierte Zone umzuwandeln. Auch der umgekehrte Weg ist möglich.

Sie finden den entsprechenden Menüpunkt im Eigenschaftsfenster des Zonen-Elements in der DNS-Konsole. Aktivieren Sie das Register *Allgemein* und klicken Sie auf die Schaltfläche ÄNDERN.

Abb. 9.45: Zonentyp ändern

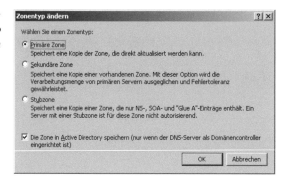

9.10.1   Sekundären Namenserver einrichten

Wenn Sie mit dem Active Directory arbeiten, werden – wie bereits erwähnt – die Zonen im Active Directory gespeichert, wenn Sie den Zonentyp *Primäre Zone* wählen, mit aktiviertem Kontrollkästchen *Die Zone in Active Directory speichern*. Da das die empfohlene Methode ist und die Zonendaten automatisch auf alle Domänencontroller repliziert werden, erübrigt sich eigentlich die Einrichtung eines sekundären DNS-Servers.

296

Es gibt aber Situationen, in denen das Anlegen eines sekundären DNS-Servers trotzdem sinnvoll ist. Wenn Sie an einem Remote-Standort zur Namensauflösung statt eines Domänencontrollers einen sekundären DNS-Server einsetzen, der eine Kopie der Active Directory-integrierten Zonendatei enthält, können Sie so den Netzwerkverkehr reduzieren.

9.10.2 Cache-Namenserver einrichten

Ein Cache-Namenserver hat nur die Aufgabe, die Abfragen von Clients zwischenzuspeichern (Cache-Speicher). Der Cache-Namenserver lädt keine Zonen wie die anderen Namenserver. Er kann die anderen Namenserver mit Netz entlasten und eignet sich daher gut in einer WAN-Umgebung. Durch den Cache-Namenserver kann die Benutzung der langsamen WAN-Leitung reduziert werden.

Beachten Sie bitte, dass dieser DNS-Server direkt nach dem Hochfahren keine Anfragen von Clients beantworten kann, da sein Zwischenspeicher noch leer ist. Erst über die bereits einmal beantworteten Fragen anderer DNS-Server wird der Cache-Speicher nach und nach aufgebaut. Die Einträge werden im Cache-Speicher abgelegt und stehen bei erneuten Anfragen wieder zur Verfügung. Die TTL (Time To Live) ist auf eine Stunde voreingestellt. Nach Ablauf dieser Zeit werden die Einträge im Cache-Speicher wieder verworfen. Über die Eigenschaften des Servers kann die Zeit aber nach Bedarf beliebig angepasst werde.

Nachfolgend wird beschrieben, wie Sie einen DNS-Server installieren können, der als Cache-Namenserver verwendet wird:

1. Installieren Sie den DNS-Serverdienst, wie bereits weiter oben beschrieben.

Auch für einen Cache-Namenserver sollten Sie nur mit statischen IP-Adressen arbeiten.

Eine Konfiguration im herkömmlichen Sinn ist nicht erforderlich. Legen Sie keine Zonen oder Ähnliches an. Das einzige, was Sie überprüfen müssen, sind die *Stammhinweise*.

2. Starten Sie die DNS-Konsole über START/VERWALTUNG/DNS und markieren Sie das Element des Servers.

3. Klicken Sie im Menü AKTION auf EIGENSCHAFTEN und aktivieren Sie das Register *Stammhinweise*. Hier sollte der Stamm-Server für die Domäne eingetragen sein. Wenn Sie mehrere Namenserver als Stamm-Server konfiguriert haben, müssen Sie diese hier ebenfalls eintragen.

Damit ist der Cache-Server bereits vollständig installiert und konfiguriert. Auf der Client-Seite müssen Sie nur noch in den TCP/IP-Eigenschaften diesen DNS-Server angeben, damit er für die Namensauflösung verwendet werden kann.

9.11   Die Installation der DNS-Clients

Wenn Sie einen Rechner als Client für einen DNS-Server installieren, müssen Sie sich die folgenden Fragen stellen:

1. Wie kommen die Host- bzw. A-Einträge und PTR-Einträge in die Datenbank des DNS-Servers?

2. Wie können die Namen, die im DNS-Server gespeichert sind, in die IP-Adresse aufgelöst werden?

Für die Frage 1 kommen zwei Wege in Frage, *manuell* oder *dynamisch*. Das manuelle Eintragen eines neuen Host-Eintrags und gegebenenfalls eines PTR-Eintrags ist weiter oben im Abschnitt über die Konfiguration der Ressourceneinträge beschrieben (vgl. Abschnitt *Host-Eintrag*).

Am besten ist es natürlich, wenn die Einträge dynamisch eingetragen und damit auch dynamisch aktualisiert werden. Das funktioniert bei Windows-2000/XP-Rechnern wie bereits ausführlich beschrieben sowohl bei einer TCP/IP-Konfiguration mit statischen IP-Adressen als auch über die TCP/IP-Konfiguration mit dem Windows-Server-2003-DHCP-Server.

Bei älteren Windows-Clients erfolgt die dynamische Aktualisierung ausschließlich über einen entsprechend konfigurierten Windows-Server-2003-DHCP-Server (vgl. Abschnitt über die Konfiguration der dynamischen Aktualisierung mit dem DHCP-Server weiter oben).

Dieser Abschnitt beschäftigt sich daher vor allem mit der zweiten Frage, in der es darum geht, wie ein Client konfiguriert sein muss, damit er Anfragen an den zuständigen bzw. autorisierten DNS-Server senden kann.

Um eine Verbindung zu einem DNS-Server herzustellen, brauchen Sie eine funktionierende TCP/IP-Konfiguration. Diese erhalten Sie entweder, indem Sie den Rechner als DHCP-Client installieren (vgl. den entsprechenden Abschnitt in dem Kapitel über DHCP-Client-Installation) oder über die manuelle Einrichtung der TCP/IP-Konfiguration. Das wird im Folgenden für die wichtigsten Clients beschrieben.

9.11.1 Windows-2000-Rechner als DNS-Client einrichten

Um einen Windows-2000-Rechner als DNS-Client zu installieren, gehen Sie wie folgt vor:

1. Wählen Sie START/EINSTELLUNGEN/NETZWERK UND DFÜ-VERBINDUNGEN, um das gleichnamige Fenster zu öffnen.

2. Markieren Sie das Symbol LAN-VERBINDUNG, öffnen Sie das Kontextmenü (Rechtsklick) und klicken Sie auf den Eintrag EIGENSCHAFTEN, um das Fenster *Eigenschaften von LAN-Verbindung* zu öffnen.

3. Markieren Sie die Komponente *Internetprotokoll (TCP/IP)* und klicken Sie anschließend auf die Schaltfläche EIGENSCHAFTEN.

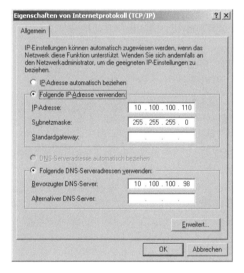

Abb. 9.46: Eigenschaften von Internetprotokoll (TCP/IP)

4. Im Fenster *Eigenschaften von Internetprotokoll (TCP/IP)* geben Sie im unteren Teil des Fensters bei *Bevorzugter DNS-Server* die IP-Adresse des DNS-Servers ein, der für die aktuelle Domäne autorisiert ist (beispielsweise der primäre DNS-Server).

5. Im Feld *Alternativer DNS-Server* geben Sie die Adresse eines DNS-Servers ein, der verwendet werden soll, wenn der bevorzugte Server nicht verfügbar ist.

Wenn Sie Ihren Windows-2000-Rechner als DHCP-Client eingerichtet haben, können Sie wählen, ob Sie die DNS-Adressen automatisch beziehen (entsprechende Option im Eigenschaftsfenster von TCP/IP) oder manuell eingeben wollen. Wenn Sie den Rechner als DHCP-Client eingerichtet haben, der alle Daten inklusive DNS-Serveradressen vom DHCP-Server bezieht, haben die manuell eingegebenen Adressen Vorrang.

6. Wenn Sie darüber hinaus weitere DNS-Server eingeben wollen, klicken Sie auf die Schaltfläche ERWEITERT und aktivieren Sie das Register *DNS*. In diesem Fenster finden Sie unter *DNS-Serveradressen in Verwendungsreihenfolge* die bereits eingegebenen DNS-Server.

Über die Schaltfläche HINZUFÜGEN öffnen Sie ein Fenster, in dem Sie eine weitere Adresse für einen DNS-Server eingeben können. Über die Pfeile lässt sich die Reihenfolge der Server ändern, was sich auch auf die bereits gemachten Eingaben auswirken kann.

Abb. 9.47:
Register DNS

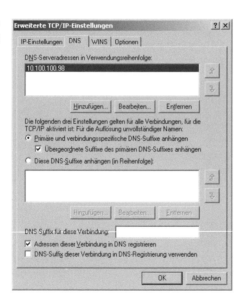

7. Klicken Sie jeweils auf OK, um die Fenster zu schließen.

Ein Neustart des Rechners ist nicht erforderlich. Nach kurzer Zeit wird der Host-Name mit seiner IP-Adresse automatisch in der Datenbank des autorisierten DNS-Servers gespeichert.

9.11.2   Windows-NT-4.0-Clients als DNS-Client einrichten

Um einen Windows-NT-4.0-Rechner als Client für einen DNS-Server zu konfigurieren, gehen Sie wie folgt vor:

1. Öffnen Sie das Fenster *Netzwerk* über START/EINSTELLUNGEN/SYSTEMSTEU-ERUNG und machen Sie dort einen Doppelklick auf das Symbol NETZWERK.

2. Aktivieren Sie das Register *Protokolle* und markieren Sie das Protokoll *TCP/IP*.

3. Klicken Sie auf die Schaltfläche EIGENSCHAFTEN und achten Sie darauf, dass das Register *IP-Adresse* aktiviert ist.

4. Aktivieren Sie das Register *DNS*. Im Textfeld *Host-Name* wird standardmäßig der Rechnername eingetragen, den Sie bei der Installation von Windows NT eingegeben haben. Der Name entspricht dem NetBIOS-Namen. Bei Bedarf können Sie hier den Host-Namen ändern.

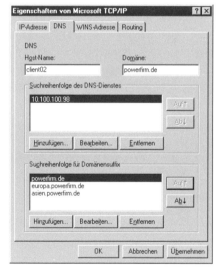

Abb. 9.48:
Register DNS

5. Im Feld *Domäne* geben Sie, wenn Sie kein DHCP aktiviert haben, den Namen der Domäne ein, beispielsweise `powerfirm.de`.

6. Über die Schaltfläche HINZUFÜGEN unter dem Feld *Suchreihenfolge des DNS-Dienstes* können Sie eine oder mehrere IP-Adressen von DNS-Servern speichern. Mit den Schaltflächen AUF und AB bestimmen Sie die Reihenfolge der Server bei der Abfrage. Der erste Eintrag sollte dem primären DNS-Server dieser Domäne entsprechen.

7. Unter dem Feld *Suchreihenfolge für Domänen-Suffix* können Sie über die Schaltfläche HINZUFÜGEN Domänennamen hinzufügen, die als Domänensuffix bezeichnet werden. Diese Domänennamen werden dann automatisch an den Host-Namen angehängt, falls Sie bei Befehlen – wie beispielsweise `ping` – nur den Host-Namen angeben. (`ping client02` wird dann automatisch in `ping client02.powerfirm.de` umgesetzt.)

Geben Sie hier die verschiedenen Domänennamen an, die in Ihrem Netzwerk relevant sind. Die Eintragung hat nichts mit der tatsächlichen Domänenzugehörigkeit zu tun, sondern vereinfacht nur die Arbeit mit verschiedenen Befehlen.

Falls sich im Rechner mehrere Netzwerkkarten befinden, müssen Sie die beschriebenen Schritte zur Einstellung für jede Netzwerkkarte durchführen. Um eine andere Netzwerkkarte auswählen zu können, verwenden Sie das Drop-down-Feld.

8. Klicken Sie dann jeweils auf OK, um die Fenster zu schließen. Danach ist ein Neustart des Rechners erforderlich.

Nach dem Neustart des Rechners können Sie die DNS-Datenbank zum Auflösen von Host-Namen verwenden. Wenn Sie den Rechner nicht als DHCP-Client installiert haben, wird die eigene Adresse dieses Rechners nicht dynamisch in die DNS-Datenbank eingetragen. Das müssen Sie dann manuell vornehmen (vgl. dynamische Aktualisierung mit DHCP weiter oben in diesem Kapitel).

9.11.3   Windows-XP-Rechner als DNS-Client einrichten

Um einen Windows-XP-Rechner als DNS-Client zu konfigurieren, gehen Sie wie folgt vor:

1. Öffnen Sie die Systemsteuerung über START/SYSTEMSTEUERUNG.

2. Wählen Sie die Kategorie NETZWERK- UND INTERNETVERBINDUNGEN.

3. Klicken Sie im unteren Teil des Fensters auf das Systemsteuerungssymbol NETZWERKVERBINDUNGEN, um sich die aktuellen LAN-Verbindungen anzeigen zu lassen.

4. Markieren Sie das Symbol für die LAN-Verbindung, öffnen Sie das Kontextmenü und klicken Sie auf den Eintrag *Eigenschaften*.

5. Im Register *Allgemein* markieren Sie das Element *Internetprotokoll (TCP/IP)* und klicken dann auf die Schaltfläche EIGENSCHAFTEN.

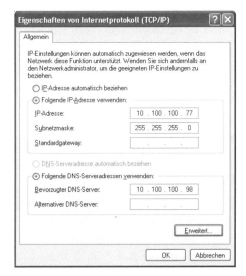

Abb. 9.49:
Eigenschaften
von Internet-
protokoll
(TCP/IP)

6. Im Fenster *Eigenschaften von Internetprotokoll (TCP/IP)* geben Sie im unteren Teil des Fensters bei *Bevorzugter DNS-Server* die IP-Adresse des DNS-Servers ein, der für die aktuelle Domäne autorisiert ist (beispielsweise der primäre DNS-Server).

7. Im Feld *Alternativer DNS-Server* geben Sie die Adresse eines DNS-Servers ein, der verwendet werden soll, wenn der bevorzugte Server nicht verfügbar ist.

Wenn Sie Ihren Windows-XP-Rechner als DHCP-Client eingerichtet haben, können Sie wählen, ob Sie die DNS-Adressen automatisch beziehen (entsprechende Option im Eigenschaftsfenster von TCP/IP) oder manuell eingeben wollen. Wenn Sie den Rechner als DHCP-Client eingerichtet haben, der alle Daten inklusive DNS-Serveradressen vom DHCP-Server bezieht, haben die manuell eingegebenen Adressen Vorrang.

8. Wenn Sie darüber hinaus weitere DNS-Server eingeben wollen, klicken Sie auf die Schaltfläche ERWEITERT und aktivieren Sie das Register *DNS*. In diesem Fenster finden Sie dann unter DNS-SERVERADRESSEN in Verwendungsreihenfolge die bereits eingegebenen DNS-Server.

Über die Schaltfläche HINZUFÜGEN öffnen Sie ein Fenster, in dem Sie eine weitere Adresse für einen DNS-Server eingeben können. Über die Pfeile lässt sich die Reihenfolge der Server ändern, was sich auch auf die bereits getätigten Eingaben auswirken kann.

303

9. Klicken Sie in den Fenstern jeweils auf OK bzw. SCHLIESSEN, um diese wieder zu schließen.

Damit die neuen Einstellungen verwendet werden können, bedarf es keines Neustarts des Rechners. Danach werden der Computername und die IP-Adresse des Rechners automatisch in der Datenbank des autorisierten DNS-Servers gespeichert.

9.11.4   Windows-ME-Rechner als DNS-Client einrichten

Um einen Windows-ME-Rechner als Client für einen DNS-Server zu konfigurieren, gehen Sie wie folgt vor:

1. Öffnen Sie über START/EINSTELLUNGEN/SYSTEMSTEUERUNG die *Systemsteuerung* und doppelklicken Sie auf das Symbol NETZWERK.

Falls das Symbol NETZWERK in der Systemsteuerung nicht angezeigt wird, klicken Sie einfach auf den Text *zeigen Sie alle Optionen der Systemsteuerung an*, der sich auf der linken Seite des Fensters *Systemsteuerung* befindet. Danach wird in der Systemsteuerung das Symbol NETZWERK angezeigt.

2. Achten Sie darauf, dass im Fenster *Netzwerk* das Register *Konfiguration* aktiviert ist, und markieren Sie dort den Eintrag *TCP/IP* bzw. *TCP/IP -> <Netzwerkkarte>*, wobei *<Netzwerkkarte>* für den Namen der Netzwerkkarte steht, an die TCP/IP gebunden ist.

Sie finden immer dann mehrere Einträge für TCP/IP, wenn entweder mehrere Netzwerkkarten in Ihrem Rechner eingebaut sind oder Sie einen DFÜ-Adapter für ein Modem, eine ISDN-Karte oder Ähnliches installiert haben. Damit ist es möglich, die TCP/IP-Einstellungen für jedes Gerät einzeln vorzunehmen.

3. Klicken Sie auf die Schaltfläche EIGENSCHAFTEN, um das Fenster *Eigenschaften von TCP/IP* zu öffnen.

4. Wählen Sie das Register *DNS-Konfiguration* und aktivieren Sie die Option *DNS aktivieren*.

Abb. 9.50:
Register DNS-
Konfiguration

5. Im Feld *Host* geben Sie den Host-Namen ein, beispielsweise `Client03`. Dieser sollte am besten dem Rechnernamen entsprechen, den Sie bei der Installation angegeben haben. Sie können aber auch einen anderen Host-Namen eingeben.

6. Im Feld *Domäne* sollten Sie, wenn Sie den Rechner nicht als DHCP-Client installiert haben, den Namen Ihrer Domäne eingeben, beispielsweise `powerfirm.de`.

7. Um die IP-Adresse eines DNS-Servers einzugeben, verwenden Sie das entsprechende Feld unter *Suchreihenfolge für DNS-Server* und klicken Sie anschließend auf die Schaltfläche HINZUFÜGEN.

8. Um weitere IP-Adressen hinzuzufügen, beispielsweise für den sekundären DNS-Server, wiederholen Sie entsprechend den Schritt 7.

9. Unter dem Feld *Suchreihenfolge für Domänen-Suffix* können Sie über die Schaltfläche HINZUFÜGEN Domänennamen hinzufügen, die als Domänen-Suffix bezeichnet werden. Diese Domänennamen werden dann automatisch an den Host-Namen angehängt, falls Sie bei Befehlen – wie beispielsweise `ping` – nur den Host-Namen angeben. (`ping client03` wird dann etwa automatisch in `ping client03.powerfirm.de` umgesetzt.)

Geben Sie hier die verschiedenen Domänennamen an, die in Ihrem Netzwerk relevant sind. Die Eintragung hat nichts mit der tatsächlichen Domänenzugehörigkeit zu tun, sondern vereinfacht nur die Arbeit mit verschiedenen Befehlen.

305

10. Klicken Sie in den Fenstern jeweils auf OK, um diese wieder zu schließen. Damit die neuen Einstellungen verwendet werden können, ist ein Neustart des Rechners erforderlich.

Danach können Sie den DNS-Server zur Auflösung von Domänennamen verwenden. Wenn Sie den Rechner nicht als DHCP-Client installiert haben, wird der Host-Name dieses Rechners mit seiner IP-Adresse nicht in der DNS-Datenbank dynamisch angelegt und aktualisiert. Sie müssen dann den Host-Namen manuell auf dem DNS-Server anlegen.

9.11.5 Testen der Client-Installation

Nachdem Sie die Client-Installation durchgeführt haben, sollten Sie diese testen. Zum einen sollten Sie überprüfen, ob der Client zur Auflösung von Host-Namen den DNS-Server findet. Und zum anderen sollten Sie testen, ob der Host-Name des installierten Clients selbst über DNS in seine IP-Adresse aufgelöst werden kann. Wenn Sie allerdings einen Client installiert haben, der nicht für die dynamische Aktualisierung konfiguriert ist bzw. diese nicht unterstützt, müssen Sie vorher für diesen Host einen A-Eintrag und eventuell den entsprechenden PTR-Eintrag in der DNS-Datenbank anlegen.

Zum Testen der Client-Installation gibt es verschiedene Tools, die Sie verwenden können. Das Standardprogramm zum Testen der DNS-Konfiguration ist das Programm nslookup. Falls Sie auf Probleme stoßen, können Sie die aktuellen Einstellungen Ihres Rechners mit den Programmen ipconfig (Windows-NT-4.0- und Windows-2000-Rechner) bzw. winipcfg (Windows-9x- und Windows-ME-Rechner) überprüfen.

Mit dem Programm nslookup können Sie die DNS-Installation testen. Um festzustellen, ob der DNS-Server gefunden wird und die Auflösung in die IP-Adresse funktioniert, geben Sie einfach in der Eingabeaufforderung folgenden Befehl ein:

nslookup <Host-Name>

Um beispielsweise zu testen, ob der Rechner mit dem Namen Client02 vom DNS-Server aufgelöst wird, geben Sie den folgenden Befehl ein:

nslookup client02 oder nslookup client02.powerfirm.de

Abb. 9.51:
nslookup
client02

Das Programm sollte als Ergebnis den Namen und die IP-Adresse des DNS-Servers zurückgeben, der die Auflösung vorgenommen hat.

Als weitere Informationen erhalten Sie den voll qualifizierten Rechnernamen und die IP-Adresse des Host-Namens, den Sie auflösen wollten.

Das Programm `nslookup` bietet eine weitere interessante Testmöglichkeit. Sie können – sofern installiert – auch die PTR-Einträge testen. Das bedeutet, dass Sie die IP-Adresse eines Rechners eingeben und kontrollieren, ob diese dann in den Host-Namen aufgelöst werden kann.

Dazu geben Sie bitte folgenden Befehl ein:

`nslookup <IP-Adresse>`

Um beispielsweise zu testen, welcher Host-Name der IP-Adresse 10.100.100.31 zugeordnet ist, geben Sie den folgenden Befehl ein:

`nslookup 10.100.100.31`

Abb. 9.52:
nslookup
10.100.100.31

Das Programm gibt als Ergebnis wieder den Namen und die IP-Adresse des DNS-Servers zurück, der die Auflösung vorgenommen hat.

Als weitere Information erhalten Sie wiederum den voll qualifizierten Rechnernamen und die IP-Adresse des Host-Namens, den Sie auflösen wollten.

Wenn beide Befehle erfolgreich waren, wissen Sie, dass sowohl die TCP/IP-Konfiguration des entsprechenden Rechners funktioniert als auch der DNS-Server korrekt arbeitet. Außerdem wissen Sie, dass der Rechner korrekt in der Datenbank registriert ist.

9.12 Zusammenfassung

Alternativ zu den NetBIOS-Namen, die für einen Rechner verwendet werden können, gibt es die Host-Namen. Letztere haben gegenüber den NetBIOS-Namen einige Vorteile:

 - Sie gelten auch im Internet.

 - Sie können bis zu 255 Zeichen lang sein.

 - Hierarchische Strukturen können damit abgebildet werden.

Für die Namensauflösung besteht die Möglichkeit, eine statische, lokale Datei zu verwenden, die Datei *HOSTS*. Diese wird ähnlich verwendet wie die Datei *LMHOSTS* für NetBIOS-Namen. Die zweite Möglichkeit für die Auflösung von Host-Namen ist ein DNS-Server.

Domänen von Firmen, beispielsweise `powerfirm.de`, sind ein Teil des Domänennamensraums (oder Domain Name Space), der einer Baumstruktur ähnelt. Dieser Domänennamensraum ist in der Lage, das gesamte Internet abzubilden. Er beginnt mit der Root- oder Punktdomäne, dann folgen die Top Level Domains (beispielsweise `.de`, `.com`) und die Second Level Domains (beispielsweise `microsoft` oder `powerfirm`). Nach dieser Ebene folgen entweder die Hosts (beispielsweise `server01` oder `www`) oder die Struktur verzweigt sich weiter über Subdomänen.

Über diese Struktur lassen sich die voll qualifizierten Domänennamen ableiten, die für die Eindeutigkeit jedes Host-Namens im Internet sorgen (beispielsweise `server01.powerfirm.de`).

Der DNS-Server hat dabei die Aufgabe, die Host-Namen in die jeweiligen IP-Adressen aufzulösen. mit der Datenbank, in der sich Host-Name und IP-Adressen befinden. Der Client stößt eine Abfrage an den Namenserver an, die über den so genannten Resolver oder Auflösungsdienst erfolgt.

Es werden die folgenden Namenserver unterschieden:

 - Primärer Namenserver

   Der Namenserver, auf dem die Zonendatei gespeichert wird, wenn eine neue Zone angelegt wird.

 - Sekundärer Namenserver

   Der sekundäre Namenserver erhält regelmäßig über die Zonenübertragung eine Nur-Lese-Kopie der primären Zonendatei, um den primären Namenserver bei der Beantwortung der Clientanfragen zu entlasten und eine gewisse Fehlertoleranz zu bieten.

Master-Namenserver

Als Master-Namenserver wird der Namenserver bezeichnet, der mit seiner
Zonendatei als Quelle bei der Zonenübertragung dient. Es handelt sich dabei in der Regel um einen primären Namenserver, es kann sich aber auch
um einen sekundären Namenserver handeln.

Namenserver auf Domänencontroller (Active Directory-integriert)

Ab Windows 2000 mit Active Directory ist es möglich, die Zonendatei als
Objekt im Active Directory zu speichern und durch die Active Directory-
übliche Replikation auf andere Domänencontroller zu übertragen.

Cache-Namenserver

Ein Cache-Namenserver dient ausschließlich der Beantwortung von Abfragen und kann den primären Namenserver entlasten. Da er keine Zonendatei enthält, bezieht er seine Daten ausschließlich aus bereits einmal
aufgelösten Namen.

Die eigentliche Auflösung, bei der die Host-Namen in IP-Adressen aufgelöst
werden, lässt sich in die folgenden Typen unterteilen:

Rekursive Abfragen

Abfragen, die direkt an den lokalen Namenserver gerichtet werden.

Iterative Abfragen (Forward-Lookup-Abfrage)

Abfragen, die an übergeordnete Namenserver gerichtet werden, um den
Namenserver zu finden, der letztlich die Zonendatei mit dem gesuchten
Host enthält.

Inverse Abfragen (Reverse-Lookup-Abfrage)

Eine umgekehrte Abfrage, in der die IP-Adresse in den Host-Namen aufgelöst wird.

Der DNS-Server von Windows 2000 bietet im Gegensatz zu Windows NT 4.0
dynamisches DNS. Er hat darüber hinaus eine Reihe von weiteren Vorteilen,
insbesondere auch die Integration der Zonendatei im Active Directory. Das
vereinfacht die Verwaltung und erhöht die Verfügbarkeit des DNS-Servers.

Die dynamische Registrierung und die Aktualisierung der Einträge in der Zonendatei werden standardmäßig nur von Windows-2000-Clients unterstützt.
Über den Einsatz des Windows-2000-DHCP-Servers können aber auch die
Host-Namen älterer Betriebssysteme wie Windows 9x und Windows NT
dynamisch registriert und aktualisiert werden.

309

9.13   Fragen zur Wiederholung

1. Was ist der Unterschied zwischen Host- und NetBIOS-Namen?

2. Was ist der Unterschied zwischen einem Host-Namen und einem voll qualifizierten Domänennamen?

3. Wozu wird die Datei *HOSTS* benötigt?

4. Was versteht man unter einem Resolver?

5. Was ist der Unterschied zwischen einer rekursiven und einer iterativen Abfrage?

6. Was versteht man unter einer Reverse-Lookup-Abfrage?

7. Welche Vorteile hat der DNS-Server ab Windows 2000 Server gegenüber der Vorgängerversion?

8. Welche Voraussetzungen müssen erfüllt sein, damit auch Clients ohne Windows 2000/XP dynamisch registriert werden können, oder ist das gar nicht möglich?

9. Was ist der Unterschied zwischen einer primären, sekundären und einer Active Directory-integrierten Zonendatei?

10. Was ist ein Cache-Namenserver und wozu wird er benötigt?

11. Was ist der Unterschied zwischen einer Domäne und einer Zone?

12. Was versteht man unter einem Stamm-Server?

13. Was versteht man unter einer Zonendelegierung und wann ist sie erforderlich?

14. Es gibt Ressourceneinträge. Was bedeutet der A-Eintrag und was der PTR-Eintrag?

15. Mit welchem Befehl können Sie die Funktion des DNS-Servers testen?

## KAPITEL 10

Windows Server 2003 – Active Directory

Die Neuerungen von Windows 2000 bzw. Windows Server 2003 füllen bereits eine Vielzahl von Büchern. Viele haben Sie in den verschiedenen Kapiteln bereits kennen gelernt. In diesem Kapitel geht es um die Schlüsseltechnologie von Windows 2000 bzw. Windows Server 2003, das *Active Directory*. Das Active Directory ist eine Weiterentwicklung des Domänenkonzepts von Windows NT 4.0 und für den Einsatz von Windows 2000 Server bzw. Windows Server 2003 unverzichtbar. Sie finden in diesem Kapitel eine kurze (!) Einführung in das Active Directory.

10.1 Das Konzept des Active Directory

Das Active Directory spielt für ein Netzwerk auf der Basis von Windows 2000 bzw. Windows Server 2003 die Schlüsselrolle. Ohne ein grundlegendes Verständnis von Active Directory ist das Arbeiten mit Windows 2000 Server bzw. Windows Server 2003 nicht möglich. Die Grundstruktur des Active Directory hat sich in Windows Server 2003 gegenüber Windows 2000 Server nicht verändert. Es gibt zwar eine Vielzahl von kleinen Verbesserungen, aber die meisten Angaben zum Active Directory gelten damit auch für Windows 2000 Server.

10.1.1   Was ist das Active Directory?

Das Active Directory ist ein Verzeichnisdienst, was im Prinzip nichts anderes ist als ein Datenbanksystem. In dieser Datenbank werden Informationen über alle Objekte abgespeichert, die in einem Netzwerk von Interesse sind. Objekte sind in diesem Zusammenhang Benutzer, Computer, Drucker, Freigaben etc.

Ziel des Active Directory ist es, Informationen über alle interessanten Objekte zentral in dieser Datenbank zu speichern und auf diese Weise im gesamten Netzwerk konsistent zu halten. Benutzer haben so zudem die Möglichkeit, diese Objekte schnell zu finden. Der Verzeichnisdienst ist vollständig in Windows Server 2003 integriert und lässt sich unabhängig von der Netzwerkgröße von einem beliebigen Punkt aus verwalten.

Die Informationen, die in der Datenbank gespeichert werden, sind für die Benutzer in einem Netzwerk von entscheidender Bedeutung. Daher müssen die Informationen über die Objekte schnell verfügbar sein und der Verzeichnisdienst muss immer zur Verfügung stehen (hohe Verfügbarkeit). Ein weiterer Punkt ist die Größe der Datenbank. Sie können sich vorstellen, dass in einem sehr großen Netzwerk eines multinationalen Unternehmens eine solche Datenbank eine enorme Größe erreicht. Selbst in kleineren Netzwerken mit 50 oder 100 Arbeitsplätzen kann aufgrund der Vielfalt und auch Vielzahl der gespeicherten Objekte das Verzeichnis bereits eine beachtliche Größe erreichen. Wie setzt man diese Anforderungen um?

Die Lösung ist das Konzept einer verteilten Datenbank. Die Daten werden nicht nur auf *einem* Rechner gespeichert, sondern auf mehrere Rechner verteilt. Unter Windows Server 2003 sind das die Domänencontroller. Wird auf einem solchen Controller etwas geändert, so werden die Änderungen automatisch auf die anderen Domänencontroller repliziert. Dieses Konzept wird auch *Multi-Master-Replikation* genannt.

Zum Vergleich mit Windows NT 4.0: Da gibt es den Typ des *Primären Domänencontrollers (PDC)*, der die Originaldaten enthält, die auch nur dort geändert werden können. Zur Sicherheit installiert man je nach Netzwerkgröße einen oder mehrere *Backup-Domänencontroller (BDCs)*. Diese erhalten ein Replikat der Daten als Read-Only-Kopie (nur lesen, nicht ändern). Die Datenbank von Windows Server 2003 enthält im Gegensatz zu den Daten auf dem PDC unter Windows NT erheblich mehr Informationen.

Zusammenfassung

Durch den Einsatz mehrerer Domänencontroller in einem Windows-Server-2003-Netzwerk haben Sie folgende Vorteile:

▪ Erhöhte Verfügbarkeit

░ Verteilen der Datenbank auf verschiedene Domänencontroller. Damit verteilt man die Belastung durch die Abfragen an die Datenbank auf die einzelnen Domänencontroller und erlaubt andererseits beliebig große Datenbanken.

░ Auf allen Domänencontrollern können Änderungen durchgeführt werden, die dann automatisch auf die anderen Domänencontroller repliziert werden (Multi-Master-Replikation).

░ Schneller Zugriff auf alle Daten

10.1.2 Wichtige Begriffe im Active Directory

Um das Active Directory verstehen zu können, sollten Sie einige Begriffe kennen. Diese werden im Anschluss kurz erläutert.

Der Namensraum

Der Verzeichnisdienst Active Directory ist im Prinzip ein Namensraum. Ein Namensraum ist ein bestimmter Bereich, in dem Informationen abgespeichert werden. Ein Namensraum enthält Namen, die in das Objekt aufgelöst werden können.

Zum Vergleich: Ein Telefonbuch ist auch ein Namensraum. Das Telefonbuch von Augsburg ist auf diese Stadt begrenzt und enthält Namen, die in die Telefonnummer des Teilnehmers aufgelöst werden können. Das Active Directory ist ein Namensraum, in dem sich verschiedene Namen befinden, die in das Objekt aufgelöst werden.

Objekt

Über das Active Directory werden Objekte verwaltet. Ein Objekt ist beispielsweise ein Benutzer, ein Drucker oder ein Computer. Jedes Objekt hat spezielle *Attribute*, die das Objekt beschreiben.

Das Objekt *Benutzer* hat beispielsweise die Attribute *Benutzername*, *Vorname*, *Nachname* und die *E-Mail-Adresse*.

Über die Werte der Attribute erhält der Benutzer die Möglichkeit, ein Objekt im Active Directory zu finden und darauf zuzugreifen.

Organisationseinheit (OE)

Da es im Active Directory sehr viele Objekte gibt, dienen so genannte Organisationseinheiten (OE) dazu, mehrere Objekte in einer OE zu gliedern. OEs können Objekte enthalten oder auch weitere OEs, wenn eine weitere Strukturierung notwendig ist.

In Windows Server 2003 sind bereits standardmäßig einige Organisationseinheiten angelegt, wie beispielsweise *Computers* und *Users*. Wenn Sie in Ihrer Firma die Benutzer aber lieber nach Abteilungen verwalten wollen, können Sie dafür jeweils eine eigene OE anlegen, beispielsweise *Vertrieb* (Konsole *Active Directory-Benutzer und -Computer*).

Abb. 10.1:
Konsole Active
Directory-Be-
nutzer und
-Computer

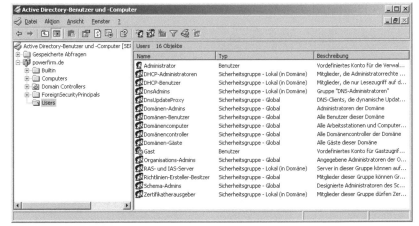

Domänen

Genau wie unter Windows NT 4.0 gibt es in Windows Server 2003 die Möglichkeit, *Domänen* zu erzeugen. Das Active Directory kann entweder eine oder mehrere Domänen enthalten. Jede Domäne erhält einen eigenen Namen, der einer DNS-Domäne entspricht, beispielsweise *Domäne 1* erhält den Namen `powerfirm.de` und *Domäne 2* erhält den Namen `europa.power-firm.de`.

Domänen bilden eine Sicherheitsgrenze im Active Directory. Das bedeutet, dass man in der Praxis zwei Möglichkeiten der Strukturierung von Objekten hat, erzeugt von Hierarchien über Organisationseinheiten oder durch Hierarchien über Domänen. Zusätzliche Domänen sind nur dann erforderlich, wenn ein Teil der Struktur vom einem anderen Teil rechtetechnisch begrenzt sein soll. Der Administrator hat immer Administratorrechte innerhalb einer Domäne. Ein anderer Grund für eine weitere Domäne ist die Notwendigkeit eines eigenen Domänennamens, beispielsweise `europa.powerfirm.de`.

Für jede Domäne muss ein eigener Domänencontroller und damit ein eigener Rechner installiert werden.

Struktur bzw. Domänenstruktur (Tree)

Im Active Directory entspricht eine *Struktur* dem hierarchischen Aufbau von Objekten und Organisationseinheiten, die ihren Ursprung in einer Domäne haben. Wenn mehrere Domänen im Active Directory vorhanden sind, die ebenfalls hierarchisch angeordnet sind, spricht man von einer *Domänenstruktur*.

Gesamtstruktur (Forest)

Wenn Sie im Active Directory mit unterschiedlichen Namen arbeiten wollen oder müssen, entsteht eine *Gesamtstruktur*. Eine Gesamtstruktur ist dadurch gekennzeichnet, dass Sie im bestehenden Active Directory eine neue Domäne erzeugen, die einen neuen Namen erhält und damit keinen zusammenhängenden Namensraum bildet.

Wenn Sie bereits im Active Directory die Domänen `powerfirm.de` und `europa.powerfirm.de` haben, bilden diese eine eigene Struktur. Wenn Sie jetzt die Domäne `spezialfirm.de` erzeugen, ist das eine neue Domänenstruktur innerhalb einer Gesamtstruktur. Der Vorteil von Gesamtstrukturen liegt darin, dass alle Domänen innerhalb einer Gesamtstruktur zentral verwaltet werden können und das gleiche Schema benutzen. Das Schema enthält alle Attribute der Objekte, die in der Gesamtstruktur gespeichert sind.

Standorte (Sites)

Über die bisherigen Ausführungen beschreiben Sie in einem Windows-Server 2003-Netzwerk die logische Struktur. Ein Benutzer gehört beispielsweise logisch zur Abteilung »Vertrieb« in der Domäne `powerfirm.de`, sitzt aber im gleichen Büro wie der Vertriebsmann von `spezialfirm.de`. Das heißt, dass die physikalische Struktur anders aussehen kann als die logische. Das ist wichtig für die Replikation zwischen den Domänencontrollern. Aus diesem Grund ist es sinnvoll, Standorte einzurichten. Jeder Standort enthält Domänencontroller. Alle Domänencontroller, die in einem Standort installiert werden, müssen untereinander über eine schnelle Netzwerkverbindung verfügen. Von einer schnellen Netzwerkverbindung spricht man, wenn die Verbindung eine Datenübertragungsrate von zehn Mbit/s oder schneller erreicht. Zwischen diesen Domänencontrollern können die Daten des Active Directory dann schnell und problemlos repliziert werden.

Wenn Domänencontroller aber beispielsweise in verschiedenen Städten installiert sind und sich zwischen den Controllern nur eine 64-Kbit/s-Wahlverbindung befindet, muss man einen zweiten Standort erzeugen, auf dem dann eine entsprechend angepasste Replikation konfiguriert ist.

Globaler Katalog

Der globale Katalog ist auf einem Domänencontroller installiert und kann je nach Bedarf einmal oder mehrmals in der Gesamtstruktur vorhanden sein.

315

Der globale Katalog enthält von allen Objekten im Active Directory (von der Struktur oder Gesamtstruktur) ein Replikat der wichtigsten Attribute. Von einem Benutzer ist beispielsweise der Vor- und Nachname ein wichtiges Attribut, um den Benutzer zu finden. Der globale Katalog ist mit einem Index vergleichbar und wird verwendet, wenn ein Benutzer im Active Directory nach einem Objekt sucht.

10.2 Installation des Active Directory

Nachdem Sie nun erfahren haben, was sich hinter dem Konzept des *Active Directory* verbirgt, sollten Sie es installieren. Dafür müssen verschiedene Voraussetzungen gegeben sein.

10.2.1 Überlegungen zum Active Directory vor der Installation

Sie müssen das Active Directory planen, was in diesem Buch nicht ausführlich besprochen werden kann. Nur so viel: Sie müssen vorher einen Domänennamensraum festlegen, beispielsweise `powerfirm.de`. Dieser kann entweder einer tatsächlich existierenden externen Domäne entsprechen oder einer nur für interne Zwecke bestimmten Domäne. Ob Sie für den internen Domänennamensraum einen anderen Namen verwenden als für den externen, hat für die gesamte Installation des Active Directory wichtige Konsequenzen mit Vor- und Nachteilen.

Hintergrund dafür ist, dass dieser Name bei der Installation des Active Directory einmal festgelegt werden muss und später zumindest bei einer Windows-2000-Domäne nicht mehr verändert werden kann. Eine der Weiterentwicklungen des Active Directory in Windows Server 2003 ist, dass sich Domänennamen auch nachträglich ändern lassen. Beschäftigen Sie sich unbedingt vorher genau mit dem Active Directory, wenn die Installation nicht nur zu Testzwecken dienen soll.

Damit Sie das Active Directory installieren können, müssen folgende Voraussetzungen gegeben sein:

- Rechner mit ausreichender Leistung und genügend Arbeitsspeicher. Ein Arbeitsspeicher von 512 Mbyte ist sicher nicht übertrieben.

- Es muss bereits Windows Server 2003 oder Enterprise Server installiert sein.

- Das verwendete Dateisystem, auf dem Windows Server 2003 mit dem Active Directory installiert wird, muss NTFS sein.

Wenn Sie den Domänennamensraum festgelegt haben und die Voraussetzungen für die Installation gegeben sind, können Sie mit der Installation des Active Directory beginnen.

10.2.2   Die Installation

Damit Sie das Active Directory verwenden können, muss es wie ein normaler Dienst zuerst auf einem Windows 2000 Server installiert werden. Wie für die meisten solcher Aufgaben gibt es unter Windows Server 2003 dafür einen entsprechenden Assistenten.

Folgen Sie den nachfolgend beschriebenen Schritten, um das Active Directory zu installieren:

1. Sie starten den Installationsassistenten über START/SERVERVERWALTUNG. Sie öffnen damit ein zentrales Fenster, über das Sie Funktionen zur Verwaltung eines Servers installieren und deinstallieren können. Außerdem können Sie von hier aus zu den installierten Funktionen auch das entsprechende Verwaltungsprogramm starten.

Um den Assistenten zur Installation des Active Directory direkt zu starten, geben Sie alternativ den Befehl dcpromo ein. Benutzen Sie dazu entweder den Befehl START/AUSFÜHREN oder die Eingabeaufforderung.

Abb. 10.2:
Windows
Server 2003
konfigurieren

317

2. Klicken Sie im oberen Teil des Fensters auf den grünen Pfeil oder den Link *Funktion hinzufügen oder entfernen*. Damit öffnen Sie das Fenster *Vorbereitung*. Dort finden Sie einige Hinweise für die Vorbereitung der Serverkonfiguration. Klicken Sie auf WEITER.

Abb. 10.3:
Fenster
Vorbereitung

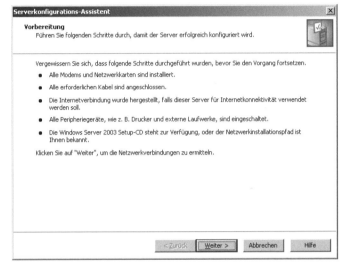

3. Im nächsten Fenster finden Sie alle Serverfunktionen, die Sie mit der Serververwaltung konfigurieren können. Markieren Sie die Serverfunktion *Domänencontroller (Active Directory)* und klicken Sie auf WEITER.

Abb. 10.4:
Serverfunk-
tion auswählen

4. Bevor die Installation beginnt, finden Sie im nächsten Fenster noch einmal eine Zusammenfassung. Wenn alles in Ordnung ist, klicken Sie auf WEITER, um den Assistenten zur Installation des Active Directory zu starten.

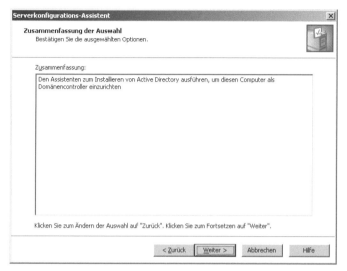

Abb. 10.5:
Fenster Zusam-
menfassung

5. Über das Willkommensfenster sehen Sie, dass der Assistent zum Installieren des Active Directory gestartet wurde. Klicken Sie auf WEITER, um die Installation zu beginnen.

Abb. 10.6:
Willkommens-
fenster

6. Im Fenster *Betriebssystemkompatibilität* werden Sie darüber informiert, dass Windows Server 2003 standardmäßig nicht mit älteren Betriebs-

319

systemen wie Windows 95 oder Windows NT 4.0 zusammenarbeiten kann. Das liegt an der erhöhten Sicherheit, die bei Windows Server 2003 standardmäßig aktiviert ist und nur den Austausch verschlüsselter Daten zulässt. Es gibt grundsätzlich die Möglichkeit, diese erhöhte Sicherheit bei Windows Server 2003 zu deaktivieren. Sie finden dazu entsprechende Hinweise in der Hilfe unter dem Link *Kompatibilitätshilfe* in diesem Fenster. Klicken Sie auf WEITER.

Abb. 10.7:
Hinweis auf
Betriebs-
systemkom-
patibilität

7. In diesem Fenster legen Sie den Typ des Domänencontrollers fest. Sie aktivieren die Option *Domänencontroller für eine neue Domäne*, da es ja der erste Domänencontroller in diesem Netzwerk werden soll. Klicken Sie anschließend auf die Schaltfläche WEITER.

Abb. 10.8:
Typ des Domä-
nencontrollers
festlegen

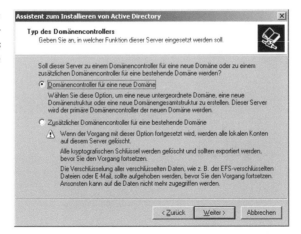

8. In diesem Schritt der Installation legen Sie fest, dass Sie eine neue Domänenstruktur erstellen wollen. Wählen Sie entsprechend die erste Option
und klicken Sie auf WEITER, um zum nächsten Schritt zu kommen.

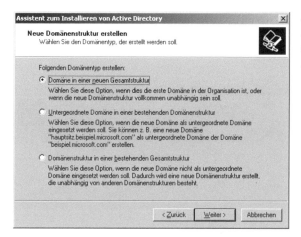

*Abb. 10.9:
Domänen-
struktur
festlegen*

9. In diesem Fenster legen Sie jetzt den Namen für die neue Domäne fest.
Als Namen für die neue Domäne geben Sie für dieses Beispiel power-
firm.de ein.

Denken Sie daran, dass dieser Name endgültig ist und später nicht mehr verändert werden kann, wenn Sie Windows 2000 Server verwenden. Erst ab
Windows Server 2003 können Sie nachträglich den Namen der Domäne
ändern.

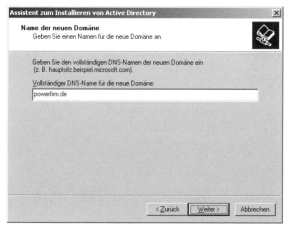

*Abb. 10.10:
DNS-Namen
für die Domä-
ne festlegen*

321

Wenn Sie nach der Eingabe des Namens auf die Schaltfläche WEITER klicken, wird vom Assistent der Name im Netzwerk auf Einmaligkeit überprüft. Das kann einige Minuten dauern.

10. Im nächsten Fenster legen Sie den NetBIOS-Namen für die neue Domäne fest. Dieser Name wird auf Basis des Domänennamens erzeugt und ist aus Kompatibilitätsgründen zu älteren Windows-Versionen notwendig. Den Namen können Sie normalerweise so übernehmen. Klicken Sie auf WEITER.

Abb. 10.11:
NETBIOS-
Name für die
Domäne

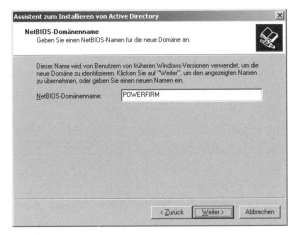

11. In diesem Fenster legen Sie den Pfad für die Datenbank und die Protokolldatei für das Active Directory fest. Es wird von Microsoft empfohlen, dass Sie diese Dateien aus Geschwindigkeitsgründen auf unterschiedlichen Festplatten speichern. Die Laufwerke sollten mit NFTS formatiert sein. In den meisten Fällen können Sie die Vorgaben übernehmen. Klicken Sie auf WEITER, um die Installation fortzusetzen.

Abb. 10.12:
Speicherort der
Datenbank
und Protokoll-
datei festlegen

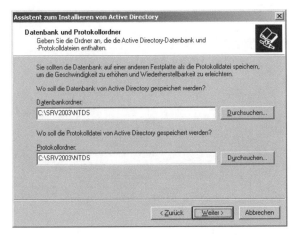

13. Als Nächstes geben Sie den Ordner zur Freigabe an, in dem die Dateien abgelegt sind, die später auf die anderen Domänencontroller repliziert werden. Auch diese Vorgaben können Sie in der Regel übernehmen. Achten Sie darauf, dass das Laufwerk mit dem Ordner Sysvol mit dem Dateisystem NTFS formatiert ist. Klicken Sie dann auf WEITER.

Abb. 10.13:
Freigegebenes
SYSVOL

14. Windows Server 2003 kann ohne DNS-Server nicht arbeiten. Daher wird an dieser Stelle über die DNS-Registrierungsdiagnose versucht, einen DNS-Server für die neue Domäne zu finden. Wenn das nicht gelingt, wird eine entsprechende Meldung angezeigt. In unserem Fall ist das die erste Domäne und es gibt bisher noch keinen DNS-Server. Daher wird vom Assistenten vorgeschlagen, auf diesem Server einen DNS-Server zu installieren.

Wählen Sie die zweite Option und klicken Sie auf WEITER, damit der DNS-Server vom Assistenten automatisch installiert und konfiguriert wird.

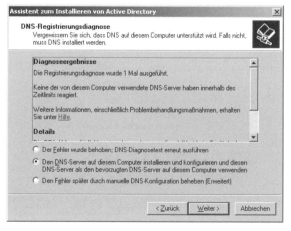

Abb. 10.14:
DNS-Registrie-
rungsdiagnose

323

15. Wenn die automatische Installation und Konfiguration des DNS-Servers abgeschlossen ist, öffnet sich das Fenster *Berechtigungen*. In diesem Fenster legen Sie fest, ob anonyme Benutzer in der Domäne auf bestimmte Bereiche Lese-Rechte erhalten sollen oder nicht. Für höchste Sicherheit sollten Sie die zweite Option wählen. Die erste Option ist manchmal erforderlich, wenn Sie mit älteren Betriebssystemen oder Anwendungsprogrammen arbeiten.

Wenn nichts Besonderes dagegen spricht, wählen Sie die zweite Option und klicken Sie auf WEITER.

Abb. 10.15:
Berechtigun-
gen für anony-
me Benutzer

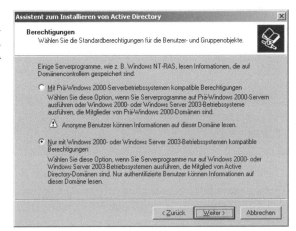

16. In diesem Fenster werden Sie aufgefordert, ein Kennwort einzugeben, das zum Wiederherstellen der Verzeichnisdienste verwendet wird. Wenn Sie das Kennwort und die Kennwortbestätigung eingegeben haben, klicken Sie auf WEITER.

Abb. 10.16:
Administrator-
kennwort für
»Verzeichnis-
dienste wieder-
herstellen«

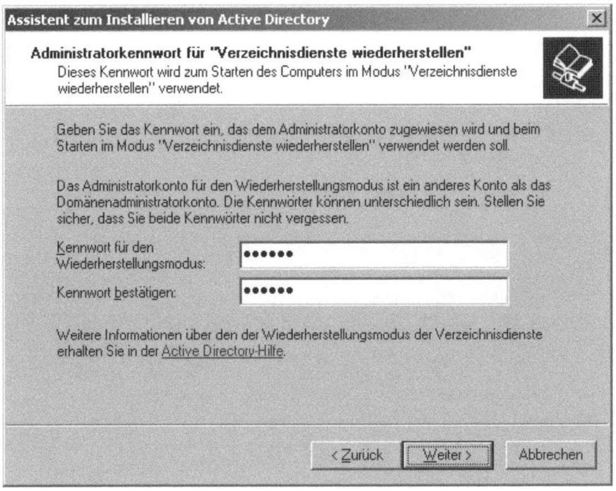

17. Das nächste Fenster zeigt Ihnen eine Zusammenfassung Ihrer Einstellungen und der ausgewählten Optionen an, die Sie während der vorhergehenden Schritte festgelegt haben. Überprüfen Sie die Zusammenfassung. Mit der Schaltfläche ZURÜCK können Sie zu einem Fenster gehen, falls Sie eine Einstellung verändern bzw. korrigieren wollen.

Wenn alles korrekt ist, klicken Sie auf WEITER, damit das System das Active Directory erstellen kann. Dieser Vorgang nimmt meistens einige Minuten in Anspruch.

Abb. 10.17:
Zusammen-
fassung

18. Wenn die Erstellung des Active Directory erfolgreich abgeschlossen ist, zeigt das System das letzte Fenster des Assistenten an. Klicken Sie auf die Schaltfläche FERTIG STELLEN, um die Installation abzuschließen.

Danach ist ein Neustart des Systems erforderlich. Der erste Start von Windows Server 2003 nach der Installation des Active Directory kann ziemlich lange dauern.

Nach dem Neustart des Systems steht Ihnen der Windows Server 2003 mit dem installierten Active Directory und automatisch konfiguriertem DNS-Server zur Verfügung. Es wurde die Domäne `powerfirm.de` erstellt, an der sich die Client-Computer anmelden können.

10.3   Zusammenfassung

Das Active Directory ist die Basis des erweiterten Domänenmodells ab Windows 2000. Das Active Directory ist eine Datenbank, in der sich alle interessanten Objekte eines Netzwerks befinden.

Diese Datenbank ist eine verteilte Datenbank, da sie auf alle Domänencontroller verteilt wird. Die Daten lassen sich so auf allen Domänencontrollern ändern und werden über das Konzept der Multi-Master-Replikation auf alle Domänencontroller repliziert. Dadurch hat man einen schnellen Zugriff auf die Daten und es lassen sich nahezu beliebig große Netzwerke realisieren.

Das Active Directory ist in eine logische und eine physikalische Struktur aufgeteilt. In der logischen Struktur werden die Objekte nach organisatorischen Kriterien organisiert und in der physikalischen Struktur (Standorte bzw. Sites) nach dem physikalischen Standort der Objekte. Das ist wichtig für die Replikation der Daten innerhalb eines WAN.

Über die logische Struktur lässt sich das Netzwerk in Domänen und Organisationseinheiten einteilen, die hierarchisch organisiert sind. Eine Aufteilung in mehrere Domänen ist nur erforderlich, wenn die Bereiche rechtlich (Reichweite der Rechte eines Administrators) jeweils unabhängig voneinander sein sollen oder ein eigener Domänenname (Subdomäne) erforderlich ist.

Besteht eine Netzwerkstruktur nur aus einer Hierarchie von Domänen des gleichen Namens und entsprechender Subdomänen, spricht man von einer Struktur oder Domänenstruktur. Wenn die Organisation mehrere verschiedene Namensräume umfasst, die zentral organisiert sind und das gleiche Schema verwenden, spricht man von einer Gesamtstruktur.

Der globale Katalog im Active Directory ist mit einem Index vergleichbar und sorgt dafür, dass ein Benutzer möglichst schnell durch Abfragen ein Objekt findet, das sich irgendwo im Netzwerk befindet.

10.4   Fragen zur Widerholung

1. Was ist ein Verzeichnisdienst?

2. Was sind Objekte im Active Directory?

3. Was ist der Unterschied zwischen einer Struktur und einer Gesamtstruktur?

4. Was versteht man unter einem Standort?

5. Wann sollte man im Active Directory zur Strukturierung statt Organisationseinheiten besser Domänen verwenden?

## KAPITEL 11

Troubleshooting mit TCP/IP

Der letzte Abschnitt dieses Buchs beschäftigt sich mit dem Thema *Trouble-shooting* in einem TCP/IP-Netzwerk. Sie lernen, wie man an ein Problem herangeht und welche Werkzeuge Ihnen bei der Suche für die Lösung eines Problems zur Verfügung stehen.

11.1   Wie grenzt man ein Problem ein?

Wenn die Kommunikation innerhalb des Netzwerks nicht funktioniert, gibt es eine Vielzahl von Ursachen, die dafür verantwortlich sein können. Um das Problem gezielt beheben zu können, müssen Sie es daher erst einmal finden.

Wo können die Probleme liegen?

1. Versuchen Sie, das Problem zu analysieren, um die Symptome zu ermitteln und zu beschreiben, die für das Problem verantwortlich sind. Tritt das Problem nur in bestimmten Situationen auf? Ist das Problem reproduzierbar?

2. Überprüfen Sie, ob es Fehlermeldungen gibt. Überprüfen Sie bei Windows-NT-, Windows-2000- und Windows-XP-Rechnern unbedingt die Ereignisanzeige. Dort können Sie wichtige Hinweise finden, die auf das Problem hinweisen.

3. Überprüfen Sie die Netzwerkinfrastruktur und die Hardware (Kabel, Stecker, Netzwerkkarte, Hub). Unterschätzen Sie diesen Punkt nicht, da ein sehr hoher Prozentsatz der Probleme aus diesem Bereich stammt.

4. Versuchen Sie, alle Bereiche zu ermitteln, die mit großer Wahrscheinlichkeit *nicht* für das Problem verantwortlich sind. Damit können Sie das Problem bereits eingrenzen.

Wenn Sie die erwähnten Dinge überprüft und Informationen gesammelt haben, sollte sich das Problem bereits so weit eingrenzen lassen, dass Sie etwas gezielter vorgehen können.

11.2 Die wichtigsten Werkzeuge im Überblick

Zur Lösung von TCP/IP-Problemen stehen eine Vielzahl von Werkzeugen zur Verfügung. An dieser Stelle sollen nur die wichtigsten vorgestellt werden. Einige Programme werden Sie aus dem Buch bereits kennen.

11.2.1 WINIPCFG und IPCONFIG

Ein wichtiger Schritt bei der Fehlersuche ist die Überprüfung der TCP/IP-Konfiguration. Diese lässt sich relativ leicht überprüfen und damit können einige Konfigurationsfehler gleich im Vorfeld ausgeschlossen oder eliminiert werden.

Zur Überprüfung der TCP/IP-Konfiguration stehen Ihnen je nach verwendetem Betriebssystem die Programme `ipconfig` (Windows NT, Windows 2000 und Windows XP) bzw. `winipcfg` (Windows 9x und Windows ME) zur Verfügung. Überprüfen Sie mit diesen Programmen Folgendes:

- Die korrekte IP-Adresse, passend zu den Rechnern im gleichen Netzwerk.

- Die korrekte Subnet-Mask, insbesondere, wenn Sie Ihr Netzwerk mit Subnetting aufgeteilt haben.

- Das korrekte Standard-Gateway, insbesondere, wenn Ihr Netzwerk aus mehreren Subnets besteht.

- Überprüfen Sie die Korrektheit der zusätzlich angezeigten Informationen, wie beispielsweise die IP-Adresse des DNS-Servers (besonders wichtig ab Windows 2000).

Wenn in diesem Fenster beispielsweise die IP-Adresse 0.0.0.0 steht, deutet das daraufhin, dass entweder keine IP-Adresse verfügbar ist (beispielsweise keine Verbindung zum DHCP-Server oder die Lease-Dauer ist abgelaufen) oder Sie haben eine doppelte IP-Adresse im Netzwerk. Überprüfen Sie zusätzlich die Ereignisanzeige bei Windows NT, Windows 2000 und Windows XP.

Geben Sie die Befehle in der Eingabeaufforderung ein. Zur Anzeige aller Informationen geben Sie beim Befehl `ipconfig` zusätzlich den Parameter `/all` an, also `ipconfig /all`. Bei `winipcfg` klicken Sie auf die Schaltfläche WEITERE INFO.

11.2.2　Ping – das wichtigste Werkzeug

Das wichtigste Werkzeug bei der Überprüfung eines TCP/IP-Netzwerks ist das Programm `ping`. Mit `ping` können Sie sehr schnell und einfach kontrollieren, ob Sie auf der Basis von TCP/IP eine Netzwerkverbindung zu einem anderen Host herstellen können.

Um mit `ping` eine effektive Überprüfung der Verbindung zwischen zwei Hosts durchzuführen, die sich in verschiedenen Netzwerken befinden, sollten Sie folgende Vorgehensweise beachten:

▨ Als Erstes: `ping 127.0.0.1`, um über die Loopback-Adresse die eigene TCP/IP-Installation zu überprüfen

Wenn dieser Befehl nicht erfolgreich war, installieren Sie TCP/IP am besten noch einmal neu.

▨ `ping <eigene lokale IP-Adresse>`, um sicherzustellen, dass der Rechner korrekt vom Netzwerk erkannt wird

Kann dieser Befehl nicht erfolgreich ausgeführt werden, überprüfen Sie die Konfiguration von TCP/IP, insbesondere die IP-Adresse und die Subnet-Mask.

▨ `ping <Gateway-Adresse>`, um sicherzustellen, dass der Rechner korrekt mit dem Gateway kommunizieren kann

Wenn dieser Befehl nicht erfolgreich ausgeführt werden kann, überprüfen Sie die TCP/IP-Konfiguration des lokalen Rechners, insbesondere die Standard-Gateway-Adresse und die Subnet-Mask. Überprüfen Sie zusätzlich die Verbindung von einem anderen Host zum Gateway, um sicherzustellen, dass das Gateway funktioniert

▨ `ping <IP-Adresse eines Hosts im anderen Netzwerk>`, um sicherzustellen, dass die Kommunikation über den Router hinweg funktioniert

Wenn dieser Befehl nicht erfolgreich ausgeführt werden kann, überprüfen Sie die lokale Standard-Gateway-Adresse und die Funktion des Routers, indem Sie das Gleiche von einem anderen Host aus machen.

Um den Router zu überprüfen, »pingen« Sie ihn zuerst mit seiner IP-Adresse im lokalen Netzwerk, gefolgt von der im anderen Netzwerk. Damit können Sie feststellen, ob der Router die Datenpakete weiterleitet oder nicht.

▨ `ping <Host- und/oder NetBIOS-Name>`, um sicherzustellen, dass die Namensauflösung funktioniert

Wenn dieser Befehl nicht erfolgreich war, überprüfen Sie je nach Namensauflösung (WINS oder DNS) die lokale TCP/IP-Konfiguration (korrekte IP-Adressen von WINS- bzw. DNS-Server). Verwenden Sie von einem anderen Host aus den gleichen Befehl, um die Funktion des WINS- bzw. DNS-Servers zu überprüfen.

11.2.3   TRACERT

Ein sehr praktisches und wichtiges Werkzeug in größeren Netzwerken ist der Befehl tracert (Abkürzung für *trace route*, was so viel wie »Route verfolgen« bedeutet). Wenn Sie einen Host nicht erreichen, können Sie mit dem Befehl tracert feststellen, bis zu welchem Router Ihre Pakete geschickt werden. Damit lässt sich sehr schnell ein fehlerhafter Router ausfindig machen, was über den Befehl ping unter Umständen sehr lange dauern würde.

Zusätzlich kann der Befehl tracert noch die Zeit messen, die bei der Übergabe der Pakete zwischen den Routern vergeht. Damit lassen sich dann auch Schwachstellen in einem Netzwerk oder überlastete und damit langsam arbeitende Router ermitteln.

Um beispielsweise festzustellen, über welche Router ein bestimmter Host erreicht wird, geben Sie folgenden Befehl ein:

tracert <IP-Adresse> oder <Host-Name>

11.2.4   NSLOOKUP

Der Befehl nslookup ist ein sehr wichtiges Werkzeug in Zusammenhang mit DNS-Servern. Mit nslookup können Sie feststellen, ob die Auflösung von Host-Namen in IP-Adressen funktioniert.

Der Befehl nslookup <Host-Name> zeigt Ihnen den Namen und die Adresse des DNS-Servers an, der die Auflösung vornimmt, und im Erfolgsfall auch den Namen und die IP-Adresse des Ziel-Hosts. Wenn es einen gültigen A-Eintrag in der Zonendatei des autorisierten DNS-Servers gibt, wird die Antwort positiv sein.

Wenn die Antwort negativ ist, liegt es entweder daran, dass kein DNS-Server gefunden wird (IP-Adresse des DNS-Servers in der lokalen TCP/IP-Konfiguration überprüfen) oder es keinen A-Eintrag in der Zonendatei gibt. Der Grund dafür könnte beispielsweise sein, dass die automatische Aktualisierung nicht aktiviert ist.

Sie können nslookup auch verwenden, um die Reverse-Lookup-Abfrage (inverse Abfrage) zu testen, d.h. zu überprüfen, ob es einen gültigen PTR-Eintrag gibt. Dazu geben Sie nslookup gefolgt von der IP-Adresse des entsprechenden Hosts an. Das positive oder negative Ergebnis sieht genauso aus wie bei der normalen Abfrage (Forward-Lookup) und wird auch genauso interpretiert.

11.2.5　Netzwerkmonitor

Der Netzwerkmonitor ist das komplexeste und anspruchsvollste Werkzeug bei der Fehlersuche. Mit dem Netzwerkmonitor können Sie sich die Pakete, die im Netzwerk verschickt werden, im Einzelnen ansehen. Dafür ist aber auch detailliertes Wissen erforderlich.

Die Beschreibung der Arbeit mit dem Netzwerkmonitor würde den Rahmen dieses Buchs sprengen, deshalb wird an dieser Stelle auf eine genaue Besprechung des Netzwerkmonitors verzichtet.

11.3　Zusammenfassung

Beim Troubleshooting in einem TCP/IP-Netzwerk ist es wichtig, dass die Problemsuche systematisch verläuft. Das bedeutet, dass man zuerst das Problem eingrenzt und bestimmte Fehler ausschließt, wie beispielsweise fehlerhafte Netzwerkstecker oder ähnliche Dinge.

Als Werkzeuge stehen Ihnen verschiedene Tools zur Verfügung. Hier noch einmal die wichtigsten im Überblick:

- WINIPCFG und IPCONFIG

  Die beiden Tools zeigen Ihnen die aktuellen TCP/IP-Parameter Ihres Rechners an – `winipcfg` für Windows 9x- und Windows ME-Rechner und `ipconfig /all` für Windows-NT-4.0-, Windows-2000- und Windows-XP-Rechner.

- PING

  Das Programm `ping` schickt Testpakete über das Netz und stellt das wichtigste Tool dar. Mit `ping` können Sie die TCP/IP-Konfiguration Ihres lokalen Rechners überprüfen und die Verbindung zu anderen Rechnern und Routern testen.

  Wenn Sie als Ziel eine IP-Adresse angeben, beispielsweise `ping 10.100.200.11`, überprüfen Sie die reine TCP/IP-Verbindung. Und wenn Sie einen Rechnernamen angeben, beispielsweise `ping Client01`, können Sie zusätzlich überprüfen, ob die Namensauflösung funktioniert.

- TRACERT

  Mit `tracert <IP-Adresse>` oder `<Rechnername>` werden die übersprungenen Router (Hops) und die dazu benötigte Zeit angezeigt. Damit können Sie zum einen die Qualität der Verbindung zu einem Zielrechner beurteilen und zum anderen den Router herausfinden, bis zu dem die Pakete auf dem Weg zum Zielrechner transportiert werden. Das erleichtert die Suche nach einem defekten Router.

331

NSLOOKUP

Mit nslookup können Sie die Funktion eines DNS-Servers testen. Mit ns-lookup <Host-Name> überprüfen Sie, ob die Auflösung der Host-Namen in IP-Adressen funktioniert (Forward-Lookup-Abfrage). Und mit nslookup <IP-Adresse> testen Sie, ob die Auflösung der IP-Adresse in den Host-Namen funktioniert (Reverse-Lookup-Abfrage).

11.4   Fragen zur Wiederholung

1. Welche Art von Fehlerquelle sollten Sie unbedingt ausschließen, bevor Sie mit der Suche mithilfe diverser Tools beginnen?

2. Mit welchem Befehl würden Sie überprüfen, ob Ihre lokale TCP/IP-Konfiguration funktioniert?

3. Mit welchem Befehl würden Sie testen, ob Sie einen Host mit der IP-Adresse 10.200.250.47 erreichen können, der sich in einem über mehrere Router entfernten Netzwerk befindet?

4. Mit welchem Befehl würden Sie testen, ob die Auflösung des Host-Namens client.powerfirm.de in seine IP-Adresse 10.100.200.87 funktioniert?

5. Finden Sie in der folgenden Abbildung die Fehler im Netzwerk!

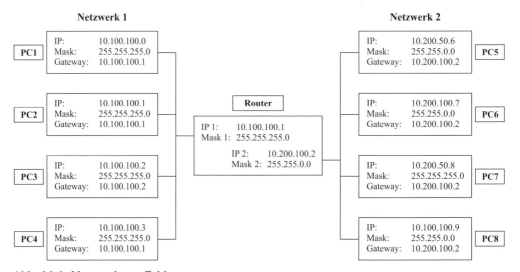

Abb. 11.1: Netzwerk mit Fehlern

ANHANG

jetzt lerne ich

Lösungen zu den Fragen

Lösungen zu Kapitel 2

1. *Warum ist TCP/IP heute zum Standard-Protokoll für Netzwerke geworden?*

   Der Hauptgrund dafür ist das Internet. Der gesamte Datenaustausch im Internet wird über TCP/IP abgewickelt. Deshalb benötigt man auf den Rechnern, die mit dem Internet verbunden sind, ebenfalls TCP/IP. Durch die hohe Verbreitungsgeschwindigkeit des Internets muss sich auch TCP/IP ständig weiterentwickeln und es muss an die heutigen Anforderungen angepasst werden. Inzwischen organisieren Firmen ihre Daten in ihren LANs als Intranets, welche die gleiche Technologie wie das Internet verwenden. Die Plattformunabhängigkeit und die unübertroffenen Vorteile von TCP/IP vor allem in WANs haben es als logische Folge zum Standard-Protokoll für die meisten Netzwerke werden lassen.

2. *Was waren die wichtigsten Entwicklungsziele bei der Entwicklung der Vorläufer von TCP/IP?*

   Die wichtigsten Entwicklungsziele für TCP/IP waren ein fehlertolerantes Protokoll, das es ermöglicht, dass sich Daten ihren Weg zum Ziel selber suchen. Hintergrund dafür ist, dass die Übertragung auch dann noch zuverlässig funktioniert, wenn Teile der Verbindung innerhalb des Netzwerks mit vielen möglichen Wegen zerstört sind. Ein weiteres wichtiges Ziel ist die Betriebssystem- und Plattformunabhängigkeit. Das bedeutet, dass TCP/IP es ermöglicht, Daten zwischen verschiedenen Rechnerwelten (z.B. PC und MAC) auszutauschen. Ein ebenfalls wichtiges Ziel dabei ist auch, dass Daten über alle möglichen Verbindungspunkte zuverlässig

333

ausgetauscht werden können, beispielsweise WAN-Verbindung (Telefon, ISDN etc.). Und letztlich ist auch noch die Erweiterbarkeit ein Vorteil. Das heißt, dass vom Protokoll her im Prinzip keinerlei Grenzen gesteckt sind, die den Ausbau des Netzwerks irgendwie begrenzen. Die einzige Begrenzung stellt zurzeit die Adressknappheit durch IPv4 dar, die aber auch nur einen Teilbereich von TCP/IP ausmacht. Der Nachfolger, IPv6, ist außerdem bereits im Anmarsch.

3. *Wie heißt das Protokoll, aus dem TCP/IP entstanden ist?*

Das Protokoll *NCP* (*Network Control Protocol*) ist der Vorläufer von TCP/IP. Dieses Protokoll basierte auf dem Konzept, die Daten in Pakete aufzuteilen, die dann selbstständig und unabhängig voneinander den Weg zum Zielrechner finden. NCP war das Basisprotokoll für das ARPAnet, den Vorläufer des Internets.

4. *Wie heißt das Netz, aus dem das Internet entstanden ist?*

Gesucht ist das ARPAnet. Das ARPAnet wurde 1969 in Betrieb genommen und stellte eine Verbindung zwischen verschiedenen Forschungsinstituten und Universitäten her.

5. *Was sind RFCs und für wen sind sie wichtig?*

RFC steht für *Request for Comments* und beschreibt einen Prozess, wie neue Standards für das Internet entstehen. Wenn Institutionen oder Firmen neue Protokolle oder Dienste für das Internet entwickeln, durchlaufen diese verschiedene Phasen, bis sie zu einem Standard werden können. Die RFC sind technische Texte, die alle Teile des Internets beschreiben. RFCs werden fortlaufend nummeriert. Wenn ein RFC überarbeitet wird, erhält die neue Version eine neue RFC-Nummer mit dem Hinweis, dass die alte RFC überholt ist. Die alte RFC erhält einen Verweis auf die neue RFC-Nummer.

RFCs sind besonders für Entwickler von Hard- und Software wichtig, da diese oft technische Details über Protokolle und Dienste für die Entwicklung ihrer Produkte brauchen. Aber auch alle anderen IT-Mitarbeiter können wichtiges Know-how über die RFCs erhalten.

6. *Wer ist für die Abläufe verantwortlich, die zum Entstehen einer RFC führen?*

Das *IAB* (*Internet Architecture Board*). Das IAB besteht aus einer Gruppe von unabhängigen technischen Beratern, die Internetstandards festlegen, RFCs veröffentlichen und den Standardisierungsprozess überwachen.

Neben der IAB gibt es noch die Organisation IETF (*The Internet Engineering Task Force*), die aus einer Gruppe von freiwilligen Experten besteht. Das IETF ist ebenfalls für die Entwicklung von Protokollen und deren Implementierung und Standardisierung verantwortlich.

7. *Welche drei Schritte beschreiben den Standardisierungsprozess einer RFC?*

Bevor aus einem Beitrag zur technischen Weiterentwicklung des Internets ein Standard wird, durchläuft dieser Beitrag drei Phasen:

– Vorgeschlagener Standard:

Die Spezifikation ist stabil, verständlich und durch die Internet Society geprüft.

– Entwurfsstandard:

Damit wird der Beitrag zur Grundlage für die Entwicklung einer Implementierung und ist sehr stabil und gut verständlich.

– Internetstandard:

Der Beitrag ist ausgereift und sehr stabil. Das Protokoll oder der Dienst sind für das Internet von großem Nutzen.

Wenn die Phasen erfolgreich durchlaufen sind, bekommt der Beitrag eine RFC-Nummer und wird veröffentlicht.

8. *Warum ist es erforderlich, für IP einen Nachfolger zu entwickeln?*

Der Hauptgrund dafür ist die Knappheit bei den IP-Adressen. Es gibt bereits jetzt schon keine Adressen der Klassen A und B mehr. Und die verbleibenden Adressen der Klasse C müssen über Subnets im Prinzip schon jetzt künstlich »vermehrt« werden. Außerdem verlangt die Entwicklung des Internets zur Multimedia-Plattform optimierte Verfahren bei der Übertragung der Daten.

9. *Wie genau heißt die aktuelle IP-Version und wie der Nachfolger?*

Die aktuelle IP-Version wird auch *IPv4* genannt und der Nachfolger, der bereits in China versuchsweise eingeführt wird, heißt *IPv6*.

10. *Welche Vorteile bietet die neue Version?*

Der augenscheinlichste Hauptvorteil von IPv6 ist der erweiterte Adressraum, der mit 128 Bit die unvorstellbare Anzahl von $2^{128} = 2 \times 10^{38}$ verschiedenen IP-Adressen zulässt. Weitere wichtige Vorteile von IPv6 sind die Definition von Hierarchieebenen bei der Adressierung, ein verbessertes Sicherheitskonzept bei der Übertragung von Daten, verbesserte Zusammenarbeit mit Routern und viele Automatismen bei der Installation von Rechnern, insbesondere auch bei mobilen.

11. *Welchen Sinn hat das OSI-Referenzmodell?*

Das OSI-Modell beschreibt, wie Daten von einem Programm bis zum Übertragungsmedium durch sieben Schichten geleitet werden. Diese Beschreibung ist absolut betriebssystem- und plattformunabhängig. Das OSI-Modell bietet die Basis für Entwickler von Hard- und Software im Netzwerkbereich. Wichtig sind dabei vor allem die Beschreibung der Schnittstellen, beispielsweise zwischen dem Betriebssystem und dem Netzwerkkartentreiber oder die Verbindung von Netzwerkkartentreiber und Protokoll.

12. *Welche Schichten beschreiben das OSI-Referenzmodell?*

Das OSI-Modell besteht aus sieben Schichten. Dabei handelt es sich im Einzelnen um die folgenden Schichten:

- Schicht 7: Anwendungsschicht

- Schicht 6: Darstellungsschicht

- Schicht 5: Sitzungsschicht

- Schicht 4: Transportschicht

- Schicht 3: Vermittlungsschicht

- Schicht 2: Sicherungsschicht

- Schicht 1: Physikalische Schicht

13. *Welche Schichten beschreiben das TCP/IP-Modell von Microsoft?*

Das TCP/IP-Modell von Microsoft besteht aus den folgenden vier Schichten:

- Schicht 4: Anwendungsschicht

- Schicht 3: Transportschicht

- Schicht 2: Internetschicht

- Schicht 1: Netzwerkschicht

14. *Welche Schichten aus dem OSI-Referenzmodell kann man zusammenfassen und wie dem TCP/IP-Schichtenmodell zuordnen?*

Das OSI-Referenzmodell ist *nach* dem TCP/IP-Schichtenmodell entstanden. Aber das Konzept des TCP/IP-Schichtenmodells bildete die Basis für das OSI-Modell, so dass sich die Schichten des TCP/IP-Schichtenmodells in etwa im OSI-Referenzmodell wiederfinden.

- Schicht 4: Anwendungsschicht

   entspricht in etwa der Anwendungs- und Darstellungsschicht des OSI-Referenzmodells.

– Schicht 3: Transportschicht

entspricht der Transportschicht des OSI-Referenzmodells.

– Schicht 2: Internetschicht

entspricht der Netzwerkschicht des OSI-Referenzmodells.

– Schicht 1: Netzwerkschicht

entspricht in etwa der Sicherungs- und Physikalischen Schicht des OSI-Referenzmodells.

Lösungen zu Kapitel 3

1. *Was ist der Unterschied zwischen Einfachem Senden und Routing?*

Beim Einfachen Senden werden die Daten vom Quell-Host direkt an den Ziel-Host gesendet. Das ist aber nur dann möglich, wenn anhand der Subnet-Mask vorher festgestellt wurde, dass sich beide Hosts im gleichen logischen Netzwerk befinden.

Routing bedeutet, dass IP festgestellt hat, dass sich Quell- und Ziel-Host nicht im gleichen logischen Netzwerk befinden. Damit können die Daten nicht direkt gesendet werden, sondern es wird über den Routing-Prozess der Ziel-Host ausfindig gemacht. Als Erstes werden die Daten an den Router gesendet, dessen IP-Adresse über das Standard-Gateway bekannt ist.

Ein Router hat immer mindestens zwei IP-Adressen, eine für jedes lokale Subnet, in dem er enthalten ist. Bei einer von einem Router weitergeleiteten Nachricht wird dann die IP-Adresse des Ziel-Hosts mit der Adresse des Routers verglichen (in diesem Moment die Quell-Adresse). Wenn sich dann herausstellt, dass sich die beiden Adressen im gleichen Netzwerk befinden, kann die Übertragung erfolgen und der Routing-Prozess ist abgeschlossen. Wenn nicht, wird dieser Prozess so lange fortgesetzt, bis der Zielrechner gefunden wurde.

2. *Wozu wird die MAC-Adresse eines Rechners benötigt?*

Die MAC-Adresse ist eine weltweit eindeutige Adresse für Netzwerkkarten. Sie ist die Voraussetzung dafür, dass Daten zwischen Rechnern ausgetauscht werden können. Für den Datenaustausch muss die MAC-Adresse des Quell- und die des Zielrechners bekannt sein.

Es ist kein Problem, die MAC-Adresse des Quellrechners herauszufinden, aber für das Herausfinden der MAC-Adresse des Zielrechners wird ein spezielles Protokoll benötigt, ARP (Address Resolution Protocol).

337

3. *Wie wird die MAC-Adresse eines Rechners bzw. einer Netzwerkkarte ermittelt?*

Die MAC-Adresse wird von ARP (Address Resolution Protocol) ermittelt. ARP löst die IP-Adresse des Zielrechners mithilfe einer Rundsendung (Broadcast) auf. Dazu muss sich der Host aber im gleichen physikalischen Netzwerk befinden, denn Rundsendungen gehen nicht über Router hinweg.

Der Auflösungsprozess kann etwa so beschrieben werden, als würde ARP ins lokale Netzwerk rufen: »Wie lautet die MAC-Adresse der Netzwerkkarte, zu der die IP-Adresse `w.x.y.z` gehört?« Als Antwort erhält man, sofern ein Rechner mit dieser IP-Adresse aktiv ist, dessen gesuchte MAC-Adresse. Danach können die Daten übertragen werden.

4. *Wie können Sie feststellen, welche MAC-Adresse Ihr Rechner hat?*

Um dies festzustellen, kann man das Programm `ipconfig /all` verwenden, sofern es sich um einen Windows-NT-4.0-, Windows-2000- oder Windows-XP-Rechner handelt.

Wenn es sich um einen Windows-9x- oder Windows-ME-Rechner handelt, steht Ihnen das Programm `winipcfg` zur Verfügung, die grafische Variante von `ipconfig`.

5. *Was ist der Unterschied zwischen dynamischen und statischen Einträgen im ARP-Cache?*

Um die Anzahl der Rundsendungen in einem Netzwerk zu reduzieren, führt ARP im Arbeitsspeicher des lokalen Rechners einen Cache-Speicher. Dadurch müssen nicht immer wieder dieselben Rundsendungen im Netzwerk gestartet werden, da sich die Daten (IP- und MAC-Adresse) häufig benutzter Hosts zumindest zeitweise im Cache-Speicher befinden.

Im Cache-Speicher können dynamische und statische Einträge stehen. Dynamische Einträge werden von ARP nach jeder erfolgreichen Auflösung automatisch im Cache eingetragen und bleiben dort mindestens zwei Minuten, wenn sie nicht wieder gebraucht werden, oder bis zu zehn Minuten, wenn sie erneut angefordert wurden.

Die statischen Einträge im ARP-Cache werden manuell in den Cache eingetragen und bleiben dort auf Dauer erhalten bzw. bis der Rechner ausgeschaltet wird.

6. *Wie können Sie sich den Inhalt des lokalen ARP-Cache anzeigen lassen?*

Dazu geben Sie in der Eingabeaufforderung den Befehl arp -a ein. Damit etwas angezeigt werden kann, sollten sich auch Daten im Cache-Speicher befinden. Man kann einfach mit dem Befehl ping einige Rechner »anpingen«, um Einträge im Cache-Speicher zu erhalten.

7. *Wozu wird ICMP (Internet Control Message Protocol) benötigt?*

ICMP wird benötigt, um im Netzwerk Meldungen bzw. Fehlermeldungen zu übertragen. Falls beispielsweise ein Paket zu einem Ziel-Host nicht übertragen werden kann, weil der Rechner etwa nicht online ist, wird über ICMP eine entsprechende Meldung zum Quell-Host gesendet. Man kann das gut testen, indem man den Befehl ping benutzt und als Ziel eine IP-Adresse angibt, die im Netz nicht vorhanden ist.

8. *Was versteht man unter einer Source Quench-Meldung?*

Eine *Source Quench-Meldung* bedeutet, dass der gerade benutzte Router überlastet ist. Die Source Quench-Meldung wird über ICMP an den Quell-Host gesendet und sorgt dafür, dass dieser entweder die Übertragung der Daten kurzzeitig stoppt oder die Datenmenge reduziert.

9. *Wozu wird IGMP (Internet Group Management Protocol) benötigt?*

IGMP (Internet Group Management Protocol) ist ein spezielles Protokoll für Multicast-Anwendungen. Das Besondere an diesem Protokoll ist, dass nicht wie sonst üblich eine 1-zu-1-Verbindung zwischen zwei Hosts aufgebaut wird, sondern eine 1-zu-n-Verbindung.

Um Daten nicht an jeden einzelnen der n Hosts schicken zu müssen, was ja bedeuten würde, dass die Daten insgesamt n-mal verschickt werden müssten, werden die Daten einfach an einen Router geschickt. Über die Multicast-Funktion können sich vorher Hosts bei diesem Router für entsprechende Multicast-Sendungen registrieren.

Damit schickt der Router ankommende Multicast-Daten an alle registrierten Hosts weiter. So kann der ursprüngliche Sende-Host mit wenigen Sendungen eine sehr große Anzahl von Hosts erreichen, ohne die Bandbreite des Netzwerks extrem beanspruchen zu müssen.

10. *Was sind Multicast-Anwendungen?*

Multicast-Anwendungen sind solche, bei denen eine 1-zu-n-Beziehung zwischen Sender und Empfänger besteht. Beispiele für Multicast-Anwendungen sind Internetradio, Programme mit virtuellen Klassenzimmern im Internet oder Börsendienste, die Informationen an Kunden senden.

339

11. *Welche Aufgabe hat das Protokoll IP (Internet Protocol)?*

Das Protokoll IP hat im Wesentlichen die Aufgabe, die Adressierung der Daten vorzunehmen und den Weg von Quell- zu Ziel-Hosts selbstständig zu finden (Routing). Dazu muss IP über die Subnet-Mask feststellen, ob sich der Ziel-Host im lokalen oder in einem Remote-Netzwerk befindet.

IP verwaltet zudem die Lebensdauer der Datenpakete (TTL).

12. *Welche Bedeutung hat das Feld »TLL« im Vorspann eines Datagramms?*

Das Feld TTL (Time To Live) wird im Vorspann jedes Datagramms eingetragen und gepflegt. Dafür ist IP zuständig. Die Zahl, die im Feld TTL eingetragen wird, gibt die Lebensdauer des Datagramms an. Damit soll sichergestellt werden, dass ein Datenpaket nicht unbegrenzt durch die Netze transportiert wird und die Kapazitäten des Netzwerks unnötig belastet.

Der Standardwert, der anfangs im Feld TTL eingetragen wird, hängt vom verwendeten Betriebssystem ab und könnte beispielsweise den Wert 32 annehmen. Der Wert reduziert sich mindestens um einen Zähler, wenn ein Router übersprungen wird (Hop). Wenn der Wert 0 erreicht oder überschritten wird, löscht IP das Paket und gibt eine entsprechende Meldung an den Quell-Host zurück.

13. *Was ist der Unterschied zwischen den Transport-Protokollen TCP und UDP?*

TCP und UDP sind die beiden Transport-Protokolle, die für den eigentlichen Datentransport bei TCP/IP zuständig sind. TCP ist ein verbindungsorientiertes und sicheres Transport-Protokoll, da es jedes Datenpaket einzeln bestätigen muss. Verbindungsorientiert bedeutet, dass während der gesamten Datenübertragung eine Verbindung (Sitzung) besteht.

Über Prüfsummen wird zudem kontrolliert, ob die übertragenen Daten beschädigt sind. Außerdem wird überprüft, ob die Daten am Ziel angekommen sind und ob die Reihenfolge der Daten korrekt ist. Die hohe Sicherheit drückt die Leistung etwas herunter, aber die Sicherheit muss gerade im WAN für viele Programme wie HTTP, FTP etc. gewährleistet sein.

Bei UDP handelt es sich um ein verbindungsloses Transport-Protokoll. Während der Übertragung muss keine permanente Verbindung bestehen. Die Daten werden von UDP einfach abgeschickt, ohne zu kontrollieren, ob die Daten ankommen, die angekommenen Daten unbeschädigt sind oder die Reihenfolge korrekt ist.

Innerhalb eines LAN ist die Netzwerksicherheit so hoch, dass das nicht so problematisch ist. Innerhalb des Internets oder eines WAN wird UDP daher vor allem für kleine Nachrichten oder Meldungen verwendet oder für Bitstream-Anwendungen wie Audio- und Videoübertragungen, wo es hauptsächlich auf Geschwindigkeit ankommt.

UDP ist als Transport-Protokoll wesentlich schneller als TCP. Das liegt unter anderem daran, dass eine Menge an zusätzlichen Bits im Vorspann der Daten gespart werden können, der Auf- und Abbau der Sitzung und die Sicherheitsüberprüfungen entfallen.

14. *Wozu werden Ports bzw. Anschlüsse benötigt?*

Es gibt 65536 Ports oder Anschlüsse, die von bestimmten Anwendungen und Diensten von TCP/IP benutzt werden. Dadurch ist es möglich, dass mehrere solcher Dienste und Programme gleichzeitig an demselben Host benutzt werden können. Jeder Dienst hat üblicherweise eine feste Port-Adresse, beispielsweise benutzt der WWW-Dienst (HTTP) den Port 80. Die Zuordnung der ersten 1.024 Standard-Ports, die manchmal auch als »well known ports« bezeichnet werden, ist fest vorgegeben.

Da alle Ports bei einem Rechner standardmäßig geöffnet sind, ist das auch eine potenzielle Möglichkeit für Eindringlinge, in einen Rechner einzubrechen. Daher spielen Ports auch bei Sicherheitsaspekten eine wichtige Rolle. So sollten immer nur die Ports geöffnet werden, die auch tatsächlich benutzt werden.

Lösungen zu Kapitel 4

1. *Rechnen Sie bitte folgende Zahlen um:*

Wie lauten die Dezimalzahlen?

11001100	204
01101111	111
00010111	23
00001010.01100100.01100011.11011110	10.100.99.222

Wie lauten die Binärzahlen?

255	11111111
37	00100101
192	11000000
189.63.5.107	10111101.00111111.00000101.01101011

2. *Wozu dient bei IP-Adressen die Unterscheidung von Netzwerk-ID und Host-ID?*

Die Unterscheidung zwischen Netzwerk- und Host-ID hat die folgende Bedeutung: In einem logischen Netzwerk müssen alle Rechner die gleiche Netzwerk-ID haben. Dagegen müssen sich alle Host-IDs unterscheiden. Unterschiedliche logische Netzwerke in einem großen Netzwerk müssen zur Unterscheidung unterschiedliche Netzwerk-IDs haben.

Eine IP-Adresse besteht aus vier Oktetten von Zahlen (dezimal bzw. binär w.x.y.z). Standardmäßig werden die Netzwerk- und Host-IDs folgendermaßen aufgeteilt, wodurch auch die Adressklassen entstehen:

Tabelle A.1:
Adressklassen

Adressklasse	IP-Adresse	Netzwerk-ID	Host-ID
A	w.x.y.z	w	x.y.z
B	w.x.y.z	w.x	y.z
C	w.x.y.z	w.x.y	z

Es gibt dann noch die Möglichkeit, so genannte Zwischenklassen zu bilden, bei denen die Aufteilung von Netzwerk- und Host-ID nicht oktettweise vorgenommen wird, sondern irgendwo innerhalb der Oktette. Das wird für Subnets benötigt, die in einem eigenen Kapitel besprochen werden.

Damit die Zuordnung von Netzwerk- und Host-ID eindeutig ist, wird die Subnet-Mask benötigt. Die Teile der IP-Adresse, die als Netzwerk-ID verwendet werden sollen, werden maskiert, d.h., das Oktett erhält in der Subnet-Mask dezimal den Wert 255. Für die Host-ID wird in der Subnet-Mask der Wert 0 genommen.

3. *Welche Dezimalzahlen im ersten Oktett der IP-Adresse geben die Grenzen für die Klassen A, B und C an?*

Für eine Adresse der Klasse A kann der Wert der ersten Dezimalzahl den Wert 1 bis 126 annehmen. Für eine Adresse der Klasse B den Wert 128 bis 191 und für eine Adresse der Klasse C den Wert 192 bis 223. Alle anderen Werte für die erste Dezimalzahl einer IP-Adresse sind für die eine IP-Adresse, die für einen Host verwendet werden soll.

4. *Sie haben die Aufgabe, für ein Netzwerk die IP-Adressen zu vergeben. In diesem Netzwerk gibt es 300 Hosts. Adressen welcher Klasse können Sie verwenden?*

Eine Netzwerk-ID der Klassen A und B. Mit einer Netzwerk-ID der Klasse A kann man 16,7 Mio. Host-IDs unterscheiden, bei einer der Klasse B sind es immerhin noch 65534. Mit einer Netzwerk-ID der Klasse C kann das Netzwerk nicht verwaltet werden, da nur maximal 254 Hosts unterschieden werden können.

5. *Geben Sie zu jeder IP-Adresse die Adressklasse an:*

IP-Adresse	Adressklasse
15.196.68.4	Klasse A
126.99.29.199	Klasse A
199.87.11.49	Klasse C
97.158.251.88	Klasse A
192.28.71.22	Klasse C
155.169.90.45	Klasse B

6. *Welche der folgenden IP-Adressen sind ungültig? Begründen Sie!*

132.105.122.1	gültig
127.0.0.1	ungültig, die Loopback-Adresse ist reserviert
45.0.0.0	ungültig, alle Bits der Host-ID haben den Wert 0
55.12.0.0	gültig
255.124.30.4	ungültig, Klasse C geht nur bis 223
145.60.14.11	gültig
1.1.1.1	gültig
223.12.256.19	ungültig, da ein Wert von 256 nicht möglich ist

7. *Weisen Sie den nachfolgenden IP-Adressen die passende Standard-Subnet-Mask zu!*

131.107.2.89	255.255.0.0 (Klasse B)
50.124.3.1	255.0.0.0 (Klasse A)
154.23.0.199	255.255.0.0 (Klasse B)
222.222.222.222	255.255.255.0 (Klasse C)
128.10.100.33	255.255.0.0 (Klasse B)
190.12.190.12	255.255.0.0 (Klasse B)

8. *Sie haben ein Netzwerk, das aus zwei physikalischen Netzwerken besteht, Netzwerk A und B. Beide Netzwerke sind über ISDN-Router verbunden. Im Netzwerk A befinden sich 20 Rechner und in Netzwerk B 30 Rechner.*

Wie viele Netzwerk-IDs werden in diesem Beispiel benötigt?

Es werden drei Netzwerk-IDs benötigt, eine für Netzwerk A, die zweite für Netzwerk B und die dritte für die WAN-Verbindung.

Wie viele Host-IDs werden in diesem Beispiel benötigt? Es werden insgesamt 54 Host-IDs benötigt. Netzwerk A benötigt 20, Netzwerk B benötigt 30 und je zwei sind für die ISDN-Router (20 + 30 + 2 + 2 = 54) erforderlich.

343

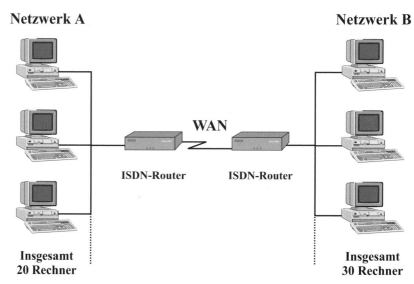

*Abb. A.1:
Wie viele Netz-
werk- und
Host-IDs wer-
den benötigt?*

Netzwerk A   **Netzwerk B**

WAN

ISDN-Router   **ISDN-Router**

**Insgesamt
20 Rechner**   **Insgesamt
30 Rechner**

9. *Wie lautet die Loopback-Adresse und wozu wird sie benötigt?*

Die Loopback-Adresse lautet 127.0.0.1 und wird zum Testen der TCP/
IP-Installation verwendet. Mit ping 127.0.0.1 schickt man an einen virtuellen Host ein Testpaket, das alle Schichten auf dem Hin- und Rückweg
durchläuft. Bekommt man eine Antwort, funktioniert die TCP/IP-
Installation auf dem lokalen Rechner.

10. *Wozu werden private IP-Adressen benötigt und welche Vorteile bringt
deren Verwendung in der Praxis?*

Die privaten Adressen sind spezielle IP-Adressbereiche, die nicht als offizielle Adresse verwendet werden dürfen und daher nur in internen Netzwerken verwendet werden.

*Tabelle A.2:
Private IP-
Adressen*

Reservierter Adressbereich	Subnet-Mask	Netzwerkklasse
10.0.0.0 bis 10.255.255.255	255.0.0.0	intern Klasse A
10.0.0.0 bis 10.255.255.255	255.255.0.0	intern Klasse B
10.0.0.0 bis 10.255.255.255	255.255.255.0	intern Klasse C
172.16.0.0 bis 172.31.255.255	255.255.0.0	intern Klasse B
172.16.0.0 bis 172.31.255.255	255.255.255.0	intern Klasse C
192.168.0.0 bis 192.168.255.255	255.255.255.0	intern Klasse C

Die privaten IP-Adressen werden hauptsächlich benutzt, um aufgrund der
Adressknappheit von IP-Adressen in einem internen Netz offizielle IP-

Adressen einzusparen. Man kann mit privaten Adressen ein beliebig gro-ßes Netzwerk aufbauen, ohne ebenso viele offizielle Adressen verwenden zu müssen.

Über einen Gateway-Rechner kann dann bei Bedarf das interne Netz ans Internet angeschlossen werden. Auf einem Gateway-Rechner wird im Idealfall nur eine einzige offizielle IP-Adresse benötigt. Alle Clients im internen Netzwerk bekommen dann über ein Adressübersetzungsverfahren (z.B. NAT) die offizielle Adresse zugewiesen, mit der sie im Internet arbeiten können.

Außerdem bringt die Verwendung von privaten Adressen beim Provider-Wechsel Vorteile. Man bekommt eine oder mehrere neue offizielle Adressen und braucht lediglich die IP-Adresse der Gateway-Rechner auszutauschen.

11. *Wozu wird ein Standard-Gateway benötigt?*

Das Standard-Gateway entspricht der IP-Adresse eines Routers, der am lokalen Netzwerk angeschlossen ist. Wenn bei der Suche nach dem Ziel-rechner festgestellt wird, dass sich der Rechner nicht im lokalen Netz-werk, sondern in einem Remote-Netzwerk befindet, muss geroutet wer-den. Zum Routing wird dann der Router verwendet, dessen IP-Adresse als Standard-Gateway angegeben ist. Wenn bei einem Rechner kein oder ein falsches Standard-Gateway angegeben ist, kann dieser Rechner in der Regel nur mit Hosts im lokalen Netzwerk Daten austauschen.

Lösungen zu Kapitel 5

1. *Wie gehen Sie vor, wenn Sie ein kleines TCP/IP-Netzwerk planen?*

Wenn Sie ein TCP/IP-Netzwerk manuell planen, müssen Sie einen IP-Adressraum auswählen. Sie müssen dazu folgende Fragen klären:

– Brauchen Sie offizielle IP-Adressen oder können Sie auf die privaten zurückgreifen?

In einem internen Netzwerk ohne Zugang zum Internet brauchen Sie nur private Adressen. Wenn Sie über einen Provider aufs Internet zu-greifen, bekommen Sie für die Zeit, in der Sie mit dem Internet ver-bunden sind, dynamisch eine offizielle IP-Adresse zugewiesen. Wenn Sie andauernd mit dem Internet verbunden sind, reicht es in der Regel aus, wenn Sie nur eine offizielle Adresse benutzen, die auf dem Ver-bindungshost auf der Seite zum Provider konfiguriert ist. Diese offizi-elle Adresse kann dann von allen Benutzern im Netzwerk verwendet werden. Für das Beispiel brauchen Sie so wiederum nur private IP-Adressen und lediglich eine einzige offizielle Adresse.

– Wie viele Netzwerk-IDs werden benötigt?

Für jedes logische Netzwerk wird eine Netzwerk-ID benötigt. Jede WAN-Verbindung benötigt ebenfalls eine eigene Netzwerk-ID. Für das Beispiel brauchen Sie nur eine Netzwerk-ID.

– Wie viele Host-IDs werden benötigt?

Für jeden Host wird eine eindeutige Host-ID benötigt. Ein Router benötigt eine Host-ID für jedes Subnet, mit dem er verbunden ist. Für das Beispiel brauchen Sie nur vier Host-IDs, nämlich für jeden Rechner genau eine.

2. *Warum benötigen Sie für dieses einfache Beispiel kein Standard-Gateway?*

In diesem Beispiel wird ein einfaches Peer-to-Peer-Netzwerk aufgebaut, das aus einem einzigen logischen (hier sogar physikalischen) Netzwerk besteht. Es gibt demnach keine Router und deshalb ist die Angabe eines Standard-Gateways nicht erforderlich.

3. *Welche Einstellungen an den Client-Rechnern müssen noch vorgenommen werden, wenn Sie die Netzwerkinstallation abgeschlossen und sich für die manuelle TCP/IP-Netzwerkeinrichtung entschieden haben?*

Normalerweise reicht es aus, dass Sie bei der manuellen Installation von TCP/IP die IP-Adresse, die Subnet-Mask und – je nach Netzwerkkonfiguration – das Standard-Gateway konfigurieren. Bei einem Peer-to-Peer-Netzwerk sollten Sie noch dafür sorgen, dass bei allen Rechnern die korrekte Arbeitsgruppe konfiguriert ist.

Bei Windows-9x- und Windows-ME-Rechnern sollten Sie außerdem darauf achten, dass die Datei- und Druckerfreigabe entsprechend konfiguriert wird, da sonst keine Freigaben von Ordnern oder Druckern möglich sind.

4. *Welche Gründe kann es geben, wenn im Netzwerk die Clients nicht miteinander kommunizieren können?*

Wenn die Kommunikation zwischen Clients nicht möglich ist, kommen dafür eine Reihe von Gründen bzw. Problemen in Frage. Man sollte zuerst Folgendes prüfen:

– Netzwerkanschlüsse (Kabel, Stecker, Hub etc.)

– Netzwerkkarteninstallation (Treiber, IRQ etc.)

– Protokollinstallation (bei TCP/IP: IP-Adresse, Subnet-Mask etc.)

– Falls ein bestimmter Rechner nicht in der Netzwerkumgebung zusammen mit den anderen angezeigt wird, sollten Sie auch noch die Zuordnung des Arbeitsgruppennamens überprüfen.

5. *Was sind die häufigsten Ursachen dafür, dass ein Rechner nicht in der Netzwerkumgebung angezeigt wird?*

Manchmal ist es notwendig, dass Sie ein bisschen warten, bis der Browserdienst die Anzeige aktualisiert und dann den Rechner anzeigt. Dies kann unter Umständen einige Minuten dauern. Es kann aber auch sein, dass der Serverdienst nicht funktioniert. Bei Windows 9x und Windows ME müssen Sie dazu überprüfen, ob in der Datei- und Druckerfreigabe die entsprechenden Optionen aktiviert sind. Bei Windows NT 4.0 und Windows 2000 müssen Sie die Dienste direkt überprüfen (SYSTEMSTEUERUNG/DIENSTE). Überprüfen Sie, ob alle Rechner für die gleiche Arbeitsgruppe konfiguriert sind.

6. *Wie können Sie überprüfen, ob TCP/IP auf Ihrem Rechner grundsätzlich funktioniert?*

Um zu testen, ob TCP/IP auf dem lokalen Rechner funktioniert, sollten Sie ein Paket an die Loopback-Adresse schicken. Dazu geben Sie in der Eingabeaufforderung den Befehl `ping 17.0.0.1` ein.

7. *Wie können Sie vom Testrechner Client01 aus überprüfen, ob eine TCP/IP-Verbindung zu Client02 möglich ist?*

Über den Befehl `ping` können Sie auch testen, ob Sie mit einem Zielrechner über TCP/IP kommunizieren können. Geben Sie dazu in der Eingabeaufforderung den Befehl `ping` mit der IP-Adresse des Zielrechners ein, beispielsweise `ping 10.100.100.12`, wenn der *Client02* wie in unserem Beispiel die IP-Adresse 10.100.100.12 hat.

8. *Wie können Sie bei Windows ME schnell eine Übersicht bekommen, wie TCP/IP konfiguriert ist?*

Sie können dafür das Programm `winipcfg` benutzen, das Sie entweder über die Eingabeaufforderung oder über START/AUSFÜHREN starten.

9. *Wie können Sie bei Windows NT 4.0, Windows 2000 und XP schnell eine Übersicht bekommen, wie TCP/IP konfiguriert ist?*

Um einen schnellen Überblick über die TCP/IP-Konfiguration eines Windows-NT-4.0- oder eines Windows-2000/XP-Rechners zu bekommen, benutzen Sie das Programm `ipconfig /all`, das Sie in der Eingabeaufforderung starten.

347

10. *Welche Aufgabe hat der Serverdienst bei Windows NT bzw. Windows 2000 bzw. XP?*

Der Serverdienst bei Windows NT und Windows 2000/XP hat u.a. die Aufgabe, eigene Ressourcen im Netzwerk freizugeben. Wenn dieser Dienst nicht gestartet ist oder nicht funktioniert, erscheint der Rechner nicht in der Netzwerkumgebung und es können keine Ordner oder Drucker freigegeben werden.

Lösungen zu Kapitel 6

1. *In welchen Situationen ist das Konzept der Subnets erforderlich?*

Subnets sind sinnvoll, um große Netzwerke, wie etwa bei Klasse-A- und Klasse-B-Adressräumen üblich, in kleinere Teilnetze aufzuteilen. Dadurch wird erreicht, dass keine weiteren offiziellen Netzwerkadressen benötigt und zudem keine Host-IDs verschwendet werden.

Bei Klasse-C-Adressen sind Subnets besonders häufig, da aufgrund der Knappheit von IP-Adressen die wenigen noch freien Netzwerk-IDs in viele zusätzliche Subnets aufgeteilt werden können. Da die meisten Firmen tatsächlich nur wenige offizielle IP-Adressen brauchen, weil sie ihre Netzwerke intern mit privaten Adressen verwalten, können auf diese Weise sehr viele IP-Adressen eingespart werden.

2. *Warum sind Subnets bei privaten Adressen normalerweise nicht notwendig?*

Mit privaten IP-Adressen stehen nahezu unbegrenzt große Netzwerkadressräume zur Verfügung. Daher sind eigentlich keine Subnets nötig.

3. *Sie richten ein TCP/IP-Netzwerk der Klasse C ein und benötigen sechs Subnets. Sie möchten in den jeweiligen Subnets die maximal mögliche Anzahl von Hosts unterbringen. Welche Subnet-Mask sollten Sie für dieses Netzwerk verwenden?*

Die gesuchte Subnet-Mask hat die Form 255.255.255.xxx, da es sich um eine Adresse der Klasse C handelt. Um die Zahl des vierten Oktetts zu berechnen, benötigen wir die Anzahl der Bits, die notwendig sind, um die Zahl 6 binär darzustellen. Der Binärwert der Zahl 6 ist 110, es werden also drei Bit benötigt. Damit werden die ersten drei Bit der Subnet-Mask für die Adressierung der Subnets benötigt. Binär kommen wir dann zu der Zahl 11100000, die im Dezimalformat der Zahl 224 entspricht.

Die gesuchte benutzerdefinierte Subnet-Mask sieht damit wie folgt aus: 255.255.255.224.

348

4. *Sie haben für die Erstellung eines Netzwerks die Netzwerk-ID 149.220.0.0 zur Verfügung gestellt bekommen. Das Netzwerk soll zwölf Subnets mit jeweils höchstens 3000 Hosts enthalten. Wie muss die benutzerdefinierte Subnet-Mask aussehen, um dieses Netzwerk realisieren zu können?*

Da es sich um eine Adresse der Klasse B handelt, wird die benutzerdefinierte Subnet-Mask die Form 255.255.xxx.0 haben. Das Netzwerk soll zwölf Subnets haben, also müssen wir herausfinden, wie viele Bits zur binären Darstellung der Zahl 12 notwendig sind. Die Zahl 12 hat binär das Format 1100, benötigt also vier Bit. Damit ist klar, dass der gesuchte Wert in der Subnet-Mask binär das Format 11110000 hat, was dezimal dem Wert 240 entspricht. Damit müsste die Subnet-Mask die 255.255.240.0 sein.

Zuvor müssen wir aber noch überprüfen, ob bei dieser Subnet-Mask auch 3000 Hosts pro Subnet möglich sind. Da es sich um eine Subnet-Mask für eine Adresse der Klasse B handelt, werden für die Hosts nicht nur die verbleibenden vier Bit des dritten Oktetts verwendet, sondern es kommen noch die acht Bit des vierten Oktetts dazu. Damit stehen für die Hosts 4 + 8 = 12 Bit zur Verfügung, mit denen 2^{12} = 4096 – 2 = 4094 Hosts möglich sind. Da nur 3000 Hosts gefordert waren, ist die Anforderung erfüllt und die Subnet-Mask 255.255.240.0 kann verwendet werden.

5. *Sie planen ein Netzwerk, das aus mehreren Subnets bestehen soll. In Zukunft werden Sie noch weitere Subnets benötigen. Pro Subnet brauchen Sie weniger als fünf Host-IDs. Wie viele Subnets lassen sich verwirklichen, wenn Sie eine Netzwerk-ID der Klasse C benutzen wollen?*

Ausgangspunkt dieser Aufgabe sind die fünf Host-IDs. Wie viele Bits werden benötigt, um die Zahl 5 binär darzustellen? Die Zahl 5 entspricht binär 101, d.h., es werden drei Bit benötigt. Damit ist klar, dass von den acht Bit der Subnet-Mask drei für die Host-ID verwendet werden und somit fünf Bit für die Subnetadressierung verbleiben. Mit fünf Bit lassen sich maximal 2^5 = 32 – 2 = 30 Subnets realisieren.

6. *Sie haben in Ihrem lokalen Netzwerk einen Server mit der Netzwerkadresse 150.75.200.20 und der Subnet-Mask 255.255.224.0. Welche der folgenden Hosts liegen in Ihrem lokalen Netzwerk?*

– *Host 1: 150.75.159.4*

– *Host 2: 150.75.200.86*

– *Host 3: 150.75.223.69*

– *Host 4: 150.75.100.243*

Bei dieser Aufgabe sollen Sie feststellen, in welchem Subnet sich der Server befindet. Wenn Sie alle möglichen Host-IDs dieses Subnets berechnet haben, können Sie leicht überprüfen, welche der angegebenen IP-Adressen in dieses Subnet fallen.

Zur Berechnung der Host-IDs benötigen wir als Erstes die Subnet-IDs. Diese berechnen Sie aus dem Inkrement, das sich aus der Zahl im dritten Oktett der Subnet-Mask ablesen lässt, wenn diese im Binärformat vorliegt. 224 entspricht binär 11100000. Das niederwertige Bit hat einen Wert von 32 und das ist auch das Inkrement.

Tabelle A.3:
Bestimmung
der Subnet-IDs
und Host-ID

Subnet	Subnet-ID	Erste Host-ID	letzte Host-ID
ungültig	0	ungültig	ungültig
1. Subnet	32	150.75.**32.1**	150.75.**63.254**
2. Subnet	64	150.75.**64.1**	150.75.**95.254**
3. Subnet	96	150.75.**96.1**	150.75.**127.254**
4. Subnet	128	150.75.**128.1**	150.75.**159.254**
5. Subnet	160	150.75.**160.1**	150.75.**191.254**
6. Subnet	192	150.75.**192.1**	150.75.**223.254**
ungültig	224	ungültig	ungültig

Anhand dieser Tabelle lässt sich die Frage leicht beantworten. Der Server befindet sich im sechsten Subnet, Host 1 liegt gerade nicht mehr im fünften Subnet, sondern im vierten Subnet. Host 2 und Host 3 liegen im sechsten und damit im gleichen Subnet wie der Server. Host 4 liegt im dritten Subnet und damit nicht im gleichen wie der Server.

Damit lautet die Antwort auf die Frage: Host 2 und Host 3.

7. *Welche der folgenden IP-Adressen liegen in einem gültigen Subnet?*

   1. IP-Adresse: 112.10.17.12   Subnet-Mask: 255.240.0.0

   2. IP-Adresse: 148.99.8.2   Subnet-Mask: 255.255.248.0

   3. IP-Adresse: 199.145.34.227   Subnet-Mask: 255.255.255.224

Um herauszufinden, ob sich die Adressen in einem gültigen Subnet befinden, müssen Sie jeweils die Grenzen der Subnets bestimmen.

Zu Adresse 1:   IP-Adresse 112.10.17.12
                   Subnet-Mask 255.240.0.0

Die Zahl 240 entspricht im Binärformat dem Wert 11110000. Das Inkrement ergibt sich aus der Wertigkeit des niederwertigen Bits, in diesem Fall dem Wert 16, und das ist das Inkrement zur Berechnung der Subnet-IDs.

Subnet-ID	Subnet	Host-IDs
0	ungültiges Subnet	112.0.0.1 bis 112.15.255.254
16	1. Subnet	112.**16**.0.1 bis 112.31.255.254
32	2. Subnet	112.**32**.0.1 bis 112.47.255.254
...	...	...

Tabelle A.4: Bestimmung der Subnet-IDs und Host-IDs für Adresse 1

Sie brauchen hier gar nicht alle Subnets und die dazugehörigen Host-IDs zu bestimmen, um die Aufgabe zu lösen. Sie sehen sofort, dass die Adresse 112.10.17.12 eine ungültige Adresse ist, da sie sich in einem ungültigen Subnet befindet. Bei einer Adresse der Klasse A ist für die Bestimmung des Subnets nur der Wert des zweiten Oktetts relevant.

Zu Adresse 2:   IP-Adresse 148.99.8.2
                  Subnet-Mask 255.255.248.0

Die Zahl 248 entspricht im Binärformat dem Wert 1111**1**000. Das Inkrement ergibt sich aus der Wertigkeit des niederwertigen Bits, in diesem Fall dem Wert 8, und das ist das Inkrement zur Berechnung der Subnet-IDs.

Subnet-ID	Subnet	Host-IDs
0	ungültiges Subnet	148.99.0.1 bis 148.99.7.254
8	1. Subnet	148.99.**8**.1 bis 148.99.15.254
16	2. Subnet	148.99.**16**.1 bis 148.99.23.254
...	...	...

Tabelle A.5: Bestimmung der Subnet-IDs und Host-IDs für Adresse 2

Sie brauchen auch hier nicht alle Subnet-IDs und die dazugehörigen Host-IDs zu bestimmen. Sie sehen fast sofort, dass die Adresse 148.99.8.2 eine gültige Adresse ist, da sie sich gerade im ersten gültigen Subnet befindet. Relevant ist bei einer Adresse der Klasse B für die Bestimmung des Subnets nur der Wert des dritten Oktetts.

Zu Adresse 3:   IP-Adresse 199.145.34.227
                  Subnet-Mask 255.255.255.224

Die Zahl 224 entspricht im Binärformat dem Wert 11**1**00000. Das Inkrement ergibt sich aus der Wertigkeit des niederwertigen Bits, in diesem Fall dem Wert 32, und das ist das Inkrement zur Berechnung der Subnet-IDs. Dies ergibt sechs gültige Subnets mit jeweils 32 Hosts für das dritte Oktett:

Subnet-ID	Subnet	Host-IDs
0	ungültiges Subnet	199.145.34.0 bis 199.145.34.33
32	1. Subnet	199.145.34.**32** bis 199.145.34.63
64	2. Subnet	199.145.34.**64** bis 199.145.34.95
96	3. Subnet	199.145.34.**96** bis 199.145.34.127
128	4. Subnet	199.145.34.**128** bis 199.145.34.159
160	5. Subnet	199.145.34.**160** bis 199.145.34.191
192	6. Subnet	199.145.34.**192** bis 199.145.34.223
224	ungültig	199.145.34.224 bis 199.145.34.255

In diesem Fall müssen Sie alle Subnet-IDs und die dazugehörigen Host-IDs bestimmen, um die Aufgabe zu lösen. Erst dann sehen Sie, dass die Adresse 199.145.34.227 eine ungültige Adresse ist, da sie sich im letzten und damit immer ungültigen Subnet befindet. Relevant ist bei einer Adresse der Klasse C für die Bestimmung des Subnets nur der Wert des vierten Oktetts.

Die Lösung zu dieser Aufgabe lautet daher: Nur Adresse 2 befindet sich in einem gültigen Subnet.

8. *Geben Sie für die folgenden IP-Adressen den Adressbereich (Host-IDs) an, in dem diese Adressen liegen.*

1. IP-Adresse: 88.175.17.66   Subnet-Mask: 255.192.0.0

2. IP-Adresse: 129.67.125.45   Subnet-Mask: 255.255.240.0

3. IP-Adresse: 221.71.12.81   Subnet-Mask: 255.255.255.248

Ähnlich wie in der vorherigen Aufgabe müssen Sie die Subnet-ID und die Host-IDs bestimmen, um die Aufgabe lösen zu können. Sie gehen wieder von der Subnet-Mask aus und berechnen das Inkrement, das sich aus der binären Darstellung der Subnet-Mask ergibt. Danach bestimmen Sie die Host-IDs.

Zu Adresse 1:   IP-Adresse 88.175.17.66
                   Subnet-Mask: 255.192.0.0

Die Zahl 192 entspricht im Binärformat dem Wert **11**000000. Das Inkrement entspricht der Wertigkeit des niederwertigen Bits, in diesem Fall dem Wert 64, und das ist das Inkrement zur Berechnung der Subnet-IDs. Das entspricht zwei Subnets mit jeweils 64 Hosts für das dritte Oktett:

Subnet-ID	Subnet	Host-IDs
0	ungültiges Subnet	88.0.0.1 bis 88.63.255.254
64	1. Subnet	88.**64**.0.1 bis 88.127.255.254
128	2. Subnet	88.**128**.0.1 bis 88.191.255.254
192	ungültiges Subnet	88.192.0.1 bis 88.255.255.254

Tabelle A.7: Bestimmung der Subnet-IDs und Host-IDs für Adresse 1

Wie Sie der Tabelle entnehmen können, gehört die IP-Adresse 88.175.17.66 zum zweiten Subnet mit dem Bereich 88.128.0.1 bis 88.191.255.254. Bei der Bestimmung der Subnet-ID einer Klasse-A-Adresse ist der Wert des zweiten Oktetts der IP-Adresse von Wichtigkeit.

Zu Adresse 2:　　IP-Adresse 129.67.125.45
　　　　　　　　Subnet-Mask: 255.255.240.0

Die Zahl 240 entspricht im Binärformat dem Wert 1111 0000. Das Inkrement entspricht der Wertigkeit des niederwertigen Bits, in diesem Fall dem Wert 16, und das ist das Inkrement zur Berechnung der Subnet-IDs. Das entspricht 14 Subnets mit jeweils 16 Hosts für das dritte Oktett:

Subnet-ID	Subnet	Host-IDs
0	ungültiges Subnet	129.67.0.1 bis 129.67.15.254
16	1. Subnet	129.67.**16**.1 bis 129.67.31.254
32	2. Subnet	129.67.**32**.1 bis 129.67.47.254
48	3. Subnet	129.67.**48**.1 bis 129.67.63.254
64	4. Subnet	129.67.**64**.1 bis 129.67.79.254
80	5. Subnet	129.67.**80**.1 bis 129.67.95.254
96	6. Subnet	129.67.**96**.1 bis 129.67.111.254
112	7. Subnet	129.67.**112**.1 bis 129.67.127.254
128	8. Subnet	129.67.**128**.1 bis 129.67.143.254
...	...	...

Tabelle A.8: Bestimmung der Subnet-IDs und Host-IDs für Adresse 2

Wie Sie der Tabelle entnehmen können, gehört die IP-Adresse 129.67.125.45 zum siebten Subnet mit dem Bereich 129.67.112.1 bis 129.67.127.254. Bei der Bestimmung der Subnet-ID einer Klasse-B-Adresse ist der Wert des dritten Oktetts der IP-Adresse von Bedeutung.

Zu Adresse 3:　　IP-Adresse 221.71.12.81
　　　　　　　　Subnet-Mask 255.255.255.248

Die Zahl 248 entspricht im Binärformat dem Wert 11111000. Das entspricht 30 Subnets mit jeweils acht Hosts für das dritte Oktett. Das Inkrement entspricht der Wertigkeit des niederwertigen Bits, in diesem Fall dem Wert 8, und das ist das Inkrement zur Berechnung der Subnet-IDs.

Tabelle A.9:
Bestimmung
der Subnet-IDs
und Host-IDs
für Adresse 3

Subnet-ID	Subnet	Host-IDs
0	ungültiges Subnet	221.71.12.0 bis 221.71.12.7
8	1. Subnet	221.71.12.**8** bis 221.71.12.15
16	2. Subnet	221.71.12.**16** bis 221.71.12.23
24	3. Subnet	221.71.12.**24** bis 221.71.12.31
32	4. Subnet	221.71.12.**32** bis 221.71.12.39
40	5. Subnet	221.71.12.**40** bis 221.71.12.47
48	6. Subnet	221.71.12.**48** bis 221.71.12.55
56	7. Subnet	221.71.12.**56** bis 221.71.12.63
64	8. Subnet	221.71.12.**64** bis 221.71.12.71
72	9. Subnet	221.71.12.**72** bis 221.71.12.79
80	10. Subnet	221.71.12.**80** bis 221.71.12.87
88	11. Subnet	221.71.12.**88** bis 221.71.12.95
96	12. Subnet	221.71.12.**96** bis 221.71.12.103
...	...	...

Wie Sie der Tabelle entnehmen können, gehört die IP-Adresse 221.71.12.81 zum zehnten Subnet mit dem Bereich 221.71.12.80 bis 221.71.12.87. Bei der Bestimmung der Subnet-ID einer Klasse-C-Adresse ist der Wert des vierten Oktetts der IP-Adresse von Bedeutung.

9. *Die nächste Frage ist eine Frage mit sehr starkem Praxisbezug. Sie haben ein Netzwerk, das aus zwei Subnets (SN1 und SN2 genannt) besteht und durch einen Router verbunden ist. Ein Computer (PC 1) in SN2 kann mit den anderen Computern im gleichen Subnet über TCP/IP kommunizieren, aber zu Computern in SN1 ist eine Verbindung über TCP/IP nicht möglich.*

Auf PC 1 ist TCP/IP folgendermaßen konfiguriert:

IP-Adresse: 130.87.63.10
Subnet-Mask: 255.255.224.0
Standard-Gateway: 130.87.86.10

Welche Ursache für das Problem ist am wahrscheinlichsten?

– *Die IP-Adresse ist nicht korrekt konfiguriert.*

– *Die Subnet-Mask ist nicht korrekt konfiguriert.*

– *Das Standard-Gateway ist nicht korrekt konfiguriert.*

– *Der Router arbeitet nicht korrekt.*

Bevor der Router als mögliche Ursache für das Kommunikationsproblem in Frage kommt, sollte erst einmal die TCP/IP-Konfiguration überprüft werden. Eine fehlerhafte IP-Adresse und Subnet-Mask scheidet als Ursache für das Problem aus, da sonst die Kommunikation mit den anderen Rechnern im gleichen Subnet ebenfalls nicht möglich wäre. Bleiben nur noch der Router oder das Standard-Gateway.

Damit eine Kommunikation mit einem anderen Subnet möglich ist, sollte die IP-Adresse des Routers, die der Standard-Gateway-Adresse entspricht, im gleichen Netzwerk liegen. Um das überprüfen zu können, müssen wir die Subnet-ID mit den Host-IDs ausrechnen.

In der Subnet-Mask ist die Zahl 224 enthalten, die für die Aufteilung in Subnets sorgt. Die Zahl 224 hat das Binärformat 11100000. Das niederwertige Bit, das als Inkrement für die Subnet-IDs dient, hat die Wertigkeit 32.

In der nachfolgenden Tabelle finden Sie alle Subnets, die mit den IP-Adressen und der Subnet-Mask möglich sind.

Subnet	Subnet-ID	erste Host-ID	letzte Host-ID
ungültig	0	130.87.0.1	130.87.31.254
1. Subnet	32	130.87.**32.1**	130.87.**63.254**
2. Subnet	64	130.87.**64.1**	130.87.**95.254**
3. Subnet	96	130.87.**96.1**	130.87.**127.254**
4. Subnet	128	130.87.**128.1**	130.87.**159.254**
5. Subnet	160	130.87.**160.1**	130.87.**191.254**
6. Subnet	192	130.87.**192.192**	130.87.**223.254**
ungültig	224	130.87.224.1	130.87.255.254

Tabelle A.10: Bestimmung der Subnet-IDs und Host-IDs

Wie man deutlich ablesen kann, befindet sich die IP-Adresse des Rechners PC 1 im ersten Subnet und die Adresse des Standard-Gateways im zweiten Subnet. Damit ist eine Kommunikation mit dem Router nicht möglich. Ein Ändern der Subnet-Mask, sodass beide Adressen ins gleiche Subnet fallen, ist als Lösung nicht möglich, da sonst eine Kommunikation mit den anderen Rechnern im gleichen Subnet nicht mehr möglich wäre.

Damit ist die Antwort klar, die IP-Adresse des Standard-Gateways liegt nicht im richtigen Subnet.

10. *In Ihrem Netzwerk haben Sie das Problem, dass der Computer PC 1 mit PC 2 nicht über TCP/IP kommunizieren kann. Die beiden Rechner befinden sich im gleichen Subnet.*

TCP/IP wurde auf PC 1 folgendermaßen konfiguriert:

IP-Adresse: *177.15.6.12*
Subnet-Mask: *255.255.252.0*
Standard-Gateway: *177.15.5.89*

TCP/IP wurde auf PC 2 folgendermaßen konfiguriert:

IP-Adresse: *177.15.8.12*
Subnet-Mask: *255.255.252.0*
Standard-Gateway: *177.15.7.100*

Welche Ursache für das Problem ist am wahrscheinlichsten?

– *Die IP-Adresse von PC 1 ist nicht korrekt konfiguriert.*

– *Die IP-Adresse von PC 2 ist nicht korrekt konfiguriert.*

– *Das Standard-Gateway von PC 1 ist nicht korrekt konfiguriert.*

– *Das Standard-Gateway von PC 2 ist nicht korrekt konfiguriert.*

Um die Frage beantworten zu können, sollten auch in dieser Aufgabe die möglichen Subnets bestimmt werden. Dadurch lässt sich überprüfen, ob IP-Adressen und Standard-Gateways in gleichen Subnets liegen. Da es sich bei den Adressen um Adressen der Klasse B handelt, müssen auf jeden Fall die ersten beiden Blöcke der Adressen übereinstimmen, was überall der Fall ist.

Als Nächstes werden die Subnet-IDs und die Host-IDs bestimmt. Dazu benötigen wir die binäre Darstellung der Zahl 252. Die Zahl 252 hat binär die Form 11111**1**00. Gesucht ist die Wertigkeit des niederwertigen Bits und das hat die Wertigkeit 4. Das Inkrement hat den Wert 4 und damit lassen sich die Subnet-IDs bestimmen. Das ergibt 62 mögliche Subnets mit jeweils vier Hosts für das dritte Oktett:

Tabelle A.11:
Bestimmung
der Subnet-IDs
und Host-IDs

Subnet	Subnet-ID	erste Host-ID	letzte Host-ID
ungültig	0	17.15.0.1	17.15.3.254
1. Subnet	4	177.15.**4**.1	177.15.7.254
2. Subnet	8	177.15.**8**.1	177.15.11.254
3. Subnet	12	177.15.**12**.1	177.15.15.254
...	...	...	...

Für diese Frage reicht es bereits, wenn Sie die ersten Subnet-IDs mit den zugehörigen Host-IDs bestimmen, da Sie sofort sehen, dass die IP-Adresse von PC 2 mit 177.15.8.12 im zweiten Subnet liegt, während die IP-Adresse von PC 1 und die beiden Standard-Gateway-Adressen zum Subnet 1 gehören.

Die Lösung zu dieser Aufgabe lautet also: Die IP-Adresse von PC 2 ist nicht korrekt konfiguriert (zweite Antwortmöglichkeit).

Lösungen zu Kapitel 7

1. *Was versteht man unter Routing?*

   Routing beschreibt den Prozess, bei dem Daten von einem Netzwerk über einen oder mehrere Router zu einem anderen Netzwerk transportiert werden. Beim Routing-Prozess werden Entscheidungen getroffen, über welchen Pfad (Weg) bzw. über welchen Router das Zielnetzwerk am schnellsten erreicht werden kann. Diese Aufgabe wird von IP übernommen, das sich in der Internetschicht des TCP/IP-Schichtenmodells befindet.

2. *Was ist die Aufgabe eines Routers?*

   Ein Router verbindet zwei physikalische Netzwerke. Die Aufgabe eines Routers besteht darin, ankommende Datenpakete von einem Netzwerk (die eine Seite des Routers) in ein anderes (andere Seite des Routers) zu transportieren.

3. *Welche Arten von Routern kennen Sie?*

   Es gibt mehrere Arten von Routern. Router können eine Art Blackbox sein, ein mehrfach vernetzter Rechner (Multihomed-Rechner), beispielsweise Windows Server 2003 oder ein ISDN-Router. Um zwei Netzwerke über die Telefonleitung zu verbinden, benötigen Sie zwei ISDN-Router, für jedes Netzwerk einen. Die Verbindung zwischen den beiden ISDN-Routern kann eine Standleitung oder eine Wählverbindung sein.

4. *Was ist der Unterschied zwischen statischem und dynamischem Routing?*

   Beim statischen Routing werden die Routing-Tabellen im Netzwerk manuell gepflegt, während beim dynamischen Routing Änderungen an den Routing-Tabellen automatisch an die anderen Router gesendet werden. Für das dynamische Routing können Sie RIP für IP in der Version 1 und 2 verwenden. RIP ist relativ einfach zu konfigurieren, aber es eignet sich nur für Netzwerke von kleiner bis mittlerer Größe. Die Alternative ist OSPF, das sich für große bis sehr große Netzwerke eignet. Es ist aber sehr schwierig zu implementieren und erfordert eine aufwändige Planung.

5. *Auf welchen Rechnern gibt es Routing-Tabellen?*

Alle Rechner, auf denen TCP/IP installiert ist, haben eine Routing-Tabelle. Ansonsten könnten keine Datenpakete mit TCP/IP übertragen werden.

6. *Welche Rolle spielt das Standard-Gateway beim statischen Routing?*

Das Standard-Gateway spielt beim statischen Routing eine wichtige Rolle. Normalerweise müssen Sie in einem Netzwerk, in dem wenigstens ein Router eingesetzt wird, in jeder Routing-Tabelle eine zusätzliche Route eintragen, da sonst der Pfad (Route) zum Netzwerk auf der anderen Seite des Routers nicht gefunden werden kann.

Um den enormen Aufwand zu reduzieren, erweitert man lediglich die Routing-Tabelle des Routers und konfiguriert auf allen Hosts ein Standard-Gateway mit der Adresse des zuständigen Routers. Damit werden dann alle Pakete, für die es in der lokalen Routing-Tabelle keinen Pfad gibt, an das Standard-Gateway, den Router, geschickt. Dieser »kennt« den Weg, da in seiner Routing-Tabelle die gesuchte Route eingetragen ist. Der Router schickt dann das Paket entsprechend weiter.

7. *Was bedeutet in der Routing-Tabelle der Eintrag mit dem Netzwerkziel 0.0.0.0?*

Den Eintrag mit dem Zielnetzwerk 0.0.0.0 findet man nur, wenn auf dem betreffenden Rechner ein Standard-Gateway konfiguriert ist. Der Eintrag ist die Standard-Route und bedeutet, dass alle Pakete, für die in der Routing-Tabelle keine spezielle Route gefunden wird, an den dort angegebenen Router geschickt werden.

8. *Wie können Sie erreichen, dass die manuell eingegebenen Routen in einer Routing-Tabelle auch nach einem Neustart des Rechners erhalten bleiben?*

Über den Befehl route add kann man neue Routen in die Routing-Tabelle eintragen. Diese werden aber nur im Arbeitsspeicher gespeichert. Sie werden also gelöscht, wenn der Rechner abgeschaltet oder neu gestartet wird. Alternativ kann man aber auch neue Routen mit dem Befehl route -p add in die Routing-Tabelle eintragen. Solche Routen bezeichnet man dann als ständige Routen, da diese direkt in der Registry gespeichert sind. Damit bleiben Sie auch beim Ausschalten des Rechners erhalten.

9. *Wie lautet der genaue Befehl, wenn Sie in eine Routing-Tabelle eine ständige Route eingeben wollen, um das Netzwerk 10.100.0.0 über*

das Gateway *10.100.15.1 zu erreichen. Die IP-Adresse des Rechners
ist die 10.100.15.8.*

Um für das Netzwerk 10.100.0.0 eine ständige Route in die Routing-
Tabelle einzutragen, geben Sie den folgenden Befehl in der Eingabeaufforderung ein:

```
route -p add 10.100.0.0 mask 255.255.0.0 10.100.15.1
```

10. *Welche Maßnahmen sind auf den Hosts und auf dem Router notwendig, wenn Sie zwei Netzwerke (Netzwerk 1 und Netzwerk 2) über einen Router (mehrfach vernetzter Windows Server 2003) verbinden
und die Hosts in den verschiedenen Netzwerken miteinander kommunizieren lassen wollen?*

Auf den Hosts von Netzwerk 1 muss der Router als Standard-Gateway
konfiguriert werden. Dazu benutzen Sie die IP-Adresse der Netzwerkkarte
des Routers, die zu Netzwerk 1 gehört.

Auf den Hosts von Netzwerk 2 muss ebenfalls der Router als Standard-
Gateway konfiguriert werden. Dazu benutzen Sie aber nun die IP-Adresse
der Netzwerkkarte des Routers, die zu Netzwerk 2 gehört.

Auf dem Router muss Routing und RAS installiert und aktiviert sein, damit die Pakete von einem Netzwerk in das andere transportiert werden
können. Ein zusätzlicher Eintrag in der Routing-Tabelle des Routers ist
nicht erforderlich, da in der Routing-Tabelle des Routers die Routen zu
beiden angrenzenden Netzwerken automatisch eingetragen sind. Das
liegt daran, dass in dem Router zwei Netzwerkkarten mit unterschiedlichen IP-Adressen konfiguriert sind.

11. *Welche Maßnahmen sind auf den Hosts und auf den Routern notwendig, wenn Sie drei Netzwerke (Netzwerk 1, Netzwerk 2 und Netzwerk
3) über zwei Router (mehrfach vernetzte Windows Server 2003) verbinden? Es sollen alle Hosts in den drei Netzwerken miteinander
kommunizieren können.*

Sie verfahren genau wie in der vorherigen Aufgabe beschrieben. Damit
können dann die Hosts von Netzwerk 1 mit Netzwerk 2 und die Host von
Netzwerk 2 mit Netzwerk 3 kommunizieren. Umgekehrt natürlich auch.
Damit aber jetzt auch die Hosts von Netzwerk 1 mit Netzwerk 3 und umgekehrt kommunizieren können, müssen Sie jeweils auf den beiden Routern die Routing-Tabellen um einen Eintrag erweitern, der den Pfad zu
den jeweiligen Netzwerken angibt: auf Router 1 einen Eintrag mit einer
Route zu Netzwerk 3 und auf Router 3 einen Eintrag mit einer Route zu
Netzwerk 1.

12. *Warum ist bei RIP die Anzahl der maximalen Hops auf 15 beschränkt?*

Man musste die Anzahl der Hops bei RIP auf 15 beschränken, da es sonst durch Endlosschleifen zum *Count-to-Infinity-Problem* oder zur *langsamen Konvergenz* käme. Das Problem dabei ist, dass beim Ausfall eines Routers die Aktualisierung der anderen Router sehr lange dauert, weil die noch vorhandenen Einträge, die auf den ausgefallenen Router verweisen, erst mal an die anderen Router weiter aktualisiert werden. Durch das Weitersenden wird der Wert für die Anzahl (Hops) immer um 1 erhöht. Die Schleife nimmt erst ein Ende, wenn Hop 15 überschritten ist und die Route verworfen wird. Und das kann dauern!

13. *Welche Vorteile bietet RIP für IP Version 2 gegenüber RIP für IP Version 1?*

RIP für IP in der Version 2 hat die folgenden Vorteile gegenüber RIP für IP Version 1:

– Anstatt Rundsendungen verwendet RIP Version 2 Multicasts für die Versendung der Routing-Tabellen. Das belastet das Netzwerk deutlich weniger als die Rundsendungen.

– RIP Version 2 überträgt bei den Ankündigungen auch Subnet-Masks. Dadurch wird das Subnetting ohne Probleme unterstützt.

– RIP Version 2 arbeitet mit Authentifizierung. Das bedeutet, dass der Austausch von Daten nur zwischen Routern funktioniert, die das gleiche Kennwort verwenden.

– Verbesserter Algorithmus zur Vermeidung des *Count-to-Infinity-Problems* oder der *langsamen Konvergenz* durch Endlosschleifen. Dadurch können größere Änderungen an der Netzwerkstruktur sehr viel schneller an alle Router übertragen werden.

– Mehr Möglichkeiten bei der Konfiguration durch Routen- und Peer-Filter.

14. *Welche Vorteile bietet OSPF gegenüber RIP für IP?*

– OSPF gibt Änderungen am Netzwerk schneller an die anderen Router weiter. Es gibt keine *Count-to-Infinity-Probleme* (langsame Konvergenz), da es bei der Übertragung der Änderungen zu keinen Schleifen kommt.

– OSPF beansprucht wenig Bandbreite des Netzwerks und belastet das Netzwerk damit weniger als RIP.

- Mit OSPF kann ein großes Netzwerk in einzelne Bereiche aufgeteilt werden, die eine effizientere Aktualisierung der anderen Router zulassen und eine nahezu unbegrenzte Netzwerkgröße ermöglichen.

- OSPF unterstützt Subnet-Masks, wodurch Subnetting auch ohne Probleme unterstützt wird.

- OSPF unterstützt Authentifizierung, wodurch die missbräuchliche Übermittlung von Netzwerkdaten vermieden wird.

15. *Welche Einstellungen müssen Sie vornehmen, um einen Windows-NT-4.0- und einen Windows-Server-2003-Rechner zu einem Router zu machen?*

Um einen Windows-Server-2003- oder einen Windows-NT-4.0-Rechner zu einem Router zu machen, muss der Rechner mehrfach vernetzt sein. TCP/IP muss auf jeder Netzwerkkarte installiert und konfiguriert sein.

Damit die Pakete zwischen den Netzwerkkarten ausgetauscht werden können, aktivieren Sie bei Windows-NT-4.0 im Register *Routing* (Eigenschaften von TCP/IP) die Option *IP-Forwarding*. Bei Windows Server 2003 installieren und aktivieren Sie dafür *Routing und RAS*.

Lösungen zu Kapitel 8

1. *Was ist die Aufgabe eines DHCP-Servers?*

Die Aufgabe eines DHCP-Servers besteht darin, die Verwaltung der TCP/IP-Konfiguration zu zentralisieren und zu automatisieren. Über den DHCP-Server werden die IP-Adresse, die Subnet-Mask und optional weitere TCP/IP-Parameter von den Clients zentral abgerufen und dynamisch aktualisiert.

2. *Wie funktioniert ein DHCP-Server?*

Der DHCP-Server stellt die TCP/IP-Parameter bereit und leitet diese an einen Client weiter, wenn dieser die Daten anfordert. Das Ganze läuft über Rundsendungen (Broadcasts) ab und wird in vier Phasen umgesetzt:

Phasen	Beschreibung
IP-Lease-Anforderung (DHCPDISCOVER-Nachricht)	Der Client schickt über eine Rundsendung (Broadcast) eine Nachricht ins Netz und hofft, dass es einen DHCP-Server gibt, der ihm antwortet. Dabei identifiziert er sich mit seiner MAC-Adresse.
IP-Lease-Angebot (DHCPOFFER-Nachricht)	Wenn ein oder mehrere DHCP-Server diese Nachricht empfangen, schicken sie dem Client ein Lease-Angebot mit einer IP-Adresse, Subnet-Mask und optionalen Parametern.

Tabelle A.12: Die vier Phasen der Client-Konfiguration

Phasen	Beschreibung
IP-Lease-Auswahl (DHCPREQUEST-Nachricht)	Der Client nimmt ein Angebot an und schickt eine entsprechende Nachricht zurück, so dass alle DHCP-Server wissen, ob ihr Angebot angenommen wurde oder nicht.
IP-Lease-Bestätigung (DHCPACK-Nachricht)	Der DHCP-Server, dessen Angebot angenommen wurde, bestätigt dem Client dieses mit einer entsprechenden Nachricht.

Nach Ablauf der vier Phasen ist die Client-Konfiguration abgeschlossen.

3. *Welche Vorteile bringt der Einsatz von DHCP-Servern?*

Durch den Einsatz eines DHCP-Servers kann der Administrator die TCP/IP-Parameter zentral verwalten. Die Konfiguration der TCP/IP-Parameter geschieht automatisch und wird dynamisch aktualisiert, wodurch die Verwaltung erheblich vereinfacht wird und Fehler vermieden werden.

4. *Welche Daten werden in der DHCP-Datenbank gespeichert, wie heißt die Datei und wo wird sie gespeichert?*

In der DHCP-Datenbank werden im Prinzip alle Daten gespeichert, die zum DHCP-Server gehören. Das umfasst die Leases der Clients inklusive der Client-Reservierungen mit IP-Adresse, MAC-Adresse, Computername und der Lease-Dauer. Zusätzlich werden die Bereiche mit IP-Adresspool mit Subnet-Mask und voreingestellter Lease-Dauer gespeichert. Dazu kommen die globalen bzw. Server- und Bereichsoptionen.

Die DHCP-Datenbank hat den Namen `dhcp.mdb` und wird im Ordner `%Systemroot%\system32\dhcp` (`%Systemroot%` entspricht dem Ordner, in dem Windows NT bzw. Windows Server 2003 installiert wurde) gespeichert.

5. *Warum müssen beim Erstellen eines Bereichs IP-Adressen ausgeschlossen werden?*

Alle IP-Adressen von Hosts mit statischen IP-Adressen, die in einem Adresspool des DHCP-Servers liegen, müssen ausgeschlossen werden. Das bedeutet, dass Sie diese Adressen nicht an andere Clients vergeben dürfen. Der Grund dafür ist, dass sonst doppelte IP-Adressen vergeben werden könnten und dies zu einer Störung des Netzwerks führen würde.

6. *Welche Bedeutung hat die Lease-Dauer?*

Die Lease-Dauer ist sehr wichtig. Sie legt fest, wie lange eine Lease einem Host maximal zugewiesen wird, d.h., wie lange die IP-Adresse reserviert ist. In Netzwerken, in denen ständig Veränderungen vorgenommen werden, d.h. Rechner von einem Subnet ins andere verschoben werden, ist eine kürzere Lease-Dauer von Vorteil, beispielsweise zwei bis vier Tage. Ansonsten kann der Bedarf an IP-Adressen sehr groß werden und möglicherweise den Vorrat übersteigen, da IP-Adressen nicht schnell genug wieder freigegeben werden.

In sehr statischen Netzwerken kann die Lease-Dauer auf mehrere Monate erhöht werden, aber unbegrenzt sollte die Lease-Dauer nie sein, da die IP-Adressen sonst nie mehr freigegeben werden.

7. *Was passiert, wenn für einen DHCP-Client die Lease-Dauer abgelaufen ist?*

Sobald die Lease-Dauer abgelaufen ist, wird die Lease gelöscht und die IP-Adresse wieder freigegeben. Wenn sich der Rechner, dem die IP-Adresse zuvor zugewiesen war, dann wieder anmeldet, versucht er die gleiche IP-Adresse zu bekommen. Wenn die IP-Adresse aber inzwischen ein anderer Rechner erhalten hat, muss der Client die übliche Vier-Phasen-Konfiguration durchlaufen, um eine neue IP-Adresse zu bekommen.

8. *Was sind Optionen und wofür werden sie gebraucht? Nennen Sie Beispiele!*

Optionen sind zusätzliche TCP/IP-Parameter, die ein Client vom DHCP-Server erhalten kann. Ein Beispiel für eine Option sind *Router*, über welche die Adresse des Standard-Gateways konfiguriert wird.

9. *Welchen Typ von Optionen kennen Sie? Beschreiben Sie deren Wirkungsbereich! Unterscheiden Sie zwischen Windows NT 4.0 und Windows Server 2003.*

Unter Windows NT 4.0 gibt es globale Optionen, Bereichsoptionen und Optionen für Client-Reservierungen. Die globalen Optionen gelten für alle Bereiche des DHCP-Servers und stellen damit die Standardeinstellungen dar. Bei Windows Server 2003 sind das die Serveroptionen, die mit den globalen Optionen vergleichbar sind.

Die Bereichsoptionen gelten immer nur für den Bereich, für den sie erstellt wurden. Falls es für einen Wert sowohl eine globale- als auch eine Bereichsoption gibt, überschreibt die Bereichsoption den Wert der globalen Option.

Für Client-Reservierungen gelten nur die globalen Optionen, die Bereichsoptionen haben keine Wirkung. Deshalb muss man für die Client-Reservierungen immer eigene Optionen konfigurieren.

In Windows Server 2003 finden Sie darüber hinaus noch die Hersteller- und Benutzeroptionen. Damit lassen sich spezielle Gruppierungen für Rechner mit gleichen Eigenschaften bilden, denen man dann spezifische Optionen zuweisen kann. Sie können auch eigene benutzerspezifische Hersteller- und Benutzeroptionen erstellen.

10. *Wozu werden Client-Reservierungen benötigt?*

Client-Reservierungen werden immer dann benötigt, wenn einem Rechner, beispielsweise einem Server, immer die gleiche IP-Adresse zugewiesen werden soll. Der Vorteil gegenüber den statischen IP-Adressen liegt darin, dass bei Client-Reservierungen die nachträgliche Konfiguration der Rechner trotzdem zentral über den DHCP-Server und automatisch mittels Optionen erfolgen kann.

11. *Welche Daten werden benötigt, um eine Client-Reservierung einzurichten?*

Um eine Client-Reservierung einrichten zu können, brauchen Sie die IP-Adresse, die der Rechner erhalten soll, und die MAC-Adresse von dessen Netzwerkkarte. Zusätzlich geben Sie zur einfacheren Verwaltung den Computernamen des Rechners an. Optional ist ein Feld mit dem Namen *Beschreibung*, über das Sie den Rechner bei Bedarf näher beschreiben können.

12. *Mit welchem Programm kann man die TCP/IP-Daten eines Clients am einfachsten anzeigen, einschließlich MAC-Adresse?*

Bei Windows NT 4.0 und Windows 2000/XP steht Ihnen hierfür das Programm `ipconfig` zur Verfügung. Um alle TCP/IP-Daten anzeigen zu können, geben Sie in der Eingabeaufforderung den Befehl `ipconfig /all` ein.

Wenn Sie Windows-9x- oder Windows-ME-Rechner einsetzen, müssen Sie die grafische Variante von `ipconfig` einsetzen, das Programm `winipcfg`. Klicken Sie dort auf die Schaltfläche Weitere Info, um alle Daten anzuzeigen.

13. *Was ist die Aufgabe eines DHCP-Relay-Agenten?*

Wenn Sie einen DHCP-Server einsetzen, der Clients in mehreren Subnets verwalten soll, müssen Sie entweder einen BOOTP-fähigen Router nach RFC 1542 einsetzen oder einen Server mit dem DHCP-Relay-Agenten installieren.

Das Problem liegt darin, dass die DHCP-Konfiguration über Rundsendungen (Broadcasts) abläuft, da die Rechner noch keine komplette TCP/IP-Konfiguration haben, sprich eine IP-Adresse und Subnet-Mask. Und Rundsendungen sollen aus Performance-Gründen im Prinzip nicht über Router weitergeleitet werden.

Die Aufgabe der DHCP-Relay-Agenten besteht jetzt darin, die Rundsendungen zwischen dem DHCP-Server im einen Subnet und dem Client im anderen Subnet zu vermitteln. Der DHCP-Relay-Agent leitet dazu die Client-Anfragen über den Router hinweg zu einem DHCP-Server weiter.

Umgekehrt schickt dann der DHCP-Server die Nachricht über den Router hinweg an den DHCP-Relay-Agenten, der die Antwort dann wieder an den Client weiterreicht.

Der DHCP-Relay-Agent ist damit ein Vermittler zwischen DHCP-Server und Client, der im Gegensatz zum Client den Vorteil hat, ganz normal mit dem DHCP-Server kommunizieren zu können, da er die IP-Adresse des DHCP-Servers kennt.

14. *Was passiert, wenn Sie nur einen DHCP-Server haben und dieser ausfällt? Fällt dann das Netzwerk aus?*

Nein, die aktiven Leases laufen erst einmal weiter. Alle Rechner, die gültige Leases haben, können damit ganz normal mit der IP-Adresse weiterarbeiten, die sie vom DHCP-Server bezogen haben.

Erst wenn ein Rechner neu gestartet wird, kann dieser nicht mit dem DHCP-Server kommunizieren, wodurch keine Aktualisierungen, beispielsweise der Optionen, möglich sind. Dadurch, dass der DHCP-Server nicht verfügbar ist, können die Leases nicht verlängert werden und so werden sie irgendwann auslaufen. Wenn die Lease komplett abgelaufen ist, erhalten Sie eine entsprechende Meldung und das Netzwerk wird deaktiviert. Das hat dann zur Folge, dass der Client keine IP-Adresse mehr hat und nicht mehr über das Netzwerk mit TCP/IP konfigurieren kann.

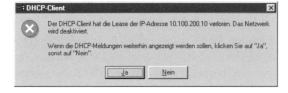

Abb. A.2: Meldung: Lease abgelaufen, Netzwerk wird deaktiviert

Neue Rechner lassen sich auch nicht mehr in das Netzwerk einbinden, da ohne DHCP-Server keine Leases mehr zugewiesen werden können.

15. *Welchen Vorteil bringt der Einsatz von zwei DHCP-Servern in einem Netzwerk?*

Der Einsatz von zwei DHCP-Servern in einem Netzwerk bringt einen gewissen Grad an Fehlertoleranz. Wenn ein DHCP-Server ausfällt, kann der eine teilweise die Aufgaben des anderen übernehmen. Eine echte Fehlertoleranz ist es aber nicht, da die Daten des einen DHCP-Servers dem anderen nicht bekannt sind. Es gibt keine Kopie der Daten, da die beiden DHCP-Server nicht miteinander kommunizieren.

16. *Worauf muss man achten, wenn man zwei DHCP-Server in einem Netzwerk einsetzt?*

Wenn Sie zwei DHCP-Server einsetzen, müssen Sie darauf achten, dass sich die IP-Adresspools, die auf beiden Servern eingerichtet sind, nicht überlappen. Sonst kann es aufgrund von doppelten IP-Adressen zu Problemen im Netzwerk kommen.

Wenn Sie zwei DHCP-Server einsetzen wollen, um damit auch eine gewisse Fehlertoleranz zu erreichen, sollten sich diese möglichst in verschiedenen Subnets befinden. Die Bereiche mit den Adresspools sollten so eingerichtet werden, dass auf jedem DHCP-Server ein Teil der Adresse von jedem Subnet verwaltet wird. Sie sollten dabei die Adresse überschneidungsfrei im Verhältnis 80% zu 20% oder 75% zu 25% aufteilen.

17. *Wie kann man eine IP-Adresse freigeben, damit sie wieder von anderen Rechnern benutzt werden kann?*

Sie können eine IP-Adresse entweder auf dem DHCP-Server löschen und damit freigeben oder auf dem Client selbst. Der Nachteil, die Lease auf dem DHCP-Server zu löschen, besteht darin, dass der Client je nach Lease-Dauer noch eine ganz Weile im Netzwerk arbeiten kann, da er von der Löschung nichts mitbekommt. Da die IP-Adresse aber auf dem Server freigegeben wurde, kann sie von einem anderen Rechner verwendet werden. Damit könnte die IP-Adresse für eine gewisse Zeit doppelt vergeben werden und es käme zu entsprechenden Störungen im Netzwerk.

Besser ist es daher, die IP-Adresse am Client freizugeben. Mit dem Befehl `ipconfig /release` (Windows NT 4.0 oder Windows 2000/XP) oder `winipcfg` (Windows 9x oder Windows ME) und einem Klick auf die Schaltfläche ALLES FREIGEBEN wird die Lease auf dem Client und dem Server gleichzeitig beendet. Dadurch sind Probleme ausgeschlossen.

18. *Wie gehen Sie vor, wenn Sie einen DHCP-Client von einem Subnet in das andere verschieben müssen?*

Wenn Sie einen DHCP-Client in ein anderes Subnet verschieben wollen, geben Sie auf dem Client in der Eingabeaufforderung den Befehl `ipconfig /release` (Windows NT 4.0 oder Windows 2000/XP) oder `winipcfg` (Windows 9x oder Windows ME) ein und klicken Sie auf die Schaltfläche FREIGEBEN. Dadurch wird die Lease freigegeben und die IP-Adresse ist nicht mehr der MAC-Adresse des Clients zugeordnet.

Danach schließen Sie den Rechner im neuen Subnet an und geben dann in der Eingabeaufforderung den Befehl `ipconfig /renew` (Windows NT 4.0 oder Windows 2000/XP) oder `winipcfg` (Windows 9x oder Windows ME) ein. Klicken Sie anschließend auf die Schaltfläche AKTUALISIEREN. Dadurch erhält der Rechner automatisch eine neue gültige IP-Adresse für den Bereich, zu dem er jetzt gehört.

19. *Was sind die wichtigsten Änderungen bzw. Neuerungen bei Windows Server 2003 zum Thema DHCP?*

Die Bedienung des DHCP-Servers unter Windows Server 2003 hat sich verändert. In der neuen *Microsoft Management Console (MMC)* werden über so genannte Snap-Ins nahezu alle administrativen Aufgaben in einer Explorer-ähnlichen Konsole verwaltet. Der Vorteil ist, dass die Konsolen sehr flexibel kombiniert werden können und für alle Aufgaben die gleiche Bedienerführung haben.

Eine weitere Änderung ist die Einführung der Autorisierung von DHCP-Servern. Wenn Windows Server 2003 im Active Directory eingesetzt wird, was in der Regel der Fall sein wird, muss ein DHCP-Server autorisiert werden. Ansonsten kann er seine Dienste nicht anbieten. Der Vorteil dieser Maßnahme ist, dass so Störungen durch DHCP-Server vermieden werden, die versehentlich ins Netz gehängt werden und möglicherweise ungültige Adressen verteilen.

Neu ist auch die vollständige Integration von DHCP in DNS. Dadurch kann bei Änderungen an der IP-Adresse ein dynamischer Abgleich zwischen DNS- und DHCP-Server stattfinden.

Mit Windows Server 2003 kommen für DHCP zwei neue lokale Gruppen hinzu, DHCP-Anwender und DHCP-Administratoren. DHCP-Anwender können die DHCP-Einstellungen anschauen, aber nicht verändern, während die DHCP-Administratoren auch Änderungen an den DHCP-Einstellungen vornehmen können.

Die letzte erwähnenswerte Neuerung sind die erweiterten Optionen. Es gibt jetzt die Benutzer- und Herstelleroptionen. Dadurch kann man gleichartige Rechner entsprechend gruppieren und diesen Rechnern bestimmte Optionen zuweisen. Die Gruppen lassen sich selbst erstellen und anpassen.

20. *Welche DHCP-Server können unter Windows Server 2003 autorisiert werden und welche nicht?*

Die Autorisierung von DHCP-Servern ist notwendig, wenn Windows Server 2003 mit Active Directory eingesetzt wird. Wenn auf einem Domänencontroller, der zum Active Directory gehört, ein DHCP-Server installiert ist, wird dieser in der Regel automatisch autorisiert. Lediglich Mitglieds-Server müssen manuell autorisiert werden.

Ein allein stehender Windows Server 2003, der nicht zum Active Directory gehört oder ein Windows NT 4.0 Server (unabhängig von seinem Servertyp) kann nicht autorisiert werden und damit keinesfalls DHCP-Dienste anbieten.

367

21. *Welche Voraussetzungen muss ein Client erfüllen, damit er DHCP-fähig ist?*

Das installierte Betriebssystem des Clients muss eines der nachfolgenden sein:

- Windows XP (alle Varianten)

- Windows 2000 (alle Varianten)

- Windows NT 3.51 (alle Varianten)

- Windows NT 4.0 (alle Varianten)

- Windows 95, 98, 98 SE

- Windows ME

- Windows für Workgroups 3.11 mit Microsoft TCP/IP-32, das auf der Windows-NT-4- oder Windows-2000- Server-CD enthalten ist

- MS-DOS mit dem Network-Client, der auf der Windows-NT-4- oder Windows-2000-Server-CD enthalten ist

- LAN-Manager Version 2.2c, der auf der Windows-NT-4- oder Windows-2000-Server-CD enthalten ist

Die TCP/IP-Einstellungen müssen so konfiguriert sein, dass die Daten automatisch bezogen werden. Es dürfen also keine IP-Adressen oder die Subnet-Masks eingestellt sein. Wenn über Optionen weitere Parameter über den DHCP-Server bezogen werden sollen, so müssen diese ebenfalls leer sein. Ansonsten haben die lokalen Einstellungen Vorrang gegenüber denen des DHCP-Servers.

Lösungen zu Kapitel 9

1. *Was ist der Unterschied zwischen Host- und NetBIOS-Namen?*

Host-Namen sind nicht nur auf NetBIOS-kompatible Netzwerke begrenzt, sondern gelten im gesamten Internet. Im Gegensatz zu NetBIOS-Namen können Host-Namen hierarchisch vergeben werden. Das bedeutet, dass sich die Host-Namen über eine Unter-/Überordnung wie in einer Baumstruktur abbilden lassen. Host-Namen sind zudem nicht auf 15 Zeichen begrenzt, sondern können bis zu 255 Zeichen lang sein.

2. *Was ist der Unterschied zwischen einem Host-Namen und einem voll qualifizierten Domänennamen?*

Ein Host-Name ist einfach nur der Name des Rechners, beispielsweise *Server01*. In einem Domänennamensraum ist aber jeder Host in der Hierarchie exakt zugeordnet. Beginnend bei der Root-Domäne, über die

Top Level Domain, dann über die Second Level Domain bis zum Host. Gegebenenfalls gibt es noch eine Subdomain zwischen der Second Level Domain und dem Host-Namen.

Wenn Sie den voll qualifizierten Domänennamen angeben wollen, müsste dieser beispielsweise für den Rechner *Server01.powerfirm.de* oder wenn es noch eine Subdomain gäbe, *Server01.europa.powerfirm.de* heißen. Obwohl beide Rechner den gleichen Host-Namen haben, sind es unterschiedliche Rechner. Das lässt sich eindeutig aus dem voll qualifizierten Domänennamen ableiten.

3. *Wozu wird die Datei HOSTS benötigt?*

Die Datei *HOSTS* kann verwendet werden, um Host-Namen auf dem lokalen Rechner in IP-Adressen aufzulösen. Damit kann man sich beispielsweise die Installation eines DNS-Servers ersparen. Die Datei *HOSTS* hat allerdings den Nachteil, dass die Pflege der Daten sehr aufwändig ist. Es gibt nur statische Einträge, was bedeutet, dass Sie alle Einträge manuell eingeben und pflegen müssen und das konsistent auf allen Hosts in Ihrem Netzwerk.

In kleinen Netzwerken, in denen sich die Installation eines DNS-Servers nicht lohnt, aber eine Host-Namensauflösung erforderlich ist, kann der Einsatz der Datei *HOSTS* sehr sinnvoll sein.

4. *Was versteht man unter einem Resolver?*

Der Resolver wird auch Auflösungsdienst genannt und ist ein Dienst auf dem Client. Er hat die Aufgabe, eine Client-Anfrage an den Namenserver, einen DNS-Server, weiterzuleiten. Der Resolver bzw. Auflösungsdienst ist entweder in einer Anwendung integriert oder steht als Laufzeit-Routine zur Verfügung.

5. *Was ist der Unterschied zwischen einer rekursiven und einer iterativen Abfrage?*

Bei der *rekursiven Abfrage* wird vom Client an den Namenserver eine Abfrage gestellt, um einen Host-Namen in die IP-Adresse aufzulösen. Wenn der Namenserver diese Abfrage erfolgreich verarbeiten kann, d.h. wenn er in seiner Datenbank den Host-Namen findet, erhält der Client die IP-Adresse des gesuchten Rechners und kann über die bekannten Verfahren (ARP) die Kommunikation beginnen.

Die *iterative Abfrage* beginnt ab dem Zeitpunkt, an dem der lokale Namenserver den gesuchten Host-Namen in seiner Datenbank nicht findet. Danach leitet er die Abfrage an den Root-Server weiter (im Internet ist das ein Server der »Punkt«-Domäne und in einem Firmennetz ohne Integration mit dem Internet ist das der erste bzw. der Haupt-DNS-Server). Dort erfährt er den Domänennamen der zuständigen Top Level

369

Domain (beispielsweise *.de*) und arbeitet sich rekursiv bis zum Namenserver durch, der den Host-Namen des gesuchten Rechners in seiner Datenbank findet. Die IP-Adresse des gesuchten Rechners wird zuerst an den lokalen Namenserver und dann an den Client geschickt. Der Client kann über die IP-Adresse und durch die bekannten Methoden mit dem gesuchten Rechner kommunizieren.

6. *Was versteht man unter einer Reverse-Lookup-Abfrage?*

Eine Reverse-Lookup-Abfrage oder inverse Abfrage wird benötigt, um eine IP-Adresse in einen Host-Namen aufzulösen. Inverse Abfragen werden vor allem bei der Fehlersuche gebraucht oder dienen manchen Anwendungen dazu, aus Sicherheitsgründen zu überprüfen, ob ein Rechner auch wirklich der Rechner ist, für den er sich ausgibt. Das ist beispielsweise der Fall, wenn eine Subdomäne über die Installation eines zusätzlichen Windows-Server-2003-Domänencontrollers in eine bestehende Domäne eingefügt wird. Aus Sicherheitsgründen läuft während der Installation eine entsprechende Reverse-Lookup-Abfrage ab, die nur dann erfolgreich sein kann, wenn vorher ein entsprechender PTR-Eintrag auch erstellt wurde.

Die für eine *Reverse-Lookup-Abfrage* bzw. *inverse Abfrage* erforderliche Domäne hat den Namen `in-addr.arpa`.

7. *Welche Vorteile hat der DNS-Server ab Windows 2000 Server gegenüber der Vorgängerversion?*

– Vereinfachung der Bedienung

Durch die neue DNS-Konsole und viele Assistenten werden dem Anwender aufwändige Einstellungen und die Angabe von Konfigurationsparametern abgenommen.

– Integration in das Active Directory

Durch die Integration der DNS-Zonen in das Active Directory wird die Verwaltung des DNS vereinfacht. Es müssen keine separaten Replikationsmechanismen konfiguriert werden, da das Active Directory ohnehin auf alle Domänencontroller repliziert wird. Es sind zur Lastverteilung und Fehlertoleranz keine sekundären Namenserver notwendig, da auf allen Domänencontrollern auf die Zonendateien zugegriffen werden kann. Außerdem arbeitet die Replikation des Active Directory sehr effizient, da nur Änderungen repliziert werden.

– Dynamische Aktualisierung (DDNS)

Ab Windows-2000-DNS wird das dynamische DNS (DDNS) unterstützt, das Windows-2000/XP-Clients und über DHCP auch ältere Windows-Clients nutzen können. Das bedeutet, dass die Host-

Einträge (A-Einträge) und PTR-Einträge (inverse Abfrage) automatisch registriert und aktualisiert werden. Damit entfällt die manuelle Pflege der Datenbank und das reduziert den Verwaltungsaufwand erheblich.

– Kompatibilität mit anderen DNS-Umgebungen

Der DNS-Server ab Windows 2000 entspricht den Vorgaben der entsprechenden RFCs und ist daher mit anderen DNS-Servern anderer Plattformen kompatibel (Stichwort »BIND« – Berkeley Internet Name Daemon).

– Inkrementelle Zonenübertragung

Bei normalen Zonendateien (primär und sekundär), können Sie diese als komplette Kopie (Windows NT 4.0) oder inkrementell zum sekundären Namenserver übertragen (Zonenübertragung). Neu ist ab Windows 2000, dass jetzt die inkrementelle Zonenübertragung unterstützt wird, bei der nur die Änderungen seit der letzten Übertragung gesendet werden. Dadurch lässt sich erheblich Zeit und Netzwerkbandbreite sparen.

8. *Welche Voraussetzungen müssen erfüllt sein, damit auch Clients ohne Windows 2000/XP dynamisch registriert werden können oder ist das gar nicht möglich?*

Damit auch ältere Windows-Clients in den Genuss der dynamischen Aktualisierung kommen, müssen diese als DHCP-Clients für den Windows-Server-2003-DHCP-Server konfiguriert werden. Außerdem muss in den Eigenschaften des DHCP-Servers oder den Bereichen die Option aktiviert sein, dass ältere Clients dynamisch aktualisiert werden.

9. *Was ist der Unterschied zwischen einer primären, einer sekundären und einer Active-Directory-integrierten Zonendatei?*

Normalerweise werden die Registrierungen für Host-Namen und IP-Adressen in einer primären Zonendatei abgespeichert, die direkt auf dem DNS-Server liegt. Über die Zonenübertragung kann die Zonendatei des primären DNS-Servers auf einen oder mehrere sekundäre DNS-Server kopiert werden. Die sekundäre Zonendatei ist aber nur eine schreibgeschützte Kopie der primären Zonendatei. Der Vorteil einer sekundären Zonendatei ist die Lastverteilung der DNS-Anfragen im Netzwerk.

Eine Zonendatei, die direkt im Active Directory integriert ist, wird automatisch im Rahmen der Active Directory-Replikation auf die anderen Domänencontroller repliziert. Das verbessert die Fehlertoleranz, sorgt automatisch für eine Lastverteilung und vereinfacht somit die Verwaltung. Eine separate Implementation für die Zonenübertragung ist nicht erforderlich, außerdem können Änderungen auch an den anderen Domänen-

371

controllern vorgenommen werden. Es handelt sich daher bei der Replikation um eine so genannte Multimaster-Replikation.

10. *Was ist ein Cache-Namenserver und wozu wird er benötigt?*

Ein Cache-Namenserver ist ein DNS-Server ohne Zonenverwaltung. Seine Aufgabe besteht daher lediglich in der Namensauflösung. Da er keine Zonen verwaltet, kann er auch keine Registrierungen vornehmen. Um Abfragen zu beantworten, bezieht er seine Informationen ausschließlich aus seinem Cache-Speicher. Nach dem Hochfahren des Rechners ist der Cache noch leer und baut sich erst im Laufe der Zeit auf. Die Informationen für den Cache bekommt er aus den Abfragen, die andere Namenserver für ihn beantwortet haben. Das erste Mal löst ein »normaler« Namenserver die Abfrage auf und danach kann die gleiche Abfrage aus den Informationen im Cache beantwortet werden. Nach jedem Neustart des Rechners ist der Cache-Speicher erst einmal wieder gelöscht.

Der Vorteil eines Cache-Namenservers liegt in der Erhöhung der Geschwindigkeit bei der DNS-Namensauflösung durch Lastverteilung und der Reduktion des Netzwerkverkehrs, insbesondere bei Remote-Netzwerken, die über eine langsame WAN-Leitung mit einem anderen Netzwerk verbunden sind. Außerdem wird die Zuverlässigkeit der Namensauflösung erhöht.

11. *Was ist der Unterschied zwischen einer Domäne und einer Zone?*

Eine Domäne, beispielsweise *powerfirm.de*, ist ein Teil des Domänennamensraums. Um die Host-Namen einer Domäne auflösen zu können, wird meistens ein eigener lokaler DNS-Server verwendet. In diesem Fall hat der DNS-Server die Autorität für diese Zone. Das bedeutet, dass er für alle Abfragen zuständig ist, welche die Domäne *powerfirm.de* betreffen.

Wenn es sich bei der Domäne *powerfirm.de* aber um eine sehr große Domäne mit vielen Subdomänen handelt, beispielsweise *europa.powerfirm.de* und *asien.powerfirm.de*, kann man für jede dieser Domänen eigene Zonen erzeugen. Man könnte beispielsweise *powerfirm.de* und *europa.powerfirm.de* in einer Zone verwalten und für *asien.powerfirm.de* eine neue Zone erzeugen.

Das bedeutet, dass der Namenserver für die Zone 1 für alle Abfragen zuständig ist, welche die Domäne *powerfirm.de* und *europa.powerfirm.de* betreffen. Er ist für diese Zone autorisiert. Die Zone 2 ist eine eigene Verwaltungseinheit, die eigens einen für diese Zone autorisierten Namenserver braucht. Dieser ist dann nur für die Abfragen zuständig, die sich auf die Domäne *asien.powerfirm.de* beziehen. Die Verwaltung von *asien.powerfirm.de* wurde praktisch an einen zweiten Namenserver delegiert.

12. *Was versteht man unter einem Stamm-Server?*

Als Stamm-Server wird normalerweise der erste DNS-Server eines Namensraums bezeichnet. Im Internet sind das die Namenserver der Stamm-Domäne bzw. der Root- oder Punktdomäne. In einem geschlossenen Firmennetzwerk ist der erste DNS-Server der Stamm-Server für diese Domäne. Abfragen werden an einen Stamm-Server weitergeleitet, wenn diese von untergeordneten Namenservern nicht beantwortet werden können.

Streng genommen kann man auch den »obersten« DNS-Server einer Zone als Stamm-Server für diese Zone bezeichnen. Er beantwortet alle Abfragen, die untergeordnete Namenserver nicht beantworten können. Wenn der Stamm-Server die Abfrage auch nicht beantworten kann, leitet er die Abfrage an den nächsthöheren Stamm-Server weiter (Forwarding), bis er zur Spitze des Namensraums gelangt. Im Internet sind das die Namenserver der Root- oder Punktdomäne und in einem Firmennetzwerk, wenn es nicht mit dem Internet integriert ist, der erste DNS-Server. Je nach Auslegung der Begriffe werden diese dann als Stamm-Server bezeichnet.

13. *Was versteht man unter einer Zonendelegierung und wann ist sie erforderlich?*

Wenn Sie die Domäne `powerfirm.de` anlegen, könnte diese die Subdomänen `europa.powerfirm.de` und `asien.powerfirm.de` enthalten. Jetzt gibt es die Möglichkeit, dass ein Server für alle drei Domänen bzw. Unterdomänen autorisiert ist. Das heißt, dass der DNS-Server alle Abfragen für die Domäne und deren Unterdomänen beantwortet. Dann gibt es nur eine Zone.

Aus organisatorischen und Performance-Gründen könnte der DNS-Server von `powerfirm.de` die Daten für die Unterdomäne `europa.power-firm.de` an einen anderen DNS-Server delegieren. Sie hätten dann zwei Zonen, Zone 1 mit `powerfirm.de` und `asien.powerfirm.de` und Zone 2 mit der Subdomain `europa.powerfirm.de`.

Das hätte zur Folge, dass Anfragen von Hosts, die zur Unterdomäne `europa.powerfirm.de` gehören, nicht mehr von dem DNS-Server der Zone `powerfirm.de` beantwortet werden, sondern von einem delegierten DNS-Server von `europa.powerfirm.de`. Als Administrator einer Domäne können Sie entscheiden, welche DNS-Server welche Domänen bzw. Unterdomänen verwalten. Verwalten heißt in diesem Zusammenhang vor allem Festlegen, wer die Anfragen der Hosts, die zu einer Zone gehören, beantwortet.

14. *Es gibt einige Arten von Ressourceneinträgen. Was bedeutet der A-Eintrag und was der PTR-Eintrag?*

Der A-Eintrag wird auch als Host-Eintrag bezeichnet und beinhaltet den Host-Namen und die IP-Adresse des entsprechenden Rechners. Der A-Eintrag wird zur Namensauflösung benötigt. Der A-Eintrag wird entweder manuell oder automatisch in der Zonendatei erzeugt. Der automatische Eintrag erfolgt über das dynamische DNS von Windows 2000/XP.

Der PTR-Eintrag ist ein Eintrag in der Reverse-Lookup-Zone. Ein PTR-Eintrag (Pointer-Eintrag) wird für den umgekehrten Prozess der Namensauflösung benötigt. Umgekehrt heißt, es wird die IP-Adresse in den Host-Namen aufgelöst, was in verschiedenen Situationen erforderlich ist, beispielsweise bei Sicherheitsabfragen. Ein PTR-Eintrag wird ebenfalls entweder manuell oder über das dynamische DNS in der Reverse-Lookup-Zonendatei eingetragen.

15. *Mit welchem Befehl können Sie die Funktion des DNS-Servers testen?*

Der beste Befehl zum Testen der Funktion eines DNS-Servers ist der Befehl `nslookup`. Wenn Sie beispielsweise testen wollen, ob der Rechner *client01.powerfirm.de* korrekt aufgelöst werden kann, geben Sie an der Eingabeaufforderung den Befehl `nslookup client01.powerfirm.de` ein. Wenn alles funktioniert, erhalten Sie als Antwort den Namen und die IP-Adresse des konfigurierten DNS-Servers und zusätzlich den Namen und die IP-Adressen des gewünschten Clients.

Sie können mit dem Befehl `nslookup` auch eine inverse bzw. Reverse-Lookup-Abfrage ausführen. Das heißt, Sie können herausfinden, ob die IP-Adresse in den Host-Namen aufgelöst werden kann. Das funktioniert natürlich nur, wenn Sie eine Reverse-Lookup-Zone installiert haben. Wenn der Client beispielsweise die IP-Adresse `10.100.100.45` hat, geben Sie dazu an der Eingabeaufforderung den Befehl `nslookup 10.100.100.45` ein. Als positive Antwort erhalten Sie das gleiche Ergebnis wie beim ersten Befehl.

Lösung zu Kapitel 10

1. *Was ist ein Verzeichnisdienst?*

Ein Verzeichnisdienst ist ein Dienst, der eine Datenbank verwaltet. Über den Verzeichnisdienst lassen sich sehr schnell Objekte über deren Attribute in der Datenbank finden, um dann darauf zugreifen zu können.

2. *Was sind Objekte im Active Directory?*

Ein Objekt kann beispielsweise ein Drucker sein, den man im Netzwerk sucht. Als Suchkriterium verwenden Sie druckerspezifische Attribute, wie beispielsweise Typ (Laser oder Tintenstrahldrucker), Standort (Gebäude x, Raum y) und Ähnliches.

3. *Was ist der Unterschied zwischen einer Struktur und einer Gesamtstruktur?*

Man spricht bei einem Active Directory von einer Struktur, wenn die Organisation aus einem Namensraum besteht, beispielsweise `powerfirm.de`. Der Namensraum kann dann weitere Subdomänen enthalten wie `europa.powerfirm.de` und `asien.powerfirm.de`.

Eine Gesamtstruktur enthält nicht einen, sondern mehrere Namensräume, die nicht zusammenhängend sind, aber dennoch zentral verwaltet werden sollen.

4. *Was versteht man unter einem Standort?*

Standorte teilen im Active Directory das Netzwerk in physikalische Einheiten auf, beispielsweise Subnets im Sinne von TCP/IP. Rechner, die zu einem Standort gehören, müssen untereinander über eine schnelle (ab zehn Mbit/s) Verbindung verfügen.

Wenn sich ein Netzwerk geografisch auf mehrere Städte oder Länder verteilt, ist die Erzeugung weiterer Standorte erforderlich. Die Einteilung in Standorte ist für die Replikation zwischen den verschiedenen Domänencontrollern wichtig.

5. *Wann sollte man im Active Directory zur Strukturierung statt Organisationseinheiten besser Domänen verwenden?*

Normalerweise ist bei kleinen Netzwerken eine weitere Strukturierung im Active Directory nicht erforderlich, da die Standardorganisationseinheiten dafür in der Regel ausreichend sind. Wenn aber eine weitere Strukturierung erforderlich ist, kann man das über Organisationseinheiten oder Domänen realisieren.

Zusätzliche Domänen sind nur nötig, wenn die Organisationsbereiche rechtlich voneinander unabhängig verwaltet werden sollen oder ein eigener Domänenname erforderlich ist.

Lösungen zu Kapitel 11

1. *Welche Art von Fehlerquelle sollten Sie unbedingt ausschließen, bevor Sie mit der Suche mithilfe diverser Tools beginnen?*

Eine häufig unterschätzte Fehlerquelle sind alle Arten von Netzwerkverbindungen wie Stecker, Kabel und Netzwerkgeräte. Damit man nicht viel Zeit in eine teure und aufwändige Suche investiert, sollte man mit der Suche nach dieser Art von Fehlerquelle beginnen.

375

2. *Mit welchem Befehl würden Sie überprüfen, ob Ihre lokale TCP/IP-Konfiguration funktioniert?*

Verwenden Sie dazu den Befehl `ping`. Geben Sie folgenden Befehl ein: `ping 127.0.0.1`. Bei der IP-Adresse handelt es sich um die Loopback-Adresse. Wenn Sie bei Angabe dieses Befehls keine positive Antwort erhalten, liegt ein Problem in Ihrer lokalen TCP/IP-Konfiguration vor.

3. *Mit welchem Befehl würden Sie testen, ob Sie einen Host mit der IP-Adresse* 10.200.250.47 *erreichen können, der sich in einem über mehrere Router entfernten Netzwerk befindet?*

Sie können grundsätzlich mit dem `ping`-Befehl beginnen und mit `ping` 10.200.250.47 testen, ob Sie den Zielrechner erreichen. Falls Sie den Zielrechner aber nicht erreichen, müssen Sie sich mit dem Befehl `ping` über sehr aufwändige Abfolgen von Einzelbefehlen zum Problempunkt heranarbeiten.

Einfacher geht es mit dem Befehl `tracert`. Mit `tracert` 10.200.250.47 können Sie genau ablesen, bis zu welchem Router das Testpaket geleitet wird, und damit feststellen, an welchem Router die Verbindung endet. Damit finden Sie dann schnell heraus, welcher Router für das Problem verantwortlich ist.

4. *Mit welchem Befehl würden Sie testen, ob die Auflösung des Host-Namens* `client.powerfirm.de` *in seine IP-Adresse* 10.100.200.87 *funktioniert?*

Dazu verwenden Sie den Befehl `nslookup`. Geben Sie den Befehl `nslookup client01.powerfirm.de` ein. Wenn Sie eine positive Antwort erhalten, funktioniert die Namensauflösung mit dem DNS-Server.

5. *Finden Sie in der folgenden Abbildung die Fehler im Netzwerk!*

In dem Netzwerk auf der Abbildung befinden sich fünf Fehler:

1. Fehler bei PC1

PC1 hat eine ungültige IP-Adresse. Die IP-Adresse 10.100.100.0 in Verbindung mit der Subnet-Mask 255.255.255.0 ist ungültig, da das letzte Oktett die Host-ID darstellt und dort alle Bits den Wert 0 haben. Und das widerspricht den Regeln bei der Vergabe von IP-Adressen. Der Rechner kann mit dieser IP-Adresse mit keinem anderen Rechner kommunizieren.

2. Fehler bei PC2 bzw. beim Router

PC1 und der *Router* haben die gleiche IP-Adresse und das ist nach den Regeln zur Vergabe von IP-Adressen nicht erlaubt. Die IP-Adresse muss in einem Netzwerk eindeutig sein. Der Rechner kann mit dieser IP-Adresse mit keinem anderen Rechner kommunizieren.

3. Fehler bei PC3

Das Standard-Gateway bei *PC3* ist ungültig. Da der Router die IP-Adresse 10.100.100.1 hat, müsste diese IP-Adresse für das Standard-Gateway auf *PC3* konfiguriert sein. Ansonsten kann dieser Rechner nicht mit Rechnern außerhalb seines lokalen Netzwerks kommunizieren.

4. Fehler bei PC7

Der Rechner *PC7* hat eine ungültige Subnet-Mask. Die richtige Subnet-Mask wäre die 255.255.0.0. Der Rechner kann mit dieser Subnet-Mask mit keinem anderen Rechner kommunizieren.

5. Fehler bei PC8

Der Rechner *PC8* hat eine für dieses Netzwerk ungültige IP-Adresse. Die Netzwerk-ID (hier 10.100.x.x) muss für alle Rechner im gleichen logischen Netzwerk identisch sein. Die korrekte Netzwerk-ID wäre 10.200.x.x. Der Rechner kann mit dieser IP-Adresse mit keinem anderen Rechner kommunizieren.

377

Stichwortverzeichnis

379